叶至善集

① 编辑卷

叶至善 著 叶小沫 叶永和 编

开明出版社

图书在版编目（CIP）数据

叶至善集．编辑卷/叶至善著；叶小沫，叶永和编．—北京：开明出版社，2014.7
ISBN 978－7－5131－1666－4

Ⅰ.①叶…　Ⅱ.①叶…②叶…③叶…　Ⅲ.①叶至善（1918～2006）—选集②编辑工作—文集　Ⅳ.①C52 ②G232－53

中国版本图书馆CIP数据核字（2014）第093361号

叶至善集

叶至善　著　叶小沫　叶永和　编

出 版 人： 陈滨滨
责任编辑： 支　颖

开明出版社出版发行
地　址： 北京西三环北路25号
邮　编： 100089
电　话： 88817647（总编室）　88817489（发行部）
网　址： www.kaimingpress.com
高教社（天津）印务有限公司印刷
全国新华书店发行
版　次： 2014年12月第1版
印　次： 2014年12月第1次印刷
开　本： 787毫米×1092毫米　1/16
印　张： 38
字　数： 581千
定　价： 105.00元

叶至善（1918—2006）

《叶至善集》序

商金林

小沫、永和姐弟俩经过四五年的搜集和整理，将至善先生的文集汇编成编辑、传记、科普、散文、创作和书信六卷，即将付梓。至善先生文集的出版，是出版界的一件盛事。小沫要我写篇序，记忆的闸门一经打开，许多往事纷至沓来。

一

一九七六年冬天，第一次到叶府拜访至善先生，见面时连怎么称呼他都想不好。虽说“文革”已经结束，但“革命”的风气犹存，最流行的是叫“同志”，客气一点的称“职务”。在我国现代作家中，子承父业，做得最杰出的，当首推至善先生，是知名度很高的作家、教育家和编辑出版家，叫“同志”就显得不够尊敬。叫职务吧，也不好叫。至善先生主持过《开明少年》的编辑工作，主编过《中学生》杂志，是中国少年儿童出版社的社长兼总编辑，还担任过中国科普作家协会的理事长，怎么叫才好呢，再说当时他还在“赋闲”，叫“职务”就有点“哪壶不开提哪壶”了，急急巴巴的叫了一声“叶老师”，这一叫就是三十年，直到他二〇〇六年离世时都没有改过口。

这“老师”真没白叫。从那以后，至善先生真的成了我的老师。怎样做人，怎样读书，怎样治学，怎样认识真理、明辨是非，处处给我示范。这三四十年以来，我的点滴进步都可以追溯到他的循循善诱，言传身教。至善先生也在文章中提起过我，在《父亲长长的一生中》是这样说的：

> 七十年代后期，金林兄就常来看我。他在各个图书馆尘封的旧报刊堆里找材料，发现了些什么，就像见着矿脉露了头，兴冲冲地跑来了，像是炫耀，又像是报喜。有时候还真个解开了在我心中藏了半个多世纪的疑团。如一九二五年十二月六日的青云路惨案，我那时没满八岁，分明记得有这么回事，却连到底发生在哪一年都说不清楚。是金林兄找来了我父亲在当晚写的报道——《“同胞”的枪弹》；是父亲听我念了他自己写的报道，才陆续回忆起了当时的若干细节。要不，在前头，我不可能把这件惨案交代得这样有头有尾的。这是后话。由于金林兄发掘不止，我和至诚知道，父亲有许多散文没编进集子，因而后来的选家和评论工作者选来选去，评来评去，总是《藕与莼菜》《没有秋虫的地方》那些篇目；后来出了本《小记十篇》，又尽在这十篇中打主意。兄弟俩都认为这种现象不太好，应该改变，跟父亲说了。他老人家说情形确乎如此。我和至诚又说，商金林找来了这许多没收进过集子的短文，内容各式各样，编两本集子也绰绰有馀，我们很想试一试。

他在这里说的编“两本集子”，就是后来出版的《叶圣陶散文甲集》和《叶圣陶散文乙集》。“七十年代后期”，百废待兴，图书馆满腔热诚地欢迎八方来客，全心全意地为读者服务。那时国家图书馆还没有建，老北京图书馆在北海，报库在西皇城根，杂志则藏在雍和宫东侧的柏林寺，相距叶府都不算远，我常到这几处查阅书刊，有了收获就“兴冲冲”就近到叶府“炫耀”和“报喜”。常常是至善先生先看，看得感兴趣了就叫圣陶先生出来念给他听，我也乘机请教我想知道的问题，获益颇多。

进入八十年代，我国的学术研究重新步入正轨并日益繁荣。由于研究资料匮乏，一时间走访名家成了寻找资料的一条路径，人与人之间日常的往来也骤然急增。为了减少干扰，许多人家大门上都装了“猫眼”，听到敲门声，稍稍地从里往外瞧，看清了是何方来客再决定是否开门相迎。叶府是一座四合院。白天，院子前面的二道大门都是虚掩着的。假如至善先生在家，推开第二道大门，跨过门槛，透过明亮的玻璃窗，便能看到他就坐在北屋书房里正在看稿或写稿。那年月，叶府真是门庭若市。有时我刚坐下，新一拨客人又来了。遇到这种情况，至善先生就把我让到他的书房，让夫人夏满子陪我聊聊天，他接待来访的客人，要是圣陶先生得空也出来一同接待。来访的客人大多是有备而来，请教这样那样的问题，曾经不止一次的听到至善先生对来访者说“是否可结束了”，“哎呀，怎么把我们当字典用啊!”希望访问的时间不要拉得太长。圣陶先生毕竟年事已高，坐得久了，话说多了就吃力。他又讲礼，不愿意让外人感到为难，所以类似“挡驾”的话只好由至善先生来说。有一位老朋友当着我的面劝至善先生说：你那么忙，事前没有约好的客人有的可以不见的呀，你躲到别的房间，说不在家不行吗？至善先生则平静地说：“这人做了一辈子编辑，最不愿意的，是让人失望。人家找到你，说明人家信赖你，怎能忍心拒绝呢？不见不合适，宁可把客人骂走，也不能躲着不见。”这番话说出了他待人的真诚。其实，至善先生是很乐意与来访者交流看法、探讨问题的，待人以诚，识人唯长，这是他一贯的风格。只是有些来访者这也问那也问，就连一些常识性的问题也问个没完，总希望不虚此行，访问的时间越拉越长，这让至善先生感到有点陪不起。

从表面上看，“叶氏父子”是有差异的。圣陶先生出生在一个平民家庭，当小学教师时受到排挤，一度靠卖文补贴家用，后来成了名家，文章享誉海内外，“圣陶”这个名字也成了“微温”、“微甜”的象征，被誉为几代人的师表。与他老人家相比，至善先生则出身名门，岳父夏丏尊先生也是大名鼎鼎的作家、教育家、翻译家、出版家，成长在这种家庭中，免不了会沾点“大少爷脾气”，初次见面或者交往很浅的人或许也会有这种感觉，但见多了就会感受到“有其父必有其子”，至善先生传承着父辈为人处世的精神，按父亲希望的那样做人编书作文。生活中的至善先生，待人周到细致极了。人民教育出版社的王泗原先生生前是叶府的“常客”，这是一位朴实得不能再朴实的学者，患有严重的关节炎，手脚不那么灵便，生活极其简单。逢到过年，至善先生会让家里人做几样菜，他亲自送给王先生。朱光潜先生善饮，“大小姐”出身的朱太太不会下厨，至善先生来北大看朱先生时，也是带着烧好的几个菜过来的，陪着朱先生边喝酒边聊天。九十年代初，我的家人移居海外。年三十一大早，小沫就来电话说爸爸请我到他家去过年。放下电话没多久，小沫又来电话说：老爸特地叮嘱，要我千万不要买什么东西。我跨进叶府大门时，全家人都冲着我笑，说“老爸在等你呢”，催我快点到里屋去。至善先生见了我开口就问“买东西了没有”。我说“没有”。他大笑了起来，握住我的手说“你真实在”。原来他让小沫打过第二个电话就懊悔了，觉得这个电话不该打，“叮嘱我千万不要买什么东西”的话不该说，说或许我本来就不会买什么，这么一叮嘱，反倒有提醒我要买东西之嫌，见我空着手来，这才如释重负。至善先生想得就是这么周到，这么细致。

吃年夜饭的时候至善先生跟我说，你以前总是下午来，以后改为上午来。一来他上午精神好，可以陪他多说说话。二来他家中午饭要讲究些，总会做几个菜，我可以吃了中午饭再走，趁便改善改善伙食；还说他家的菜叫“叶家菜”，比一般的馆子烧得好。这之后，我在叶府没少蹭饭。用餐时，至善先生总是把第一筷菜夹给满子，说一句“君子动口不动手”。第二筷菜就夹给我，要我多吃一点。元宵节包元宵，端午节扎粽子，也会想到我，让我感受到许许多多意想不到的温暖。

至善先生出生于一九一八年四月二十四日，在我的记忆中，他的“生日”总爱推延到“五一”前后才过，利用节假日，会更轻松更热闹一些。一九九九年五月二日，家里为他做“八十大寿”，通知我也去，应邀参加的还有三位客人，年龄与我相仿，都是晚辈。那天天气特别好，中午就在院子里摆了二桌。我送了一只花篮，吃过蛋糕后，大家围着花篮一起照相。照过相，至善先生对我说：“我下回过生日，你可不要买花篮。花篮倒是漂亮，不过摆二天就萎谢了，钱花得太不值得。你真要买，就给我买点吃的。”我知道至善先生是从来不吃补品的，问他买什么好，他笑着直摆手，倒是小沫心直口快，叫我买芝麻糊。上了年纪的人，觉睡得少，至善先生清早三四点钟就起床工作，早饭吃得早，到了九十点钟爱吃一小碗麦片或芝麻糊，算是加餐。这之后，我真的给他买过芝麻糊，他也总是说这个好，又说让我破费了心里不安，叮嘱我下回不用买了。为了表示生活过得还算“小康”，年终的时候，会告诉我这一年的收支情况，有多少的盈馀，他就是这么实在。人实在，文章写得也实在，经常说到写作就是写“诚实的自己的话”。

二

至善先生越老越忙，越老荣誉越多，职务越多。一九九一年起，享受国务院颁发的政府特殊津贴，是中国科普作家协会第二届副理事长、第三届理事长、第四届名誉理事长；国家教委中小学教科书审定委员会委员；韬奋图书奖荣誉奖和国家级图书奖终身评委；中国出版工作者协会顾问；中国编辑学会顾问；中国民主促进会中央委员会副主席、名誉副主席；全国政协第二到第五届委员，第六、七届常委、副秘书长，第八、九届常委，是全国政协委员届数最多的委员之一。但他毕生以“我是编辑”为荣，不止一次的说过：“我这辈子，其他都是虚的，编辑是实的。”从一九四五年八月进入开明书店，跟圣陶先生一起，编辑《开明少年》杂志算起，当了半个多世纪的编辑还“老觉得没做够”，他不同意当编辑是“为人作嫁”这种似乎总觉得吃了亏的说法，坦言自己之所以喜欢编辑工作，仿佛永远怀有巨大的“编辑瘾”的原因，“一是可以满足我的创作欲，跟当工程师当艺术家没有什么两样；二是可以满足我的求知欲，随时能学到杂七杂八的诸多知识。”他的这些想法与圣陶先生的想法是一致的。圣陶先生早在一九二一年七月写的《“先驱者”》一文中说：

> （编辑）的事业真是重要且伟大！他们给人以精神的粮食，授人以心的锁匙，他们不是超乎庸众以上的群么？——至少也应是先驱者。

编辑面对的不仅仅是“幼稚”的“未成熟”学童，也面向“攻究科学的文学的乃至一切学问”的专家学者，面向“经商的做工的乃至营一切事业的”国民，这就要求“我们的编辑者都是富有经验的教育家和精通各种科学的学者”，“时代是刻刻趋新的，学问之海的容量是刻刻扩大的。要永久站在时代的前列，要探测深广的学海”，编纂出精美的书刊，奉献纯正的“精神食粮”，成为“追踪时代探测学海的引导者”。正是基于编辑是“先驱者”的这个“定位”，圣陶先生强调“编辑工作就是教育工作”，编辑和教师一样都是思想文化园地辛勤劳作的园丁，是人类灵魂的工程师。也正是基于这个理念，至善先生才说编辑“跟当工程师当艺术家没有什么两样”，编辑也是一种创造性的劳动，编辑工作讲究学术和艺术，这中间大有学问。每一本书，从提出选题到印制成书，每一个环节都可以发挥编辑的想象力和创造力，达到一种只有经过编辑加工筛滤才能形成的风格和水准。八十岁那年，至善先生特地填了一首《蝶恋花》，不仅把它印在《我是编辑》的封面上，还亲自用笔工工整整写出来，印在衬页上，最后写上“至善求正”四个字。这首词的全文是：

乐在其中无处躲。订史删诗，元是圣人做。神见添毫添足叵，点睛龙起点腮破。信手丹黄宁复可？难得心安，怎解眉间锁。句酌字斟还未妥，案头积稿又成垛。

“乐在其中无处躲”，编辑工作对于他来说是这样的欣喜和满足。谈编辑工作的诗作还有几首，有一首《贺新凉》的全文是：

矻矻何为者？事雕虫、咬文嚼字，灯前窗下。烟蒂盈盘茶重沏，匆匆秋冬春夏。且不悔为人作嫁。彩笔苦无回春力，敢丹黄信手胡描画。千古事，费评价。杞人自笑忧天塌。更何须、占风卜雨，担惊受怕。红紫万千迷人眼，细辨卉真葩假。再学习延安讲话。伏枥识途都无据，意拳拳尽力添砖瓦。翻旧调，寄骚雅。

“且不悔为人作嫁”，这一句是冲着当编辑是“为人作嫁”这个说法说的，洋溢在字里行间的是他对编辑工作的无限热爱。至善先生够得上“老开明”。一九五三年开明书店与青年出版社合并，成立隶属于团中央的中国青年出版社，至善先生成了中青社“元老”。一九五六年，决定成立中国少年儿童出版社，仍由中青党组领导，“一个大院，二块牌子”。虽说至善先生受命担任中少社第一任社长兼总编辑，但对中青社的工作一如既往的关心。二十世纪五十至六十年代，中少社与中青社互为呼应，共创辉煌。中青社推出《红日》《红岩》《红旗谱》《创业史》即“三红一创”红色经典读物的时候，中少社也出了《小兵张嘎》《铁道游击队的小队员们》《小武工队员》《两个小八路》，以及学雷锋、学王杰等一大批少儿红色经典读物。作为中少社的领导，至善先生只要有可能，每一本新出版的书他都要亲自过目修改。童话作家孙幼军的《小布头奇遇记》，就是他一字一句斟酌着，在不改变作者文风的情况下进行修改的，又亲自找到著名儿童漫画家沈培一起策划开本和装帧设计，配置了一百七八十幅插图之后，隆重推出，使之成了优秀儿童文学作品。至善先生的上述业绩，我当然只能“听说”，可《蝶恋花》和《贺新凉》这二首词中写到的“句酌字斟还未妥，案头积稿又成垛”，以及“灯前窗下”“咬文嚼字”的情景，却都是亲眼所见。看稿改稿，浑忘昏昼。虽说“案头积稿又成垛”，但“句酌字斟”，精益求精，总要觉得“妥帖”了这才心安，所以凡是经他看过的稿子总是“一片红”。至善先生跟我说过：改别人的稿子，得顺着作者的思路和口气来修改，改完之后还得是原来的风格，否则就成了替作者“写稿”了。凡是他“改”过的，他都会说出“改”的理由来，让作者得到切实的指导。至于不需要修改的稿件，他也会告诉作者不用修改的原因，绝不含糊和敷衍。

二〇〇四年秋，我撰著的《叶圣陶年谱长编》即将由人民教育出版社出版，校样出来后，我请至善先生帮忙看看我写的《自序》。他当天就让儿媳蒋燕燕来电话说“写得挺好的，不用修改”。第二天，又让小沫来电话说“写得真的挺好”。他大概是觉得这“写得挺好的”一句话说得有点简单，所以又让小沫复述一遍。作为一个编辑，他就是这样周密，处处替别人着想。

三

至善先生在进开明书店之前当过教师，可他总说他不会讲课，更不会做报告，还说场面越大他越不会讲话，只喜欢聊天。这大概与他淡泊名利，遇事低调处理，不喜出头露面的个性有关。我曾听过几回他在集会上的讲话，都很简洁，没有客套，更不会摆架子。“聊天”听得最多。他思维敏捷，逻辑性强，记忆力好得惊人，又博学多能，文化、教育、出版、历史、诗词、音乐、文坛掌故、前辈和朋友的往事，知道得可真多，天文、地理、科学、文学、人情、社会，说起来既生动又风趣。与他相对，真有“春风拂面而来”之感，一次聆教，终身受益。

至于他的文章，就更经得起慢嚼细品了。“科普卷”第一篇是写于一九四五年的《纪念“九一八”说起大豆》，全文共分为九节。第一节谈“日本为什么强占咱们东北”，写到《流亡之歌》和《长城谣》，点出“日本占领东北”，就在夺取“森林，矿产，大豆，高粱”这些财富。第二节用“数字”告诉读者东北的“森林”、“煤矿”、“铁矿”、“黄金”及“农产品”在“我国”和在“世界”上所占的比重。第三、四两节说到有关“豆腐”的谚语，说到金圣叹“临到砍头的时候还对豆腐干恋恋不舍”的传说；说到豆浆、豆腐、豆腐干、豆腐皮制作的方法，以及清末民初我国留学法国的学生在巴黎开的一家豆腐公司的往事。第五节写到曹植咏酱油的《七步诗》：“煮豆持作羹，漉豉以为汁”（这“漉豉”就是酱油），又说到古书上有关“孔夫子喜欢吃酱”的记载，进而写到大豆“地地道道是我国的‘国粹’”。第六节写到“豆油”“豆饼”的制作、用途及“出口”情况。第七节写“豆芽中的维生素C”。第八节写日本侵略者用马尔萨斯的《人口论》为他们侵略中国辩护。最后一节从大豆根上的小瘤说到“生物共生”，进而声讨“为了自己过得更好”而“欺凌别的民族，掠夺别的民族”的“德、意、日”三个国际强盗。

把“大豆”写得如此丰富，联想得如此开阔，又如数家珍，得心应手，知识性、思想性、文学性自然地而又恰到好处地糅合在一起，给作品增添了无穷的魅力。就内容涉及的话题而言，真是“包罗万有”，“纵横古今”；就写作的手法和特色而言，则是“小中见大”，“夹叙夹议”，既可以当作有厚重的思想力度的科普作品来欣赏，也可以作为一篇“窄而深”极富文学性的学术论文来阅读，像杂文，又像是“时事综述”，是一篇相当及时而又富有深远意义的爱国主义教材。

“科普卷”第二篇《黄金的悲剧》，从国民党政府实行“币制改革”，用金圆券代替原来的法币，把人民积蓄的黄金、银元全都搜括一空的勾当写起，写到美国旧金山发现黄金和随即兴起的淘金热，中间带进来滑稽明星卓别林的喜剧片《淘金记》和著名小说家杰克·伦敦的小说《一千打》；进而写到他本人在湖北沙市亲眼看到的淘金人沙里淘金的苦难生涯；接着写到真金不怕火炼的故事以及黄金的化学性质；写到公子哥儿出洋“渡金”在国外鬼混花钱买博士文凭光宗耀祖的丑事；写到金子的实用价值，以及在“充满了迷信、愚昧和欺诈的炼金术中，竟长出了现代科学中最发达的一个部门——化学”，写到化学的各种元素，写到“中子”和“质子”，写到原子核的“裂变”和“聚变”，写到“比黄金还宝贵不知多少倍的原子能”，由点到面，由浅入深，娓娓道来，既顺理成章，又别开生面，换一个话题就是一道风景。记得朱光潜先生曾经说过：他一生写得最用心的是《文艺心理学》和《诗论》，他在《谈美》一书的《开场话》中说：“在写《文艺心理学》时，我要先看几十部书才敢下笔写一章”。《诗论》花费的精力比《文艺心理学》要多得多，往往要看几本书才写一二行。至善先生写科普作品，大概也是像朱先生写《文艺心理学》和《诗论》那样，往往要看几本书才写一二行，“要先看几十部书才敢下笔写一章”。这都说明他书读得多，读得杂，读得透彻，因而他的作品才能如此开阔，如此精彩，这就是人们常说的“阅读决定写作”。

每次见面，至善先生总会问问我“最近有什么新闻”，告诉我他新近读过书，要是我也看了的，他会问“好不好”，“好在哪儿”，引导我和他一起思考。要是还没有读过，他会告诉我他的阅读心得，希望我也找来读一读。哪些书只需浏览，哪些书需要细读，至善先生也要求我多加区分。他强调对名家名著要反复阅读，一再叮嘱我要多看鲁迅、朱自清、沈从文和朱光潜的书，多看《论语》和《红楼梦》，还说到看书也得讲进度，说“看得快”也是一种基本功。至善先生最后一年是在医院里度过的，只要头脑还清醒，他就想看书。记得他最后看的是《红楼梦》，疲乏得连拿一本书的力气都没有了，就让家里人把《红楼梦》拆开来，“一回”、“一回”的拿给他看。真的是活到老，学到老。

就艺术手法而言，至善先生最娴熟的当推散文，写得既潇洒又随意，情真意切。就艺术成就而言，至善先生排在第一位的是科普作品。他秉承“民主”与“科学”的理念，十分看重“科学”。他说“科学”主要指的是“思想的科学化”，但“科学技术”和“科学知识”也相当重要，用“科普作品”就是向青少年传播科学思想，激发想象力，引导他们从小就热爱科学、确立向科学攀登的远大志向——这就是至善先生的“科普情结”。为此，他不断探索，在形式上大胆创新，变着法儿要让科普作品写得让读者喜欢看。是他最先把相声、小说、戏剧等形式移植到科普创作中来，写出了科学相声、科学小说、科学戏剧，早在一九五七年创作的科学相声《一对好伴侣》，就对如何用相声这一形式介绍科普知识作出了可贵的尝试。这一年发表的《失踪的哥哥》，以冷冻人为科幻构思，讲述了超低温条件下人体冷冻死而复生的故事，妙趣横生，想象奇特，是那个时期科幻小说的经典之作。八十年代初，至善先生又率先用短篇形式介绍科学家，创作了短篇集《梦魇》，写达尔文、拉马克、布鲁诺、巴斯德、居里夫人怎样闯过一生中最严峻的时刻，以此来展示他们的精神风貌和内心世界。至善先生认为科学家跟其他人物一样，“他们在一生中都碰到过一些很关键的问题，逼迫他们不得不作出抉择。抓住这样的时刻，探索他们的内心活动”，就能把他们的精神境界表现得更丰满一些，让“读者看了或许能留下一点儿粗略的印象”，而这个创作动意则萌生在二十世纪五十年代那个“向科学进军”的岁月。

从酝酿写“科学家小说”之日起，至善先生就开始收集资料，除了文字资料，图片资料也认真搜集。有不清楚的细节，他就向国内专家请教，还取得国外友人的帮助，尽可能做到“求真”和“有据”。比如他阅读文字资料时，原以为布鲁诺被烧死的地方繁花广场是大教堂前的一个大广场，后来请教意大利专家，才知道是个不起眼的小集市。常言道“十年磨一剑”，至善先生写“科学家小说”，前后磨了三十年。他在《梦魇》的附记《多余的话》中说：“用短篇小说的形式介绍科学家，在我是一种尝试，我好像闯进了一个陌生的领域，感受很新鲜，到处都有乐趣”，虽说因为种种原因，耽搁了不少时日，但“时间的流逝，我倒不十分惋惜。探索人物内心世界需要阅历，而阅历的增长总得付出时间作为代价，何况中间还有个史无前例的十年呐。如果没有这段阅历，我对那几位科学家的理解一定还要浅薄得多”。事实也正是这样，阅历越深，对所写人物的理解也越深，刻画出来的人物也就越深刻，作品的内涵也越丰富。至善先生写“科学家小说”，从某种意义上说，可以叫做孜孜以求，痴心不改，厚积薄发。

四

凡是看过《叶圣陶叶至善干校家书（一九六九—一九七二）》的，无不为至善先生抱着“完全”、“彻底”的精神，忘我地、创造性地当好“牛倌”的事迹所感动。一九六九年四月到河南潢川团中央“五七干校”，一九七二年十二月结束“干校”生活，回到北京。至善先生在“干校”三年又八个月，其间与父亲一来一往，写了很多信，仅收入《叶圣陶叶至善干校家书（一九六九——一九七二）》中的就多达五百封，近七十万字。虽说是“家书”，但“干校生活”是主体，说得最多的是“养牛”。至善先生到干校后就被分配在养牛组，人少牛多，忙得团团转，喂草、喂料、喂水，把屎、把尿，就像对待托儿所的小孩那样，无微不至。爱“牛”，爱得难以形容。

劳动强度是超负荷，生活条件艰苦得不能再艰苦了，但年过五十的至善先生就像圣陶先生童话《快乐的人》中的那位“最快乐的人”似的，“觉得事事快乐，时时快乐”，真的是“吃嘛嘛香”，“住哪儿哪好”，一有空就钻研“养牛经”，摸索如何“改革牛鼻叉”，“牛鼻绳”该怎么搓打，到哪里去挖苦参给牛滋补，怎样给雄性水牛动手术“阉”（做绝育），怎样照料老母牛这个“产妇”，怎样给牛打预防破伤风的疫苗，这一连串的“老大难”，都在实践中有所发现，有所发明，从“必然王国”逐步过渡到“自由王国”。一九七一年六月一日，组织上安排他的夫人满子参加家属代表小组，到潢川“五七干校”参观慰问，家属代表们受到校部敲锣打鼓的欢迎，这在当年是最大的奖赏，最大的光荣。

有朋友告诉我说：至善先生去“干校”之前，在夫人满子的精心照顾下，可以说有点儿“养尊处优”，要是换一个人，别说酷暑住四面漏雨，严寒住八面透风的牛棚，光是“饮食”这一关就很难熬，没料到他这么“能上能下”，到了“干校”就“脱胎换骨”，变成了另一个人。把至善先生的“蜕变”归结为他在“干校”被动地受到磨炼，是“被改造”的结果。这位朋友大概没有注意到至善先生是一位很讲“认真”的人，弘一法师一直是他崇拜的偶像，而弘一法师正是一位事事“认真”的典范。

关于弘一法师的为人，夏丏尊先生在《〈弘一大师永怀录〉序》中说：

综师一生，为翩翩之佳公子，为激昂之志士，为多才之艺人，为严肃之教育者。为戒律精严之头陀，而卒以倾心西极，吉祥善逝。其行迹如真如幻，不可捉摸，殆所谓游戏人间，为一大事因缘而出世者。现种种身，以种种方便而作佛事，生平不畜徒众，而摄受之范围甚广。

夏丏尊先生对弘一法师的“认真”作了精彩的诠释。至善很认同夏丏尊先生的评赞，十分欣赏弘一法师的“认真”：当“翩翩公子”时是“认真”的翩翩公子，当“志士”时是“认真”的“志士”，当“艺人”时是“认真”的“艺人”，当“教师”时是“认真”的“教师”，“出家”后是“认真”的“和尚”。一九二九年，夏丏尊先生集资为弘一法师在白马湖建筑“晚晴山房”，弘一法师在“晚晴山房”驻锡期间，还是小姑娘的满子负责给他送饭，对于弘一法师无论吃什么都细细品味，绝不“乱吞胡咽”的神情记得特别清楚。至善先生从她口中对弘一法师有了更多的了解，告诉我说弘一法师最能“把日常生活咀嚼玩味”，认为“世间竟没有不好的东西，一切都好，小旅馆好，统舱好，挂褡好，破席子好，破旧的手巾好，白菜好，萝卜好，咸苦的蔬菜好，跑路好，什么都有味，什么都了不得”，说弘一法师对生活有“真”的了解，因而也能得到“真”的享受，这一切都得益于他的“认真”。至善先生在“干校”的“脱胎换骨”，同样的也得益于他的一贯的“认真”。虽说身居高位，享受高薪，生活优裕，但到了“干校”就认认真真地放下身段，过起“干校生活”，披星戴月，战天斗地，晴天一身汗，雨天一身泥。放牧、铡草、配制饲料，就像看书写文章那样一丝不苟；把屎、把尿、谨防牛不被牛虻叮咬，就像当编辑时帮助作者看稿改稿、杜绝出错似的那么用心，自觉磨砺，创造性地把“牛倌”的工作做到最好，做到极限。“认真”才是至善先生“脱胎换骨”的“源头”。

至善先生说过他“写作有两条守则：一条是要写自己的话，一条是要自己用心改。”至善先生晚年多次谈起周有光先生，赞赏他与时俱进，很早就用电脑写作，他自己没能趁早学电脑，写稿子只能伏在书桌上爬格子。用电脑写作，最大的好处是便于修改。至善先生“爬格子”，“爬”得特别辛苦。虽说是“大家”，可写东西似乎总不那么“自信”，即便写一封短得不能再短的信函，也总是先打底稿，反复看过后觉得满意了这才恭正地抄写一遍。他给《叶圣陶集》图片写的“文字说明”，短的只有十几个字或二三十个字，长的也不过几十个字，但他反复打磨，定稿前还特地让小沫念给我听，看看是否新颖，是否顺畅。《叶圣陶集》有二种版本，同一张图片，可在不同版本中的“文字说明”是不尽相同的，这都是至善先生认真打磨的结果。至于长的文章，写作过程中的推敲和斟酌更多，改一次抄一回，一篇文章抄抄改改好几遍。至诚先生去世后，他写《至诚终于先去了》怀念至诚，文章刚写了一半，恰好我去看他，他就念给我听，念着念着就哭了起来。满子告诉我说“一边写也是一边哭”。等我下次再去的时候，文章已经写完了，他把结尾念给我听，叫我看看这结尾是否收得住，结尾是这样写的：

> 兆言陪我们到宾馆。我跟他说：“你请谁帮我们买一只花篮，一定要用鲜花。你爷爷最讨厌纸花。”第二天，就是二十七日早晨，兆言打电话跟我说，花篮买到了，是鲜花，问我绸带上怎么写法。这倒是个难题，我想了想说：“就这样写，‘三官呀，你去早了。’具名嘛，就写‘阿哥，阿姐，满姐姐。’你爸爸一死，只有你妈这样唤我们三个了。”
>
> 搁下话筒，我回过头来问至美，“这样好吗?”至美噎住了，手掩着脸点了点头，只见泪水从她的指缝里往外溢。

还没听念完，我的眼泪也流出来了。文章写得这么感人，固然是缘于写实，缘于真情，可怎样才能把真情写出来，同样需要潜心构思，苦心经营。我与至诚先生也有很多交往，至善先生把文章念给我听，让我看到他不耻下问，极其谦恭的一面。

五

至善先生晚年有点悲凉和寂寞。“为了子女宁肯把心操碎的可敬的父亲”圣陶先生走了，“好兄弟”至诚走了，长子三午走了，次子大奎走了，相濡以沫的满子也患了老年痴呆症，无法交流了。他好多次和我谈到，他与父亲圣陶先生相比，最缺少的是没有朋友。茅盾、郑振铎、朱自清、俞平伯、郭绍虞、顾颉刚、王伯祥、章元善、胡愈之、朱光潜、王了一、赵朴初、徐调孚、周予同、周建人、巴金、萧乾、吕叔湘乃至胡绳、胡乔木等名家都是圣陶先生“一辈子”的朋友，而至善先生的朋友真的不那么多。好在他特别喜欢音乐，西方的，中国的，古典的，流行的，都喜欢听，晚年在看书和写作之馀试着吹箫，吹埙，还向我打听能不能托日本朋友帮他买一把锯琴，后来又尝试着“倚声填词”，前后将一百五十首古诗词填入人们耳熟能详的一百五十首老歌，一九九八年编汇成《古诗词新唱》，出版后引起了同好者的关注，行家们对他在音乐方面的功力和造诣赞叹不止。

《古诗词新唱》最早在《民主》杂志发表时，至善先生拟的一则“赘言”中写道：

> 中学时代唱过不少我国诗词配上欧美曲调的歌，大多出自弘一法师之手，当然在他出家以前。我很喜欢唱这样的歌，因而记熟了不少古人的诗词，同时记熟了不少欧美的曲调，有各国的民歌，也有名家的传世之作。老来越发好弄，忙里偷闲，哼哼唧唧，居然凑成了若干首。想陆续发表，求正于同好。

“同好”看了又惊又喜，怂恿他多配几曲，至善先生也不负众望。他在后来写的《〈古诗词新唱〉前言》中说：“古代的诗词本来都是可以唱的。先是没有记谱法，没法把曲子记下来，只能口耳相传；后来记谱法是有了，却不很完善，又不能普及，主要仍旧依靠口耳相传。年代隔得久了，曲子渐渐亡佚，诗词失去了音乐的依傍，只能吟诵，没法再唱，实在是非常可惜的事。配上现成的曲子，使某些古诗词能够唱，多少可以弥补一点儿缺憾吧。”“倚声填词”，是一件十分艰难的事。不仅词、曲要按词（曲）牌填词，就是格律诗也要按绝、律的字、句、声、韵写作。此外，诗、词都还有句式、对仗的要求。“倚声填词”因为有内容受形式束缚之弊，因而也对字、词锤炼以及情意浓缩有更高的要求，只有配得“和谐”了，才更有利于吟咏、记忆、唱和、流传。至善先生煞费苦心，他给诗词配的曲子，屡见“奇妙”，唱罢会“绕梁三日”。年过八旬，思维如此活泼，“脑细胞尚能跳迪斯科”，让人有“只此一家”的赞叹。

至善先生听了当然很欣慰。他说如果有人“在唱这些歌的实践中能得到乐趣，从而对诗词和曲子偶有兴会，就是我莫大的幸运了”。这“莫大的幸运”同样得益于他的“认真”。他在《〈古诗词新唱〉前言》中说：

> 给一首诗或一首词配上现成的曲子，先得选定配哪一支曲

> 子。有时候很凑巧，诗或词有多少句，曲子也是多少句，诗句和乐句正好一一相配，甚至各句的长短也差不多。有时候却不然，往往乐句多于诗句，或者长于诗句，我只好用重复的手段来处理：重复完整的诗句，或者重复诗句中的某个短语，某个语词，某个单字。
>
> ……
>
> 有的时候，曲子比诗词短，只好重复一遍，或者重复其中的某些乐句。有的时候，曲子比诗词长得多，只好截取其中的一段，或者删去其中的一段。碰到这些情形，我在《校后琐记》中都作了交代，好让歌唱爱好者评判处理得是否妥当。国外的歌中常常有“啊”“哦”之类的叹词，都只好照搬；在我国的诗词中是没有这样的叹词的。

找乐谱，选诗词，这种“配合”就像“相亲”似的要认真挑选，直到两相合适得不能再合适了才“选定”下来，“词”和“曲”选定后，还得磨合，再用艺术“手段”来加工处理，边填词边唱，不断修改，务必完善。

《古诗词新唱》面世后，至善先生全身心地投入《叶圣陶集》的修订工作，将一九八七至一九九四年出版的二十五卷本，重新厘定为二十六卷，于二〇〇四年年底由江苏教育出版社出版。《叶圣陶集》第二十六卷是“传略和索引”，“传略”就是至善先生写的长达三十五万字的传记《父亲长长的一生》。

至善先生写《父亲长长的一生》的经过，我知道得很详细，也很关注这部传记。至善先生在父亲身边生活了七十年，父亲是他“朝夕在一起的老师、同事和朋友”。他曾经出过一本书，书名就叫《父亲的希望》，在这本书的《自序》中说：“我一直生活在父亲身边，父亲按他的希望关心我，教育我：希望我身体比他强壮，心灵比他明澈；希望我能够生产出供人家切实应用的东西来，不要像他似的只干笔墨的事。”又说父亲的关怀和培养“像空气一样，我无时无刻不在呼吸”。“自己生活在空气的海洋里”，“父亲不在了”，“在琐琐屑屑的回忆中，我还能重温父亲对我的关心和教育。”父子如此情深，那么至善先生怎样写这部“传记”呢？

还记得圣陶先生健在的时候，曾有出版社和杂志社“求”上门来，原因是他们出版（发表）的相关作家的介绍或研究的文章，引来作家子女们的愤怒和抗议，指责他们出版（发表）的文章是污蔑和造谣，损害了父亲的清名，火急火燎地要追究责任。出版社和杂志社很无奈，恳请圣陶先生站出来“主持公道”。每当遇到这种事，至善先生总是很感慨，说做儿女的最好不要把父母亲说得那么“神圣”，把父母“不会”什么什么的话说得那么绝对，批评有些当儿女的连别人的文章都还没有看明白，就兴师问罪，说这样做真傻。也正是因为看到这些“乱相”，他这本《父亲长长的一生》，从某种意义上说，就带有点儿如何给父亲“树碑立传”示范的意义。对父亲没有过多的赞美之词，只是把父亲放到时代的大潮中，放到“文化人”的群体中去叙说，其主要价值侧重在展示“文化人”这个特定的群体，帮助你了解一个特定时代的特定人群。这种明智的做法，得益于至善先生的通达，也得益于至善先生的认真。

说起“认真”，还有一点是不能不说的。中国社会一直在风风雨雨中前行，“否定之否定”是文人学者普遍的苦恼。对于大多数人而言，二十世纪五十年代之前是有“自我”，但在二十世纪五十年代后则失去了“自我”，到了二十世纪八十年代才又找回了“自我”。这种现象在至善先生身上不能说没有，但表现得很轻淡。在历次运动中，他讲“团结”，讲“谦让”，“知之为知之，不知为不知”，从来“不凑热闹”，也从未写过纯粹“应景”的文章，这种难能可贵的“定力”和“真诚”，尤为值得我们学习和景仰。最好的纪念是阅读。从这部《叶至善集》走进至善先生的世界，一定会厚实我们的底蕴，纯粹我们的精神，完美我们的性情的。

以上都是我最想说的话，至于说得是否符合写《序》的要求，还能不能算是一篇《序》，也就顾不得了。

二〇一四年九月五日于北大畅春园寓所

写在前面

叶小沫　叶永和

父亲叶至善在他写的《编辑工作的回忆》一文中说："我生长在一个编辑的家庭里。我的父亲叶圣陶，大家都说他是文学家，是教育家，是语文学家，其实他当编辑的时间比干什么都长，花在编辑工作上的心力比干什么都多，就是没有人说他是编辑家。如果从一九一一年编油印刊物算起，他连头带尾，一共做了七十三年的编辑工作。"父亲又说："我的母亲胡墨林也是当编辑的，虽然过世得早，算起来也做了二十八年编辑。"接下来他说："抗日战争后期，开明书店在内地成立了编辑部……父亲的几位朋友看他们俩（圣陶先生和夫人）实在忙不过来，知道我文字还清通，懂的东西比较杂，撺掇我辞掉了教员，帮我父亲编辑新创办的《开明少年》月刊。那是一九四五年八月，我二十七岁。……从一九四五年八月到现在，足足四十一个年头了，我还没有放下编编写写的工作。"父亲的这篇文字是一九八六年写的，二十年后父亲过世，算起来他也做了六十一年的编辑。像爷爷一样，父亲花在编辑工作上的心力比干什么都多。他热爱编辑工作，说自己有编辑瘾，老也干不够。

父亲当编辑，新中国成立前在开明书店，新中国成立后在中国少年儿童出版社。这两家出版社面对的读者都是青少年，父亲编辑了许多优秀的青少年期刊和图书，那时候他把所有的精力都放在这些事情上了。"文化大革命"以后，收集和编辑爷爷的著作成了父亲义不容辞的责任，几乎占去了他所有的时间。就这样，为了青少年读者，为了爷爷，父亲放弃了许多自己想写的文章，想写的书。而今留下来的一些文字，是在做这些工作的空隙写的，真的是少之又少，但是父亲从来没有后悔过。

有人说编辑工作是“为人作嫁”，对此父亲一直耿耿于怀。一九七七年他写了一首《望六书怀》，其中有这样一句话：“且不悔为人作嫁”，还特意解释说：“在北京的方言中，把‘且’字用在一句否定的话的头里，语气比‘终’字更加斩钉截铁：不但过去没悔过，现在仍然不悔，将来也绝不会悔……”

一九八七年的四月二十四日，是父亲的七十岁生日。晚上，全家人围坐在摆满酒菜的圆桌前，准备举杯祝寿，这时候爷爷站了起来。他说：“今天是至善的七十岁生日，我要说几句话。”爷爷的举动让我们感到有些意外，热闹的席间顿时鸦雀无声。爷爷善于演讲，这是大家都知道的，无论大会小会，他都可以站起来就讲，不用讲稿，说得清清楚楚。但是在家里，爷爷从来没有这样郑重其事地讲过话，在我们的记忆中，这还是第一次，而且看得出来，这些话在他已经想了有些天了。那年爷爷九十三了，说话的声音依然洪亮，条理依然清楚。可惜的是，当时谁也没有想到爷爷要讲话，没有把他的话记下来。时隔多年，他当时说了些什么，我们已经记不清了，大概的意思却没有忘。爷爷夸奖父亲，说父亲做编辑做得很努力、很认真、很有创意，在许多方面做得比他好，还举了一些例子。最后他说：“对于这个儿子，我感到很满意，我说这些话，也有要大家向他学习的意思。”爷爷的讲话，让这次家庭寿宴显得有些庄重。大家鼓掌举杯，向两位老人表示敬意。父亲的脸上是得意时才会有的充满童真的顽皮的笑。七十岁的儿子得到九十三岁的父亲的肯定和夸赞，还有比这更幸福的事儿吗？上个世纪三十年代，爷爷写过一篇《做了父亲》，在那篇文章的最后一节他说：“对于儿女也有我的希望。”“一句话而已，希望他们胜似我。”那一刻，爷爷有没有想起五十多年前自己写下的心愿？

十个月后，爷爷过世了。

父亲八十岁那年，中国少年儿童出版社要为他们这位老社长祝寿，并建议他编一本集子，交给出版社出版。父亲说：“祝寿不敢当，出本集子，我很愿意。”还给集子起名“我是编辑”。回想那些日子，父亲显得有点儿兴奋。替他想一想，都八十岁了，才张罗编一本自己的散文集，心绪自然难以平静。多年来，父亲一直忙着编辑爷爷的文集，自己写的一些文章散落在各种报刊上，大多没有收集，寻找和收集颇费了一些工夫。记得父亲很有些无奈地对我们说：“我在整理爷爷的东西，我的东西却没有人帮我整理。”我们听着，尴尬地站在那里无言以对，心里是针扎一样的痛。

四年前，我们开始编辑父亲的《叶至善集》，经过努力终于成书。全书分为：编辑、科普、传记、散文、创作和书信六卷。这不是全集，其中科普卷和书信卷，由于各种缘由，缺失的文字尤其多。尽管只有六卷，也足以反映父亲对于编辑和写作的熟谙，涉猎方面的丰富，兴趣爱好的广泛。父亲爱动别人没有动过的心思，爱尝试别人没有做过的事情，他总是不断地求新求好，写出来的东西读着就特别有味道。读者在认真看过之后，会觉得这是一个很有智慧，很有兴味的人。

我们学父亲编《叶圣陶集》的样，在《叶至善集》的每一卷的后面写了编后记，就这一卷的内容加以说明，以便于读者阅读。虽然我们和父亲一样，生长在一个编辑的家庭里，却没有父亲那样勤奋和努力，因此没有父亲做得好。尽我们的力量所编辑的《叶至善集》，一定存在着许多问题和不足，希望读者看到了给我们指出来，在以后编辑父亲的书的时候，我们会加以改进。向爷爷和爸爸学习是我们一生的追求。

我们请商金林教授为《叶至善集》写序，他愉快地接受了。我们知道，金林兄和父亲有着非同一般的交往，由他来写序，定会饱含非同一般的情感。果然，看了他的序，我们的欣慰溢于言表。说它是一篇序，倒不如说它是一篇情文并茂，夹叙夹议的祭文。看得出来，凭着对父亲的热爱，他认真地阅读了父亲的集子中几乎所有的文章，对每一卷中有特色的文字都做了介绍和评述，可以说是这六卷本的非常优秀的导读。更难能可贵的是，序文从头至尾生动地记述了许多父亲生活中的真实细节，这不仅表达了他对父亲的深切怀念，也可以让读者感受到父亲在待人上的脉脉真情。正因为很少有人这样写父亲，因此这一点尤其令我们感动。序文写得这样好，“感谢”二字岂能表达我们的心意，况且金林兄和我们情同家人，说感谢反倒显得生分，不说也罢。

感谢开明出版社，为出版名誉社长的这部《叶至善集》，他们倾力相助，给予了各种支持，各种方便。要感谢责任编辑支颖同志，她的工作细致而有创意，在她的努力和坚持下，使得这部书得以顺利出版，她给出的许多建议都被我们采纳，从而为书增色不少。

2014 年 9 月 4 日

总 目 录

目　录

我是编辑

序跋集

第一辑　写给自己的书

第二辑　写给父亲的书

第三辑　写给别人的书

图书广告集

我是编辑

趣味和启发

——在中国科普创作协会代表大会上的发言

我是给少年儿童编科普读物的，想谈两个问题，算不上什么经验，只是一些零星的想法。一个是趣味性的问题，一个是启发性的问题。

趣味从哪里来？我想，既然是科普读物，趣味应该主要从科学知识中去发掘。天地生，数理化，从宏观世界到微观世界，从应用技术到基础理论，有趣的问题俯拾皆是，都可以写成孩子们感到兴趣的科普读物。

就拿初等几何学来讲吧，这是一门十分严格的运用逻辑推理的学科，似乎没有什么趣味可言了。其实不然。周密的逻辑推理本身就是很有趣的，这且不去说他。为什么许多天体基本上是球形的？为什么人造地球卫星的轨道是椭圆形的？为什么蜂房是六角形的？为什么水面上的油滴是圆形的？为什么照相机的架子用三条腿？为什么打场用的石磙子一头大一头小？各方各面，跟几何学密切相关的有趣的问题，多得说也说不尽。几何学尚且如此，何况其他，就在于怎样去发掘。

并不是只有新奇的东西才能引起孩子们的兴趣。比如机器人吧，是个新东西，现在讲得很多了，说机器人能这样能那样，奇怪得了不得，这些当然也是知识。可是要深入一步，说一说机器人为什么能这样能那样，就会碰到“程序”呀，“指令”呀，“信息”呀，“贮存”呀，这一连串的拦路虎，要跟小读者一一讲清楚可就难了。难怪目前给孩子们讲机器人，大多编造一些离奇古怪的故事。我想，小读者如果看得多了，恐怕也会感到厌烦的。科学技术的最新发现最新发明，当然要让小读者知道，恐怕也只能讲到这么个程度。可是趣味总建立在理解的基础上，不能让孩子们理解比较深，要使他们感到有趣就比较难。所以我想，给孩子们写科普读物，还是多写一些他们在生活和学习中常见的东西。这样做不但容易引起他们的兴趣，也是帮助他们学习好基础知识的需要，帮助他们养成爱科学、学科学、用科学的习惯的需要。

枯燥无味的科学读物诚然是有的，甚至还不少，这不是科学知识本身的罪过，只能怪我们这些人没把工作做好。不把科学知识中的趣味发掘出来，只是加一些“这是多么有趣呀”，“你一定感到十分惊奇”之类的话，是无济于事的；不讲科学本身的趣味，只套上一个有趣的故事，也无济于事。科学知识绝不是味道极苦的补药，非得裹上一层糖衣才能哄孩子们吞下去。这样糖衣药丸式的科普读物也是有的，故事编得的确能吸引小读者，可是一讲到科学知识，仍旧是干巴巴的叫小读者难以接受。他们看故事看得非常带劲，看到科学知识的部分却跳了过去，就像把糖衣吮了，发觉里面原来是苦的，只好把它吐掉：进行科普教育的目的仍旧没有达到。

我不是说科普读物不能采用故事的形式。只要有利于向孩子们进行科普教育，各种文学形式都可以采用，而且应该采用。形式总是为内容服务的，总得服从于内容。有人说科学文艺是科学和文艺的结合，从这个意义上来说，无疑是对的。这种形式和内容的结合，应该非常自然，毫不勉强。不能因为写的是科学诗，讲的是科学，就可以没有一点儿诗味；反过来说，如果没能从科学知识中找着“包袱”，也就写不成像个样子的科学相声。别的文学形式也是这样，对科学知识没有比较深的解理，没有掌握必要的文学技巧，恐怕是不容易写好科学文艺的。

科普读物的目的既然是普及科学教育，我想，不管采用什么形式，包括各种科学文艺在内，知识一定要力求准确，判断一定要有根有据，推理一定要符合辩证法。以文害义总是不好的。总不能为了引起孩子们阅读的兴趣，就向他们传播一些错误的知识，传播那些不必根据事实、不必尊重客观规律的思想方法。在过去的年代里，主观主义干了不少违背科学的蠢事，使我们的国家吃了不少亏。我们决不能把孩子们再引入歧途，使四个现代化的实现再受到挫折。

给少年儿童写科普读物，要特别注意启发。作者要用自己的笔，把小读者探讨问题的积极性调动起来，引导他们去观察，去实验，去思考；潜移默化地使他们养成自己发现问题，自己解决问题的本领和习惯。

作者是知识的给予者，这是没有疑问的。可是我想，作一个给予者还远远不够，还必须引导孩子们去探求知识。光做给予者，一个劲儿向小读者灌输，不是个好办法。把孩子们当成口袋，他们一定连口袋也不如，装进口袋的东西总在口袋里，一味向孩子们灌输，结果很可能一点儿印象也剩不下。不调动他们的积极性，不引导他们自己去想，自己去做，自己去学，知识很不容易巩固下来；要求进一步开拓知识领域，加深理解程度，那就更难办到了。

所以我想，作者在给孩子们写科普读物的时候，最好不要以给予者自居——好像自己真是个老博士，无所不知，无所不晓；你不必动脑筋，有问题尽管来问我好了，这是这样的，那是那样的，甚至连问题也不用你提，你只要听我的就成。小读者处在这样被动的局面中，怎么会感到兴趣呢？怎么能发挥他们自己的积极性呢？我想，孩子们一定是不甘心于被动的。我们也不希望把孩子们培养成事事仰仗于他人，自己不动脑筋的人。

不以给予者自居，就是说要把自己放在跟小读者同等的地位上，跟他们一同来提出问题，一同来探讨问题。不要光把结论告诉读者，说这是这样的，那是那样的，而是向他们提供丰富的材料，提供思考的根据，激发他们探索知识的兴趣，引导他们通过自己思考，最后自然而然地得到结论，而这个结论正是作者想告诉小读者的。提出问题要顺着小读者的思路，由此及彼，由表及里，逐步引向知识的广度和深度，使他们探索的兴趣越来越浓。提出的问题不必全都解决，也不可能全都解决。因为有些问题，不是凭小读者的知识水平所能解决的；有些问题，可能目前在科学界还没有解决。只要问题的本身是小读者能够理解的，提出来不解决也有好处，可以让小读者知道科学是没有止境的，不但自己的知识还很少，全人类的知识也很不完善；这就可以使孩子们造成“悬念”，就可以鼓动他们不断地探索。我想，这也是必须启发的一个重要方面。

有人把写文章叫做笔谈，是很有道理的，作者写文章就是用笔跟读者谈话。但是写文章毕竟不是面对面谈话。跟孩子们谈话，他们不懂就会提问题，他们感到乏味就会表现出怠倦。作者写文章的时候，小读者可不在当面，没法听到他们的意见，看到他们的表情，所以必须预先设想周到，他们可能会有什么样的反应。有些地方，孩子们可能不懂，是设法帮助他们理解清楚呢还是暂时不讲；有些地方，孩子们可能感到没味儿，能不能换一个角度或者换一个方式来引起他们思索的兴趣。我想，作者如果处处为小读者着想，一定能使小读者感到亲切，更容易把他们探讨问题的积极性调动起来。

要预先设想小读者的反应，必须对孩子们有比较深的了解，了解他们的生活情况，了解他们的知识水平，了解他们的理解能力，了解他们的思考方式，了解他们的兴趣爱好，了解他们的语言习惯。只有把一切都了解透彻了，才能做到循循善诱。有些给孩子们读的科普读物不受欢迎，问题大多出在对读者的不够了解上。所以我想，优秀的教师很可能成为称职的少年儿童科普读物的作者，我们决不应该忽视这一部分力量。

一九七九年八月

让作者有感而发

——在杂文座谈会上的发言

大概是要我父亲来参加今天的座谈会的，看我父亲年纪大了，天又冷，出门不方便，所以叫我来当个联络员。昨天晚上我对父亲说，《文艺报》要召开座谈会谈杂文，问他可有什么话要说。父亲说他近来想的是教育方面的问题，想到什么就写下来寄给《文汇报》了，叫做《晴窗随笔》，也算是杂文吧。至于文艺方面，近来不大去想，所以说不出什么来。

大家主张杂文要写得短，我父亲也说，文章要写得短些；但是又说，如果非得多写若干字才能把意思说清楚，长一点儿也不妨：总之要为读者着想，让读者有所得，读过之后会去考虑一些问题。所以我想，杂文总得有点儿新意，总要让作者有感而发才好。

去年，我父亲在《读书》上发表了一篇《祭文·悼词》，篇幅稍长了点儿，大概也可以算杂文吧。这篇文章不是《读书》约的稿，约稿人是我。我父亲对追悼会上念的悼词有好些意见，我听他说过不知多少遍了。那一天参加宋云彬先生的追悼会回来，我父亲又若有所失。我想起小时候读过的《祭十二郎文》和《祭石曼卿文》，跟父亲说，悼念文章恐怕历来就有这样两类，撺掇父亲写一篇“搭题”文章。父亲当时就叫我把《古文观止》找出来，还问我，写得了给谁家发表好。我说就寄给《读书》，这不是名副其实的读后感吗？我觉得这次约稿很成功，因为没有强加于人，强人所难。当编辑的跟作者约稿，最容易犯这种主观主义的毛病。

真个“三句话不离本行”，又说到编辑工作上来了。就此打住，免得越扯越远。

一九八〇年二月

把儿歌也动员起来

小时候唱的一支儿歌，至今还记得，题目是《青蛙》。

青蛙变化甚奇，初生淡水河里，
小小黑点如棋，背后拖一尾。
未几四足生齐，尾与体自分离，
换了一套新衣，青青真美丽。

阁阁阁阁阁，宜水又宜陆。
头顶睁开双目，闪闪光四瞩。
舌根连下颚，取食可伸缩，
害虫好充口腹，大功保护谷。

这支儿歌大概是前清末年办新式学校的时候，某一位留学日本回来的教师给小学生写的。我学会这支歌也有五十多年了，是父亲教的，至今还能唱。

我觉得这支儿歌很好，因为它扼要地把青蛙的生理特点和生活习性告诉了孩子们，而这些知识，正是孩子们应该知道的，而且能够理解的。还有个好处，孩子们唱了这支儿歌，会产生自己去观察青蛙的欲望。

这样切实的传授科学知识的儿歌，现在似乎很少听到。孩子们都喜欢唱歌，这是大家知道的。能不能把儿歌也动员起来，向孩子们进行观察自然、热爱科学的教育呢？我想是可以的。早在七十多年前，不是已经有人这样做了吗？

如果写这一类儿歌，这支《青蛙》有许多值得学习的地方。作者把青蛙这种两栖动物的变化、形态和习性，说得很具体，简明扼要，又避开了孩子们还不容易理解的一些东西，如用鳃呼吸和用肺呼吸之类，这些都可以说是它的长处。但是也有点儿错误，如“尾与体自分离”就说得不确切。我小时候饲养过蝌蚪，看它们慢慢长出脚来，变成青蛙，可没有见过掉下来的尾巴。据我观察，蝌蚪在变成青蛙的过程中，它们的尾巴是逐渐缩短，最后消失的。我想，给孩子们传授科学知识，不管采用哪种方式方法，总得尽可能避免错误。

在形式方面，这支《青蛙》也有值得学习的地方。它实际上是两支歌。前一支八句说蝌蚪怎样变成青蛙，押一个韵；各句的字数是“六、六、六、五”，重复一遍，谱的曲子基本上也是重复一遍。后一支八句说青蛙的生活，押另一个韵；各句的字数是“五、五、六、五”，重复一遍，谱的曲子相应有点儿变化，基本上也是重复一遍。这种形式方面的讲究很必要，为了便于孩子们记忆和歌唱。

倘若说这支儿歌的毛病，最主要的是用了许多文言的词儿和句法。我学这支儿歌的时候还没进小学，虽然能哩哩啦啦地唱，并不明白唱的是什么意思。不过得原谅作者，当时的小学课本全用文言，他能写出“换了一套新衣，青青真美丽”这样的大白话来，可以说够开通的了。我们现在写儿歌，在用词造句方面最好多注意点儿，用词一定要挑选孩子们能够理解的，造句一定要尽可能接近口头语言，务必做到让孩子们一听就能懂，唱几遍就能记住。

一九八〇年三月

给自己立的规矩

鲁迅先生在一篇杂文中指摘过某些人，他们忘记了自己曾经做过孩子，把孩子看作蠢材，变本加厉地愚弄孩子。鲁迅先生在他的杂文中举了不少例子，恐怕还是随手拈来的，有个例子是一首儿歌：

“月亮！月亮！
还有半个那里去了？”
“被人家偷去了。”
“偷去做甚么？”
“当镜子照。”

鲁迅先生模仿孩子的口吻，也写了一首儿歌，着实讽刺了那位作者一下：

天上半个月亮，
我道是“破镜飞上天”，
原来却是被人偷下地了。
有趣呀，有趣呀，成了镜子了。
可是我见过圆的方的长方的八角六角
　菱花式的宝相式的镜子矣，
没有见过半月形的镜子也。
我于是乎不很有趣也！

那位儿歌的作者以为自己的设想很巧妙，足以逗引起孩子们的兴趣。他这样挖空心思，却违背了事实——镜子没有半圆形的，当然就不能达到他预期的效果。鲁迅先生替孩子们说了话：他们也有生活经验，也会自己思考，因而不那么容易受骗，也不愿意被愚弄。

在三十年代刮过一阵颂扬武训的风，少年儿童刊物上也有不少这样的文章。内容差不多，无非说武训是个乞丐，吃臭饭，喝脏水，得了钱一文不花，拿来办学校。有篇文章在说完了武训的故事之后，还问："小朋友，你念了上面的故事，有什么感想?"鲁迅先生认为这是一个难答的问题，就以《难答的问题》为题写了一篇杂文。他说：

> 我真也极愿意知道小朋友将有怎样的感想。假如念了上面的故事的人，是一个乞丐，或者比乞丐景况还要好，那么他大约要自愧弗如，或者愤慨于中国少有这样的乞丐。然而小朋友会怎样感想呢，他们恐怕只好圆睁了大眼睛，回问作者道：
>
> "大朋友，你讲了上面的故事，是什么意思?"

鲁迅先生回敬了那位作者一个难答的问题：你讲这个故事是什么意思？要小朋友自愧勿如一个乞丐？要小朋友也去吃臭饭、喝脏水？要小朋友也去讨饭，得了钱一文不花，攒起来办学校？当然都不是。那么为什么要跟孩子讲武训的那些事儿呢？恐怕作者也回答不出。很可能他在动笔之前根本没有想过这个问题。咱们现在可不能再那样漫不经心。咱们写出来的东西，编出来的东西，总得让孩子们读了能多少得到点儿益处，因为咱们都诚恳地希望孩子们长成有理想、有道德、有智慧、有志气、有能力的人，并且在各方面都胜过咱们。如果给孩子们写东西编东西，不先想一想要达到什么目的，想一想会产生什么效果，这是很不负责任的事，颇有点儿愚弄孩子的味道。

"四人帮"打倒以后，学校的教学秩序恢复了，这当然是件好事情；大家写文章鼓励孩子们勤学，少年儿童报刊上纷纷登载，这当然也是件好事情。可是跟着又沉渣浮起，来了"囊萤映雪""悬梁刺股"等一连串教训过咱们的爷爷的爷爷的故事。鲁迅先生也谈起过这些故事，他说：

"这些故事，作为闲谈来听听是不算很坏的（请注意，鲁迅先生说的不是'不算坏'，而是'不算很坏'）。但万一有谁相信了，照办了，那就会成为乳臭未干的吉诃德。你想，每天要捉一袋照得见四号铅字的萤火虫，那岂是一件容易事。"我说，鲁迅先生的忧虑未免有点儿过了头，孩子们是不会受骗的，他们也知道，连那些写故事编故事的人自己也并不想照办。拿我来说吧，我就办不到：悬梁，我没留辫子；刺股，我怕痛，还怕感染了病菌得请医生注射青霉素。所以我反对写那些故事，编那些故事。有人说，给孩子们讲那些故事并不是要他们死照着做，而是要他们学习那些古人的苦学精神。学习为什么非苦不可呢？高高兴兴快快活活地学习，难道不好吗？这是一方面。另一方面，那些古人的精神到底值得不值得学习，恐怕也是问题。据说，"悬梁刺股"的是苏秦（也有人说"悬梁"的不是他，是另一个人）。苏秦是个纵横家，是个政客，他那样苦学是为了求得自己的荣华富贵，那种精神有什么可学的呢？至于囊萤的车胤，映雪的孙康，除了囊萤映雪之外，我不知道他们的其余，想来孩子们也未必知道。即使他们的确有很值得让后人学习的精神，孩子们不知道，当然无从学起。

过去我想，咱们给孩子们写东西，编东西，得给自己立三条规矩：第一条，要跟孩子们讲清楚的事儿，先问问自己是否弄清楚了；第二条，要让孩子们感兴趣的事儿，先问问自己是否感到了兴趣；第三条，要让孩子们感动的事儿，先问问自己是否被这件事儿感动了。近来觉得，除了这三条之外还得加一条，就是咱们要求孩子们做到的事儿，先问问自己是否也打算这样做。譬如说学雷锋吧，你写文章要孩子们学雷锋，可是自己在公共汽车上见了老弱妇孺却不肯让座，那就说不过去。常言道"言教不如身教"，恐怕不仅指在学校里当老师的同志。老师教育孩子们，固然要以身作则，为人师表。咱们写东西编东西，面对着几万几十万孩子，虽然并不都见面，恐怕也应该以身作则，为人师表。自己说的，自己并不打算做，算不算愚弄孩子呢？我看也应该算。

我想：这四条规矩是最根本的，也是最起码的。为什么说是最起码的呢？因为咱们跟孩子们到底有一段距离：自己认为已经弄清楚了，未必能跟孩子们说清楚；自己觉得很有趣，未必能让孩子们也觉得有趣；自己受到了感动，未必能感动孩子们；自己的确打算这样做，未必能鼓励孩子们也这样做。咱们必须熟悉孩子们，了解孩子们，努力缩短这段距离；孩子们的生活、学习、思想、感情、语言习惯、推理方法、理解能力、阅读兴趣等等，咱们都要了解，了解得越深越好，不了解就无法给孩子们写好东西编好东西。为了孩子的成长，为了咱们祖国的未来，咱们得实心实意地做好咱们的工作。

一九八一年三月

没有尽头的“芝麻街”

在纽约，我们特地访问了儿童电视片制作公司。这个公司是以制作给儿童看的知识性系列片著名的，受到美国国家科学基金会的资助。我们在出国前已经听说了，他们为学龄前儿童制作的系列片《芝麻街》，不但在美国国内受到孩子们的欢迎，还译成了许多种语言在世界各地发行。

主人把我们引进一个小会议室，让我们坐在电视机前面，给我们放映《芝麻街》的录像片段。

电视机的屏幕上出现了许多有趣的角色，他们是住在一条街上的居民：有男有女有老有小，在美国孩子看来，都像自己的邻居一样亲切；还有不少布做的玩偶，也都是美国孩子熟悉的伙伴。真人和玩偶在一起演出，谈话游戏唱歌跳舞，能教孩子们看得出神入迷。我们听到一阵连一阵的孩子们的笑声，可见对话一定非常逗，可惜我英语程度太差，没法领略孩子们的乐趣。邻里之间的故事本来没完没了，系列片可以无穷无尽地往下编。内容大多是日常生活中遇到的常识问题，包括认字母和数数。

我们问主人：“为什么叫‘芝麻街’呢？”

主人笑着说：“孩子们都听过阿里巴巴的故事……”

我明白了，“芝麻街”这个名字原来是这么来的：《一千零一夜》里有个《阿里巴巴和四十大盗》的故事，讲深山里有个宝库；谁只要喊：“芝麻，开门！”宝库的大石门会自己打开，金银珠宝就任你挑任你拿。把这部系列片取名为《芝麻街》，就是说这一条街——可以说是一条没有尽头的街——等于一座贮满知识的宝库。

主人告诉我们：《芝麻街》已经有十多年的历史了，不但孩子们欢迎，家长和老师都很欢迎；可是电视台就是不肯把“黄金时间”让给孩子们。

我问：“他们安排在什么时间呢?”

主人说：“通常在下午五点六点之间，每次大约半个小时。”

我笑着说：“对孩子来说，下午五点六点倒正是他们的‘黄金时间’。他们正没事干，在家等着爸爸妈妈回家哩。”

主人也笑了。她告诉我们：他们还有一部系列片，叫《3－2－1，CONTACT》，专门给大孩子制作的，问我们想不想看一看。

怎么会不想呢？主人听我们这样说挺高兴。她换上一盒录像带，一按电钮，电视机的屏幕又亮了。

系列片的主角是三个十三四岁的孩子，两个女的，一个男的；男的是黑人，女孩子有一个是白人，另一个好像是美国南方少数民族的姑娘。听主人后来解释：这样安排是故意的；因为据调查，女孩子和少数民族的孩子不太欢喜学习科技知识。

这段电视录像演的这三个孩子在玩儿一个机械模型。他们提出了一些问题，发生了争执，于是再做实验，互相讨论之后得到了解决。原来这套系列片是专给初中和高小学生讲基础知识的。

可是为什么取这么个奇怪的名字呢？“CONTACT”是“接触”的意思，这“3－2－1，接触”是什么意思呢？

主人解释说：早期的螺旋桨飞机，得用人使劲扳螺旋桨才能发动。扳的人一边扳一边喊口令：“3－2－1，接触!”一使劲，螺旋桨就转起来了。用这个口令作系列片的名字，就是要孩子们起飞，飞向科技世界，去作趣味无穷的探索。

原来这样。我想，颇有点儿我们所说的“开动机器”的味道。

主人送给我们三种杂志，还有许多本书。三种杂志一种就叫《芝麻街》，一种就叫《3－2－1，接触》；还有一种叫《电气伙伴》，是偏于文艺性的知识读物。书的种类很多，大半是给孩子们看的，也有给家长和老师看的，目的是告诉他们怎样去引导孩子们学习知识。不管杂志和书都有个明显的特点，就是吸引孩子们自己去玩儿，让他们在游戏和娱乐中得到知识，享受学习知识的乐趣。

儿童电视片制作公司使我感到很大的兴趣。他们的出品和工作，有许多可以作为我们对孩子们进行知识教育的借鉴，作为我们改进教学方法的参考。并且，一个电视片制作公司可以出书出杂志，我们一个出版社为什么不能制作电视片拍摄电影呢？把视野放宽一些，摆脱那些“专业”“分工”“本职”的束缚，不是能为我们的孩子，能为我们的社会，多做许多有益的工作吗？

一九八一年六月十六日

让科学挤上封面

——在纽约访问时代公司

十来张靠背椅围成一圈，主人和客人团团坐着，每个人都面向大家，谈话既方便，又比较随便。我们对时代公司的访问是轻松而愉快的。

时代公司主要出版《时代》周刊。这种新闻性的杂志对我来说并不陌生，抗战期间在成都，解放之前在上海，我经常看到：开本近乎大32开，封面花花绿绿的，主题离不了“新闻人物”的头像。记得我编《开明少年》用过一张罗斯福总统的像，就是拿墨笔从《时代》周刊的封面上临下来的。现在它的开本几乎加大了一倍，封面保持一定的格局，却并不呆板，因为封面画的内容和形式一期一个样。“士别三日”就得“刮目相看”，何况我跟《时代》已经三十多年没见面了呢。

《时代》周刊本身的变化只是事情的一方面，另一方面，它跟母鸡下蛋似的，还派生了六种刊物，其中一种是科学新闻月刊，叫做《发现》。《发现》的主编黎翁·加洛夫先生向我们介绍说：二十世纪七十年代初，美国发生了许多糟糕的事，科学总是被当作替罪羊，失业啦，环境污染啦，甚至连越南战争，人们都认为是科学发展的产物。幸而人们的认识渐渐地发生了变化，弄清楚了事情所以这样糟糕，原因不在科学本身，相反的，科学的发展会使人们的生活得到改善，如空气的净化，能源的开发。于是，想知道点儿科学知识的人越来越多了。《时代》周刊是综合性的，科学报道的篇幅不可能占得太多，为了适应这部分科学爱好者的需求，就另外办起了《发现》月刊——一种专门报道科技新发展的杂志。

关心发行量，可以说是报刊的编辑和作者共同的职业习惯。不知不觉的，我们和美国同行的话题转到这方面来了。《时代》的科学编辑弗雷德里克·戈尔登先生突然站起来向我们道了声歉，说要出去取点儿东西。一会儿，他兴冲冲地抱了一大叠《时代》回来了，这位访问过中国的老朋友原来要向我们现身说法了。

戈尔登先生展示的第一本《时代》，封面上印的爱因斯坦的画像，在他满头白发周围，飘浮着种种不同的天体，还有一行醒目的字："再发现爱因斯坦"。一望而知，用咱们中国编辑的行话来说，这叫做"配合"——配合爱因斯坦诞生百年纪念。戈尔登先生笑着说："《时代》是新闻周刊，一般不用死去了多年的人作封面，这一回破了例。爱因斯坦对物理学的贡献——他的广义相对论，对当前的科学技术发展来说是非常重要的，依然是很新鲜的。我用他的像作封面，为了引起读者的兴趣。"我同意这位科学编辑的想法，尤其欣赏"再发现爱因斯坦"这一行字。爱因斯坦发现了广义相对论，他已经死了，我们能从他的身上再发现些什么呢？这一行字会使读者产生这样的"悬念"，因而想把这本刊物翻开来仔细读一读。这样做并非卖弄"噱头"，因为用科学技术的最新发展，可以反过来说明广义相对论的重要意义。对爱因斯坦的功绩作进一步的估量，难道不能算"再发现"吗？

戈尔登先生把话头一转，回到了发行量的问题上来。他说："销售份数的多少是刊物办得好不好的尺度。《时代》每期出版，大部分分发给长期订户，有一年的，也有一年以上的；另外有一部分摆在书摊上零售。我们很重视零售量，因为它最能表明我们工作的好坏。零购的读者对《时代》并没有固定的好感，他们买一本回去看，就是因为对这一期产生了兴趣。"这些话我早有体会，检查报刊能不能吸引读者，零售量的涨落就跟温度计那么灵敏。可惜目前在咱们中国，各种报刊可供零售的份数卡得太紧，不能敏锐而且正确地作出反应。对编辑来说实在太可惜了，失掉了这样一个促进工作的尖锐的刺激。

戈尔登先生接着谈到他为了吸引读者，如何想方设法让科学挤上封面。他说在封面上，无论图画文字都要简单明了，让人一看就能理解。他一边讲一边把手里的杂志逐本拿给我们看。封面上的图画都很引人注目，使我更感兴趣的是印在图画上的文字。有一期的封面介绍一位人类学家的工作，印在画上的是"人怎样成人?"另一期报道航天飞机试飞，文字是："前进！飞向新领域!"还有一期报道"旅行者一号"即将到达土星，文字是："土星——在空间相遇"。话是这样的简短明快，用的字体又大，印在封面画上有"画龙点睛"的妙处，真有一股叫人非翻开来读一读不可的劲头。

戈尔登先生诙谐地说："科学争取登上封面可不是件容易的事。有一回，封面画是'黑洞'，就是那种能吸收光的天体，版子制好了，只等签字付印，突然红衣主教保罗一世当选为教皇。《时代》是新闻性的周刊，在这个当口封面非用保罗一世不可，'黑洞'于是被挤到了右上方的那个角落里。保罗一世当了教皇，才当了一个月就死去了。看来宗教如果妨碍了科学，它是不会有好下场的。"

我们和美国同事都大笑起来。戈尔登先生讲得挺风趣，也挺实在。综合性报刊的栏目那么多，科学往往受到其他各栏的排挤，这是不可避免的。可是有时候也不尽然，有一期《时代》的封面，却是科学普及工作者卡尔·赛根把即将上任的里根总统挤到角落里去了。这是怎么回事呢？原来赛根相信科学是人人可以理解的，相信学习科学可以成为一种享受，他编辑摄制并主演的系列片《宇宙》在电视台连续播出之后，在美国几乎没有人不认识这位"科学明星"，并且把他当成了朋友；而里根在总统竞选的时候就经常出现在《时代》的封面上，对读者的吸引已经不怎么大了。

《发现》的主编加洛夫先生补充说："同样一幅爱因斯坦的像，印在《时代》的封面上，效果就跟印在一本高能物理刊物的封面上大不相同。大家都知道广义相对论非常高深，'在学术性刊物上讲爱因斯坦，我是一定没法看懂的。《时代》的文字一向是通俗的，轻松的，有趣的，可以理解的。现在《时代》也讲起爱因斯坦来了，我得买一本回去看看。'"

加洛夫先生的补充是很必要的。我常常这样想，刊物的封面就像商店的门面。封面的格局要相对稳定，不要经常变化，就像商店的门面一个样，能让人一望而知是哪一家。刊名相当于商店的招牌，一定要印得清楚，放在醒目的位置上。封面画相当于商店的橱窗，不但要能告诉过路的人我卖的什么，还要吸引他们走进大门来看看。也许有人会觉得我这样说太庸俗了，但是只要货真价实，卖的不是假药，不是毒药，而是对读者确有好处的真药和补药，为什么不应该把门面装修得尽量引人注目，千方百计地以广招徕呢？

因为谈的是编辑技巧，我们和美国同行有不少相同的体会，虽然有语言方面的隔阂，却越谈越融洽。请允许我用报纸上常见的两句话来结束这篇报道：访问是在亲切友好的气氛中进行的。双方对共同感兴趣的问题坦率地交换了看法，并作了极为有益的讨论。

一九八一年七月

“魔术师先生”和他的创作室

唐·赫伯特是一位儿童科学教学的实干家。他办了一所“魔术师先生创作室”，专给电视台的科教节目提供录像带，因而得到美国国家科学基金会的资助。我们经美国科学作家协会会长卡利顿女士介绍，在洛杉矶访问了这个创作室的主人——“魔术师先生”。

主人在门口欢迎我们，把我们引进客室，介绍给他的夫人。客室里挂着彩带，显得喜气洋洋。我们已经听说了，主人的女儿正好前天出嫁，所以特地带来了两份礼物——两本《唐寅画册》，一本送给老夫妇俩，一本请他们转送给新娘——他们心爱的女儿。

按美国家庭的习惯，已经到了下午用茶的时候。女主人亲自去准备茶点；男主人把我们领到屋前的小草坪上。几块山石，几丛灌木，自然围成一个院子。中间的大理石圆桌上摆着一篮鲜花。大家围着圆桌坐下来拍了几张照片，然后走进餐室。餐室的后墙镶着一大块玻璃。午后的阳光照耀着对面的山坡，黝黑的岩石，苍翠的树丛，衬着蓝天白云，成为一大幅光彩夺目的风景画。

我们正面对着大玻璃，欣赏屋后的自然景色，女主人端出咖啡和馅饼来了。大家一边进茶点一边谈天。主人告诉我们：他本来是教员，一九五一年，电视才问世不久，他制作的节目就在芝加哥播出了，名称叫《巧遇魔术师先生》，内容是简单而有趣的科学实验，主角由他自己充当。孩子和他们的老师都很欢迎他的节目，这位“魔术师先生”从此就出了名；所以直到如今，他仍旧用“魔术师先生”这个外号来命名他的创作室。

主人跟我们谈他的体会。他说：这许多年来，小观众的情况逐渐在改变。科学技术的新发展，热核反应啦，宇航技术啦，都激发了孩子们学习自然科学的兴趣和热情。他认为现在不必像三十年前那样，用过分炫耀“魔法”的手段来吸引孩子们了。他说老师们欢迎他的节目，常常把他的节目片段用在教学上。跟一般的教师相比，他有许多有利条件，资料和器材比较齐全，还可以得到科学研究机关的帮助，并且有充裕的时间为说明每一个主题作出精心的设计。

在谈话中，女主人也不断地提出问题：中国的电视台有没有儿童时间？有没有科学节目？内容大致是什么？每周播出几次？每次的时间有多长？……这一对双鬓斑白的老夫妇，都如此关切孩子们的科学教育，这种精神真叫人感佩。

主人问我们想不想参观他的创作室。怎么会不想呢？在汽车上我们就议论了，这位“魔术师先生”一定有一座相当大的创作室，至少分好几个车间，有不少工作人员，说不定……没想到主人真个跟魔术师一个样，带着神秘的微笑，把我们带进了他的书房。

这间书房不算大，除了靠窗一张书桌，几乎被书架挤满了。还有个书架横亘在中间，把书房隔成两半：前半间是他编写脚本的地方，后半间就是他制作录像带的车间。这位“魔术师先生”就一个人坐在这几乎无法转身的小天地里，对着电视屏幕，摆弄着各种录音设备录像设备，像提炼什么仙丹似的，不断地给孩子们制作足以引他们入迷的科学节目。

我们挤在主人身后，看他用电视机放映自己制作的节目。先放了三个小实验，讲力学的，讲磁学的，讲声学的。数讲声学的最简单最有趣，也最能把原理讲清楚。我们看到主人出现在屏幕上，他在吹一根用吸汽水的管子做成的哨子，一边用剪刀去剪管子；管子每剪去一小截，哨子就提高一个音阶。后来又放映了一段科学新闻，主人又出现在屏幕上，讲解鲑鱼是怎么游到江河的源头去产卵的。他的背后是无数鲑鱼，争先恐后迎着激流，跳跃着溯江而上的场面，显然利用了生物研究机关的纪录片。

主人送给我们四本他自己写的书。四本书的书名都以“魔术师先生的”开头，内容都是教给孩子们怎么做实验的。我送给他今年出版的四本《我们爱科学》。我对他说，我们的印刷条件目前还比较差，可是看了我们编的刊物，一定会发现我们的某些观点和方法，跟美国同行是十分相似的。

最后我请他在书上签名留念。他打开《魔术师先生的科学奥秘》，在扉页上写：

给中国的孩子们

“魔术师先生”唐·赫伯特

在回洛杉矶市区的汽车里，我打开他签名的那本书。原来是他的第一部著作，一九五二年的版本，扉页后面有他当年的相片，还是一位英俊的青年。他现在仍然精神饱满，可是头发终究花白了。在自己开辟的道路上，他已经走了三十年，而且还在朝前走。他们的工作曾经使多少孩子受到教益，那是无法估计的；也无法知道，那些孩子现在都在哪儿，在从事什么工作。不过有一点是可以想象得到的，当他出现在电视屏幕上的时候，一定有不少的爸爸妈妈指着他对儿女们说：“看，这位魔术师先生。就是他，把我们带进了神秘的科学世界。”

一九八一年八月

继承传统和发挥创造力

——跟科普报刊编辑的谈话

科普报刊的出版事业会出现今天这样的繁荣局面，在新中国刚成立的时候，是谁也想不到的；在十年动乱刚结束的时候，恐怕也没有人想到过。

回想解放之初，科普刊物好像只剩下了一种，就是《科学画报》；《科学大众》是不是已经创办了，我记不大清楚，总之至多两种吧。而现在，科普刊物已经超过一百种，还有几十种科技小报，几十种日报都开辟了科技副刊，要百花齐放，园地是满够的了。算一算，新中国成立才三十二年，单说科普刊物，就从一两种发展到了一百多种，倍数多么惊人；如果以印数来计算，当然还要惊人，因为临解放的时候，印数超过三千的刊物就非常少见，而现在，一印就是十几万，甚至上百万。再说编辑队伍，编辑人员增加的倍数，肯定也比刊物增加的倍数大得多。解放前，一种刊物往往只有一两个编辑，而现在呢，少于五个编辑的刊物可能就没有，编制恐怕至少在十人左右。保守一点估计，刊物增加的倍数乘以五，也许方能接近于编辑队伍扩大的倍数。

科普报刊空前繁荣，我们的编辑队伍空前壮大，使我感到兴奋，使我增强了做好工作的信心和勇气。我想，同志们一定能跟我一样，也受到很大鼓舞。下面，我想说一说近来想到的两点意见。

第一点，我们正处在一个继往开来的伟大时代。继往和开来有着历史的辩证的关系，这是大家都明白的。我想，我们这些科普报刊的编辑，对过去的科普工作似乎应该有一个大概的了解。了解过去是为了今后，是为了提高我们工作的本领，做好今后的工作。

大家都知道，五四运动同时提出了两个口号，一个是“要民主”，一个是“要科学”。在“要民主”这个口号下，我们的前辈进行了坚决的斗争，取得了新民主主义革命的伟大胜利。在这一方面，大家比较清楚。可是在“要科学”这个口号下，我们的前辈进行了哪些斗争呢？取得了哪些成绩呢？也就是说，“要科学”这个口号，在新民主主义革命的进程中起了一些什么积极作用呢？不知道各位怎样，对这些问题，我几乎一无所知。听老一辈人说，当时《新青年》杂志发表过不少宣传科学的文章，这些文章批驳反科学，揭露伪科学，针对性和战斗性都是很强的，并不亚于政论文章。在那个时代，反帝反封建的任务那么重，以宣传革命为己任的《新青年》为什么要分出许多篇幅，花费相当大的力气，来进行科学领域内的斗争呢？我想，决不是《新青年》的编辑对科学有什么癖好，有什么偏爱，而是在当时情况下，有非这样做不可的原因。他们很可能认为，要推进革命，这些思想障碍非扫清不可。如果我的想法还符合事实，那么我们后一辈的人似乎有必要把《新青年》上的那些文章找出来研究一下，看看那时候的指导思想是什么，看看那时候进行了哪些具体的斗争；其中有没有我们应该继承的东西，有没有我们应该坚持的东西；哪些问题，那时候已经解决得比较完满了；哪些问题，还需要我们今天继续花气力去解决。当然，研究的时候，得参看另外一些反对《新青年》和支持《新青年》的文章。我想，这个题目是值得研究的，因为可以提高我们的思想水平，提高我们的鉴别能力，对今后的科普工作一定会带来不少的好处。

今年九月是鲁迅先生的百年诞辰纪念，许多报刊到那时候要出专刊。科普报刊是不是也有打算出专刊的呢？我不知道。鲁迅先生在科普方面确实做了不少工作，这是有案可查的，在《鲁迅全集》中有不少可供我们研究的材料。介绍居里夫人和她发现镭的经过，比较详尽的，鲁迅先生可能是最早的一位；翻译凡尔纳的科学小说并加以评介的，鲁迅先生肯定是最早的一位。为了普及科学知识，鲁迅先生不但自己写作，自己翻译，还鼓励别人也这样做。对科学普及，鲁迅先生提出了不少精辟的见解，有许多现在看起来还很新鲜，好像他在四五十年前已经看到了今天会发生什么情况。他恳切地规劝有志于文学的青年不要抛弃科学，告诫他们说，放弃科学，结果会变得连弄起文学来也糊涂。他痛恨用封建迷信从精神上虐杀少年儿童。他呼吁“救救孩子”，要求给孩子以健康成长的权利；其中有一个重要的方面，就是创作和出版知识丰富而又正确的科学读物，来满足孩子们的强烈的求知欲望，帮助孩子们从祖宗给他们设下的愚昧的牢笼中解放出来。

鲁迅先生有好些杂文是以科学知识作为论据的。记得有一篇杂文拿勤纳和拿破仑作了对比，他说：我们臂膀上都有一个牛痘疤，勤纳发明了种牛痘，保全了无数人的生命。可是知道勤纳的人到底有多少呢？拿破仑却谁都知道，并且把他当作英雄来崇拜。大家忘记了有多少万人死在他发动的战争中。文章很短，只三言两语，可是态度鲜明，含意深刻，使人读了引起许多联想。鲁迅先生还经常关心报刊上的科普文章，对某些倾向提出了中肯的批评。记得他在一篇杂文中说，螳螂交尾以后，母的就把公的吃掉了，我们不能因此斥责母螳螂，说它犯了谋杀亲夫的大罪。动物的生活习性是在漫长的进化过程中逐渐形成的。它们不会把人类社会的道德作为它们的行为准绳。我所以能记住这篇杂文的大意，因为在看稿子的时候，还常常会遇到类似谴责母螳螂的那种情形。鲁迅先生反对说什么“古已有之”，反对说什么“外国也有”；他提倡“拿来主义”，赞扬汉唐盛世吸收外来文化的勇气和智慧，但是他也告诫人们说，鸦片还是不抽为好。鲁迅先生的这许多深刻的思想，对于我们这些科普报刊的编辑来说，都是非常实用的。我们要不要也来研究研究鲁迅先生，研究他在科普方面做过哪些工作，发表过哪些言论，在当时起了什么作用，对现在还有什么影响？要不要也写几篇文章在我们编的科普报刊上发表一下？有的报刊可能已经考虑到了，已经作了周密的计划，有的可能没有考虑到。这也不要紧，以后还可以研究，还可以发表文章，不一定要赶百年诞辰纪念。临时拉一篇空泛的文章来应个景反而不好，要表示对鲁迅先生的尊敬，必须有比较切实的内容，潦草马虎，对不起读者，也对不起鲁迅先生。并且最重要的在于行动，在于把鲁迅先生的严谨的尊重科学的精神，贯穿到我们的编辑工作中去。与行动相比，发表纪念文章究竟是第二位的事。

除了研究鲁迅先生，似乎还可以广泛地研究一下“五四”以来科普工作的一般情况。记得我念小学的时候，国语课本的课文中就有好些讲科学知识的，可以算作科学小品。这是半个世纪以前的事了，编课本的是教育界前辈吴研因老先生，课文大概是他亲自写的。那个时候，有篇很出名的童话叫《小雨点》，讲水在自然界中的循环，当时还没有“科学童话”这个名称。现在要找《小雨点》得去翻抗战前的文学作品的集子。《小雨点》的作者是女作家陈衡哲，她是早期留美的科学家任鸿隽的夫人。在那些年代里，文学作家写科普文章的还颇不乏人，正跟有些科学家也写文学作品一样。有位青年编了两位老作家在二三十年代的作品目录，让我帮他看看有没有重要的遗漏。列在目录中的当然大部分是文学作品，可是非常奇怪，里面很有一些篇是讲科学知识的。我这才明白，那时候作家的行当并不是泾渭分明的，只要自己有可以讲的东西，讲出来对读者有好处，对社会有好处，不管什么，他们都写。他们写科普文章，很可能也是受了五四运动提出的“要科学”的口号的影响。专门的科普刊物在当时是很少的，文学刊物刊登讲科学知识的文章却不少。那时候，文学刊物的编辑并不十分排斥科普文章，有的还特意提倡，像主编《太白》月刊的陈望道先生，他是我国第一位翻译《共产党宣言》的。至于专给青年少年和儿童办的刊物，都把普及科学知识当作主要任务之一，刊载的科普文章当然要多一些。可是那时候的科普文章辑成集子的很少，大多分散在各种报刊上，现在要找很不容易，恐怕还没有人作过整理，作过研究。我想，对我们这些科普刊物的编辑来说，研究一下也是很有好处的，至少可以看看我们的前辈已经涉及过哪些方面，达到了什么水平。有的题材，我们的前辈已经讲过了，有的形式，我们的前辈已经用过了，我们再遇到同样的题材，运用同样的形式，写之前可以有个借鉴，写好之后可以有个比较。我们总得超过我们的前辈才好，哪怕只超过一丁点儿。譬如说，有人投了篇稿子来，内容也讲水的循环，形式也是童话，那么我们要不要考虑一下，拿这篇稿子跟半个世纪以前的那篇《小雨点》作个比较呢？如果哪个方面也比不上，恐怕还是不用为好。我举的这个例子是最简单的，也是最次要的，因为其他重要的方面，在前面谈研究《新青年》和研究鲁迅先生的时候已经说过了，再说就重复了。

第二点，现在科普报刊有一百多种，科技小报有几十种，各报的科普副刊又有几十种，是不是太多了？我想，如果编辑方针差不多，内容差不多，读者对象差不多，文章的格调差不多，连编排的形式也差不多，那么，有个两三种来竞赛一下未尝不可，再多似乎就不必要了。如果不是差不多，而是各有各的特色，那就再加一百种也不为多。“百花齐放”并不限于一百种花，花的形态、色彩、香味如果各不相同，那就多多益善，每一种都会受到不同读者的欢迎。要使这么多的科普报刊各有特色，我们这些编辑就得最大限度地发挥各自的创造力。

编辑报刊就怕你讲什么，我也讲什么；你这样讲，我也这样讲；大家要抢个新鲜，结果成了人云亦云，反而没有新鲜的味道。读者在各种报刊上看到的都是同样的几句话，一定会感到味同嚼蜡。像毛孩，一时间有许多刊物发表文章，材料差不多，道理深不到哪儿去，只能笼统地说一句是返祖现象。少数几种报刊报道一下，也有必要，或者从阐明遗传的角度，或者从破除迷信的角度，或者还有其他什么角度；大家都搞，好像搞运动，好像毛孩成了中国的唯一的大问题，似乎不必。当然这也不能怪谁，是不约而同，想到一块儿去了。所以我们当编辑的不能只顾自己编的刊物，还得看看左邻右舍，如果看到大家都在报道某一件事情，或者估计到大家都准备报道某一件事情，那就不妨让一让。退后一步天地宽，这句谚语在这里用得着，科学的天地本来是非常宽的嘛。也有些事情好像是非组织文章反映不可的，譬如我国的运载火箭发射成功，要不要都报道呢？专门讲农业技术的，专门讲动物保护的，这一类刊物跟这一回发射似乎没有关系或者关系不大，可以不报道。另外一些专业性的刊物，像《航空知识》、《无线电》，泛泛的报道就不能满足读者的要求了，恐怕得结合自己的专业来组织文章。综合性的科普报刊，容易犯雷同的毛病。如果大家都转载或者摘要转载新华社的那篇“目击记”，当然就只有大同，连小异也没有了。读者已经在《人民日报》上看了这篇报道，在收音机中听了这篇报道，再看到你的转载，一定一看题目就翻过去了，这不是白白浪费了篇幅？图现成是收不到好效果的，得发挥自己的创造力，根据自己的编辑方针和读者对象去另外组织文章。最好能派出自己的记者去实地采访，写出有自己的特色的，也就是适合自己的读者的口味和需要的报道来。现在有这个条件的科普报刊还很少，将来一定大家都会有的。

再举个例子，上个月底的那次日食，新华社早几日发了预报的消息，各种日报都刊登了。我们科普报刊可以根据各自的情况，决定对这次日食是否要有所反映。《天文爱好者》当然是非反映不可的，对这次日食的预报似乎还应该比新华社发的那则新闻详尽一些，否则不能满足对天文知识有特殊爱好的读者的要求。关于这次日食的实地观察和研究成果等等，我想，《天文爱好者》以后还会组织文章报道的。综合性的科普报刊如果要报道，似乎也以另外出题目另外组织文章为好。我过去是编少年刊物的，如果我现在还在编的话，就会从这么一些方面去考虑选题：日食和月食有什么不同呢？在别的行星上能不能看到日食呢？日食的次数多还是月食的次数多呢？食分是以什么来计算的呢？如此等等，还可以请以前参加过日食观察的同志给孩子们讲讲他们的见闻。我这样考虑，是以什么为根据的呢？拿日食和月食有什么不同这个题目来说吧，教科书上虽然讲了日食和月食的成因，却没有把两者作一个比较。因而有的孩子认为除了太阳、地球、月亮的排列位置有所不同之外，别的情况都差不多，其实两者相差甚多。这篇文章如果写得好，如果能顺着孩子的思维提出一个又一个问题，跟他们一同讨论，逐步深入，很可能对孩子们有点儿启发。像日食月食这样的基础知识，的确老掉了牙，不知被人们重复了几千次了，但是还可以花样翻新，还可以有文章可做，我相信将来也还可以一直做下去。如果文章能通过分析和比较，澄清一些糊涂认识，纠正一些错误认识，对孩子们养成严密的思考习惯会有点儿好处。再说另一个题目，“在别的行星上看日食”，可以让孩子们知道不仅地球上有日食，在凡是有卫星的行星上，都有看到日食的可能，可是情形又各不相同。而地球上这样的日食，有许多特点是在别的行星上看不到的；这些特点给我们研究太阳提供了特殊的条件，可以说我们住在地球上是得天独厚。给孩子讲一讲这些，能开拓他们的眼界，启发他们的想象力，并且让他们逐渐养成这样一种思考习惯，遇到了一件事情，就会设想如果条件变了，现象会相应地产生什么样的变化。这种思考方法，即使孩子长大了不学科技，也是经常要用的。在空间技术飞跃发展的今天，写这篇文章的时候有许多新鲜的材料可以运用，写出来也更容易引起孩子们阅读的兴趣。这个题目，有些给成人编的科普报刊似乎也可以用；当然，文章的着重点，知识的深度，写作的方法，各种报刊都要根据自己的方针任务和读者对象另作考虑，所以即使题目雷同，文章还可以各有各的特色。我只是举几个例子，来说明把科普报刊编得各有特色是可以办得到的，实际上，方针任务和读者对象已经规定了各种刊物的特色。即使方针任务和读者对象都相同，各种刊物还可以有自己的侧重面，文字图画都可以有自己的格调，要编出特色来，还是大有可为。

总之一句话，我们当编辑就要别出心裁，各自把自己编的报刊编出特色来。别出心裁并不是硬要跟谁唱反调，而是根据自己编的报刊的方针、任务、读者对象，充分发挥自己的创造力，努力让这个刊物所选定的这一部分读者能得到最大的真正的益处，同时在这个刊物的方针任务所规定的范围内，为四个现代化作出尽可能多的贡献。如果大家都这样别出心裁，就会相辅相成，就会使目前这个相当繁荣的局面，进一步成为一个百花齐放的局面。

一九八一年八月六日

科学和生活

——祝《科苑》创刊

听说有人在讨论：科普报刊要不要联系日常生活？

如果让我说，答案是肯定的：综合性的科普报刊必须联系读者的日常生活，一部分选题必须从读者的日常生活中去找。介绍一般的带普遍意义的科学知识，由日常生活讲起，能使读者比较容易接受；并且科普报刊也有这个责任，帮助读者运用科学知识解决一些日常生活中的问题。有些科普报刊是以生活为标榜的，那么以选题论，以篇幅论，跟读者的日常生活直接相关的科学知识都应该占压倒多数；不这样做，读者看了会失望的。

话虽这样说，有个原则可不能丢掉：既然是科普报刊，就得把普及科学知识作为自己的首要任务。就因为这样，有的同志提意见说：像做菜、打毛线、裁衣服之类，不该成为科普报刊的内容。

对这个说法，我又同意又不同意。我并非模棱两可，而是因为可以有两种截然不同的做法。

以做菜为例，各种菜谱出版的已经不少，如果科普报刊也刊登菜谱，那就大可不必。道理很简单，刊登一则菜谱，普及的只是某一道菜的做法，并没有普及什么科学知识。

做菜绝非没有科学知识可谈。譬如说维生素 C 受了热更容易被氧化，蔬菜该怎么煮才能让维生素 C 多保留一些下来呢？维生素 A 不能溶解在水里，又该怎么煮才能使维生素 A 让人的肠壁吸收呢？鸡蛋煮得老一点儿好还是嫩一点儿好呢？大块的瘦肉为什么比切成小块的容易炖烂呢？老年人喝牛奶为什么不如婴儿容易消化呢？吃什么补什么的说法到底有没有根据呢？……许许多多科学知识，真是说也说不完，都非常有用，但是读者并不全都知道。科普报刊如果从这样的角度去寻找选题，深入浅出地把科学知识讲透，好让读者举一反三，知道做菜除了讲口味，还要顾到消化和营养，从而知道应该怎么去做，这就对读者大有好处。科普报刊也讲做菜，可是跟各种菜谱应该有明显的区别。

再说打毛线。打毛线的针法大概不出十种。把各种针法作不同的排列和组合，就组成各式各样的图案。科普刊物可以不可以就打毛线，讲一讲组成图案的要素，如对称和连续之类呢？讲一讲排列和组合的基本常识呢？这样讲法，比单讲某一种图案的编织不是更有普遍的意义吗？爱打毛线的姑娘有了这些知识，可以自己创造出崭新的图案来。还说不定看了这样的文章，喜欢数学的也爱上了打毛线，喜欢打毛线的也爱上了数学。我相信科普报刊会产生这种意想不到的效力。

《科苑》创刊了，综合性的科普期刊又多了一种，这是值得庆贺的。祝愿《科苑》后来居上，能办出自己的特色来。请允许我把这篇短文，作为庆贺《科苑》诞生的礼物。

一九八一年八月三十一日

游记和作者

《旅行家》这一回征文，应该说是有成绩的。成绩在哪儿？从入选的一部分游记来看，应征者绝大多数是青年；我们读了之后，能够看到新中国青年一代的精神风貌。请允许我就今年第三期《旅行家》刊登的三篇征文，说一点儿我的读后感。

第一篇写的黄土高原，作者是两位插队青年。他们是这样开头的："冬天，黄土高原满眼都是黄土，使初来者疑惑这儿是不毛之地。可是等开了春，山上的草发了青、庄稼苗也绿了的时候，你就会发现，这儿原来同平原上一样，也是五谷杂粮、瓜果蔬菜样样都长。……真的，黄土高原的外表是这么不起眼，只有长期生活在这里的人，才会了解它是多么内秀。"两位作者初来时，对着满眼黄土也曾疑惑过，而如今，他们如数家珍，跟我讲黄土高原的"内秀"：花草树木，飞禽走兽，在梁峁上远眺，在梢林里狩猎，在激流中游泳，还有十年前留在脑海中的"小毛驴消失在黄尘中"的印象，说了这一件又说那一件。我似乎看到了他们夸耀的神情，听到了他们内心的自豪。经过十年的磨炼，他们跟黄土高原已经融合成一体了。

再看他们是怎样写黄河壶口瀑布的。他们先写离壶口七八里远的一个小山村："静静的山村里可以听到轰轰的响声。夜里，声音更大，而人们就在轰响的催眠下，睡得更甜，更安稳。"不足半百字，就把我带到了那个山村，那个被水声震撼着的静谧的山村。轰轰的瀑布在呼唤，躺在土炕上的作者哪能睡得着呢？好容易盼到天明，他们迎着水声赶去，看："老远就能看见白色的一团水雾，诱人前往。"到得跟前，"轰鸣灌耳、瀑布旋涡于眼前时（这句短语有点儿语病），你就能真正体会黄河的气魄了！浑浊的水飞射直泻，水雾夹着寒气扑面而来。”作者只是把他们的所闻所见照实写了下来，我仿佛跟他们一起，站到了壶口瀑布旁边的悬崖顶上。

第二篇写的是黑龙江五大连池火山公园，作者是一位学地质的大学生。火山是地球的窗口，作者为了探索地底深处的知识，趁着放暑假，去到那个火山博物馆。

看他的兴致：“好，我最先拜访你们两位!”这两位不是别的，是两座年龄最小、个头最高的火山——老黑山和火烧山。“我向老黑山顶爬去。山很陡，厚厚的火山渣铺满了山坡，一蹬一滑，加上这里寸草不生，什么也抓不住，实在难爬。但是，学地质的可不怕这些，半小时后，我已经到了山顶。凉风一吹，惬意极了。四下里望，这才发现原来我是从最陡的地方爬上来的。再看山中心，是一个一百多米深的漏斗状火山口，炽热的岩浆当年就从这里暴跳而出，倾泻而下，堵塞了白河，形成了著名的五大连池堰塞湖。”这位学地质的青年站在火山顶上浮想联翩，他不但看清了现今静寂的火山口，还看到了当年喷发的历史场景。因为有所得，他的兴致越发不可遏止。“走!”他又攀登上了本来打算第二天去的火烧山顶。

第三篇写黄山，作者也是大学生。学什么的呢？他没说，我猜很可能是学文学的。他说写游记得写自己的感受，这是一句很在行的话。作者上黄山感受到了些什么呢？且从他的游记中摘出两段来看看。

作者说，黄山的奇峰怪石“是与第四纪冰川殊死搏斗后留下来的幸存者，然而也是强者；那些软弱的、松散的，都被冰川无情地吞噬了，等到被吐到平原上的河道里时，已经变成了圆溜溜的鹅卵石。就连这些强者的身上，也明显地留下了冰川啃咬的条条伤痕。但是，严寒退去了，冰川消融了，那些不屈不挠的山峰毕竟挺住了，威严地矗立在千沟万壑之上。”

作者又说：“那些落脚在悬崖峭壁的岩缝里的无名松树，使我惊讶不已。……有的顶端和一边都枯死了，但另一边却生长得更加旺盛；有的扭曲着，树干下垂后又拼命抬起头来，傲视着苍天。……经历了大自然的残酷折磨……它们站住脚了，活下来了。它们显示了多么顽强的生命力。”

作者感受黄山“有一股奋斗的精神旋风般地震撼着我，涤荡着悲观、忧愁、失望、消沉……我感到一种从未有过的舒畅感。”我读着这篇游记，舒畅地分享到了作者感受到的舒畅，感受到了那股旋风般的奋斗精神。

好的游记能让人看到作者。我们读着，好像跟作者促膝谈心，听他讲他的经历，甚至好像跟着他，一同进入他所描写的境界。读柳宗元的《永州八记》，不就有这样的感觉吗？能不能让人看到作者，并不在于游记中是否出现“我”，要紧的是作者是否写出了自己的感受，不是虚构的，而是真情实感。有的游记虽然处处有“我”，实际上只记下了一条游览的路线，摘录了几段文献几句诗词，再加上一些道听途说的遗闻轶事，作者是什么样的人，到了儿也看不清楚。游记这样写法，就很难引起我们阅读的兴趣。

一九八一年八月二十九日

鲁迅先生论科普

鲁迅先生百岁诞辰到了，《长知识》也发表了文章纪念，这是很有见地的。对科普工作，鲁迅先生有不少精辟的见解。下面从他的杂文中摘出几段来，说说我个人的体会，也是跟编辑科普报刊的同行一同学习的意思。

单为在校的青年计，可看的书报实在太缺乏了，我觉得至少还该有一种通俗的科学杂志，要浅显而且有趣的。可惜中国现在的科学家不大做文章，有做的，也过于高深，于是就很枯燥。……至于作文者，我以为只要科学家肯放低手眼，再看看文艺书，就够了。（《华盖集·通讯》）

这段话写在一九二五年。经过了五十六个年头，情况是大有改变了，单说通俗的科学杂志竟超过了一百种，青年是否“可看”，就要看编得是否“浅显而且有趣”了。“科学家不大做文章”，指的当然是通俗文章。这一方面似乎改变不大。原因很多，年纪大了，身体不好，没有工夫，研究任务重……但是看不起通俗文章还是原因之一，这有社会根源。社会风气在逐渐改变，写的人终究逐渐多起来了。就文章看，有一些还难免“过于高深”，难免“很枯燥”。鲁迅先生对症下药开了方子：一是“放低手眼”，二是“看看文艺书”。“放低手眼”就得了解读者的知识水平、理解能力和阅读兴趣，总之，在下笔的时候不要忘记读者。再“看看文艺书”，学点儿表现技巧，学点儿修词方法，好把文章写得有点儿波澜，有点儿文采，倒并不一定为了写科幻小说。

中国人又很有些喜欢奇形怪状，鬼鬼祟祟的脾气，爱看古树发光比大麦开花的多，其实大麦开花他向来也没有看见过。于是怪胎畸形，就成为报章的好资料，替代了生物学的常识的位置了。（《南腔北调集·捣鬼心传》）

看了开头的两句短语，教人心里有点儿憋，怎么能把中国人说得如此不堪！我们不妨想开一些，文章写在一九三三年，离现在快半个世纪了，说的当然是那个年代的读者和报章。鲁迅先生深恶痛绝的那种情形，倒是我们还应该有所警觉的。科普报刊固然要“有趣”，但是“有趣”不是目的，目的在于普及科学知识，在于提高我国人民的文化水平和思想水平。所以凡是在生产、学习和生活上所必需的知识，如“大麦开花”“生物学的常识”之类，应该是科普报刊的主要内容。如果认为读者只需要消遣，只爱看“古树发光”“怪胎畸形”之类的奇闻，那是对绝大多数读者的侮辱。如果认为没有那些奇闻就不足以吸引读者，那就等于宣布高深和枯燥是科学固有的品格，我们这些科普工作者无能为力，要让读者欢迎科学知识是永远办不到的。我们承认，现在的确还有不少文章过于高深过于枯燥，因而不能被读者接受。但是我们相信，通俗和普及是可以办到的，经过我们的努力，“浅显而且有趣”的文章一定会渐渐多起来。我们决不能为了追求廉价的所谓“趣味”，让“怪胎畸形”在我们的报刊上“替代了生物学的常识的位置”。也许有人会说，“怪胎畸形”难道不是知识吗？这不能说定，如果作为奇闻来报道，能给读者多少知识呢？如果讲“怪胎畸形”形成的原因，则又当别论，因为这就是“生物学的常识”了，文章中一定会把胚胎的正常发育同时讲清楚的。

虽是意在给人科学知识的书籍或文章，为要讲得有趣，也往往太说些“人话”。……鸟粪蜘蛛只是形体原像鸟粪，性又不大走动罢了，并非它故意装作鸟粪模样，意在欺骗小虫豸。螳螂界中也尚无五伦之说，它在交尾中吃掉雄的，只是肚子饿了，在吃东西，何尝知道这东西就是自己的家主公。但经用“人话”一写，一个就成了阴谋害命的凶犯，一个是谋死亲夫的毒妇了。实则都是冤枉的。（《伪自由书·“人话”》）

科普文章为了讲得有趣，常会犯这个毛病。鲁迅先生为鸟粪蜘蛛和雌螳螂辩冤，因为他在杂志上看到一篇讲生物学知识的文章，文章中讲到了这两件事。文章是人写的，难免说些“人话”，可是得有个限度。在杂文《名人和名言》里，鲁迅先生说：“农学者根据对于人类的利害，分昆虫为益虫和害虫，是有理可说的，但凭了当时的人类的道德和法律，定昆虫为善虫和坏虫，却是多余了。”生物的形态和习性是在漫长的进化过程中逐渐形成的。它们只有生活的本能，并无思想和意志；它们并不为人类而存在，更不以人类社会的道德法律作为它们生活的准则。记住了这些基本的道理，就可能少犯或者不犯说“人话”的毛病。引申开去，我们这些科普报刊的编辑不能什么知识都精通，可是几门主要的科学的基本道理却一定要弄清楚。弄清楚了基本道理才会有鉴别的能力，才能少出许多错。

即如《看图识字》这两本小书，就天文，地理，人事，物情，无所不有。其实是，倘不是对于上至宇宙之大，下至苍蝇之微，都有些切实的知识的画家，决难胜任的。（《且介亭杂文·〈看图识字〉》）

《看图识字》是幼儿读物，又以图为主，所以鲁迅先生说，给这样的书作图，没有“切实的知识”“决难胜任”。其实给科普读物作插图，同样必须有“切实的知识”，天、地、生、数、理、化，从宏观到微观，没有哪一样用不着。科普报刊“要浅显而且有趣”，文字方面得尽力，插图方面也得尽力。对插图是否可以作这样的要求：知识正确，能帮助读者理解文章的内容；画面生动，能引起读者学习科学的兴趣。趣味也得从知识中去发掘，脱离了科学的内容光依靠所谓的“技巧”，恐怕不可能做出较好的成绩来。所以我们这些科普报刊的编辑，不论管文字还是管插图，都得掌握比较广博而又切实的知识。不懂装懂不是老实的态度，不懂求懂是完全可以办到的。古话说得好，天下没有先学会了生孩子然后出嫁的姑娘。我们以身心相许，许给了科普工作。我们只好一边编一边学，在工作中逐渐积累知识，争取成为比较称职的科普工作者。

一九八一年九月

分句·分段·分节

给孩子们写东西，从形式上讲，句子要短一些，段落要短一些；一篇文字如果比较长，最好分成几节。孩子的年龄越小，给他们写东西越发要注意这几件事。

句子长，结构必然复杂。要理解一句句子，必须弄清楚组成这句句子的各个词儿的相互关系。句子越长，结构越复杂，用的词儿越多，孩子们顺着往下读，读到后边忘了前边，没法弄清楚各个词儿之间的相互关系，因而不能正确无误地理解这句长句子的意思。一句两句还好，如果一连串都是长句子，孩子越看越糊涂，只好放下不看。

把长句子改成短句子，当然不能在中间加进几个句号，硬把一句完整的句子截成几段。如果长句子是由几句短语组合成的，用逗号把短语分开，倒不失为一个办法。用逗号把短语分开，等于标明哪几个词儿组成一组，句子的结构就清楚一些，但是长句子仍旧是长句子，所以不是个治本的办法；何况有的长句子并不是由短语组成的，还不能用这个办法。消灭长句子的办法大致有两个：一是把可有可无的词儿和短语删去，使长句子变成短句子。如果删得严格，句子可以变得简洁明快。一是把长句子改写成短句子。就是把长句子原来包含的几个意思分开，排好次序，用几句短句子表达出来，一句表达一个意思。这是完全办得到的，可以把意思表达得十分清楚。

段落短一些好，跟句子短一些是一个道理。最好一段说一层意思，说完一层另起一段，再说另一层意思，条理就非常清楚，使孩子很容易接受。有些长段落是可以分成短段落的；有些却不可以，一分成几段就每一段都没把一层意思说完，条理反而更不清楚。遇到这种情况就得重写。也是先看原来的长段落可以分成几层意思，一层意思写成一段，每一段都得把意思说周全。

分节跟分段有同样的好处，可以使整篇文字条理清楚。分节也要照顾到意思的完整，所以每一节都要能自成起讫，当然又要跟上一段和下一段有紧密的联系。分了节，孩子们看到分节的地方可以休息一会儿，想一想前面讲了些什么，后面可能要讲什么。所以分节不但给了孩子们休息的时间，对发展他们的思维活动也很有好处。

一九八一年十一月六日

“成才”的“蹊径”

科普创作是怎么回事？新近在一篇向青年们传授“成才”秘诀的文章中，我找到了答案。话是从一个“闪光的路标”说起的，作者这样写道：“知识改组，知识杂交，是走向成功的一个闪光的路标。”听听，作者的胸怀多么开阔，他愿意把青年们都引上“成功”之路哩！

可是且慢，作者要讲的不是“成才”的秘诀吗？怎么忽然转了向，变成“走向成功”了呢？嗨，我这个人也太死心眼儿了：“成功”“成才”不是一回事儿么？要是不能“成功”，不能扬名天下，谁知道你到底“成才”不“成才”呢？

咱们不必咬文嚼字了，且按照作者的指点，顺着他的路标朝前走吧。在这个“闪光的路标”上，作者写着八个大字：“知识改组”，“知识杂交”。知识可以被“改组”？知识还能相互“杂交”？——真教人费解。作者还说：这是“人们对付知识发展高速化”的办法，就是“在知识交界处作文章，……”

绕来绕去，理论还深奥得很哩。且不去管它，咱们捞干的，先学会了“在知识交界处作文章”这个秘诀再说。

“在知识交界处”到底怎样“作文章”呢？作者举例子作了说明。他举的例子就是科普创作。他说：“有的科普作家，写小说可能比不过文学大师，搞科研可能赛不过科坛宿将，但他一只手抓科学知识圈，另一只手抓文艺知识圈，这样他就可以另辟蹊径，独树一帜，名之为科普创作。”

原来科普创作是咱们这些“比不过文学大师”又“赛不过科坛宿将”

的家伙生造出来的。咱们的两只手各抓住一个“圈”——标着两个不同牌号的救生圈，吊在夹缝中走投无路，居然这样就“另辟”出一条“蹊径”，因“独树一帜”而“成才”了——不对，不对，这儿用“成才”这个词儿很不贯气，应该改为“成名成家”。“成名成家”就是“成功”，用在这儿才顺理成章，意思显豁多了。

看了作者举的例子，我伤心透了。我总算认识了自己：如果写小说，肯定比不过曹雪芹，比不过托尔斯泰；如果搞科研，肯定赛不过牛顿，赛不过爱因斯坦。——作者的眼光真叫锐利，把我的底儿彻底看穿了。不过从主观上说，我比作者说的还要没有出息。回顾三十几年来，我只顾做我自己认为该做的事，既没想到跟谁比，也没想到跟谁赛。对于“文学大师”“科坛宿将”，我只有尊重他们的份儿，能做到不糟蹋他们的成果和他们的自身，就很不错了，从来没想到过要胜过他们。这可能就是我至今不能“成才”的症结所在。真是抱歉之至，我应该对我自己抱歉——不，我应该痛责自己才对，痛责自己从小不曾立下“成才”的雄心壮志——不，我应该为自己惋惜：在我的青年时代，那些美国人写的《名人成功秘诀》之类的小册子曾经风靡一时，其中有不少我都看过，可惜随看随忘，那些至理名言，我一句也没有记住。

我羞愧，我无地自容，我真想立刻声明从此洗手不干，不再搞科普创作这个劳什子了。那个双手各抓住一个救生“圈”、吊在夹缝中的狼狈相，也着实令人难堪。——冷静下来一想，干吗生这么大的气呢？我尽我心，我行我素，不就结了！虽然不曾立下什么雄心壮志，自己可也不曾辱没自己，管人家说长道短干吗呢！

何况这位作者并没有说长道短，他把科普创作作为“成才”的、也是“成功”的“蹊径”介绍给青年们，就足以证明他丝毫没有轻视科普创作的意思，也丝毫没有讥讽谁某的意思。可是他怎么会臆造出这么一条“成才”的也是“成功”的“蹊径”来的呢？会不会是从谁某那儿得到了什么启发呢？如果不幸而言中，那倒是值得咱们警惕和自己检点的。

一九八二年二月

给孩子们讲科学知识

听到有的同行说："给孩子们写东西真不容易"，我很有同感。给孩子们讲科学知识的确不容易，真是一点儿也马虎不得。

有些同行不这样认为。他们嘴上不说，心里却想："孩子嘛，讲多了，他们接受不了，讲深了，他们没法理解。反正不能长篇大论，三五百字，随便写点儿什么不就得了。"

你既然知道给孩子讲多了不好，讲深了不好，那么讲到哪儿才恰如其分，能让孩子们接受呢？怎样讲才浅显明白，能让孩子们理解呢？这些问题要不要考虑考虑？不经思考提起笔来就写，恐怕不会收到太好的效果吧。

孩子们来到这个世界上，还只有七八十来个年头，知识既少又浅，是理所当然的。可是他们想知道的，却多而且广，往往超过了成年人。成年人注意所及，常常局限于自己的生活和工作。孩子们不受这些局限，他们的思想驰骋于星月之上地面之下，宇宙之大，苍蝇之微，他们都要寻根究底，因而常常会提出一些成年人想不到的问题来。鲁迅先生说"孩子是可以敬服的"，出发点就在这儿。

对待可以敬服的孩子们，咱们可不能有一点儿轻侮或者怠慢的存心。咱们不是"万宝全书"，不能摆出无所不知的架势对孩子们说："你想知道什么？问我就是。""你不懂吗？我来告诉你！"即使不说出声来，心里也不要这样说。孩子们自己有脑筋，应该让他们自己动脑筋，自己去思索。引起他们思索的动机，帮助他们寻找思索的条件，当然都是必要的，更重要的是得陪伴他们一同去思索，一同去求得知识。咱们如果这样做了，孩子们不但得到了知识，还会逐渐养成肯动脑筋又会动脑筋的好习惯。这种好习惯是终身受用的。

这样看来，给孩子们讲科学知识的确不是件容易的事，真得下一番功夫；岂止一番，得终身下功夫。不知同行们以为然否？

一九八二年三月十日

外国科普作品的引进

外国科普作品引进工作学术讨论会今天开幕，请允许我代表中国科普作协理事会致贺，并预祝讨论会圆满成功。

就我个人来说，我先得向各位做翻译工作的前辈和同志致谢。我不懂外文，我的这点儿可怜的科学知识，大半来自从外国引进的科普读物。

在小学生时代，我读过商务的十二册的《少年科学丛书》，后来知道，那是从英国的一套儿童百科全书中摘译出来的。在中学生时代，我读了法布尔、法拉第、伊林、别莱利曼的作品，同时也记住了许多译者的名字，其中有认识的，如顾均正先生，有的当时还不认识，如董纯才先生、符其珣先生。我对各位译者的敬意，一点儿不比对原作者差。后来我自己编起给少年儿童看的杂志来了。那是在抗战快要胜利的时候，编的是一种综合性杂志，必须有科学知识，分量还不少，期期都得上，缺了些什么我只好自己写。形式模仿外来的科普读物，材料大半也从那儿去找。可以说，我对自然科学的兴趣所以比较广泛，是受到了翻译科普作品的营养；后来自己能够写一点儿，编一点儿，主要得力于从国外引进的科普读物：我得感谢翻译这些读物的先生们。这样的情形，一定不止我一个。

就我国科普读物发展的历史来看，情况似乎也是这样，先从国外引进，再自己创作。是否可以这样说，第一本最有影响的从国外引进的科普读物是《天演论》，作者是英国的赫胥黎，译者是维新运动的主将之一——严复。这本科普读物的影响不限于科学知识方面，而主要在哲学思想方面。当时的留美学生编的《科学》，留日学生编的《学艺》，这两种杂志都由商务出版，里面的文章主要是译述的。那时候有许多文学家也热衷于把外国的科普读物介绍到国内来，鲁迅先生做过这个工作，夏丏尊先生和沈雁冰先生等，也做过这个工作。当时我国急于普及科学知识，而作者少，作品少；他们这些搞文学的也翻译起科普作品来，不是手伸得太长，而是急公好义，补充我国科普作品之不足；并给我们这一代人提供了创作的样板。许多专门翻译科普读物的先生当然更是这样。

解放后的情况与解放前有所不同。解放前，欧美各国的科普读物都引进，解放后出现了一边倒的局面，几乎只引进苏联的，并且数量大，"搬过来再说"，这是当时的一句口号，有点儿饥不择食的味道。但是有一个"再说"，还是好的；"再说"就是搬了一段时间之后得回顾一下，估量一下是非得失。这样一"再说"，发现苏联的科普读物并非十全十美，至少有两个显著的毛病：一、大俄罗斯主义；二、不适当的以政治干涉科学。另一方面，那时学俄文的人多，才开始学就买些廉价的小册子来翻，对学习俄文来说未尝不是方法之一；如果翻了定要出版，不加选择瞎碰，光靠翻字典，质量难以保证。正在我们觉察到这些问题的时候，说是苏联变修了，于是又得把苏联的一切都批倒，包括科普读物在内。到了"文化大革命"中，许多事情更走上了极端。苏联是修正主义，西方是资本主义，古代是封建主义。既然是封资修，就得统统批倒。知识越多越反动，扫地出门，把一切都批干净了，好让交白卷的英雄当教育部长。那时候，各位不是进牛棚就是进干校，或者同我这个读者兼编辑一个样，先进牛棚后下干校。十年多，什么事也干不了。在那样的处境中，我才真正理解了辛弃疾在《摸鱼儿》里说的那四个字："闲愁最苦"。

"四人帮"终于被打倒了，事隔不久，各方面出现了引进的高潮，科普读物也是如此。这不奇怪，封锁了这许多年，人家都上了月球了，我们还一点儿不知道；一旦睁开眼睛推开窗子一看，五光十色，眼花缭乱，似乎外边的世界什么都是好的。尤其在科学技术方面，我们得正视现实，自己承认落后，得努力向人家学。这样的心情是完全可以理解的，可也不能良莠不分，泥沙俱下，连什么"外星人入侵""心灵学"，也当成宝贝给引了进来，还不能批评。你要是说这些东西不好，就有人指摘你思想不解放，花岗岩脑袋；人家已经走得多远了，你还不知道吗？人家已经研究了一百多年了，你还不知道吗？到底谁说得有道理，我想还是用“搬过来再说”的办法。搬了过来，让我这样的不懂外文的人也可以知道一下国外科普作品的全面情况；然后“再说”，大家来认真判别一下：好的，对我们有益的，有哪一些；坏的，对我们有害的，又有哪一些。这样一“再说”，一“判别”，我们就可以知道下一步该怎么做了，就可以规划下一步的工作了。我看这次讨论会发的通知，讨论会要解决的主要就是这个问题。

说到这里，我又想到了鲁迅先生的“拿来主义”。鲁迅先生是提倡引进的。他说在历史上，汉唐盛世都大量引进域外的东西，凡是可以为我用的都要，葡萄石榴，胡琴琵琶。一个朝代衰败的时候才神经衰弱起来，怕这怕那，疑神疑鬼，域外来的东西一律排斥。鲁迅先生说，我们要把人家的东西“拿来”，“拿来”之后，或“使用”，或“存放”，或“毁灭”，要自己有主见，自己做主。鲁迅先生认为，要做到这样不是容易的事，首先要这人沉着、勇猛、有辨别、不自私。鲁迅先生说的四个条件，“有辨别”这好理解，我们这个讨论会就要做“辨别”的工作；为什么要“沉着”，要“勇猛”呢？是不是说要真正实行“拿来主义”，还得进行一番复杂的斗争呢？是的，从近几年引进的科普读物看来，恐怕得有点儿斗争。如果说斗争这个词儿太刺激，怕影响安定团结，改成批评与自我批评也可以。批评与自我批评总得有一点儿，是以团结的愿望出发，目的还在于团结，求得思想比较一致。此外还有个“不自私”。倒应该考虑一下，鲁迅先生为什么要提出“不自私”呢？是不是提醒大家不要为名，不要为利，要为读者是否得益着想，要为社会的进步和国家的兴盛着想呢？如果我们的理解没有错，那么我们就要以这些原则作为标尺来量一量，就我国目前的状况来说，哪些是十分急需的，必须赶快“拿来”，赶快引进，以供“使用”。不大急需的就暂缓引进，以后再拿；如果已经引进了，可以暂时“存放”起来。哪些有害的东西，就不要引进，即使白送，我们也拒绝接受；如果已经引进了，就老实不客气，扔进垃圾堆，或者送进造纸厂，实实在在做到鲁迅先生说的“毁灭”。

我相信这次讨论会一定会推进外国科普作品的引进工作，会后一定会出现许多优秀的翻译科普作品。我将是这次讨论会的最大受益者之一。请允许我代表像我这样的广大读者，向各位翻译工作同志表示祝贺，并表示感激。

一九八二年九月一日

编辑科普刊物的体会

——在科普报刊编辑记者学习班上的讲稿

学习班分给我的讲题是“科普报刊编辑记者的基本修养”，这样严肃的题目，我是讲不来的，我只能讲一些自己在编辑工作中的体会。我是编少年儿童读物的，参与过几种综合性的少年儿童刊物的编辑工作，所讲的只能是为少年儿童编辑科普刊物的一些体会。俗语说“隔行如隔山”，科普报刊有各种各样：有综合性的，有各专一门的；有报道新闻为主的，有介绍技术为主的；有联系生活的，有配合学习的；读者对象还有年龄、职业、地区等等差别。各种科普报刊的方针任务因而各不相同，对各自的编辑工作有各种不同的要求。我只编过少年儿童的科普图书和期刊，涉及的面非常狭窄。但愿能讲出一些带点儿共性的东西来，让大家听了不至于后悔，后悔白白地在这儿坐了两个小时。

前面说过，各种科普报刊有各自的读者对象，有各自的方针任务。尽管方针任务各不相同，上面还有一条总的方针任务管着呐，那就是“全面开创社会主义建设的新局面”。咱们各种报刊的编辑，就要在这个总的方针任务的指导下，根据报刊的具体方针任务，做好各自担负的工作。举例说吧，中国少年儿童出版社办了一种综合性的科普刊物，叫《我们爱科学》，读者对象是小学高年级和初中低年级的学生，就是十岁到十四岁的在校少年儿童；它的方针任务是开发他们的智力，帮助他们学好各门基础知识，启发他们学习科学的兴趣和爱好，培养他们动手和动脑的能力：目的在于为培养建设社会主义的人才打基础。《我们爱科学》的编辑就应该扣紧这个方针任务来工作，开辟什么栏目，刊登什么文章，都要符合这个方针任务；如果不符合，我们就不要干。《我们爱科学》举办过一次“小小发明”活动，动员读者自己搞发明，把搞发明的设想、设计、制作经过等等写成文字来投稿，最好附上成品，因为这样的活动能够开发读者的智力，培养读者的能力，使读者熟悉各门基础知识，增进学习科学的兴趣和爱好。但是我们决不搞什么习题解答，因为搞习题解答主要为了提高所谓的“应考得分率”，不符合《我们爱科学》的方针任务。符合方针任务的就搞，不符合的就不搞；这叫做“有所为，不所不为”。

我想，各种科普报刊都应该根据自己的方针任务，做到有所为，有所不为。坚持了这个共性，各种科普报刊才能够表现出各自的个性来。记得几年前，几乎所有的报刊都登载关于“毛孩”的新闻和文章，虽然是不约而同，竟有点儿搞什么运动的架势，好像毛孩一时间成了我国的头等大事。看那些新闻和文章，无非是毛孩全身是毛，无非是这里出了一个，那里也出了一个，无非是现在有，从前也有过。至于怎么会全身是毛的呢？都说是“返祖现象”，而且大多到此为止，不再进一步解释“返祖现象”究竟是怎么回事。如果以毛孩为楔子，通过“返祖现象”来普及一点儿遗传学方面的知识，也未尝不可，但是不必各种科普报刊都这样做。如果某个地方因为哪家人家生了个毛孩，产生一些迷信的谣传，当地的科技小报和地方报纸当然有必要针对那些迷信说法，组织文章予以驳斥；道理一定要讲清楚，要能够使人信服，否则就收不到破除迷信的效果。

各种科普报刊都应该根据各自的方针任务来制定选题，组织文章，不要看到别人搞什么，自己跟着也非搞什么不可。专门性的科普报刊搞什么不搞什么，界线比较清楚。《航空知识》没有搞毛孩，《天文爱好者》也没有搞毛孩，这是对的，做到了“有所不为”。综合性的科普报刊是什么都可以搞的，容易出现雷同，因而一定要想方设法，根据自己的方针任务来决定选题。举例说去年有一次日全食，我国大部分地方都可以看到日偏食。一般性的报刊在事前作个预报是必要的；地方报纸最好要预报本地出现日食的时间和食分，使读者到时候能注意观察；日食过后还不要忘记作一次观察的报道。面对农村的和边远地区的报刊，光这样做似乎还不够，还得讲一讲日食的成因，有针对性地进行破除迷信的教育。

专门性的如《天文爱好者》，光讲些日食的基本知识就不够了，因为读者希望得到与日食相关的更多的新鲜的知识。少年儿童已经在教科书上学到了日食的成因，所以如《我们爱科学》，就可以讲讲观察日食的方法，鼓励读者到时候观察并进行记录。此外还有许多题目可做，如讲讲除了月亮，金星和水星也会在日面上经过，这叫做“凌日”；讲讲凡是有卫星的行星上，都会发生日食，而那些行星上的日食，与地球上看到的有哪些不同；讲讲地球上的日食有什么特点，这些特点为咱们生长在地球上人研究太阳，提供了如何优越的客观条件……我想当编辑的如果肯动脑筋，还可以想出许多新鲜的题目来，更好地结合各自的方针任务，把自己的报刊办得更有特色。

日食可以说是个老掉了牙的题目，题目老，咱们当编辑的更得努力创新；只有想出了新点子，才能避免老一套，避免跟别家报刊雷同，才能切实地执行各自的方针任务，受到各自的读者的欢迎。咱们编辑是方针任务的执行者，是实现方针任务的设计者和组织者，创新应该表现在这一方面，而不是哗众取宠。如果怀着押宝的心理，只想爆个冷门，露他一手，凭着道听途说就不负责任地忽而报道什么新发现，忽而鼓吹什么新发明，那是百分之百要失败的。鉴定科学技术方面新发现新发明，是科学技术界的任务，咱们科普报刊的编辑不能越俎代庖，也不具备越俎代庖的客观条件和主观条件。咱们一定要头脑清醒，千万不要跟着别人瞎起哄。还有一点要特别注意，近来颇有些伪科学和反科学的东西，在似是而非的科学名词的遮掩下混淆人们的视听。咱们一定要提高鉴别的能力，对于这一类东西，一定要加以抵制和揭露。即使挨骂，什么“思想不解放”咧，“头脑僵化”咧，甚至被斥为“刽子手”，咱们也不要被吓倒。因为咱们是科普报刊的编辑，顶住这股伪科学反科学的歪风邪气，是当然之理，咱们责无旁贷。

编辑的一切工作都是为了读者，一切工作都要设身处地为读者着想。要切实做到这一点，首先得了解自己的读者：了解读者的知识水平，理解能力；了解读者的工作情况，学习情况，生活情况；了解读者的年龄，兴趣，爱好；了解读者须要知道哪些东西，解决哪些问题。这可以说是当编辑的共性，咱们科普报刊的编辑不能例外。

了解读者主要有两条途径：一条是走出编辑部，到各地的读者中去进行调查研究；另一条用不着走出编辑部，而是认真阅读读者的来信。到读者中去进行调查研究，是解放以来常用的方法，过去可没有这样的好条件。调查研究一般先有个题目，但是不要先定调子。如果先定下调子，调查就成了为想要得到的结论寻找例证，可能会摸不清客观的实际情况。至于后一条途径，是常常被人忽视的。各种报刊大概都有专门处理读者来信的部门，在工作中当然有此必要。但是我想，咱们编辑最好能经常去参加读者来信部门的工作，一个月三天或五天，亲自阅读和处理一部分读者来信，而不是光阅读经过归纳整理的“读者来信摘要”。读者的信来自全国各地，反映的情况和要求最广泛最及时，又是自己送上门来的，不好好地加以利用实在太可惜，也对不起给咱们写信的读者。他们是出于信任，才给咱们反映情况和提出要求的。

对于读者的要求，咱们编辑要认真加以分析：有的应该尽可能给以满足，有的却不能照办。例如近来有些报刊竞相发表如何才能保证生男孩子的文章，大概就是根据一部分读者的要求组的稿。老实说，这些方法没有一个是可靠的，或者说可靠性是百分之五十，因为孩子生下来不是女的就一定是男的。不可靠且不说，即使可靠，咱们科普报刊也不应该刊登，因为这样做迎合了重男轻女的封建思想残余。在计划生育的推行中，这种落后的思想意识表现得特别突出。咱们科普报刊正应该运用科学的生育常识，来批判这种腐朽的封建意识；而不应该予以助长，给计划生育造成更多的障碍。

如何满足读者提出的要求，确实是个值得考虑的问题。记得有过一个时期，许多报纸竞相刊登治疗少年白头的药方。几味补药，吃了对身体不会有什么害处，但是要让已经白了的头发变黑，效果恐怕跟《红楼梦》上王道士胡诌的“妒妇方”不相上下。我想重要的不是开药方，而是应该想到读者所以写信来问，他们的心理负担有多么重：有的以为少年白头是未老先衰，自己的身体一定有了什么病；有的可能担心头发白了找不到对象。咱们的答复应该着重于思想方面，用科学常识来搬掉压在他们心上的那块石头。近来染发剂的广告到处都是，读者在来信中不再提这个问题了。但是类似的问题还会有的，咱们当编辑的得分析揣摩，作出有益于读者的答复，或者组织相应的文章。

还有一些需求，读者自己是不会想到的。我从教师那里了解到，初中一年级到二年级是个关口，因为突然增加了几门新功课，学生的学业跟不上，往往就在这个时候。我们编少年儿童的刊物，如《我们爱科学》，如《中学生》，就得专门为初一的学生组织一些文章，或者把这几门新功课作个介绍，讲一讲这些功课是多么有趣，又多么有用；或者给他们一些指点，在开头学这几门功课的时候得注意些什么，再往下学就会顺利得多。类似这样的需求，孩子们自己是提不出来的。我们编少年儿童刊物的编辑就得像营养师配膳一个样，知道他们在成长过程中需要哪些营养；通过调查研究，了解他们哪些营养已经足够了，哪些营养还非常缺乏，必须及时补充，设计出他们最容易吸收的食品单子，也就是切合实际的选题计划来。成年读者的知识、经验和见闻丰富得多，他们有什么需求自己会提出来。可是我想，咱们编辑如果能预先想到他们的需要，提前就把他们要看的文章刊登出来，岂不更好：读者会想咱们编辑真个是他们的贴心人，真个在全心全意地为他们服务。

咱们还要尽可能满足读者的兴趣和爱好，并努力把读者的兴趣和爱好引到积极的方面去。近几年来，奇奇怪怪的东西在科普报刊上特别流行，大多是从国外搬过来的，为的迎合读者的好奇心。好奇心也是一种兴趣爱好，有着广泛的群众基础，就看咱们编辑怎么去引导了。在科学方面技术方面，可以引起读者惊讶，满足读者好奇心的东西多的是，正等着咱们去发掘，为什么偏偏要转载那些奇奇怪怪的传闻呢？还振振有词地说，是为了让读者的眼界开阔一些，思想复杂一些。眼界开阔一些，思想复杂一些当然没有什么不好，而且正是科普报刊分内的事，依靠的是实实在在的科技知识，而不是志怪。

尤其可恶的是那些文章还专门散布不可知论，偏要说那些奇奇怪怪的东西是不可思议的，无法解释的，似乎不这样说就不足以引起读者的好奇。其实那些事物有许多是无法查考的，是愚人节上编造出来的谎言；有许多是故甚其词，以讹传讹，如果追根究底，就可以弄清真相，而且早已有了科学的解释。宇宙间的确还有许许多多人类还不知道的事物。但是咱们坚信：现在还不知道的，将来一定会知道。在人类认识客观世界的长河中，总是原来不知道的事物，后来知道了，同时又产生了新的不知道的事物。对于那些志怪的文章得区别对待：伪造的要予以揭穿；

已经有解释的要解释清楚；暂时不能解释的，也要指出求得解释的可能途径。千万不要散布不可知论。因为不可知论只能使人灰心丧气，感到人类的渺小和无能，从而导致宗教迷信，不可能鼓舞读者去学习和研究科学。

从另一方面来说，要引起读者的兴趣爱好，满足读者的好奇心，有着非常广阔的天地。事物的发现，规律的认识，技术的进步，没有一件不令人感到惊异。举例说吧，自然界中的东西不少是圆的，人工制造的东西也有不少是圆的，这是为什么呢？一一考查起来，就会涉及许多数学知识，物理知识，工艺知识，天文知识，甚至生物知识，不就有数不清的非常有趣的题目吗？对少年儿童来说，可以引导他们运用几何课本上学到的圆的知识，去解释周围的事物，而且进一步去创造新的事物。我想对于成年读者来说，这样的办法也是有益而且是可行的，题目的方面和范围当然要有所不同。我还想，专门联系生活的科普报刊尤其要注意这个问题，如果光就事论事，不给读者一点儿科学和技术知识，不把读者往爱好科学和运用科学的方面引导，那么讲烹饪一定讲不过《烹饪》杂志，讲服装一定讲不过《时装》杂志，这是可以肯定的。

从读者很自然地就要讲到作者。编辑是读者和作者之间的桥梁，编辑一定要当好这座桥梁。咱们去找作者，是代读者去找作者的。从这个意义上说，咱们编辑是读者的代表，所以一定要把读者的情况介绍给作者。每一个编辑都应该跟若干位作者做知心朋友，掌握他们工作情况和生活情况，熟悉他们的著作，知道他们经常写的是哪一路文章，包括行文的风格。还得了解他们目前正在想些什么，做些什么，关心的是哪些问题。这些都是选择作者必要的根据。一上门就开口约稿不是好办法。一拍即合是有的，得对象找得非常准。譬如需要一篇讲保护鸟类的文章，去约鸟类学家郑作新教授一定行；他正在为鸟类乱遭捕杀生气呐，写出来的文章不但有知识，而且有感情。在一般的情况下，题目不要定得太具体，硬要作者写什么，甚至规定了非怎么样写不可，都不是好办法。最好在跟作者交谈的时候，一边听他讲，一边在心里捉摸，听他讲到有什么适宜用在自己的报刊上的东西，再请他写下来，这样做比较容易约到好稿子。对于选择作者，一定要特别注意，在这方面我有过失败的经验。五十年代初我在编《中学生》，需要有一篇讲原子能的文章。有人出主意说最好去请某一位专家，于是就派人去接头。这位专家听说请他给少年儿童讲原子能，一口答应了，说他没有时间动笔，可以由他讲，我们记录。我们去了两个人，其中一个就是我。我们提问题，他回答；我们作了记录，整理好了再送给他修改定稿。可是这篇文章并不出色，没能引起读者们的注意。这位专家的学问当然是很大的，而且是个实干家。但是让他给初中学生讲，他那高深的学问使不出来，而对初中学生，又不及中学教师来得熟悉，因而不知道怎样讲法才能使孩子们接受。我觉得很对不起这位专家，同时懊悔当初为什么不去找受学生欢迎的物理教师约稿。

编辑工作切不可粗心大意，粗心大意就非出错误不可。错误的性质各有不同，有政治性的，有思想性的，有知识性的，有技术性的。政治性的错误，在“文革”和以前的各次查书中，查出了不少来，说这是“污蔑”，那是“影射”，其实都是“莫须有”，现在不必说他了。至于思想性的错误，前面所说的散布“不可知论”就是一个例子。还有“目的论”，在讲生物的生态和习性的文章中是最容易犯的，如昆虫的“拟态”是为了欺骗敌人之类。好像昆虫不但有思想的器官，还能作出欺骗敌人这一极为复杂的思维活动；而且它们的思维竟有这样的力量，能改变自身的形态。这当然是错误的，哲学上叫做“唯意志论”吧。作者可能出于无心，或者想写得生动一些。可是从文字上看，“为了欺骗敌人”，“为了”和“欺骗”都错了。“为了”在写生物的文章中经常出现，会潜移默化地使读者造成根深蒂固的许多模糊概念，咱们怎么能不郑重对待呢？又如近来有好些报刊，突然对螳螂在交配后公的让母的吃掉这件事感到了兴趣，什么“痴情”啦，什么“情杀”啦，大做其文章。鲁迅先生早就指出来了，把人的社会道德准则硬套在动物身上是极不严肃的。从另一方面说，渲染什么“痴情”“情杀”，对咱们这个社会有什么好处呢？母螳螂在交配以后把公螳螂吃了是事实，并不是不可以讲，就用鲁迅先生那样讲法：因为肚子饿了，这是生理的需要，绝非谋杀亲夫。思想性错误的方面是很多的，我说的只是我在工作中经常遇到的。

知识性的错误真可以说层出不穷，很难归纳分类，只有在阅读稿子的时候多加注意，尽量避免。举个例子吧。有一次我审读一本已经出版的地理书，书上说："黄河流入黄海，把大量的泥沙冲进海里，所以黄海的水是黄的，黄海也因此而得名。"我读到这一段，直觉地想到京沪线上的黄河铁桥在济南以北，黄河怎么会流入黄海呢？再一想，黄河在历史上有几次改道，说曾经流入黄海是对的，现在却流入渤海。我怕记忆靠不住，还翻出地图来查了一下，我没有记错。再一想，说黄海的水是黄的也靠不住，我曾经乘海轮从青岛到上海，航线几乎全部穿过黄海，船出海几海里，就见到海水是蓝的。黄海在苏北一带是泥岸，沿岸的水可能是黄的，但是把黄海说成是"黄的海"，那就以偏概全了。像黄河入海这样的常识也会弄错，实在是意想不到的。再举一个例子，有一回看一篇讲候鸟的稿子，中间讲到军舰鸟，说军舰鸟形体很大，性格凶猛。我就产生了怀疑，候鸟中有形体大的，可是没有猛禽类的，也没见过哪一种猛禽是候鸟：难道说军舰鸟是个特例？我放心不下，请责任编辑查一查。恰巧这位责任编辑也发现这儿有问题：军舰鸟既然是候鸟，就应该有它固定的迁徙路线，不查到军舰鸟的迁徙路线，他不能放心；他已经查了好些讲鸟类生活的书，都说军舰鸟并非候鸟。发现问题的角度不同，结果却殊途而同归。当然也有许多时候，甚至更多的时候，稿子上并没有错，而是我错怀疑了它。这也没有坏处，经过查对图书或者询问专家，证明我的怀疑是多余的，我不就增长了知识吗？咱们做编辑工作就要这样吹毛求疵。这不是不相信作者。咱们约作者写某一方面的稿子，为的他熟悉这方面的知识，甚至是这方面的专家，这不是很相信他吗？但是即使是专家，偶尔失误总是难免的。咱们找出他的失误，并不否定他是这方面的权威，更不能说咱们在这方面比他还高明。只因为咱们是编辑，咱们要对读者负责，同时咱们也有责任给作者帮点儿小忙，帮他们改正偶尔的失误就是其中之一。

有的人不大同意这种做法，他们说作者"文责自负"，用不着咱们当编辑的瞎操心。"文责自负"这句话在解放前是很通行的，报刊的征稿启事上往往有这句话。这是对反动政府说的："我刊登的哪篇文章，你要是看不顺眼，可别找我，我有言在先，'文责自负'，你找作者去。至于作者，我不知道他住在哪儿，他投稿没写地址。"实际上也不管用，特务要找你的碴，用"文责自负"四个字也抵挡不住，他们照样抓人，照样封门。如今少数文艺作家也爱用这四个字。他们怕报刊编辑任意删改他们的作品，把话说在头里："我这篇文章你们要用就用，不准作丝毫改动，我'文责自负'。"话扯远了，现在单说科技文章。专门性的学术论文，作者持什么论点，咱们理所当然，不应该作任何篡改。至于学术性论文所引用的文献和数据，如果有错，咱们编辑还应当帮助作者订正。对于科普报刊来说，似乎不存在"文责自负"的问题，出了政治性的错误，得由报刊作检查；出了知识性的错误，得由报刊登更正启事：这些责任都不能让作者去负担，也不是作者负担得了的。作检查只能分析原因，吸取教训，已经出的错误是无法改正了。刊登更正启事也是"亡羊补牢"的事，牢破了当然得补，更正启事是非登不可的，错误的影响却无法全部消除。错误出在这一期上，更正启事登在另一期上，你不能保证看到过错误的读者全都看到了另一期上的更正启事。还说不定若干年后有位作者引用这篇文章作材料，他哪里会知道后面还有更正呢，于是把错误的东西写进了他的文章里去了，那岂不更糟。所以还是慎于初的好，发稿的时候就要努力做到少出错误，不出错误。

技术性的错误一般指排版校对方面的错误，这也不能小看，技术方面的疏忽有时会造成极严重的政治性错误或知识性错误。避免的办法是发稿的时候就把稿子誊写清楚，字号格式设计周到。字形相似容易搞混的，如"活"和"话"，"崇"和"祟"，"没"和"设"，"铅"和"铝"等，要写得清楚而有区别；姓名和地名都是无法揣摩的，一定要每个字写清楚；数字和字母一定要再三核对，大数目尤其要注意，我国的万、亿、兆是每四位分成一节，而外国却是每三位分成一节，因而时常会出错；化学分子式的字母有大写小写，数字还有大小和位置的不同，也是最容易出错的。这一类事儿都非常琐屑，也是讲不完的，要在工作中随时注意，随时练习，要熟练得像条件反射一样，一眼看到就知道该注意什么，该如何处理。

还有一点要讲的，是科学知识不容许什么假的东西。有的作者说，我写的是科学文艺，文艺是容许虚构的。文艺作品的虚构要基于生活高于生活，这是大家都知道的，表现的是生活的本质，因而说文艺作品比现实生活更真实。从来没有谁说过虚构就是任意胡编，难道说科学文艺就可以不真实吗？就可以违背科学吗？记得"文化大革命"的时候，宣传过一位种花生的农民专家，记者大概为了表现他如何辛勤，报道中写他如何半夜里守在田边观察花生开花。这就闹了笑话，据说外国有位专家以为中国出现了半夜开花的花生的特别品种，还特地写信来索取种子。科学是最实事求是的，来不得半点儿虚假和夸张。前几天在报纸上看到一条消息，报道我国的一位女科学家发现总鳍鱼没有内鼻孔，这当然是了不起的发现，研究工作之坚韧和细致也的确了不起，可是报道的标题用的是“动摇了陆地上四足动物起源的传统理论”，这就似乎大了一些。陆地上的四足动物最初是从海里爬上来的，这个传统理论恐怕是动摇不了的，即使当时爬上来的不是总鳍鱼。那位女科学家自己和承认她的发现的生物界，都还没有下标题那样的结论呢。报刊的标题当然要醒目，要有吸引读者的力量，但是夸张超过了限度也不大好。

科普报刊的编辑要做好工作，必须不断地努力充实自己，知识越广博越好，要当杂家；在广博的基础上如果能精通一门两门，那就更好。综合性的科普刊物涉及的面非常之广，要每一门学科都有一位专门的编辑，不要说目前办不到，恐怕今后也办不到，所以不得不要求大家都做多面手。如果你是数学系毕业的大学生，分配到了科普报刊的编辑部来，就得努力做到一专多能，甚至妇婴保健也得知道一点儿，说不定你得处理一篇讲小孩儿出疹子应该怎样护理的稿子。即使是专门性的报刊，也是知识越广博越好：一则，每一门学科的内部还分成若干门类，编辑当然都得熟悉；二是，各门学科都不是孤立的，跟周围别的门类都有关系，本世纪以来又出现了许多边缘科学。编辑如果知识不广博，许多稿件就处理不了，更重要的是没法跟上科学技术发展的步伐，订出有时代气息的新鲜选题来。对科普报刊编辑来说，几乎没有用不到的知识。例如上半年某报刊上出现了一条考古新闻，说中亚某地发现了一座二万年前的回教寺院，这个“二万年”肯定错了。三大宗教——佛教、基督教、伊斯兰教形成的年代虽说不准，但是离现在早则二千几百年，晚则不到二千年，这个概念总应该有；有了这个概念，就知道两万年前决不会有回教寺院。想不到吧，这点儿宗教常识，对咱们编辑也会有用处。在知识的深度方面，咱们不如作者，跟专家比当然更比不上；可是在广度方面，咱们一定要超过任何作者，任何专家。作者写稿子，他决不会把自己不知道的东西写进去；你去向他约稿，他不知道的题目他就不会答应。咱们编辑却完全是被动的，读者需要什么，咱们就得设计和组织稿件；作者在稿子上写到了什么，咱们就得鉴别处理：咱们不能说一声“对不起，我没有这方面的知识”，把责任推卸得一干二净。有人说，自己不懂，就请教专家嘛。请教专家当然是可以的，在自己把握不住的情况下还必须这样做，编辑的行话叫做“外审”。但是外审也不能把编辑应负的责任全部推给专家，咱们应该像写审读报告一个样，跟专家说明白自己对这篇稿子的基本看法，说明要请他鉴别和解决的是哪些问题，这样才能让专家有的放矢地给咱们切实的指导和帮助。

普通中学课程规定的各科知识，咱们最好都能记住一个大概，然后在这个基础上，不断吸收和积累新的知识。所谓记住一个大概，拿历史来说，心中要有一把时间的表尺，记住中国历史上的若干件大事大致发生在哪一年；外国历史上的若干件大事，大致发生在中国的哪个朝代。拿地理来说，心中要有两幅地图，一幅中国的，一幅世界的，某个省份某个国家在哪里，都能记得大致不错。拿化学来说，心中要有一张元素周期表，记住在表的上方的元素的性质跟下方的有什么不同，左方的元素的性质跟右方的有什么不同；还要记住元素符号，常见元素的原子量原子价，分子式的写法，反应式的写法，简单的计算方法等等。拿生物来说，动物植物的分类大致要记住，各类动物和植物的基本特征是什么，它们在进化的过程中占什么位置，也就是心中要有一幅进化树的图。这样一门一门讲下去太啰唆了，反正这些都是很普通的科目，请各位依此类推吧。所以要记住，因为在编辑工作中经常要用到。但是有一点还得请各位注意，编辑必须有很强的记忆力，但是不要相信自己的记忆力。咱们是科技报刊的编辑，主要是凭知识来审读稿件的，如果记忆力不强，记得的东西太少，就不能发现问题。但是如果发现有问题，不能凭着咱们的记忆就修改，必须找工具书，找各种资料来查对。可能作者并没有错，倒是咱们自己记错了，这种情况也是常有的。所以在咱们的案头上，常用的工具书是非备不可的，如各种地图、各种字典词典、有关的手册等等；除了查工具书，有必要的时候还得跑资料室，跑图书馆，这些都是偷懒不得的。

至于积累知识，读书当然是重要的途径。书要读得杂，不论哪个方面的都读，否则成不了“杂家”，不能满足工作的需要。要养成随时随地学习的习惯，在工作中学，在生活中学。调查研究，参观访问，都是结合实际学习的好机会，审读稿件也是实际学习的好机会。咱们要向作者学习，向专家学习，向同行学习，向与自己工作有关系的所有人学习。例如我们是编少年儿童读物的，我们就不能忘了向老师学习；因为我们跟老师做的是同样的工作，我们得经常向他们了解孩子们的情况，学习教育和教学的方式方法。咱们还得经常听一些专业报告，列席一些专业会议，了解咱们国家的科技政策，了解各门科学技术的现状和发展方向。还有一件事要注意，工作中遇到了问题不要动辄问别人，要努力自己解决，自己去动脑筋，自己去查资料。自己动脑筋才能增进推理的能力，联想的能力；自己去找资料才能熟悉各种工具书和其他图书，以后再要查什么就会方便得多，迅速得多。关于编辑出版的知识和印刷技术的知识，咱们当编辑的是非熟悉不可的，我就不再多说。还有逻辑学和辩证法也是必须学一点儿的，科普文章如果思路不清晰不周密，就不可能使读者信服，就起不到普及科学知识的作用。我们编少年儿童读物的还得学一点儿教育学和儿童心理学；这一类特殊的需要，不管编哪种报刊的编辑都会有的。至于马列主义，时事政治，各行各业都要学，我也不多说了。

最后再说一说文字方面的修养。文字差不多是咱们最后完成编辑任务的唯一的工具。所以说“差不多是唯一的工具”，因为除了文字之外，我们还有图画可以利用。解放前各个大书店聘请谁做编辑，大概先在报刊上看到谁的文章写得不错。现在各报刊的编辑大多是分配来的，经常发表文章的当然有，但是也有不能写的，甚至有从来没想到过自己要做文字工作的。当编辑的自己不能写可不行，自己不能写怎么能向作者约稿呢？怎么能帮作者出些主意呢？怎么能审读作者的稿子呢？怎么能修改作者的稿子呢？所以不能写就得学，就得练。读书看报的时候多注意点儿，看人家是怎么写的；审读稿件的时候认真点儿，仔细辨别人家的长处是什么，缺点在哪儿。还有个好办法是阅读和体会有经验的老编辑的修改稿，改掉的当然是不应该那么写的，改上去的当然是应该那么写的，既有比较又结合实际。这样的有利条件，对初当编辑的同志来说真是得天独厚，千万不要错过。学习文字光看不行，还得练，至少要练到清通的程度。怎样才算“清通”？就是说什么能够说清楚，念下去没有疙瘩，让人听了就能够明白。进一步做到自己所编的报刊上的文字，不管哪个栏目的哪种形式的，都能拿得起来，这是工作的需要。有了这样的本领，编辑、审稿、定稿才能心中有底；另一方面，如果报刊临时需要一篇什么文章，急切找不着人写，自己能拿得起来，找些材料凑上一篇，至少要做到能应付得过去，不至于砸锅。从前的戏班子里就有这样的人，生旦净丑他都能来一手，各种戏目他都熟悉，开场锣鼓敲起来了，哪个角色没有到，他就能凑合上场。这种人外号叫“戏抹布”。一个称职的报刊编辑就要能当这样的“戏抹布”。

我是提倡编辑在自己编的报刊上写稿子的，当然只写一部分，而不是所有的稿子。写稿子着眼于练习，可以给稿费，给稿费为了鼓励练习。如果练得很出色，成了知名的作家，真能名副其实，那也是报刊的光荣。但是从编辑自身来讲，多写多练，还是为了做好工作。如果报刊开辟什么新的栏目，提倡什么新的形式，最好鼓励编辑自己先试一试。自己写过了，就可以大体知道这样做能不能达到预期的目的，好处在哪儿，困难在哪儿。心里有了底，约稿的时候就知道怎么来鼓动作者，而不至于给作者提一些根本无法办到的要求。编辑掌握了充分的知识，又掌握了一定的写作技巧，对稿子才能够提出比较恰当的意见。修改稿子的时候，咱们除了改正政治性、思想性、知识性、技术性的错误之外，还要把文章的思路理清楚。咱们的目的是普及科技知识，因而最好不要在文字方面给读者造成一些不必要的障碍，以至于阻挠读者对科技知识的理解。对于少年儿童来说，他们还处在学习语言的阶段，我们更要注意文字的纯洁，不要让他们沾染上一些不良的语言习惯。写作技巧也是选择作者的一个重要条件，这是咱们编辑都知道的。咱们还要锻炼看稿的本领，既要求迅速又要求敏锐；不要漏掉好稿子，凡是有一点儿苗头的就把它抓住。给作者提意见的时候，要鼓励他发扬自己的风格；修改稿子的时候，如果作者确实有自己的风格，那就千万不要损伤它。最好能达到稿子用不着修改，那就得把工作提前，在约稿之前就做好充分的准备和周密的考虑。

咱们编辑的社会地位正在开始提高，咱们的工作正在逐渐得到社会的承认。过去评选优秀作品只给作者发奖，现在也有给编辑发奖的，至少邀请编辑参加给作者发奖的大会。在会上讲话的领导同志总要提到咱们编辑，夸奖咱们是“无名英雄”。自古以来英雄不知有多少，留下姓名来的究竟是少数，咱们尽可以心平气和。有的人说文章刊登出来，作者又署名又得稿费——名利双收，而编辑一无所得，这叫做“为人作嫁”——“为他人作嫁衣裳”。这么一说，编辑就成了为作者作嫁衣裳的“贫女”，只好“拟托良媒益自伤”了。这样比喻恐怕不怎么贴切，因为第一，咱们是为读者工作的，跟作者打交道完全是为了读者；即使帮作者出了点儿主意，作了点儿修改，也是为了让读者能多得到点儿益处，读起来顺当一点儿：不是为作者作什么“嫁衣裳”。第二，咱们国家的稿费标准不算高，如果稿子是认认真真写的，这点儿稿费完全是作者应该得的，合乎社会主义原则，绝非额外的什么利；至于名，谁的文章写得好，读者欢迎，记住了他的名字，这也是很自然的。咱们只是把他的文章发表了，可能出过一点儿什么力气，也是当编辑的在职责范围内应做的事，就像产科医生接生一个样。产科医生接下来的无数个孩子中，总有若干个长大后成为知名人物的，咱们用不着居功，更用不着气不忿。在自己的报刊上发表了好文章，出现了新作者，当编辑的心里自然高兴。这是事业心的流露，不能算作居功。

我也不同意当编辑一无所得的说法，我自己认为，我的知识和技能绝大部分是在编辑工作中积攒起来的。我没有编过报纸，刊物编过好几种，此外还编过书。以书和刊物相比，我喜欢编刊物，编刊物似乎带劲儿得多，更需要神经紧张起来，感觉敏锐起来，思想活跃起来。有人说编辑期刊最能使编辑得到锻炼，我同意这个说法，因为工作经常逼迫咱们去思考许多原来没有想到的问题，去学习许多原来不知道的东西；并且不断地刺激咱们，使咱们永远不自满；而另一方面又能使咱们的创造欲不断地得到满足。这种乐趣，我认为决不在自己写东西之下。

我讲的全都是自己的体会，根本不像讲课；而且讲得太实，不会务虚，不会引经据典，离开了实际工作就什么也说不出来，这个毛病大概是多年做编辑工作养成的。如果一定要抽出一些原则性的东西来，那就是认真、勤奋、诚恳、谦虚、好学、多思等等。这些抽象的词儿，是做任何工作都用得上的，我又不知道该怎么从理论上去发挥。我的水平就是这样，临时想拔高也办不到。就这样吧，很对不起各位。

一九八二年九月

一部开发幼儿智力的教材

近两年来，开发幼儿智力的问题越来越受到人们的重视，尤其是幼儿们的家长和教师。我愿意向热心的家长们教师们介绍一部开发幼儿智力的算术教材——中国少年儿童出版社出版的《幼儿算术500题》。

编写这部算术教材的，是几位专门研究幼儿心理学的同志。他们根据幼儿的心理特征，收集了五百个题目，按幼儿在成长中的心理发展编排成四册，逐步由浅到深，由具体到抽象：头一册供三四岁的幼儿用，最后一册供六七岁的幼儿用。这五百个题目，都是幼儿在生活中经常接触到的，提出来为的引起他们的兴趣和注意，都采用游戏的方式，还配上美丽的图画。幼儿们用不到花多少力气，就能够愉快地给这些题目作出答案。

有人以为给幼儿编算术教材，无非教他们认数，教他们计算简单的算题，让他们提前接受一些计算技巧的训练，以后进了小学可以得到比较好的分数。这不是《幼儿算术500题》的目的。《幼儿算术500题》着眼于培养幼儿的观察能力，认识能力，辨别能力，思维能力，推理能力，当然不排斥识数和算题，但是涉及的范围，远远超过了识数和算题。诸如让幼儿识别各种不同的形，比较各种不同的量，引导他们从各个不同的方面去观察事物，从不同的事物中抽出相同的质，进一步把事物分成不同的群和类，找出事物之间相互的联系……凡此种种，都是一个人在一生的学习和工作中经常而且必须做的。这部教材当然只能让幼儿作一些初步的基本训练，或者说只能对他们作一些启发。但是有了这样一个良好的开端，以后进一步培养上面所说的这些能力就会容易得多。

开发幼儿智力的教育，在我国还是一个新问题，应该怎样实施，许多家长和老师还缺乏经验。所以最好能配合这部算术教材，为家长们老师们编一本类似教学法的书，不但向他们说明这部教材的编辑思想，还要一个题目一个题目地说清楚：出这个题目是什么目的，应该用怎样的方法来启发幼儿们独立思考。

这部算术教材当然还有可以改进的地方，我只提语言方面。印在书上的语言本来不要求幼儿们自己去读，而是让家长或者老师念给幼儿们听的。现在用的语言太呆板，除了提问式就是命令式，句子的结构太简单，太一律。我想尽可以把语言写得生动些，活泼些，优美些；字稍多几个也不妨，反正不要幼儿自己念，可是必须使他们听了能懂，能发生兴趣，能提起精神来思索。何况对幼儿来说，他们受教育并不分什么科目，在算术课上，他们同时在接受语言教育，也同时在接受思想品德教育。

一九八二年十一月一日

关于《失踪的哥哥》的自白

我写的所谓的科学幻想小说《失踪的哥哥》，最早刊登在一九五七年的《中学生》杂志上，本来的题目是《失去的十五年》。

那时候我是《中学生》的编辑。“向科学进军”的口号鼓舞了我，我想方设法在刊物上激发读者学习科学的热情，反复宣传科学知识不但是有用的，而且是有趣的。

那个时候的《中学生》，谈科学知识的文章占的篇幅最多，内容非常广泛。我想把科学技术的所有方面都展现在读者眼前，好让他们各自挑选自己要走的道路。在形式方面，我努力做到多种多样。我要向读者提供各种科学活动的材料，除了实验和制作，还要有可供表演的魔术、快板、朗诵诗、相声、话剧；当然还要有供阅读的小品、童话、故事、小说、传记。

我做编辑有个主张，要编哪个方面哪个形式的东西，最好自己先写一写，先试一试，尤其在搞什么新点子的时候。自己写过了，试过了，多少可以知道这个新点子搞得通搞不通，好处在哪儿，困难在哪儿。心里有了底，在跟作者打交道的时候，就不至于瞎出主意，提出一些教人家无法办到的要求。

抱着这样的目的，那时候我写过几篇所谓的科学幻想小说，《失踪的哥哥》就是其中的一篇。

我是怎么想起写这篇东西来的呢？有个偶然的因素。我在报上看到一条消息，说苏联有个人埋在雪里十八个小时，后来让医生救活了。这条消息使我联想起许多事情来。

我早就想过，细胞受了冻为什么会死亡？一个原因是水结成冰的时候要膨胀，把细胞膜给撑破了。还有个原因是水里要是溶解有盐类或蛋白质，水结冰的时候，会把盐类和蛋白质排挤出来。如果是蛋白质，就会被冰挤压成硬块；冰即使受了热融化了，蛋白质却不能再溶解在水里。

后一个原因是我在一所医学院的生化系当技助的时候学到的。当时我就想到了冻豆腐，原来冻豆腐的窟窿就是这样生成的。又想到了在峨眉山金顶的庙子里吃到的冻豆腐，冻豆腐里的窟窿特别小，特别多，就跟橡胶海绵似的（那时候还没有泡沫塑料）。一定是金顶的海拔高，冬天特别冷，豆腐里的水来不及结成比较大的冰块。

从冻豆腐，我想到了鱼虾，新鲜的鱼虾冰冻以后，按说不会破坏营养，可是滋味差远了，所以人们总喜欢买活鱼活虾。（我这一念之差，后来曾大受批判，说是宣扬剥削阶级的享乐主义。口腹之欲，不可不慎，应该引以为戒。）追究原因，一定是组织中的细胞的膜和液汁都被冰破坏了的缘故。要使鱼虾保持鲜味儿，就应该把它们保藏在温度很低的仓库里，又不能让它们结冰。

我的设想能做到吗？记得在中学里学物理的时候曾学到过“水的过冷状态”，就是把水放置在安静的环境中，使温度迅速降低，水到了冰点以下也可以不结冰。还听一位姓汪的同学跟我说过：有一个严冬的早晨，他看见院子里的窗台上明明放着一杯水，可是他一拿起杯子，水立刻连底结成了冰。我又想到自己做过的用再结晶法提纯盐类的实验。过饱和的盐类溶液放在安静的环境中冷却，往往不能结晶，非得另外投入几颗小结晶作为结晶的核心不可。我想水的结冰也是这样，要是在安静的环境中，把温度迅速降到冰点以下若干度，不让水有结晶的核心，水可能就不会结冰。水不结冰，鱼虾体内各种组织的细胞就不至于被破坏，那么不但滋味，连生命不是也能够保存下来了吗？

这些就是我写《失踪的哥哥》的主要依据。我的想法一定有许多很可笑的地方。这有什么办法呢？我全部的物理知识就是在中学里学到的那一点儿。

在前面我已经说过，我写所谓的科学幻想小说不过是尝试而已，不过是为了取得一点儿直接的经验。但是我想，既然用了故事的体裁，知识就应该糅合在故事里边，不能故事管故事，知识管知识；不能一讲到科学知识仍旧跟上课一个样，作者忙不迭地自己登场，把故事中的人物挤在一旁，痛快淋漓地作一通科学演讲。因此我设计了两位主人公，一位是医生，一位是冷藏厂的工程师。（我在医学院耽过，也在工厂耽过，写医生和工程师，找两个模特儿还是容易办到的。）我让他们俩在生命的冷藏这个课题上结为朋友，看起来还算自然。在故事里，我用他们之间的几场对话来表现我所设想的研究的进程。在讲知识之外，我还企图在故事里讲一点儿粗浅的对科学研究的认识，例如：试验不等于乱碰，成功绝非侥幸。

可是结果我彻底失败了。我着力表现的自然是我的主人公——医生和工程师，可是大多数读者似乎只看到那个失踪的哥哥和他的弟弟；我讲的是关于生命冷藏的设想，可是大多数读者感兴趣的却是弟弟变成了哥哥，哥哥变成了弟弟；我还想向读者灌输一点儿科学活动的基本态度，在这方面，读者似乎一点儿也没有觉察到。这决不能怪读者——读者永远是无可非议的，只能怪我自己没有本领，没出好点子，没把故事设计周全。我是做编辑工作的，在跟作者谈稿子的时候我经常说这样的话："您的意图是积极的，可是意图是一回事儿，效果是另一回事儿。"我只好用这几句话来提醒自己：我没有能力实现自己的意图。

这种所谓的科学幻想小说，后来我还写过几篇，从效果看，跟《失踪的哥哥》一个样，还是不成个样儿。我倒不是个一碰到失败就灰心丧气的人，可是在一再检查原因的时候，我渐渐发现我写的那些东西跳不出两个窠臼：一个可名之曰"破案记"，总之是出了一件怪事，经过侦察真相大白，原来是个什么科学玩意儿；一个可名之曰"参观记"，作者就化装成导游者，带着读者一路参观一路讲解。也有两者兼而有之的，既侦察又参观，苏联萨巴林的《工程师的失踪》可以说是兼而有之的标准形式，那是我经手编辑的第一篇科学幻想小说。

我感到悲哀了。在做小学生的时候，我就不喜欢读侦探故事，因为看出来那无非是作者在故弄玄虚，自己作案，自己留下破绽，自己侦破；也不喜欢读参观记，因为大多平铺直叙，索然无味：没想到我自己写的东西竟落进了这两个窠臼。"科学幻想小说"这个名词的确挺诱人的，我还是决定不再写它，除非能找到什么别的路子。路子总会有的，可是我知道，光凭我这点儿小聪明是无济于事的，我对科学技术还缺乏了解，尤其对作科学技术研究的人还缺乏了解。一定要深入地探索他们的内心世界，否则无论写什么作品，包括科学幻想小说在内，都无法使读者感染到他们的精神，从他们身上学到点儿什么。

在以后的许多年里，我尽管自己不再写，编还是照旧编。对于标明“科学幻想小说”的作品，我一视同仁，尽我当编辑应尽的责任。我编的书刊都是给少年儿童读的，我得从教育的立场来鉴别作品；采用与否，首先要考虑的是能否使少年儿童得到点儿好处。在这一点上，我是个死心眼儿的功利主义者。

最后要说一说，为什么《失踪的哥哥》本来的题目是《失去的十五年》？那时候我实在幼稚，以为社会主义改造既然已经完成，只要再苦干个十来年，就能进入共产主义了，我国人民的生活就会好得没有比了。故事中的那个哥哥在冷藏库里沉睡了十五年，他什么事儿也没有干，一醒过来就坐享其成。他知道了一定会懊恼的，一定会感到羞愧：羞愧在建设美好的生活的日子里，他没有出一点儿力气，白白地失去了从事光荣劳动的十五年。可是我的这种心情，在文章中完全没能表达出来，竟使有些读者羡慕起那位误入冷藏库的哥哥来。有的甚至说：“我最好也睡上一觉，直睡到共产主义再醒来，那该多福气呀！”这样的后果是我完全没有料到的。所以一听到有人提起《失踪的哥哥》，我总是脸上一阵热，只好搭讪着，顾左右而言他。

一九八三年一月

编辑的光荣

周振甫先生从事编辑工作五十年了，我觉得为他举行一个纪念会是很有意义的。会前，振甫先生写了一封信给我父亲，说出版工作者协会和中华书局要为他开这个会，祝贺他从事编辑工作五十年。他说他推词不掉，这个会恐怕非开不可了，说我父亲年纪大了，天气又冷，一定不要参加。振甫先生这样谦虚，这样诚恳，使我父亲受到感动。我父亲于是写了回信，预先向振甫先生道了贺，接受了振甫先生挡驾的盛情。

我是一定要到会的，一则代我父亲向振甫先生当面致贺，二则我心里有说不完的高兴，想在会上表达一下。大家都知道，振甫先生对古典文学有很深的造诣，著作非常丰富，如果用木版印刷叠在一起，高度何止等身。但是现在不是祝贺他学术活动几十年，也不是祝贺他写了几百万字的著作，而是祝贺他从事编辑工作五十年，也就是为读者服务五十年。开这样一个会，我想所有的做编辑工作的同志都会感到高兴的，而我就是其中的一个。我祝愿振甫先生永远自强不息，一直干下去，再干个几十年。

振甫先生做编辑工作是进了开明书店开始的；我做编辑工作也是进了开明书店开始的，比振甫先生晚了十来年。解放前，出版界把在开明书店工作的人叫做“开明人”，说“开明人”有一种“开明风”。这是一股什么风呢？我说不出来，用抽象的形容词来概括，恐怕很难办到。是不是可以这样说，振甫先生就是“开明人”的标本之一呢！他把编辑工作当作一回事来干，郑重其事地干，克勤克俭地干，并且一直这样干下去，即使没有人知道，振甫先生也老老实实地照旧干下去。回想老一辈的“开明人”：夏丏尊先生、章锡琛先生、王伯祥先生、周予同先生、宋云彬先生、丰子恺先生、傅彬然先生、徐调孚先生、顾均正先生，还有现在的贾祖璋先生，他们没有一个不是这样工作的。记得一九四六年开明书店成立二十周年，我父亲写了一首诗勉励同人，最后两句是希望“堂堂开明人，俯仰两无愧”。我一定要向前辈学习，向振甫先生学习，至少要做到无愧于读者。因为我想，如果能努力做到无愧于读者，也就无愧于我们的可爱的祖国了。

一九八三年四月十八日

关于语文教学的一席话

中华职业教育社邀我父亲叶圣陶来福州，跟各位谈谈语文教学方面的一些问题。上半年，我父亲又动了一次手术，还没有完全恢复健康，不能应邀。我一直在父亲身边，经常听他跟朋友们谈话，有时候帮他誊清稿件和整理讲话记录，可以算是“近水楼台”吧。父亲的主张，我多少知道一些，所以职教社硬把我给拉了来。我今天讲的，主要是阐发父亲近年来对语文教学的一些想法。讲的时候，不可避免地掺杂许多我自己的体会。这是必须事先交代清楚的。

一、教是为了达到不需要教

二十一年前——一九六三年，我父亲随全国政协的参观团到过福州，福建省教育厅邀他跟中小学的语文老师谈过两次话。那时候他就提出：“教是为了不教。”这句话说得过于简单，后来作了补充：先改成“教是为了不需要教”，最后改成了“教是为了达到不需要教”。我父亲一再修改自己说过的话，为的是把自己的想法表达得更加清楚。学生是要老师教的，可是学生不能一辈子耽在老师身边，总有一天要离开老师，所以我父亲认为老师一边在教，一边要考虑怎样才能让学生达到不需要教的程度，让他们将来离开了老师，好自己去工作，去学习，去生活。我父亲常常拿小孩子学走路作比喻：小孩子刚学走路，大人拉着他，扶着他，教他怎么一左一右地换着腿迈步；看到他自己能迈步了，就不再拉他扶他，只在旁边护着他，防他摔跤；即使真摔了跤，还得鼓励他爬起来，放大胆子再往前走；等到他一步一步走得很稳当了，大人就放手不管，因为走路的教学已经全部完成，小孩子已经学会了走路的本领，能够随心所欲地自己走路了。我父亲认为老师教学生，就应该像教小孩子学走路那样，在教学的过程中，鼓励和指导他们进行必要的训练；等到训练到了家，他们能够自己发现问题解决问题了，老师就可以放手不管，用不着再教他们了。我父亲说“教是为了达到不需要教”，简单地说就是这么个意思。

在“教是为了达到不需要教”这句话里，“不需要教”是目的，问题在于用怎样的教学方法才能达到这个目的。我父亲很早就反对一种所谓“空瓶子观点”，就是把学生当作肚子里一无所有的空瓶子，老师只要一股劲儿地给他们灌，以为把瓶子灌满了，教学的任务就完成了。学生如果真是个空瓶子也还罢了，可惜实际上都是漏底的口袋，决不会把灌进去的东西全都保留下来，总是一边灌一边漏，弄得不好，会漏得一点儿也不剩。所以我父亲反对老师只管讲，学生只管听的教学方式。

《中学生守则》和《小学生守则》的第三条都要求学生在课堂上要“专心听讲”。在“守则”公布的时候，我父亲在《文汇报》上一连发表了两篇文章。他说“专心听讲”这个提法容易使人认为老师的任务只是讲，学生只要专心听就成了，还是个“空瓶子”。他说在这儿，对“讲”和“听”这两个词儿理解不能太死，就跟通常把“上学”叫做“读书”一个样儿：学生上学是受教育，不光是读书；书是要读的，读书只是受教育的一种方式，学生受教育要通过许许多多方式，不能只管死读书。“专心听讲”中的“讲”和“听”也是一种通常的说法，内容包含了在课堂上的一切教学活动。老师是要讲的，但是不能只顾讲，只顾灌。称职的老师像一个有经验的导演。导演应该启发和引导演员去理解剧本，去体会剧中人物的思想感情，而戏还得让演员自己去演。老师应该明白，学习是学生自己的事，你要尽一切力量启发他们，引导他们，调动他们的积极性和主动性，使他们在学习的过程中练好自学的本领，养成自学的习惯，最后达到“不需要教”的境地。“不需要教”，就是他们自己能“走路”了，老师不但可以放手，而且可以放心了。

大概两年以前，吕叔湘先生在一次座谈会上说，教育近乎农业生产，绝非工业生产。工业生产是把原料经过设计好的工艺流程，做成合乎标准的成品。农业生产可不然，种下去的种子是有生命的，它们得自己长，人们所能做的是给它们适当的条件，包括温度、湿度、阳光、水分、肥料等等，帮助它们好好生长，以期获得较好的收成。我父亲非常同意吕先生作的比喻，特地写了一篇短文，把这个比喻介绍给老师们，请老师们时刻想到，学生跟种子一个样，有自己的生命力，老师能做到的，只是供给他们适当的条件和照料，让他们自己成长。如果把他们当作工业原料，按照规定的工艺流程，硬要把他们制造成一模一样的成品，那是肯定要失败的。

二、听、说、读、写要并重

讲了我父亲对教学的基本观点，下面开始讲语文教学。

“语文”这个词儿，是解放后由语言学家和教育家共同商定的。解放前，这门课程不叫“语文”，在小学里叫“国语”，在中学里叫“国文”。为什么有这个区别呢？可能因为小学里教的是白话文，也就是语体文；到了中学，语体文逐渐减少，文言文逐渐增多，到了高中二、三年级，念的几乎全是文言文了。而现在的“语文”，绝非语体文加文言文的意思。还有一种说法，认为“语文”就是“语言”加“文学”。苏联是语言和文学分家的。五十年代，有人主张我们也要分家，推我父亲作了一个报告；报告是几位秀才凑起来的，我父亲不怎么赞成，会已经开了，他只好照念。后来试用的课本编出来了，结果行不通，多数老师不知道该怎么教才能把两者分开，这次试验就这么收场了。在一九八〇年出版的《叶圣陶语文教育论集》中没有这篇报告；编“论集”的两位先生知道这篇报告中的一些观点不是我父亲的，所以没有收进去。这是题外的话，我借这个机会澄清一下。总之，现在把这门课程叫做“语文”，也不是语言加文学的意思，而是语言和文字的意思。语言和文字都是人们交流思想的工具，语文这门课程，就是训练学生运用这两种工具。说到交流思想，总有发表的一方和接受的一方。用语言作工具，要发表就得有说的本领，要接受就得有听的本领；用文字作工具，要发表就得有写的本领，要接受就得有读的本领。语文教学就是训练学生学好“听、说、读、写”这四种本领，也就是运用语言和文字的本领。我父亲在前两年写过好几篇文章，一再说明语文教学包括“听、说、读、写”四个方面，四个方面同样重要，一个也不能丢。因为这四种本领都是工作、学习和生活的需要，一种也少不得。

从语文教学的现状来看，听和说的训练不大受到重视。对大多数人来说，听和说的机会比读和写的多得多，就是一字不识的文盲也能听能说，因而造成一种误解，认为听和说自然就会，不必花工夫去学。是不是听和说用不着学呢？就拿我这个人当作例子来分析一下吧。我听的本领很差，在小学里养成的坏习惯没有改掉，上课听讲思想常常跑野马，开会听报告不会作记录，如果要我传达，总是丢三落四地说不周全，报告人的话十有八九被我“贪污”了。至于说的本领之糟，已经全部暴露在各位面前。我不会说普通话，语音语调，自己觉着别扭，各位听着一定感到非常吃力。而且条理不清楚，段落不分明，句子不完全，还有重复的、漏掉的、颠倒的，种种毛病，不一而足，使各位听了不能形成明确的概念。三四十年来，我一直做编辑工作，很少有机会训练听和说；我想要是在学生时代，我就练好了一套听和说的本领，现在就不至于这样狼狈了。推己及人，我希望各位老师不要忽略听和说的教学，至于采取什么方式，可以大家创造，如讲故事，口头作文，举办朗读会、讲演会、辩论会，还有演出话剧等等，都是既训练说又训练听的。演讲要提倡即席演讲，不要预先写稿子，因为在日常的工作、学习和生活中，多数场合，说话是来不及写稿子的。还可以在听报告和广播的时候，要求学生作记录，要求学生复述。如果学生经过训练，听别人的话不但能理解，能抓住要领，还能辨别语气和情感，就是通常说的“锣鼓听音”，又能说一口流利的普通话，条理清楚，详简得当，那就终生受用不尽了。听说福州有几所学校早就注意听和说的训练了，并且很有成效，想来他们在实践中一定创造了不少很好的经验。

再说读和写。从表面上看，多数学校是读和写并重的，其实不尽然，许多老师把教科书上的课文只当作写作的范文来教，着重分析所谓的“篇章结构”，像如何开头如何结尾之类，甚至教完了一篇就要学生仿作一篇。教完了茅盾先生的《白杨礼赞》，就要学生写一篇《翠竹礼赞》。有的老师直截了当地提出了“写作中心论”，认为语文课就是学写作的，读不过是学好写作的一种手段而已。要学好写作，不读当然是不行的，但是读的训练还有它的独立性，不仅仅为了写，这也是很明白的。就一般人来说，在工作中，要阅读各种指导工作的文字，从方针政策法令条例，到安装说明书、使用说明书之类；在学习中，要阅读理论性的文章、知识性的文章；在生活中，要读报，读文学作品读信。不管什么人，包括专弄笔头的作家和“秀才”在内，读的机会跟写的机会相比，都不知道要多上多少倍。所以学生必须训练读的本领，包括理解的能力，判断的能力，推理的能力，鉴赏的能力。这些能力没有个够的时候，一生也学不完，因而学生在离开学校的时候，不但要学会读的本领，还要学会怎样提高读的本领。还有一种本领必须训练，那就是快读，读得快。我每天读五份报，“人民”“北京”“光明”“文汇”“参考”，因为工作忙，只能花一个小时光景；当然读得很粗糙，但是重要的新闻大致不会漏掉，半版以上的长篇大论一般不读，碰到有兴趣的也得溜一遍。我读得这样快，其实是一边读一边在选择，选择我不知道的、非读不可的、有兴趣的来读。这种快读的本领恐怕谁都需要，而且往后越来越需要。所以我想，学生还应该在不断增强理解力、判断力、推理力、鉴赏力的基础上，训练读得快的本领。

至于写的训练，也就是作文，大概没有一位老师不重视的，学校领导和学生家长也没有不重视的；还常常把写作能力的高低作为衡量语文教学效果的唯一的标尺。“错别字连篇，连封信也写不通，现在的中学生，语文程度真是糟透了。”我们不是常常听到这样的批评吗？信是每个人都要写的，的确非学会不可，也可见训练写的本领是为了工作、学习和生活中有实际的需要。可是在有些学校里，写作训练走上了岔路，有的专教学生搞文学创作，有的专教学生如何应付高等院校的入学考试。这两条路子都脱离了日常的工作、学习、生活的实际需要。

先说搞文学创作的路子。走这条路子有客观上的原因，也有主观上的原因。课本上选的课文大多是文学作品，所谓的名家名篇，使人造成一种印象，似乎只有文学作品才算文章，或者才算文章中的一等品、特级品，学习写作就得以这样的文章作榜样，学会这一路的文章，这是客观上的原因。至于主观上的原因，一方面由于年轻人几乎没有一个不爱好文艺的。我父亲常常接到中学生和小学生的来信，信上说：“我从小爱好文艺，想当一个作家。请您告诉我，怎样才能写好文章。”他们所要学的文章，当然是小说、散文、诗歌之类。另一方面是老师中间喜欢讲文学技巧的比较多，他们着力于引导学生写诗歌、散文、小说，对于环境描写、人物塑造等等都津津乐道。诗歌、散文、小说，当然谁都可以写，可是除了作家，绝大多数人在工作、学习和生活中需要写的，却不是这一路文章。信倒是每个人非写不可的；读书写笔记，听讲作记录，写调查报告，写工作总结，这些本领，做一个现代的中国人最好都能掌握。还要想到学生将来要走上各种不同的岗位，担负不同的工作；当医生的要写病案、写病例分析，当法官的要写案情分析、写判决书，搞工程设计的要写设计方案和说明书，研究自然科学的要写实验设计、实验报告；如此等等，说也说不完。在小学和中学的语文课上，当然没法分门别类地一一加以指导，可是实用的文章无非实事求是，无非要说明事实，讲清道理，经过分析推理，最后得出结论或者办法；从文章的体裁来说，无非是记叙文、说明文、论说文；包括前面说的工作总结、调查报告在内，都是如此。所以在小学里，在中学里，应该让学生由简单到复杂，反复进行写记叙文、说明文、论说文的训练，训练学生怎样把一件东西、一桩事情、一种现象、一个道理，写得条理清楚，详简得当，语言生动，能够吸引人；如果讲道理，还要根据确凿，逻辑严整，能够使人信服。我父亲说训练写作要着重实用，我体会就是这个意思，并不是要让学生去学所谓的“应用文”。解放前有的学校开设“应用文”这门课程，着重于讲各种应用文的格式。格式当然要学，可是要学好并不难，写作的基础打好了，老师稍加指点，学生就能明白；而且有些特殊格式的应用文，要在将来参加工作之后自己去学。

至于应付高等院校入学考试，现在几乎成了风气，不仅语文课这样，别的课程也是这样，到了所谓的“准备阶段”，不列入高考的课程就得让路。许多学生的家长，许多学校的领导，甚至主管教育的党政领导，都把考上大学作为普通教育的唯一目标。哪个学校考上大学的学生多，就是好学校；哪个老师教的学生考上大学的人数多，就是好老师。学生为应付高考而学，老师为应付高考而教。尤其到了高中最后一学期，甚至最后一学年，在有些学校里，语文课就要请“把关”老师来“把关”。“把关”老师主要抓作文，因为高考的语文试卷，作文占分数的一多半，有决定性的意义。怎么抓法，一是把前几年高考的优秀试卷作为范文，让学生揣摩仿作；一是猜测今年高考可能出哪些方面的作文题，每个方面拟几个，一共一二十个题目，让学生每个题目作一篇，老师仔细修改了，让学生背熟。如果高考试题正好在这一二十个里边，押宝押个正着，万事大吉；也可能没押着，所以老师还要教会学生，如果试题跟预先猜测的某一个题目相近，如何改头换面去应付。我父亲非常反对这种猜题押题的做法。他说，这种训练就是把作文当成“敲门砖”，学生即使考上了大学，敲开了大学的门，这块砖就被他摔在门外了，因为毫无实际用处。这还在其次，更严重的是违背了品德教育，教学生去投机取巧。记得一九七八年，他病在床上，听说高考的作文题是让考生把一篇不太长的文章，缩写成一篇更短的文章，他很高兴，因为这个试题不但能检验学生的写作水平，还能检验学生的阅读水平；而且，这样的试题是猜不着押不着的，要得到好分数就得靠平日的训练，用不着在考试之前临时抱佛脚。我父亲还说，真正的考试是在出了学校的大门之后，独立地解决工作中、学习中、生活中遇到的问题，那才是真正的考试。这种真正的考试常常是“突然袭击”，在什么时候举行，什么场合举行，事先不给通知，不容许你临时作什么准备，就靠平时的学习、训练和修养。第二年，父亲身体恢复了健康，还特地写了一篇文章，评论那一年的高考作文题。

三、关于教材和教法

学生进学校不是受教材，而是受教育，这个观点是三十年代初，我父亲和几位朋友在《中学生》杂志上提出来的。他们提出这个观点是有针对性的，因为当时许多学校都硬逼学生死读教科书，认为学生需要的东西都在教科书上，只要读熟了，记住了，就可以通过考试，就可以毕业。我父亲他们认为学生进学校是为了受教育，为了成为一个有益于社会的人，要达到这个目的，不能光靠读教科书。教科书只为教学提供一部分材料，有点儿像体操器械双杠木马之类。除了体操运动员，对大多数人来说，练习双杠木马，是为了锻炼身体，双杠木马是锻炼身体的工具。在这一点上，语文教科书跟体操器械相仿佛，是训练听、说、读、写的工具。有了这个工具，老师可以运用它来训练学生，让学生学好使用语言和文字的本领。

为了使学生在听、说、读、写四个方面都受到良好的训练，大家希望有一套完美的语文课本，可是现在还办不到。有一个原因，语文跟别的课程不同，别的课程大多有比较完整的体系，尤其是数学。比如代数，总是讲了一元一次方程，再讲二元一次方程；讲了因式分解，再讲二元二次方程的解法：次序不能颠倒。语文可不然，同一篇课文，可以同时出现在小学课本和中学课本里，可以这一版编在第四册，下一版编在第六册。我父亲从二十年代就编国语课本了。他和几位朋友不断探索，想创出一个体系来，他们这样编那样编，在解放前编出了不少套国语课本和国文课本，可是没能达到预期的目的。前两年小学语言教学研究会成立，我父亲在成立大会上提出这个问题，希望大家多花点儿工夫，经过调查研究，搞出一个体系来，要注重实用，听、说、读、写并重。这两年有同志在努力探索，对语文教学的体系作了一些新的设想，课本已经编出几册，在少数学校里试用。其实课本也不必定于一，各地有条件的教育出版社可以按不同的设想，编出若干套来，大家来试验，来比较，也许可以早一点儿把语文教学的体系确定下来。至于现在通用的课本，除了还没有比较完整的体系外，从选文来说，我父亲认为文学作品选得太多，实用的文章太少。他还认为教材不必都是所谓的名家名篇，有毛病的坏文章也应该选。让学生能看出这些文章中的毛病，这也是本领；知道了这些毛病是怎么得的，他们就懂得话应该怎么说，文章应该怎么写了。把坏文章选进课本，看来不可能办到；各位老师不妨自己从报刊上选一两篇作个试验，教学效果一定不会差。

至于教法，前面说过，我父亲反对“空瓶子观点”，反对老师只顾讲，学生只顾听，也就是反对“满堂灌”。他认为“讲深讲透”的提法是不切实际的，“深”和“透”都没有止境；讲到什么程度才算“深”，才算“透”？没有客观的标准。就算老师讲得深而且透，学生有没有这样的需要，能不能照单全收，也都是问题；而且向老师提出这样的要求，逼得老师非“满堂灌”不可。“满堂灌”所以不好，就在于学生的学习活动全让老师给代替了，在教学的过程中，学生得不到训练。我就碰到过这样的青年，让他读一篇很简单的小小说，读过之后，问他这篇小说怎么样，他说“挺逗”；再问这篇小说说的什么意思，他就不知怎么回答了。我想，这可能就是“满堂灌”造成的恶果。我知道有的老师讲课文不但逐字逐句解释，还要把段落大意、主题思想，甚至教育意义在哪儿，都写在黑板上，让学生一一抄下来，将来考试，就考这些。跟喂孩子似的，不但把食物嚼烂了，甚至消化好了才送进孩子的嘴里，孩子自己的消化功能只会越来越衰退，最后甚至全部丧失。

为了“讲深讲透”，老师还要尽可能搜集补充材料。如介绍作者，嫌课本上的小传太简略，得从作家的传记上摘抄。讲到我父亲的文章，就得把我父亲生于哪一年，哪个省哪个县，是这个家那个家，加入过什么团体，有些什么主张，主要著作有哪些，出过哪些集子，过去担任什么职务，现在担任什么职务，一一讲清楚。我以为关于作者，跟理解课文没有帮助的就不必讲。举我父亲的几篇文章为例：教《景泰蓝的制作》和《记金华的两个岩洞》，可以什么都不讲；教《苏州园林》，可以讲一讲我父亲是苏州人，小时候就熟悉苏州的园林，好让学生体会文章中“如数家珍”的感情。教《在五月三十一日的急雨中》，那就得讲清楚写这篇文章的年代，我父亲那时候是个三十才出头的青年；当然还得让学生弄清楚，五卅运动的时代背景和在新民主主义革命中的位置和作用。除了介绍作者和时代背景，为了“讲深讲透”，有的老师还要对课文作许多不太必要的补充。例如教《苏州园林》，有的老师就要加上苏州的名园有多少处，造在哪个年代，承袭了哪些建筑流派的风格。这些材料当然是从哪本书上找来的，如什么流派，什么风格，老师自己也未必明白，硬灌给学生，硬要学生记住，到底有什么用处呢？怎么不想一想，我父亲写这篇文章，为什么不把这些都写进去呢？为什么连一处园林的名字也没有提到呢？我看这后一个问题倒是可以让学生讨论一下的，对训练写作也许有点儿好处。

“讲深讲透”，更多的是讲写作方法。有的讲得实在有点儿玄；课本上选的都是名家名篇嘛，总得挖掘出一些名堂来。例如《记金华的两个岩洞》，我父亲在开头讲：金华有三个岩洞，一个叫双龙洞，一个叫冰壶洞，他都到了，最高的一个叫朝真洞，因为体力不济，没有到。有的老师说这就非常好，一开头就把没有到的一个洞撇开了。我看这是很普通的写法：三个洞只去了两个，应当交代明白，这倒是可以跟学生提一提的，至于在哪儿交代，可以在开头，也可以在结尾。说在开头交代就好得不得了，我不大相信。还有老师说，整篇文章以泉水作为主线，可见作者之“匠心”。我看我父亲只是照着游览的程序，写他的感受罢了，叙事通常就是这么个写法，这倒也可以跟学生提一提。至于好几处写到泉水，因为这三个岩洞，本来是石灰岩受了水流的作用而形成的溶洞，而且是上下贯通的，我父亲只是照实写来，并没有特意在篇章结构上弄什么花巧。课文以写完冰壶洞中的瀑布作结束，有的老师说这个结尾又如何如何了不起，其实我父亲在写完瀑布之后，还抄了一段徐霞客的游冰壶洞的日记，让读者参看。这段尾巴是让课本的编者给删去的，曾征得我父亲的同意。我看删去也不妨。可是课文的结尾不是我父亲原来的结尾。如果值得称赞，受称赞的应该是课本的编者。那么在写作方法上，这篇文章是不是没有什么可借鉴的呢？倒也不是。比如说，什么“千姿百态”呀，“惟妙惟肖”呀，“栩栩如生”呀，“目不暇接”呀，这类现成的句子，这篇文章里一句也没有，因为我父亲是主张如实地写自己的感受的。这是否值得跟学生提一提呢？还有，我父亲游这两个洞，由一位工友作他的向导。在双龙洞，这位向导逐一指点洞内的钟乳，说这是什么，那是什么，大都依据形态想象成仙家、动物、宫室、器用等等，我父亲说他对此不感兴趣，一个也没有记住。在冰壶洞的瀑布前，我父亲说抬头看好像天刚蒙蒙亮，正下着急雨，千万支银箭直射而下，天边还留着几点残星；还说这个比拟是那位向导说给他听的，听了之后，他越看越有意味。同是这位向导的话，我父亲为什么厚此而薄彼呢，似乎也可以提出来让学生讨论。

《记金华的两个岩洞》是游记，是记叙文。《景泰蓝的制作》是说明文，记录工艺品景泰蓝的制作流程。许多老师说这篇文章不好教。是不好教，我不明白课本的编者为什么选中了这一篇，也许又因为我父亲是名家吧。我父亲写这篇文章花了不少功夫，可是一个对景泰蓝一无所知的读者，光凭读了这篇文章就要弄清楚景泰蓝的制作工艺，恐怕不太可能。我父亲说过：一台蒸汽机，要把它的构造和运转说清楚，光凭文字简直办不到，所以常识课本和物理课本讲到蒸汽机，都要加上说明性的插图，最好当然是看一看实物，带着学生去参观火车头，一边指点一边讲。讲《景泰蓝的制作》，最好先带学生去参观一下景泰蓝的工厂，可惜在北京也未必能办到；课本上又没有插图，因而很难让学生把每一道工序都弄得很清楚。我想教这篇文章，能让学生得到这样一个印象，就是说明制作过程、生产过程，从原料开始，按照工艺流程一步一步往下写，一直写到成品为止，这样写比较顺当。我常常想，学生还得学会一种阅读的本领，就是对照着插图阅读说明文的本领。这种本领可以在数学课、物理课、化学课、生物课上去学。这样看来，讲自然知识的课，实际上也担负着语文教学的任务。在“文化大革命”之前，我父亲负责人民教育出版社的工作，中学课本、小学课本，他都要看；不光看语文课本，也看其他各科的课本，包括数学在内；不光看文字是否清楚明白，还要看插图跟文字是否匹配。编教科书跟教课一样，要处处想到如何让学生得到实益。

现在的中学语文课本没有插图，必要的时候，最好能想法子找一些来作补充。譬如教《苏州园林》，最好能找一些园林的图片，不但要有苏州的，还要有北京宫廷式的，有西方庭园式的，好让学生跟文字作印证，增进对课文的理解。喜欢讲篇章结构的老师也会把《苏州园林》讲得神乎其神，其实这也是一篇很普通的说明文，介绍的是苏州许多园林的共同特点：先说总体，后说部分；先说大家见得到的，再说可能忽略的，结尾说没有说到的还有许多。说明文一般就是这样写法；写得好与不好，就在作者对要说明的东西是否熟悉，是否理解，有没有自己的体会，体会是深还是浅。过于强调写作技巧，对学生没有好处，会使他们把写文章看成一件很不寻常的事，一定要写得跟通常说话不同，非矫揉造作不可。各位都知道，我父亲是提倡“写话”的，他主张话怎么说，文章就怎么写，当然写的应该比说的完整一些，明确一些，精炼一些；粉饰、做作、卖弄，都是他反对的。教这篇《苏州园林》，有一点倒是可以说一说的：这篇文章本来是给一本画册写的序文，这本画册就叫做《苏州园林》。可以跟学生们讲一讲一本书为什么要有序文；序文大体讲些什么；因为写序的目的不同，序文的内容有哪些不同；读书先读一下序文有什么好处；还要让学生养成读书先读序文的习惯。我父亲写这篇序文，是给《苏州园林》那本画册的读者一些指点，帮助他们欣赏里边的图片。如果老师能找一些图片来让学生作比照，那就更能说明读序文对增进理解有什么样的好处了。

下面再讲课本中的文学作品。前面讲的我父亲写的几篇，一般地也算作文学作品，因为不是纯客观的说明文和记叙文，里边掺杂了作者的思想感情；可是跟小说、诗歌、戏剧等相比，实用的意义就大得多，让学生作文，主要应该写这一路的文章。下面我仍旧拿我父亲的文章作例子，因为对我来说比较熟悉。课本中经常选的，有我父亲的童话《蚕和蚂蚁》、《古代英雄的石像》，小说《夜》、《多收了三五斗》。《多收了三五斗》也可以算所谓的“报告文学”，原来后边还有五六百字的一条尾巴，非常概括地说了说城市中对“谷贱伤农”的各种不同的反映，最后说农民将会走上哪几条绝路。这五六百字近乎杂文，有了这样一条尾巴，这篇文章就更像“报告文学”了。课本的编者征得我父亲同意，把这条尾巴砍掉了。用作语文教材，我也说砍掉了好，因为涉及的方面太广，老师很难讲清楚，学生也很难接受。

前面说过，我父亲认为现在通用的课本，文学作品选得过多。在语文课上，让学生适当地读一些文学作品是必要的，不要过多，而且目的不是要把学生培养成作家。一个学校能出几位作家当然值得欢迎，可是不能要求所有的学生将来都成为作家。虽然不当作家，文学作品却是每一个人都要读的，不管将来做什么工作。除了读文学作品，大家还要看戏、看电视、看电影、看画、听音乐，都离不开文学方面的修养。所以在语文课上教文学作品，似乎应该着眼于培养他们的文学修养，提高他们对作品的理解能力和鉴赏能力，而不是要他们学什么创作方法。如果有的学生将来走上了文学创作的道路，在学生时代作一些阅读文学作品的基本训练，也决不会白费工夫的。

那么在语文课上，怎样训练学生对文学作品的理解能力和鉴赏能力呢？我想恐怕没有一种一成不变的教法，得因文而异，《夜》的教法跟《古代英雄的石像》的教法，就不能完全一样。譬如《夜》，要理解非得弄清楚这篇小说的时代背景不可；至于《古代英雄的石像》，就不牵涉哪一个特定的时代。《夜》的写作年代就是这篇小说所表现的年代，有人以为《古代英雄的石像》也是如此，认定这个石像是影射蒋介石的，根据是这篇童话，正好写在蒋介石建立了他的独裁统治之后。这样推断显然是牵强附会，我父亲不得不在《叶圣陶童话选》的后记中作了澄清。他说他在写的当时，把主要的意思放在这篇童话的末了儿：“无论大石块小石块，彼此集合在一块儿，铺成实实在在的路，让人们在上边走，这是石块的最有意义的生活。在铺路以前，大石块被雕成英雄像，小石块垫在石像底下做台基，都没有多大意义。”又说“大石块被雕成英雄像就骄傲起来，自以为与众不同，瞧不起人；我这么写，只是揣摩大石块当时的‘心理’而已。这原是一种不太容易抵抗的毛病，过去时代犯这种毛病的挺多，当前时代也得好好地锻炼才能不犯。”我所以重述父亲的这两段话，为的说明老师如果讲这篇童话，跟讲柳宗元的《黔之驴》一个样，用不着说明是哪一年写的。

讲小说《夜》就非得把写作的年代说清楚不可，好让学生知道这篇小说是反映“四一二”反革命大屠杀的。在小说中没有点清楚，因为一则，在当时的白色恐怖下不能点清楚；二则在发表的当时，读者一看就明白讲的是怎么回事。现在的学生不一定明白，所以在布置预习的时候，就得跟学生说清楚。然后问一问“四一二”事变是怎么回事，“大革命”是怎么回事。学生要是说不清楚，让他们自己去查历史书，下一堂课再问。这种自己查阅工具书的习惯必须养成。恐怕还得跟学生说清楚，小说所写的地点是上海，这场大屠杀就是从上海开的头。学生在预习的时候已经把这篇小说读过一遍了，老师在教的时候，可以先从时代背景、故事情节和人物之间的相互关系等方面，提出一些问题来让学生回答，目的在于引导他们增进理解。然后让他们从头开始每人读几段，读到适当的时候停下来，作些提示，让他们揣摩各个人物的思想感情。老妇人已经知道了女儿女婿的恶消息，却非要她弟弟去刑场看到了棺材她才肯相信，这是一种什么心情。还可以问一问学生，他们是否也遇到过这样的情形：一件不如意的事已经发生了，但愿它不曾发生，可以让他们举出几件来作比较。因为用自己的生活经验来揣摩作品中的人物的思想感情，得到的体会比较深刻；读文学作品，应该努力这样做。小说的主角是这位老妇人，从开头到结尾，老妇人的思想感情有很大的变化，学生大概都能看出来，可是得问一问：老妇人先是怎样，为什么；听了她弟弟的报告有什么变化，为什么；最后听她弟弟念了女婿的遗书，又成为怎样，为什么。还要问一问他们是怎么看出来的，根据小说中的哪些描写，哪些对话。还有一些细节，也可以提醒学生注意，譬如老妇人说：“是我的女儿，我的女婿呀，总得让我知道。却说不必问了。就是你，也说不必问了，问了没有好处。”这里的“你”指老妇人的弟弟，这很清楚。前面的“不必问了”，说这话的是谁呢？只要一提醒，学生就知道是那天晚上来报告恶消息的人。那个人既然来报信，为什么又说“不必问了”呢？老妇人的弟弟也说“不必问了”，两个人可能是怎么想的呢？出发点是否相同呢？也可以提出来让学生讨论。这样的例子太多了，老师根据学生各方面的水平，可以设计出许多很有启发性的题目来。所以要这样做，目的不仅在于加深对这篇小说的理解，还在于让学生养成一种读文学作品的良好习惯——仔细揣摩的习惯。最后还可以选出几段来，让学生训练朗读。

语文课还要担负政治思想教育的任务，这当然是对的。我父亲不主张离开了阅读的教学活动，去讲政治思想。学生在历史课上，已经知道“四一二”事变是怎么一回事，读了这篇《夜》，会增加许多感性的认识。经过这场大屠杀，革命者擦干了身上的血迹，掩埋了同伴的尸体，继续前进，继续斗争，这是学生已经知道的。这篇《夜》写的不是革命者，而是一个在这场大屠杀中失去了女儿女婿的老妇人。她不知道女儿女婿干了些什么，不知道革命为何物，可是她爱自己的女儿女婿，而且深信他们俩都是好人。女婿留下的纸条上只求她好好抚养大男，大男长大成人，就等于他们没有死。老妇人却参透了纸条的含意，懂得了她一向不懂的女儿女婿的心思，于是决心再担负一回做母亲的责任，把大男抚养成人。“四一二”反革命大屠杀把这样的一位老妇人也驱赶到革命的一边去了，这是反动派完全没有料到的。我在这里说的是我的体会，学生的体会不一定跟我相同，因为各人会从不同的角度去考虑问题。在教学的过程中让他们把各自的体会说出来，互相交流，互相启发，政治思想方面的收获就不少了。老师要善于启发，不能老问“你们有什么感想，得到了哪些收获”。《多收了三五斗》也是这样，小说写的是三十年代江南农村的景象，“谷贱伤农”，“丰收成灾”，现在看来真是太奇怪了。原因是什么，后果是什么，小说中都有，老师可以让学生自己去找。学生读了这篇小说，对那个时代的农民的不幸遭遇和懊丧的心情，都会有所体会。这不是“今昔对比”、“忆苦思甜”吗？政治思想不就有了吗？我是赞同父亲的主张的。在语文课上，老师有许多机会，把政治思想教育渗透在听、说、读、写的训练之中，用不着把语文教学抛在一边，再特意进行政治思想教育。

文学作品不是“闲书”，读文学作品不是为了消遣。我们从文学作品中接受别人的生活经验，体验别人的思想感情，从而丰富自己的知识，培养自己的品德，提高自己的政治水平，得到的好处是说不尽的。好的文学作品往往把人和事如实地摆在读者面前，让读者自己去体验，去思索，去领会，老师在语文课上就要运用教材，让学生反复训练，学会这一套终身受用的本领。有的文学作品，如许多童话和寓言，主角不是人，表面上看讲的不是人事，其实还是人事。例如我父亲的童话《蚕和蚂蚁》，讲在制度不同的两个社会里，人们对劳动的态度就截然不同。在蚂蚁的社会里，所有的蚂蚁共同劳动，共同分享劳动成果，所以蚂蚁歌颂劳动。可是蚕呢？蚕吐丝结茧，辛辛苦苦，到了儿被扔在汤锅里给煮了。有一条蚕想到了这种结局，因而非常厌恶劳动。蚂蚁的社会是什么社会呢？蚕所处的是什么社会呢？可以让同学自己思考。问题是怎样提比较合适，老师要根据教学的实际情况和学生的理解水平来考虑。好几个学生写信给我父亲说，这条蚕不肯工作，问我父亲为什么不批评它。学生这样问，说明他们没有理解这篇作品，很可能是"春蚕精神"之类的说法先入为主了。老师得设法引导他们，让他们知道"春蚕精神"是一种比喻，在这篇童话里，蚕也是被用来作比喻的，两种比喻有什么不同，让他们自己去讨论，自己作比较。通过这样的讨论，学生也许更容易理解在这篇童话里，蚕代表的是哪一种社会里的劳动者，蚂蚁的社会又是哪一种社会，这条蚕听着蚂蚁赞美劳动的歌声，为什么会忍不住掉下眼泪来。学生对作品的理解各不相同，老师正好抓住这样的机会引导他们展开讨论。如果理解不正确，让他们通过讨论自己去纠正，比老师直接纠正好，因为可以让学生受到思考和辩论的训练。有些理解不能断定是否正确，更需要让学生展开讨论。如《古代英雄的石像》，说这个石像是影射某人，那显然错了，我在前面已经说过。有的老师给我父亲来信，提出了另外一个问题，说学生读到石像倒下来了，一班人就分成了两派：一派是"被动说"，说石像是被下面的小石子拱下来的；一派是"自动说"，说石像是跟下面的小石子一同跳下来的。叫他做老师的不知怎么办好，因为童话中没有交代明白。怎么办呢？让学生讨论嘛。有一位老师这样做了，把讨论的记录寄给我父亲看。两派争论得很激烈，有抠文字的，有凭推理的，结果谁也没能说服谁。我是倾向于一同跳下来的，而且认为童话中已经隐约地说明白了。如果我教这篇童话也遇到这样的情形，我的办法也是让学生展开讨论，而且自己参加他们的讨论。把现成的结论强加给学生不是好办法；即使你的结论正确无误，也要让学生自己去领会。我们不要忘记，我们的最后目的不在于让学生读懂一两篇课文，而是通过这些教材，让学生学会自己阅读的本领；因为他们将来离开了老师之后，每天工作中、学习中、生活中都离不开阅读，包括阅读文学作品在内。

四、关于写作训练

常常有刊物约我写文章，要我谈谈父亲是怎么教我们写作的。其实很简单，归纳起来只有两条：一条是要我用自己的话，写自己的所见所闻所感所思；还有一条是要我学会自己修改，文章写完了一定要自己修改。父亲要我自己觉得有了可写的东西才写，所以从来不给我出题目。他不教我仿作，不许我照搬别人的话，更不用说抄袭了。即使所见所闻所感所思跟别人相同，他也要我老老实实地用自己的话来表达。我想父亲所以对我提出这些要求，因为他认为写作训练归根结底是思维的训练。他要我学会自己修改，把用不着说的话去掉，必须说的，得想法子说得更加完整，更加确切，更加周密，让人家读了更容易明白，更乐意接受。这样做表面上是修改文字，实质上是修改原来的想法，是训练思维。这些话，我父亲是经常说的，我是坚持做的。所以坚持，因为在实践中确实得到了好处，最明显不过的是，我写的文章比我说的话清楚得多，明白得多；还有一个好处我自己知道，几乎每写篇文章，都能得到一些新的体会和经验，都能看出自己的知识和见解有哪些不足，以后得从哪些方面努力。

父亲不给我出题目，因为我是在课外自己进行训练。语文课上训练写作，不出题目恐怕行不大通；一班五十来个学生各写各的，老师就不大好办，既没法对学生提出训练的共同要求，也很难从学生的作文中归纳出共同的问题，对他们进行共同的指导。所以在语文课上让学生训练写作，题目还得出。我父亲只要求老师出题目的时候得想到学生，让学生有话可说。举例说，读了《白杨礼赞》，就要学生写《翠竹礼赞》，这个题目就不好，因为绝大多数学生没有想过翠竹有什么可以称赞的。茅盾先生也是先有了感触才写这篇《白杨礼赞》的，并没有谁给他出过这个题目。还有什么《春雨》啦，《秋霁》啦，学生更不知道写些什么好了。去年高考的作文题是《先天下之忧而忧》，也出得不太好；如果让领导干部来作，不失为一个好题目，一个高中毕业生，他在生活中对这个问题不可能有什么体会。其实要写也并不难，高中学生都读过《岳阳楼记》，可以从这句话的出处讲起，说生活在封建时代的范仲淹尚且如此，如今生活在社会主义时代，更应该以这样的精神全心全意为人民服务，中间插进两三则模范人物的先进事例，就能拼凑成一篇像模像样的文章了。可是这种用空话和套话拼凑出来的试卷，到底能不能如实地反映考生的语文程度呢？空话套话是解决不了工作中、学习中、生活中的问题的，没有实际的用处，除了应付考试。如果高考不再出这一类要求学生说空话说套话的作文题，那么这套拼凑的本领就毫无用处了。所以在语文课上出作文题，一定要出得让学生有话可说，不要超出学生所见所闻所感所思的范围，只有这样，才能让学生不说空话，不说套话。至于具体出什么题目，老师们经常跟学生在一起生活，根据平日对学生的了解，出的题目一定比我虚拟的要切合实际得多；我就藏拙，不乱出什么主意了。

为了让每个学生都有话可说，作文题要出得宽一点儿，可以只划定一个范围，让学生在动笔之前先讨论一下：我想写些什么，你有什么可写的，然后自己决定要写的题材。讨论花几分钟就足够了，不要求普遍发言；老师可以从旁稍稍作点儿指点。经过这样互相启发，学生不至于再无话可说，甚至会觉得有些话非说不可。工夫决不会白费，正如西方那句谚语：“开始得好，等于成功了一半。”学生有了可说的话，还得让他们考虑一下先说什么，后说什么，列一个提纲。提纲不一定写下来，可以记在心里。在写作的过程中，预先想好的提纲总不免有些变动；虽然这样，动笔之前考虑一下还是非常必要的；心里大致有了个谱儿，就不至于说到哪儿算哪儿，漫无边际了。所以必须让学生养成在动笔之前，先列个提纲的好习惯。

学生作文还有个比较普遍的毛病，就是说假话，我父亲特别反对。说假话的原因很多，表现的方式也很多，一定要努力设法纠正。譬如出了个题目，要学生记一件助人为乐的事儿，写搀扶老太太过街的就特别多，好像满街都是老太太似的，其中有许多一定不是真事。题目出得不得当，学生无话可说，又非交卷不可，只好说些假话来应付，这是一个原因；题目出得没问题，学生应该有话可说，可惜他自己没想到，这是说假话的又一个原因。这些都好办，只要老师在出题目的时候考虑到学生，出了题目再给学生一些启发，就可以避免。还有个原因是学生把文学创作的“虚构”当成了“胡编”，当成了说假话。要学生分清“虚构”和“胡编”的界线是十分困难的；连一些小说和电影的作者，也往往把这两者混为一体了，所以有些作品完全脱离了生活的真实。你要学生不胡编，不说假话，他们很可能不服气：“为什么作家可以胡编，就不许我们胡编呢?”因而我想，老师在教学生读小说的时候，要有意识地让学生明白虚构和胡编绝不是一回事儿。例如我父亲的那一篇《夜》：在“四一二”反革命大屠杀的那些日子里，知识分子大多异常悲愤，我父亲也是这样。他听说一对青年夫妇被枪杀了，这个消息使他产生了写这篇小说的动机。我父亲虽然认识这对夫妇，可是对他们并不熟悉，他们的家庭情况，我父亲一无所知，所以小说所写的人物和情节全都是虚构的，全都是根据当时人们的生活想象出来的。小说描写的白色恐怖是真实的，写革命者在牺牲之前的思想感情是真实的；写到的三个人物，他们对革命者都不理解，对革命者的牺牲有不同的反应，就他们的身份、地位、经验和知识来说，也都是真实的；包括那位老妇人为了抚养革命者的后代，甘愿再担负一回做母亲的责任，也表达了人民在当时跟反动派不共戴天的心情。老师讲到课本中的小说，是否可以利用这一类例子，让学生明白虚构是十分严肃的事儿，绝非任意胡编，更不是说假话。在学生中间，有能力根据实际生活作虚构的总是极少数，大多数还得训练怎样如实地表达自己的所见所闻所感所思；对文学创作来说，这也是非常踏实的基本训练。还有一种说假话是有口无心。例如“我要向谁谁学习”，类似这样的誓言，在学生的作文里是经常看到的。能照着誓言切实去做，当然是件好事。如果只是写写而已，心里并没有打算这么做，那就不好了，久而久之养成了口是心非的习惯，那就是品德方面的大问题了。

老师最苦最累的，是在学生把作文本交上来之后，得“精批细改”；一个错别字没有抓出来，老师就没有尽到责任。家长和学校行政，别的本子可能不看，作文本他们可总得翻一翻，如果本子上用红笔写的字太少，他们就认为那位老师一定不怎么样。改作文本给老师的压力真是太大了。前几年，我父亲还不止一次说起，他做梦又梦见明儿又要让学生作文了，可是上一回的作文还没批完改完，看着堆在桌上厚厚的一叠，急得不知如何才好。他当老师还是二十年代的事，相隔已有半个多世纪，可见当时刺激之深。“精批细改”跟“讲深讲透”一样，很难定出一个客观的标准来。而且大家都明白，这样批改是劳而少功，甚至劳而无功。老师辛辛苦苦地改了，假定改得非常出色，学生看了能不能领会呢？没有把握。那么就批吧，每改一处批上一段，说明原来的为什么不妥当，改了之后有哪些好处。只要学生能够得到长进，我相信老师们都愿意这样做。可是这样做，改一篇作文要花多少心力多少时间呢？我看哪一位老师也办不到。即使这样做了，作文本发了下去，学生如果自己不去揣摩，甚至连看也不看，老师的工夫还不是全都白费。如果我们认为写作训练同时是思维的训练，要求学生写自己的所见所闻所感所思，老师如果改得太多，甚至大段大段地重写，岂不成了代替学生去感受，去思考，岂不剥夺了他们训练思维的机会。这样看来，“精批细改”不但难以做到，也不大符合写作训练的要求。所以我父亲常常对老师们说，这种传统的批改方法一定要改，至于怎样改法，改成怎样，要大家在实践中创造。

现在我介绍一下我父亲是怎样改我的作文的。抗战中期，我们家住在四川成都西郊的乡间，吃过晚饭无事可做，弟弟妹妹和我就拿自己的习作让父亲改，我们三个围着桌子看，其实是跟着父亲一同改。父亲一边念一边找毛病，我们三个也跟着找。找出了毛病，父亲还要问我们为什么这是毛病，这个毛病是怎么产生的，应该如何改正。还要问写这篇习作的人：你原来是怎么想的？写出来的跟你原先想的有哪些差别？表达得不清楚不准确，问题出在哪儿？是没有想好呢还是没有写好？如此等等。大概这样做了半年多，我们觉得长进很快，好处不仅在于把几篇习作改得比较像个样儿了，以后再写可以避免重犯那些毛病，最主要的是让我们逐渐养成了自己修改的习惯。

从“教是为了达到不需要教”的原则出发，我想，自己修改的习惯必须养成，自己修改的本领必须学会，因为学生到了将来真需要写文章的时候，老师一定不在他们身边了。老师能不能像我方才说的那样，跟学生一同改他们的作文呢？一班五十来个学生，都那样做一定办不到。那么是不是可以从学生的作文中选出一两篇，印发给大家，在课堂上让全班学生一同来改；老师跟我父亲一个样，从旁作点儿启发，作点儿指点呢？我想这是可以办到的。经过若干次这样的训练，然后把学生分成四五个人一组，让他们共同讨论，互相批改；老师在各组之间巡回检查，帮他们解决一些争执不下的问题。这也是办得到的。听说有的学校已经在作这样的试验，效果还不差。那么学生作了作文，老师还要不要批改呢？我想也可以要。是否可以像我们当编辑的看校样那样，定出一套符号：词用得不妥当，用什么符号表示；句子缺少某些成分，用什么符号表示；语气不得当，用什么符号表示；意思不连贯，用什么符号表示；如此等等。老师就用这些符号来批学生的作文，让学生自己去改；只在有必要的时候才写上一两句，作些简要的说明或提示。学生自己改过之后，老师再检查一遍，看学生改得怎么样了，是否领会了自己的用意，同时也检查一下自己是否批到了点子上。如果认真这样做，我相信学生的进步一定快得多，得到的好处一定切实得多，可是老师花的心思和气力，恐怕不会比从头到尾涂改一遍少。为了让学生学会自己修改的本领，老师多花些心思，多花些气力，我看是非常值得的。

我今天讲的主要是我的体会——我对我父亲的一些想法的体会，而且大多是空想。我只当过三个学期的初中教员，教的是数学和化学，从没教过语文，没有实践作依据。我的体会跟我父亲的想法有没有出入？会不会根本体会错了？我都不敢自信。因而哪些说对了，哪些说错了，哪些还可以参考，哪些完全是废话，只好请各位老师根据教学的经验来判断了。说了半天，却不负一点儿责任，这是我感到非常抱歉的。

一九八四年十一月十二日

修改课本的一件标本

《语文学习》编辑部要做一桩非常别致的事。他们找到了我父亲修改的一本《平面几何》课本的“副本”：课本是铅印的，封面上标明“初稿”，分明是征求意见本；“修改”用钢笔誊录在课本上，不是我父亲的笔迹，所以叫“副本”。我父亲原来在扉页上写了四段话，是跟编辑课本的同志说的，也照原样誊录在扉页上，倒成了这本修改本的一篇短序。誊录的同志不知是谁，总之是位有心人，他在封面上留下了两行字：“叶圣老修改的副本”，“一九六二年十二月廿日抄”。这日期自然是誊录完毕的日期。在写给编辑同志的四段话后边，我父亲署了名，还记下了时间：“一月十日夜书”。想来是一九六二年的一月十日，跟现在已经相隔二十三年了。《语文学习》编辑部说这本“副本”非常难得，他们打算摘出其中很少的一部分——然而是最重要的一部分，包括我父亲修改的《编者的话》、《引言》和课文的开头两面，还有我父亲写在扉页上的话，发表在刊物上，要我写一篇短文向读者作个介绍。

一九四九年，我父亲来到北京（当时还叫北平），就把他的主要精力放在中小学教科书的编辑上；先在华北人民政府教科书编审委员会，后来在出版总署，最后在人民教育出版社，直到“文化大革命”开始为止。这十七年间，父亲在组织人力和制定计划等方面做了哪些工作，我都不大清楚，只看见他经常把课本带回家来修改；最后几年，总是上半天到出版社去处理日常事务，下半天在家里修改课本。晚上，还有逢到假日，父亲看我闲着，就叫我坐在旁边陪他修改，他说眼睛总是多一双好。父亲一边修改，一边加批语；批语有时就写在原稿上，这里说的原稿指油印的征求意见稿和铅印的征求意见本；批语的文字如果比较多，原稿容纳不下，只好标明页码和行数，一条一条写在另外的纸片上。语文课本大多采用后一种办法，纸片一般用隔年的台历。听说这些原稿和纸片，人民教育出版社本来是作为档案保存的，“文化大革命”之后却什么都找不着了；《语文学习》编辑部找到的这本“副本”，很可能是仅存的复制标本。经过十年浩劫，我父亲花在教科书上的工夫总算还留下这么点儿原始的痕迹，我已经十分满足，而且感到高兴了。

除了使我满足和高兴，我还觉得非常凑巧，这件仅存的复制标本竟是一本《平面几何》，正好证明我父亲不仅批改文科的课本，还批改理科的课本，连数学也不放过。为什么什么都管，我父亲在扉页上写得很明白：“我的大愿，乃在使同志们得到些参考的实例，在今后的改稿和编稿工作中稍微起一些作用。”我父亲不但改，还要批，同时根据实例，给编辑课本的同志讲一些改稿和编辑的道理，希望对他们改进工作有所帮助。中小学的课程那样多，各门课本少则一两册，多则十来册，要都改都批显然是办不到的，只好每门课程批改一册两册；反正是举例嘛，例哪能举得尽，只好让课本的编辑同志举一反三，自己去揣摩。只有语文课本是例外，小学的，中学的，我父亲没有哪一本不仔细看过。语文教育方面的问题特别多，所以我父亲不得不多花些气力，倒不是因为语文课本得特别讲究语文。我父亲认为不论哪种课本，所用的语言都必须准确，都必须周密；对语文的要求应该是一致的，不能因为课程不同而有什么差异。

父亲对我说过，当编辑的改文章要特别认真：为什么非改不可，为什么要这样改，都要说得出个道理来；即使改一个字，改一个标点，也要说得出个道理来。在这本《平面几何》上，我父亲改了还要加批，就是照着他自己定的规矩，说明为什么非改不可的道理，说明为什么要这样改的道理。有的地方改了没有加批，大概估计到课本的编辑同志能揣摩出来，因而省掉了。有的地方批了“这儿得改”，把为什么非改不可也说明白了，却没有改；大概一时想不出妥帖的改法，只好留给课本的编辑同志去研讨。没想妥帖就信笔乱改，道理一定说不圆。即使自以为改得非常妥帖，道理说得很圆，批改人的理解到底跟撰稿人的原意是否相符，还是个大问题。我父亲写在扉页上的话有这样一段：“我提的意见以及改动的部分一定有对的也有错的。我自己觉得看得还粗疏，一定还有遗漏的地方。同志们发现错的和遗漏的，请即告知。”这里所说的“错”，主要就指批改人的理解不符合撰稿人的原意，意见没提到点子上，甚至把文章改糟了。这样的事儿是经常发生的，所以做编辑工作既要小心，又要虚心。我父亲写下的这段话完全是从实际出发的，绝不是为了表示什么谦虚。

写到这儿我才发觉我认错了对象，所有的话都是跟做编辑工作的同道说的，而《语文学习》的读者却主要是语文老师和中学学生。语文老师要改作文，编辑工作者要改稿子，同样是改文章，当然会有许多共同之处；像我父亲说的“要说得出个道理来”，对编辑工作者应当这样要求，对语文老师似乎也应当这样要求。编辑工作者改稿子，主要着力于使撰稿人要表达的东西让读者能接受；能做到这样，稿子就算改好了，改稿子的任务就算完成了。对他们来说，“要说得出个道理来”是自己检验工作的一条准则，只要心里明白就成，不必一一说出来。改学生的作文可不能这样，不能改好了就算完事，老师还得想办法让学生明白为什么非改不可，为什么要这样改；学生只有明白了这些道理，才能从老师的修改中得到益处，逐步提高写作的本领，同时学会自己修改的本领。两种本领都学到了手，写了文章自己能修改，就可以不必再麻烦老师了。到了这样的一天，学生在语文课上的写作训练可以说基本上及格了，老师不但可以放手，而且可以放心了。我父亲当年就抱着这样的心愿，所以他在课本上作修改还得加上批语，除了有关排版和插图的部分，跟语文老师在作文本上所作的批改几乎没有差别。作为跟各位老师交流经验，我想父亲会同意《语文学习》编辑部的这一做法的。

一九八五年五月一日

我做广告

一九四五年八月，我正式进开明书店当编辑，帮助父亲编辑《开明少年》。开明书店办刊物是为了宣传自己的主张，表明自己的态度；为了团结作者，联系读者；为了积攒和征集书稿；还为了推销自己的出版物：并不着眼于刊物本身能不能赚钱。为了达到这些目的，办刊物即使蚀点儿本也愿意。现在我说一说我在刊物上推销出版物——也就是做广告的一些方法和体会。

开明书店出版的每一本书都有一段现成的广告词，大多由负责这本书的编辑撰写，也有作者自己拟的，一般都生动扼要，不落俗套。有一本科学童话《乌拉波拉故事集》，我是很喜欢的，也适合给少年读。在《开明少年》第一期上我就刊登了这本书的广告，用的是原来的广告词。这段广告词大概是译者顾均正先生自己拟的，很能打动读者的心。最后两句说："这是一部真正的科学童话，是科学与文艺化合成的结晶体。用包了糖衣的奎宁丸来比它，还嫌不够确切；它是蜜渍的果脯，甜味渗透了一切。"对这本书作这样的评价一点儿不过分。

那时候开明书店能够经常供应的少年读物不多，做广告只好打转转。我想，广告词再好，老是这几句，读者翻来覆去地读，也会感到厌倦的。在第六期上，我用"补白"的形式，给这本童话又做了一次广告。我是这样写的：

太阳请假的时候

人们都怠于工作了，太阳也就请了假。夜永远继续着。漆黑的天空，只有繁星闪烁着寒光，月亮不再升起来了。地球上一天冷似一天，海洋冻结成整块的冰，地面硬得像钢铁一样，不能再耕种了。植物冻得枯萎了，动物冻死了，它们的血液都凝成了冰块。人们在黑暗和寒冷中挣扎，最先还用煤来烧锅炉，开动大蒸汽机造成电流，每户人家点起电灯。还把煤放在大钢甑中加热，把煤气用铅管通到每户人家去用。隔不了多久，煤用完了。人们想到用水力，可是瀑布涓滴不流了；想到用风力，可是空气平静得像冻凝了似的。怎么办呢？只得赶快请太阳复工。

上面一段是《乌拉波拉故事集》中的一篇——《太阳请假的时候》的梗概。这样有趣的故事，在这本书里一共有十五个。内容是各种自然科学常识，却是用写童话的笔调写的，很合少年们的口味。

《乌拉波拉故事集》的作者是柏吉尔，顾均正先生把它译成中文，由开明书店出版。

这种举例式的广告有个最大的好处，能让读者窥豹一斑，知道一本书大体讲些什么，怎么个讲法，跟抽象的评介相比，给读者留下的印象可能稍深一些。如果他不想买这本书，或者暂时买不着也借不到这本书，读了广告也可以增长点儿见识，或者还能受到点儿启发；从当编辑的角度来说，也算尽了责任，没把剩余的版面白白地浪费掉。我认为这样的广告尤其适合于少年读者，所以做得最多，有介绍科学读物的，也有介绍文学读物的。

有一些极其简单的广告，也可以归入举例式一类。如在顾均正先生写的讲物理化学的文章后面，我给附上他的《电子姑娘》、《科学之惊异》的广告；在贾祖璋先生写的讲生物的文章后面，我给附上他的《鸟与文学》、《生命的韧性》的广告；在陈原先生写的讲国际时事的文章后面，我给附上他的《现代世界地理之话》、《平民世纪的开拓者》的广告……广告简单之极，一般只有书名、作者、定价、出版者。我认为用不着多写什么了，因为前面的文章跟举例一个样，已经把作者选材的习惯和行文的风格告诉了读者，给读者留下了印象；如果他感到喜欢，一定会找这些书来读的。还有一些附在文章后面的广告跟作者并无关系，而是从文章的内容引申出来的。如在讲音乐的文章后面，我给附上《音乐入门》的广告；在讲数学的文章后面，我给附上《数学趣味》的广告；在童话后面，我给附上一两本童话的广告；在读者的习作后面，我给附上有关写作方面的读物的广告……我设想前面的文章可能使少年读者对某一方面的知识发生兴趣，因而想多知道一些，再学习一些，那么向他介绍一两本合适的读物，就是非常及时和必要的了，一定会给他留下较深的印象。

当时我觉得最带劲儿的是“补白”形式的广告：因为在撰写中可以掺进一点儿自己的看法。抗战胜利后，中国往何处去是大家关心的事——人民要求和平团结，建设国家，反动派却在暗地里搞分裂，准备内战。我借题发挥，给《五年计划故事》写了一则广告：

看看人家的榜样

抗战胜利了，目前咱们中国的要务是建设。

怎样建设中国呢？咱们且看看人家的榜样，看看咱们的友邦苏联吧。一九二八年十月一日，苏联宣布了第一个五年计划，这个计划包括城市、工厂、电厂、水闸、桥梁、船舶、铁路、矿山、森林、垦殖、集体农场、学校、图书馆等等的建设。这个计划由千万个有学识的人筹划，由苏联全国人民协力完成。

由于苏联全国人民的努力，不到五年，他们就把这个计划完成了。跟着他们又完成了第二个五年计划。在第三个五年计划的进行中，德国希特勒发动了欧洲的战争。苏联人民为了自卫，暂时中断了经常的建设工作。现在战争结束了，他们又将开始一个新的五年计划。

五年计划的内容包含些什么呢？五年计划是怎样完成的呢？苏联的青年工程师伊林为了向少年们说明这些，用文学的笔调写成一本《五年计划故事》。这本书由董纯才先生译成中文，开明书店出版。

一九四六年六月，是高尔基逝世十周年。我在《开明少年》上刊登了一组纪念文章：一篇高尔基的传记，一篇介绍他的《海燕歌》，还有一篇讲他的《母》的故事。在这篇故事的前头，我加了一段按语：

《母》是高尔基流亡美国的时候写的。在俄国工人中间，这本小说很快地传遍了，工人们都受了感动，它促成了俄国的革命。这本小说由孙光瑞先生译成中文，开明书店出版。后面是全书故事的简略的叙述。

这段按语实际上是一则广告。写完之后，我觉得意犹未尽，又写了这样一则“补白”：

《母》在中国的命运

孙光瑞先生把《母》译成中文，已经近二十年了。这本书在中国遭着很坏的命运。没有人看吗？不，正相反，许多许多人欢迎这本书。

但是一些反动的人偏不准大家看《母》。先是禁止邮寄，后来列进了禁书目录，通令全国禁止发售。据说有许多学生为了偷看这本禁书遭到了不幸。

直到抗战开始，这本书才再次发行，销路还是好，爱读的人还是多。这是一本好书，看过的人都会深深感动。

译者孙光瑞先生说：“抗战胜利之后这本书命运如何，我今天还不能想象。但是有一句话我是可以傲言的，要从中国年轻人心里除掉这本书的影响，已经是绝不可能的了。《母》已经成为禁不绝、分不开的，中国人民血肉中心灵中的构成部分了。”

因为按语已经说明了这本书由开明书店出版，“补白”中不再重提，其实还是广告，虽然离了点儿谱，跟办刊物的目的——宣传自己的主张，表明自己的态度，还是完全符合的。

那时上海的电车工人为了要求增加工资，经常罢工，市民无车可乘，不免埋怨，其中也有上学的少年。我想到高尔基的短篇集《意大利故事》中有一篇《躺下来》，就写的拿波里电车工人罢工的故事。电车工人罢工了，空车厢一节一节地排在轨道上。乘不上车的人纷纷埋怨，情形正跟上海一个样。电车工人向他们解释：“老兄，要是家里的孩子吃不饱，又怎么能不罢工呢？”正在谈着，军队开来了，士兵跳上车厢就把电车开动了。工人马上躺在轨道上，阻止电车行进。军官命令部下把地上的人拉起来，工人和士兵于是发生了剧烈的冲突。这时候，工人的老婆孩子都来了，一个挨一个都躺在轨道上。结果工人胜利了，电车公司不得不答应他们的要求。我把这个故事从头到尾写了一遍，最后说：“高尔基在意大利的时候，亲眼看到这件事，他很感动，把这件事记在他的短篇集《意大利故事》里。这本书已有中文译本，由开明书店出版。”此外什么也没有说。我相信少年读者一定能理解，我除了介绍这本书，还给他们说了些什么。但是在有的场合，我把要说的意思点得明明白白，像给《寓言的寓言》写的那则广告——采用的也是“补白”的形式：

错打了屁股

各地大概都发生过这样的事：米价涨得太高，警察就抓卖米的人；布价涨得太高，警察就抓卖布的人。这个办法，正跟帝俄时代陀罗雪维支写的寓言里的皇帝所采取的一个样。那篇寓言说：

鸡蛋卖一两金子一个了，皇帝听了很惊诧。臣子们都说，这是皇上的洪福，一个鸡蛋一两金子，在主上的治下，母鸡不是下金子了吗？皇帝听了这个话高兴非凡。只有一位贤人告诉皇帝说，这不是好现象，因为贤人自己快饿死了。

听了贤人的话，皇帝也着了急，他召集臣子们商议怎样平抑蛋价。臣子们说，这是蛋贩子故意抬价，该把蛋贩子抓来打屁股。决议案马上执行。可是第二天，蛋价更高了，涨到二两金子一个了。

这是什么缘故呢？皇帝质问臣子们。臣子们惊慌地说，这是买蛋的错，他们甘愿出高价，该把买蛋的抓来打屁股。决议案又马上执行。可是蛋价竟涨到四两金子一个了。

皇帝听说蛋价又涨了一番，大骂臣子们。臣子们连忙跪下，叩头如捣蒜，战栗着说：这一定是母鸡的错，是母鸡下出这样贵的蛋来的。于是全国的母鸡都给抓来了，都挨了一顿屁股。所有的母鸡从此不再下蛋。

那位贤人已经饿得奄奄一息。他说：“皇上呀，你真是个善心的好皇上，只是常常错打了屁股。”

陀罗雪维支的寓言又有趣，又深刻。开明书店出版的《寓言的寓言》是他的寓言专集，译者是胡愈之先生。

我这样挖空心思做广告，是三十五年以前的事了，回想起来挺有趣的。解放以后我虽然还编刊物，却不再在这方面多下功夫了。可能因为出版社的性质不同于旧社会中私人经营的书店，不再把推销自己的出版物作为办刊物的目的之一了。如今各出版社都讲求经济效益，我的这些老经验也许还能派点儿用场。只要书是好书，读者读了确实能得益，就应该想方设法吸引读者购买，这也是为读者服务。

一九八五年五月十七日

出色的节日礼物

——谈戏剧故事集《包公赶驴》

鲁兵同志真是一位有心人。他想方设法，又是写、又是编，为少年儿童提供了许多形式新、内容好的精神食粮。最近，他又给小朋友过儿童节备下了出色的礼物——戏曲故事集《包公赶驴》。

《包公赶驴》这本集子一共十则故事，是从八个剧种中挑出来的：有的是短剧，如川剧《一只鞋》，芗剧《三家福》；有的是能单独成篇的折子戏，如庐剧《送饭》，京剧《连升店》。鲁兵同志挑的尽是幽默的喜剧；他要逗小朋友发笑，让小朋友在自己的笑声中分辨是和非，分辨善和恶，分辨真正的美和真正的丑，知道应该喜爱什么，应该厌弃什么。

喜剧的主要角色大多是丑角，论扮相都说不上漂亮：有的可心灵美极了，像《一只鞋》中行医的老夫妻俩；有的却丑到了骨子里，像《连升店》中势利的店主人；有的并不掩饰自己的丑，像《请医》中的那位庸医，倒也坦率得可爱；有的拼命遮盖，像《借靴》中的吝啬鬼刘二，到了节骨眼儿上还免不了露馅……小朋友读着这些故事，会忍不住时时笑出声音来，甚至笑出眼泪来。笑过之后，心里还会留下一些东西。是什么东西呢？说是教训，那太严肃了，总之是一些美好的东西，对培养品德和陶冶性情非常有益的东西——渗透力之强，可能是一本正经的教训无从比拟的。

鲁兵同志写这些故事，还在语言方面下了不少功夫。戏曲原来的语言，估计小朋友能够理解的，他尽可能保留下来。这样做不但保持了戏曲的特色，还保持了各种剧种的不同风格。对地方剧种来说，这样做尤其必要，如果全部都改成了普通话，读起来幽默感就差多了。

在每则戏曲故事后边，鲁兵同志都写了一段《台下人语》，作为看戏的人对喜剧发几句议论。也许怕有人批评他“玩儿不当正经”，他的议论似乎严肃了点儿，道理说得多了点儿。小朋友可以把他的意见作为参考，还得自己动脑筋去想，不要被他的议论框住了思路。我想，我这个建议，鲁兵同志一定会同意的。

最后得说一说高马得同志画的封面和插图。九幅画都是彩色的，难得之处是画上的人物好像都在动，就跟演员在台上演出一个样，真叫入神了。我越看越爱看，希望小朋友也仔细看，否则真是可惜了的。

一九八五年五月二十五日

准备和尝试

我是当编辑的。当编辑的一定要自己能写。解放前，大概先要能写，书店书局才会请你去当编辑。解放后可不然，出版事业发展很快，需要的编辑很多，许多不会写的同志也分配来当编辑了。不会不要紧，可以自己练，练个三两年就会写了。编辑自己能写，跟作者约稿，看作者的稿子，出的主意，提的意见可以中肯一些；跟作者打交道，商量讨论，可以有共同的语言。如果在自己工作的范围内想作些改进，作些创新，自己能写，可以先试一试。试过之后就知道了，自己的想法是否可行，有哪些便宜哪些困难，哪些目的是容易达到的，哪些目的是难以达到的。经过这一番尝试，在约稿和审稿的时候，就不会把一些无法达到的要求强加给作者了。我在当编辑之前，已经在刊物上发表过一些习作了：从文字讲，可以做到清通；从内容讲，虽免不了幼稚，但还有点儿新意。文字清通，有点儿新意，这两条是最起码的要求。我和妹妹弟弟练习写作，父亲要求我们的就是这两条。当了编辑，我写得比较多，主要为自己编辑的书刊写。拿科普文章来说，当时我编一种综合性的少年刊物，需要跟读者讲点儿科学知识，一时找不到作者，约不到稿子，我就自己写起来了。在编辑刊物的时候，有什么新的想法，我总要自己先试一试，像科学幻想故事啦，科学相声啦，甚至给科学读物做广告，我都下过点儿工夫，都是为了编辑工作的需要。现在我不再编少年刊物了，也就把这些东西放弃了。另一种情形是长期编编写写，在工作中有所感触，也积累了一些材料，于是引起了写作的动机。我写那几篇以科学家的生活为题材的小说，就属于这种情形，后边我再解释。现在先说写小说的准备工作，是自己的经验和体会，很幼稚，恐怕连“ABC”都说不上，不怕贻笑大方，但愿能有点儿新意。

我认为第一，遇到好作品一定要认真读，反反复复仔仔细细地读。小说总是表现人的思想感情的，包括作品中的人物的思想感情和作者自己的思想感情。杰克·伦敦的《白狼》，写的是狗和狼，萨尔丹的《小鹿斑比》，写的是鹿，其实都是写人，这些动物表现的都是人的思想感情，其中当然也有作者自己的思想感情。以动物为主角尚且如此，何况以人为主角呢？我说的认真读，就是尽可能根据自己的生活经验，去揣摩小说中的人物的思想感情，而且进一步去揣摩作者的思想感情。咱们的生活跟小说中的人物，跟作者，一定不会相同，甚至很不相同，可是相通的地方一定会有的。有一种语文刊物，约我写一篇文章讲讲怎样教我父亲写的《夜》。这篇小说的主角是一位老妇人，她明知自己的女儿女婿已经被枪毙了，还一定要她兄弟去刑场查看。等到兄弟回家来汇报说亲眼看到了那两口棺材，她的悲哀和愤恨才一齐迸发出来。我说老师讲到这儿可以让学生想一想：一件不愿意它发生的事儿竟然发生了，他们是怎样想的，要他们举出几件来，跟老妇人的想法作比较。我想用这样的方法，引导学生根据自己的生活经验去读文学作品，去揣摩人物的思想感情和作者的思想感情。常听人们说：《红楼梦》真是百读不厌，每读一遍都会有许多新的收获。为什么每读一遍都会有新的收获呢？就因为年纪长大了，生活经验越来越丰富，对作品的体会也就越来越深刻。尤其重要的是透过作品来揣摩作者的思想感情。鲁迅先生在《一件小事》中说：“这事到了现在，还是时时记起。我因此也时时熬了苦痛，努力的要想到我自己。”我相信凡是真诚的作者，都跟鲁迅先生一样，“时时熬了苦痛”解剖自己，把自己暴露在咱们读者面前，通过他们的作品，通过他们笔下的人物，甚至他们鄙弃的人物。想到作者怀着这样真诚的态度，咱们真应该敞开心灵的窗扉，贪婪地从他的作品中吸收营养。朱自清先生在他的《背影》中说，“我那时真是聪明过分”，又说，“我那时真是太聪明了”。咱们可不能忽略了这两句话，他这样一再责备自己，在写这篇《背影》的时候，他一定浸渍在深深的忏悔的心情之中。我父亲有一篇讲解《孔乙己》的文章，题目是《〈孔乙己〉中的一句话》。这句话自成一段，就是“孔乙己是这样的使人快活，可是没有他，别人也便这么过”。在这句话前边，列举了孔乙已如何使人快活；在这句话后边，按时间顺序，写人们怎样把孔乙已逐渐淡忘了。从结构上说，这句话是从前一部分过渡到后一部分的桥梁，但是重要的还在于意义。从这句话，咱们可以揣摩出鲁迅先生写《孔乙已》当时的心情——他写这样一位可笑的人物，却怀着极深极细的悲哀。从这两个例子看，在某些作品中，有一句两句话好像是钥匙，你把它抓住了，就可能打开作者心灵的大门，但是对整篇作品，还得逐句逐段去揣摩；尤其像咱们这样的想练练笔写点儿东西的人。记得有一回《人民文学》的记者访问我父亲，讲到细节描写，我父亲说，鲁迅先生的《在酒楼上》，写他和多年不见的朋友吕伟甫一同喝酒聊天。吕伟甫是抽烟的。我父亲说：鲁迅先生写他抽了几回烟，在那些时候，为什么写，揣摩起来是非常有趣的。那位记者要我父亲就这个题目写篇文章。我父亲说，还是让读者自己去揣摩吧。再说个例子，《红楼梦》以对话见长，曹雪芹在写对话的时候，一般只用某人“道”，或某人“笑道”，在“道”的前面除了“笑”，别的形容词语非常少见。他不像咱们现在写小说这样，在每一个“说”字前面，都非得加上一串形容词语不可。其实有些形容词语一点儿不起作用：某某“饶有风趣地”说，某某“意味深长地说”，碰到这种情形你可不要抱什么希望，我能保证，这位某某说的话一定既无风趣，又无意味。曹雪芹也太简单了点儿，“笑道”，是微笑呢？是狂笑呢？是真笑呢？是假笑呢？是冷笑呢？是讥笑呢？是苦笑呢？是赔笑呢？每一个“笑道”等于一道难题，够咱们费心思揣摩的。贾府是富贵荣华的大户人家，不管是谁，说话都得面带笑容，可是有人在有的时候竟然不笑，为什么不笑呢？这又可以揣摩了。凤姐心眼儿最多，“笑道”也最多，拿她当作麻雀来解剖一下，那是非常有趣的。还可以找一两个段落来分析，如《情切切良宵花解语》，写袭人规劝宝玉，两个人忽而这个“笑道”那个“道”，忽而那个“笑道”这个“道”，按着对话的脉络，可以揣摩出他们的表情和心绪的变化来。但是我相信曹雪芹不会逢到“道”就得捉摸一下，看在前头该不该加个“笑”字。对作品中的人物，他都太熟悉了；写的时候，这些人物就在他眼睛前面活动，一颦一笑，他只要如实写下来就是了。我相信成熟的作者都是这种情形，他们对自己所写的人物都熟悉透了，已经积累了无数活生生的素材，临到动笔的时候，往往在有意无意之间就这么写下来了。咱们如果真想写点儿什么，不但要学他们把生活中的素材运用得如何巧妙，如何恰到好处；还得进一步探讨，他们是如何从生活中攫取和积累这些素材的。我认为后者是根本，比前者更为重要。

所以第二，我要讲的是必须认真体验生活。咱们不是专业作家，没有谁给咱们布置什么创作任务，也不会给咱们一年两年的时间，让咱们下厂下乡下连队去体验生活。所以我说的意思是就在日常的生活中，咱们要养成认真体验的习惯。前面说过，咱们遇到好作品一定要认真读，要根据自己的生活经验去仔细揣摩，如果对日常生活漫不经心，生活经验就很难积累起来，读好作品就不可能有较深的体会，甚至毫无所得。如果读好作品只是浮光掠影，知道个故事梗概就已经满足了，那么对自己的日常生活，也不可能认真体验。这两者相辅相成，互为因果。如果想写点儿什么，却不认真体验生活，不但没有可写的素材，连到底写些什么也拿不出主意来。有个小故事，近几年在报刊上时常见到，说莫泊桑拜福楼拜为师，福楼拜让他仔细观察街道上的行人，写下一百个来作为练习。这确实是个好方法，观察人物是体验生活的一个主要项目，不知道那些把这个小故事搬来搬去的人，自己有没有试过。我父亲在二十来岁当小学教师的时候，在写给一位朋友的信中说：坐在茶馆里看茶客的举止，听茶客的谈吐，猜测他们的身份、地位、教养、见识等等，是一件十分有趣的事。我父亲当时只是为了消遣，并没有想到后来要写小说，莫泊桑怎样拜师学艺，我父亲大概并不知道，当时的报屁股上大概还没有刊载这一则轶事。可是这个习惯的养成，对我父亲后来写小说大有益处。我说这个话是有根据的。在我父亲写的人物中，有一些是以谁作模特儿的，我说得出来；甚至有的话出自谁的嘴里，有的事发生在谁的身上，我也说得出一些来。说不出的当然更多，但是我相信所有的素材都是有来历的，都来自生活。我和妹妹弟弟练习写作的时候，父亲也这样提醒我们：要注意周围的各种各样的人物，特别要注意某一个人物的某一个举动、某一个表情、某一句话，这些常常最能表现这个人物的内心的活动。说到这里，让我再举个鲁迅先生的例子：在《故乡》中，鲁迅先生写闰土来看望他的一段，文字不多，可是细致极了。“他站住了，脸上现出欢喜和凄凉的神情。”童年时代的朋友，想念已久，居然见着了，自然欢喜，可是自己“景况很不如意”，掩盖不住内心的凄凉。他

“动着嘴唇，却没有作声”。他在考虑呢，仍旧唤“迅哥儿”怕不合适吧。他分明感觉到，他跟鲁迅已经“隔绝到这地步”了。“他的态度终于恭敬起来，分明的叫道：‘老爷……’”“终于恭敬起来”，幼年时代的“迅哥儿”在他的心里消失了，他现在是来见“老爷”的。鲁迅先生能够写得这样细致，就因为他当时观察得细致，体会得深入。很有可能，正是由于他当时观察得细致，体会得深入，这种“隔绝”的感受触动了他，引起他深思，最后非写这篇《故乡》不可。我这样说也不是没有根据的，因为那时还没有“主题先行”这套做法，没有谁来给作者出题目，真诚的作者写东西，都是在生活中有所感触，觉得非写不可才写的。有句老话：生活是创作的源泉，这是经验之谈，也是真诚的态度。要写出好作品来，得有厚实的生活作基础，创作的素材，要在生活中攫取和积累。咱们不是专业作家，就得靠在日常生活中认真体验，包括鲁迅先生所说的“时时熬了苦痛，努力的要想到我自己”。从上面举的一些例子可以看出来，内省也是对生活的体验，甚至是更深的体验。

第三，要尽量吸收知识。社会科学，自然科学，文学艺术，不论哪一方面的知识，我们都需要。有些搞文学的作者不喜欢天、地、生、数、理、化，你跟他们讲哈雷彗星今年要飞回来，他们说他们不懂科学，不感兴趣。既然不懂，干吗不学一点儿呢？免得在作品中出现“一钩新月从东方升起”，“梧桐上开满了一串串紫色的喇叭花”之类的笑话。科学技术的发展一直影响着人们的生活，影响着人们的思想感情，影响着人们的人生观和世界观；这种影响，过去比较缓慢，不太明显；可以预言今后必然越来越快，越来越明显，而且越来越深刻，不管你感不感兴趣。你要体验生活，揣摩人物的思想感情，没有点儿自然常识、科学常识，今后恐怕会一无所得。咱们要培养广泛的兴趣，训练吸收知识的能力，咱们要做“杂家”。咱们的目的不是在作品中炫耀自己的知识，而是因为生活的本身是错综复杂的，咱们的知识面如果不够广阔，咱们就无法理解人们的思想感情，也无法在作品中再现他们的思想感情。知识的来源也无非两条渠道：一条是在日常生活中随时吸收，一条是从书本中吸收，不管什么书，能读得下去的就读，要博览群书。咱们当编辑的有个有利条件，不管稿子写的哪个方面的内容，咱们非读下去不可，为了核对资料，咱们还得查各种门类的书：工作逼迫咱们非什么书都读不可——稿子是没印出来的书，咱们却可以先睹为快。可是也得有广泛的兴趣，如果把看稿子查资料当作苦差使，干什么都漫不经心，那就都成了过眼烟云，什么也记不住。在日常生活中随时吸收更是必不可少的。因为在日常生活中，各种知识都是具体而生动的，而且相互之间密切关联，其中有许多是书本上没法写清楚的，还有许多是还没写进书本去的。从书本中吸收，从生活中吸收，两者是相辅相成的，是互为印证的，咱们不能偏废。对知识，咱们是贪得无厌，多多益善。

我想需要经常留意的准备工作，大概就是这三个方面，不知说对了没有，说全了没有。说到写科学小说，一则，我以为可以称作小说的小说，主要都是表现人的思想感情的，基本的准备工作没有什么差别；二则，“科学小说”这个概念的内涵到底多大，到底包含哪些作品，我实在不甚了了。是不是多写了点儿科学常识就算科学小说了？是不是写了人们的科学活动就算科学小说了？如果说《格兰特船长的女儿》算是科学小说，算是科学幻想小说，为什么没有人把《鲁滨孙漂流记》算作科学小说，算作科学幻想小说呢？这许多问题，我想请科普创作研究所去研究吧。我写过几篇以科学家的生活为题材的短篇小说，算不算科学小说，自己也不清楚。我认为我所表现的，是这几位科学家的思想感情。因为他们是科学家，当然离不开他们从事的科学工作，正像写一位音乐家，要表现他的思想感情，就得介绍他的音乐创作，可是从来没听说过“音乐小说”这个名词儿。这且不去管他，现在就说说我写这几篇短篇小说的体会。

以科学家的生活为题材写短篇小说，这个想法在我是由来已久了。五十年代曾掀起过一次“向科学进军”的高潮，许多刊物都介绍科学家，刊登科学家的小传；我为自己编的刊物写，也应付别的刊物的约稿。写来写去，我越写越乏味，小传嘛，无非姓名籍贯，生年死月，功绩成就，能变出个什么花样来呢？说是写，实质是变着法儿抄袭。我于是给自己起了个笔名，叫“任逸云”——别人也这么说过，我只是人云亦云，把现成的材料搬到我的稿纸上而已。在材料搬家的过程中，我发现科学家并不是冷冰冰的，他们跟所有的人一样，也有丰富的思想感情；把他们的思想感情从他们的内心世界中发掘出来，用小说的形式来表现，感染力至少比干巴巴的小传强一点儿。我在小本本上记下了一些题目：某一位科学家，他的哪一段生活适宜于写短篇小说。题目记下了二十来个，没来得及写，风向变了，“向科学进军”的口号不提了，还搞起资产阶级业务思想批判来。我编的刊物不但介绍科学家，还有那些“科学幻想故事”，主角也都是科学家——查无其人的科学家。批判的语言形象而且生动：“只看见一群资产阶级知识分子在那里摇来晃去”。简直是“鬼影幢幢”哪，我立刻联想到这句成语，于是马上打消了写小说的念头，连同那个记题目的小本本都扔到不知什么地方去了。直到经过了“史无前例”的十年，“伤痕文学”出现了，大半写知识分子的遭遇。我才渐渐明白过来：知识分子原来还是可以写的，还是可以充当小说的主角的。我于是把那些扔掉的题目一一回忆起来，像重温旧梦似的重新构思。时间耽搁了二十多年，我倒并不惋惜。因为年龄增大了，阅历随着增多了，尤其在那十年中，知识分子的遭遇确实是“史无前例”的，我见所未见，闻所未闻，大大增进了对知识分子的理解；在构思和写作的时候，常常有意无意地把他们的思想感情掺进我所写的那几位科学家的思想感情中去。如果这几篇小说写在二十多年前，成绩一定不如现在，一定更加概念化。当然也不能无限期地拖延下去，我已经是快七十的人了，可以由自己支配的时间又这样少，想干什么都得抓紧干。以科学家的生活为题材的小说，我动员我的两个孩子帮忙，花了不少力气才写成了五篇，编成了一个集子叫《梦魇》，可以说作过尝试了。今后是否继续，得看时间是否允许，很可能我又得犯浅尝辄止的老毛病。

现在说说这五篇小说的取材和构思。每一位科学家，在他的一生中，往往有许多片段可以作为短篇小说的题材。第一篇，我写的达尔文。达尔文早就写好了《物种起源》的提纲，却迟迟不发表，他还要收集更多的证据。正当在研究人和动物的表情的时候，他突然接到青年华莱士寄来的一篇题目是《论变种无限偏离原始类型的歧化质问》的论文，论点跟他在十四年前写的几乎完全相同。华莱士在信上说，如果达尔文认为不错，他准备马上发表。类似的情形，我们当编辑的是很可能碰上的。收到一部稿子，或者一份写作提纲，所写的内容正是你打算写的，你已经把材料准备好了，甚至已经动笔了，你将怎么办？胡乱提点儿意见把稿子退掉呢，还是认真审读，决定取舍，并写出公正的审读报告呢？说不需要这样的稿子，把提纲退回作者呢，还是把自己原来的想法补充到作者的提纲中去呢？可以想见，达尔文当时的思想斗争是非常剧烈非常痛苦的，他要焚毁自己的提纲，承认自己一切都完了。我选中了这一片段，还因为我想到今后，后辈超过前辈的事将会越来越多，怎么处理比较得当，对老一辈来说是个很费思量的问题。达尔文最后接受了好朋友赖尔和胡克的劝告，同意把自己的提纲跟华莱士的合在一起发表。情节就是这一些，达尔文当时的混乱的思想，他跟朋友和妻子的谈话，都没有找到记载，当然出于虚构。小儿子患猩红热夭折，把达尔文的思想搅得更乱了，这是事实，恰好发生在这个当口，并不是为了增加气氛而硬扯在一起的。

第二篇写的拉马克，他是达尔文之前的进化论者。从找到的几本传记看，他的一生极其平淡，年轻时候当过兵，兴趣广泛，爱好音乐绘画，受卢梭的怂恿研究起生物来，生活贫困，后来眼睛瞎了，只有一个女儿在他身边服侍他，做他的助手。他写过一些阐述进化观点的小册子，跟科学院院长居维叶的意见相左。他有两部重头著作，《法兰西植物志》和《无脊椎动物志》。完成了后一部，他默默无闻地死去了。像拉马克那样把工作当作自己的全部生活的知识分子，我见得实在太多了。他们坚持自己的观点，却与世无争，只要让他们工作，无论怎样他们都满足，他们把自己从事的工作看作最美好最和谐的境界。对人世间的纷扰，他们总是用善意的愿望去看待，甚至还要向别人作解释，还要努力说服别人。我还听说真有像拉马克那样，才做完应承下来的工作，就心脏病猝发而死去的知识分子。所以拉马克的一生虽然没有什么波澜，还是值得写的，何况他还有一个那么体贴他的好女儿。小说把拉马克交出他最后的著作安排在他死的那一天里：先写稿子完成了，父女俩如何喜悦；第二节写拉马克回忆卢梭——给他指路的恩人；第三节写他女儿去科学院交稿，受到居维叶的冷待；最后写女儿回家不敢把真情告诉她爸爸，这位老人在兴奋和疲惫中死去。根据拉马克的传记推理，所有这些情节都是可能发生的，甚至可能发生在一天之中。人物的思想感情、语言举止等等，当然也靠虚构，靠平时在生活中积累的素材来虚构。拉马克已经很老了，像他这样年纪的知识分子，性情脾气我摸得挺熟，因为我一直在父亲身边，一直跟父亲一辈的知识分子打交道。《无脊椎动物志》脱稿了，拉马克父女俩那时的高兴，我这个既当编辑又写点儿东西的人最能理会，“一个女儿装装扮扮的就要出嫁了”，这句话是我常说的。我把这个意思强加给了拉马克父女俩；我想他们如果地下有知，一定不会抗议的。稿子交出去之后的担心也是这样，只怕自己的心血成为一个没人收留的弃儿。我们当编辑的一定要理会写稿者的这种心情，而且一定要体谅。至于居维叶院长，这种官僚式的领导时常会碰到，要把他写得像那么回事儿是比较容易的。

第三篇写布鲁诺。布鲁诺的小传，我写过几篇，每一回写到他回意大利，我总有点儿想不通，明摆着是一条死路，他为什么要自投罗网呢？在“史无前例”的十年中，我才真正理会辛稼轩所说的“闲愁最苦”指的是哪一种“闲”，也尝够了那种“最苦”的苦味。因而推想那些一心想完成某项研究的科学家，也跟我一样在虚度岁月，消耗生命，他们的痛苦真是难以描摹了。如果有谁答应给他们机会和条件，他们会像飞蛾一样，明知是火也要扑上去的。布鲁诺受骗，受小美第奇那个威尼斯的权贵的骗，会不会是这种情形呢？我老想找答案。有位朋友给我借到了一本俄文的小册子，里边有一篇布鲁诺的小传，我让妹妹给译了出来。这篇东西不长，对布鲁诺离开意大利的十四年，讲得比我过去看到的都详细。原来他在国外有时还阔得很，受到法国国王的盛情款待，在法国和英国都讲过学，还跟名人学者作公开辩论；他用答辩的形式写过几本阐明他所构想的宇宙模式的小册子，还写过两本针砭时弊的讽刺剧。这样看来，我过去把他写成一个逃亡者——在罗马教廷派出的特务追捕下的逃亡者，就完全错了。他宁肯烧死，也不肯改变自己的主张，为坚持真理最后献出了生命；可是他并非形同枯槁的“殉道者”。纵览他一生的经历，在我的心里渐渐形成一位活泼诙谐的人物，他心胸开阔，感觉敏锐，性格开朗，言谈风趣；要不，他的思想就不可能在宇宙间自由奔驰，并且远远地超越他的时代。这样一位人物，我越想越觉得可爱，越觉得非写不可。此外当然还有个缘故，以前写的几篇小传都写错了，我得改正。为了弄清楚他在国外的那段生活的背景，我查了历史：原来在马丁·路德宗教改革之后，欧洲不再铁板一块，全都接受罗马教廷的统治；各国的君王、贵族，还有商人、手工业者，跟新教和旧教之间的矛盾，极其错综复杂。时代背景总算有点儿眉目了，那么写哪个片段呢？我决定着重写布鲁诺回意大利，他正要踏上祖国国土的当口的心情。他为什么会受骗回国，是我思考已久的问题，我试图作出解答。而且可以肯定，他当时一定感情激动，思潮澎湃：久别的家园，异国的流亡生活，危机四伏的前程，一齐涌上他的心头。写布鲁诺，这几个方面我是非写不可的，抓住他归国途中的思想感情，正好把这几个方面联系在一起，写起来比较容易；还不至于使人感到过分勉强。我不能让布鲁诺一个人自言自语，因而给他虚构了一个谈话的对手——他的好朋友安东尼奥，还让他们俩在边境上相遇，在一起逗留了三天。至于布鲁诺回国的日期和他经过的那个山口，都是有据可查的，并非虚构。

第四篇写巴斯德，第五篇写居里夫人。巴斯德学的化学，从研究酒石酸的结晶走进了研究微生物的领域。他证明微生物不是自然发生的，创造了巴斯德杀菌法，发明了预防鸡痢疾、蚕白僵病、牲口炭疽疫的方法，还创制了外科治疗的消毒规则，发明了遏止狂犬病发病的方法。他研究的所有课题，都为了把人类从一个个困境中解脱出来；他有着一颗悲天悯人的心，他的相片和画像都透露出这样的感情。实验一桩接着一桩，他无往而不胜，可是在最后对付狂犬病的那场战役中，他踌躇了，气馁了。在动物身上——兔子、狗、猴子身上，已经证明他的方法是有把握的，可是他不敢在人的身上做试验。是什么阻挡了他前进的步伐呢？是年龄大了，是健康不佳，是荣誉多了，地位高了，还是别的什么原因呢？思想斗争延续了两年，他最后说服了自己，说服了妻子和助手，决定在自己身上做试验。正在这当口，一位母亲带着个被疯狗咬伤的孩子，从边远省份赶来求他救助。要救这个孩子，等他在自己身上做完试验肯定是来不及了；就在这个孩子身上开始做临床试验，这可不符合人道主义的信条，担的风险更大了。巴斯德又陷入困惑之中，但是必须当机立断。我写巴斯德主要写这个片段，因为在剧烈的思想斗争中，人物的感情和性格比较容易表现出来。材料全部是确凿的，巴斯德被迫作出抉择，最后他又获得成功，赢得了全世界的赞誉。在为筹建巴斯德研究院募捐的一次演出会上，音乐家古诺亲自指挥，为巴斯德演出他改编的《圣母颂》。这支歌我很熟，在中学里唱过，充满了倾诉不幸和祈求怜悯的感情。巴斯德这位虔诚的教徒，当时听着会怎么想呢？他一定像许多老知识分子一样，祈求能够多活几年，多做些事：人类的苦难是诉说不尽的，他要尽他的能力，再为人类解除一两桩痛苦。我就把我的猜测作为这篇小说的结尾。居里夫人，我从她丈夫居里在大雨中被马车撞死写起，直写到她走上巴黎大学的讲坛，承接居里讲授放射学为止。时间才六个半月，却是居里夫人一生中非常关键的时刻，居里不仅是她生活的伴侣，同时是她事业的伴侣和荣誉的伴侣；悲痛犹如山倒，很可能把她压得粉碎；而且在当时，女人走上大学讲坛在法国还没有先例，何况她是个波兰女人。居里夫人是个强者，丈夫死后，在对待爱情和对待事业两个方面，她都达到了更高的境界。这篇小说是站在居里的爸爸的立场上写的，让这位老人来观察他的儿媳妇，揣摩他儿媳妇的心理。这样写似乎容易些，免得让居里夫人作许多内心独白；她当时的所感所思，局外人很难代她设想，不如把这个任务让给了老居里。老居里是位好爸爸，非常体贴儿子和儿媳妇；儿子死后，他把两份体贴全给了儿媳妇，这双倍的体贴，支持着居里夫人通过了感情上的严峻考验。如此和谐的翁媳关系，跟拉马克的女儿对待拉马克，跟巴斯德的妻子对待巴斯德，同样使我感动。在写这些篇小说的时候，我想着力表现一下这几位以“家属”身份出现的人物，他们对科学家的成就都有过不小的影响，甚至可以说是功绩。

我写的是小说，不是文学传记，更不是新闻报道。我以为传记是来不得半点儿虚假的，即使冠上了“文学”这个修饰词儿，也得恪守藤野先生说的：“实物是那么样的，我们没法改换他。”新闻报道更是如此，有些近乎新闻报道的写真人真事的“报告文学”，恐怕也应该如此。写小说容许虚构，恐怕还不得不虚构，可是我写的科学家都是实有其人、实有其事的，随心所欲地爱怎么编就怎么编，恐怕也不相宜。所以在打算写某一位科学家之前，我要尽量收集材料，包括他的著作，他的传记；还有相片图画，他自己的，他的家属和朋友的，他的家乡、住处和工作室的；还要查阅有关的年表和地图。所有这些材料，都是我虚构的根据；甚至生活习惯和动用器具，我都不敢胡来。记得有一部演长征的电影，红军战士手持卡宾枪，那就错了；还有一部演十字军战争的电影，出现了单筒望远镜，同样地犯了历史的错误。文学作品的虚构是为了更集中更本质地反映真实；出现了错误，不就违反了真实吗？我怎么敢任意胡编呢？至于科学家研究的课题，我一定尽可能把它弄清楚。因为一则，不弄清楚会有损于真实，举电影《居里夫人传》做例子，大概是四十年代美国拍摄的，有些情节挺感动人，我至今还记得：在发现了镭元素之后，居里偶然看了他妻子一眼，他对妻子说："我才发现，你原来这么美。"这句话挺有滋味，可能表现居里夫人本来长得很美，俩人一直埋头工作，居里竟然从未留意过妻子的容貌；也可能表现经过共同的艰苦的劳动，现在取得了预期的成功，居里发觉他的妻子比先前更美了。可惜电影中找到镭元素的那一段，不知编剧的人出于有意还是无意，搞得糟透了。电影演的是一个夜晚，夫妇俩还挂念着白天的工作，他们先后去到实验室，发现一个瓶子在黑暗中闪着荧光，于是拥抱跳跃：镭终于找到了。戏剧性倒挺强，可惜违背了科学的真实。从常识看，科学家做实验不会毫无预见，成功已经到手，不可能自己还一点儿不知道，出现电影表演的那种偶然性的场面。如果懂得点儿化学，就会知道一种元素的发现，并不在它被找到、被提纯的时候，而是在证实它填补了周期表上的空当的时候。居里夫妇辛辛苦苦从沥青铀矿中提炼镭，在电影中表现得很充分；可是更重要的工作在于后一步，在于如何作种种精密的测定，证实他们所找到的正是他们预言的那种尚未被人们知道的元素；这后一步，电影却没给我这个观众留下丝毫印象。我并不要求《居里夫人传》给观众上化学课，可是既然是科学家的传记片，总得想法子让观众了解，科学家是用什么样的精神来对待他们所从事的科学活动的。画幅凝聚了画家的思想感情，乐曲凝聚了音乐家的思想感情……我们可以不可以这样说呢：科学活动凝聚了科学家的思想感情。你想让读者感染着某一位科学家的思想感情，有时候非得把这位科学家的科学活动讲明白不可。举例说讲祖冲之，大家都说祖冲之了不起，他计算圆周率的值，算到了小数点后边第七位。要是你不懂得点儿计算圆周率的方法，不懂得点儿筹算的方法，你就无法理解祖冲之算到小数点后边第七位到底有什么了不起。你写祖冲之，也只好人云亦云地写上三个字："了不起"，至多再抄上一句："早于欧洲一千年"。读者得到的也只能是一个极其浮泛的概念：祖冲之了不起。要是效果仅仅如此，我想作者和读者都不会满意的。

开头我就交代了，我是当编辑的；写以科学家的生活为题材的小说，我只作了初步的尝试。尝试的结果如何呢？我自己是否满意呢？要笼统地回答"是"或"否"很不容易。可能大家会觉得奇怪，我这样注重材料，还会把有些事实给弄错了。已经发现的比较大的错误有两件；一件是卢梭不是死在巴黎城里，而是死在郊外的杨树岛，他在一场车祸中受了伤，去那个岛上疗养；另一件是诱骗布鲁诺去威尼斯的小美第奇，不是在佛罗伦萨让米开朗基罗作雕像的那个美第奇，我把两个人当成一个人了。这两处错误，我在编集子的时候都作了改正。还有一件事很使我不安：正在巴斯德研究狂犬病期间，非洲霍乱流行，他分不开身，派他的一位助手去非洲寻找病源；那位助手染上了霍乱，为拯救人类献出了性命。这件事给巴斯德的影响一定非常之大，可是在我写的那篇小说中，竟一个字也没提到。我不是不知道这件事，三十几年前，我在一篇文章中讲到过，不知怎么地在构思这篇小说的时候竟把它给忘了。最大的不满意是我写了五位科学家，其中没有一位咱们中国的科学家。我不是不想写。我想写张衡，张衡是天文学家，数学家，机械设计家，文学家，史书上还说他是画家，书法家，记载着他做地方官的政绩，在欧洲，恐怕只有达·芬奇可以同他相比。我想写一行，他出家当和尚，好像为了躲避武则天的侄子武三思的纠缠；他对佛学有很大的贡献，是翻译密宗经典的第一人；他是测量子午线长度的第一人，用的方法非常合理；他还编了一部精密的历法。我还想写郭守敬，他是天文学家，数学家，水利工程家……最大的困难是时间隔得太远了，对当时人的生活，难以找到足够的直观材料。文字记载是找得到的，当然都是古文，讲科技的、讲哲学的、讲宗教的、讲迷信的古文，都特别难懂。例如扬雄的《太玄经》，东汉以来的科学家大多受到这部著作的影响，据说是非常难懂的，我不知道应该跟谁请教。还有是人物的举止和谈吐，总不能照着旧戏的路子写去。所以人物虽然选定了，有的甚至已经有了个粗略的轮廓，离动笔还差得远哩，只好留待将来了。

一九八五年六月九日

编辑瘾

我一九四五年八月开始正式做编辑工作，到今年今月正好满四十年。说四十年颇有虚头，跟大伙儿一个样，中间得扣除那史无前例的十年。不管怎么算吧，时间够长的了，可是我并未厌倦，从第一线上退了下来还不肯罢休，老觉着没做够。哪儿来的这么大的编辑瘾呢？自己也说不清楚。一九七七年我胡诌了一首《望六书怀》，开头就这样问自己，可是到了儿也说不出个所以然来。那是一首词，用的《贺新凉》的调子。

> 矻矻何为者？事雕虫、咬文嚼字，灯前窗下。烟蒂盈盘茶重沏，忽忽秋冬春夏。且不悔为人作嫁。彩笔苦无回春力，敢丹黄信手胡描画。千古事，费评价。　杞人自笑忧天塌。更何须、占风卜雨，担惊受怕。红紫万千迷人眼，细辨卉真葩假。再学习延安讲话。伏枥识途都无据，意拳拳尽力添砖瓦。翻旧调，寄骚雅。

明知是雕虫小技，不过咬文嚼字而已，为什么要这样白天黑夜地干呢？我说不清楚，只好避开作正面回答，而且声明我对编辑是“为人作嫁”的这个说法，一向持否定的态度。“为人作嫁”，无非说编辑出了力，作者出了名。作者所以出名有许多因素，在正常的情况下，最主要靠作者自己努力；至于编辑，不过尽了应尽的职责，做了分内应做的事儿，有什么可气不忿的呢？在这里我用了个“且”字：这个“且”不是“暂且”的意思，而是北京方言中的“且”。在北京的方言中，把“且”字用在一句否定的话的头里，语气比“终”字更斩钉截铁：不但过去没悔过，现在仍然不悔，将来也决不会悔，根本不承认有“为人作嫁”那回事儿。苦恼倒是经常有的，看出了缺陷，看出了毛病，却没有本领弥补和改正，对着稿子思来想去不敢下笔。古人说“文章千古事，得失寸心知”。编辑工作做久了，文章的好坏，心中还是有点儿数的，难就难在使不上力气；而责任又那么重，一落笔就成了“千古事”。

一九七七年是“四人帮”垮台之后的一年。在那史无前例的十年中，我尝够了“闲愁最苦”的滋味。工作一恢复，就像久别的孩子猛扑到自己怀里来似的，当时的欣喜，不是用“欲狂”两个字形容得尽的。我想，从此我可以放手做我的编辑工作了，只要“不逾矩”就得。回想先前老怕天会塌下来似的，自己觉着有点儿可笑。我一向没有远行千里的壮志，不是那不甘心“伏枥”的“老骥”；也不是“识途”的老马，说不出成套的经验来，还只好一边干一边学。如果能再干个一二十年，编出几本自己觉着还过得去的，别人看了还有点儿益处的书来，我就心满意足，向自己交代得过去了。

“忽忽秋冬春夏”，一晃又八年过去了，情况发生了许多变化。“灯前窗下”的那个“灯前”，还有“烟蒂盈盘”，都成了过去的事儿了。晚上不能再干，没有这副精力了；香烟已经戒了六年，因为心脏出了点儿小问题。变化更大的当然是政治形势。“更何须、占风卜雨，”在八年前说这样的话，未免乐观得过早；而现在完全可以这样说：“担惊受怕”的年代真个结束了。赶上这样的好时光，要是我还编不出几本像个样儿的书来，只好怨我自己没有能耐了。

一九八五年八月

跟《小布头奇遇记》的奇遇

发现孙幼军同志的《小布头奇遇记》的，最先不是我，而是李庚同志。李庚同志是青年出版社的创办人之一，青年出版社和开明书店合并，成立了中国青年出版社，他仍旧是领导人之一。当时听到个别从老区来的同志称呼他“首长”，我不禁好笑：一个出版社，哪来的“首长”呢？话虽这么说，我还是挺敬佩李庚同志的，主要因为他经常交给我一些我能够做的而且喜欢做的工作。后来，中国少年儿童出版社成立，实际上是一个专编少儿读物的编辑部门，跟中青共一个党组领导。我被任命为少儿社的社长兼总编辑，李庚同志仍旧是我的领导之一。第二年，李庚同志被错划成为“右派”，后来下放到安国去劳动改造。直到在安国的那个点撤销，他才回到机关，被分派在少儿社文学组“监督使用”。这么一来，我不但成了李庚同志的领导，还成了他的监督者了，虽然那时候我已经让贤，在“社长”的名义前面已经冠上了一个“副”字。这一切，现在都成为过去，李庚同志在“文化大革命”中吃尽了苦头，现在终究平反了，而且调到文联去担任领导职务了。有时候我不免想，可能有人又要把他称作“首长”了。如果我还想给孩子们编编写写，无疑得接受他的领导，何况我还是他属下的作家协会的会员呐。我所以记下这一段颠来倒去的经过，一则因为暴风雨已经过去，乌云已经消散，不管当时怎样心惊胆战，回想起来倒也很有意思；二则，这段经过跟《小布头奇遇记》的关系至为重要。如果李庚同志当时不在文学组接受“监督使用”，这部童话的遭遇可能完全不是后来的样子，所以也称得上一桩奇遇：《小布头奇遇记》的奇遇。

日期记不真了，总之是一九六一年的下半年。好像又搞什么运动，或者由于什么政治原因，出版社的大部分同志都在忙别的，总编室经常只剩下我一个人；文学组也是如此，经常只剩下一个人在看稿子，那就是受监督的李庚。那时是不能称他为“同志”的，现在我回叙这段经过，乐得少写两个字。有一天，李庚拿了一部稿子，就是孙幼军同志的《小布头奇遇记》，来到总编室。他站着对我说（记得我也站了起来）：有一部反映现实生活的童话，是另一家出版社的退稿，作者是一位新人，不抱出版的希望，只要求我们看一看；他看过了，觉得很不错，问我是否愿意看一遍。我当时就把稿子接了过来。一则，只要有空，我是很喜欢看作者自己投来的稿子的，要是能发现一本好稿子，发现一位新作者，我的喜悦真是难以言说。可惜现在我再也挤不出这样的时间来了。二则，李庚当时虽然受监督，对于他的眼力，我仍旧毫不怀疑，这也足以证明我的阶级斗争观念之薄弱。稿子只十万字左右，誊写得很清楚，只花了一个下午和一个晚上，我就从头到尾看了一遍。第二天我去文学组找李庚，对他说稿子的确不错，就交给我处理吧，他不必管了。李庚说，他也认为由我处理比较恰当，因为这部稿子的语言很有特色，他相信我决不至于损伤作者特有的风格。事儿就这么决定下来了。过后想起来有点儿好笑，完全跟反右以前一样，我又接受了李庚交给我的一件工作——我能够做的也是我喜欢做的工作。什么领导呀，监督呀，当时都叫我给抛到九霄云外去了，因为心里充满着喜悦。记得当时就给孙幼军同志回了信，告诉他我们决定接受他的稿子，而且用不着作什么改动，等插图配好就可以付排，请他放心。至于信是李庚写的还是我写的，却记不真了。

我看稿子的习惯，先很快地看一遍，目的在于尽快作出决定，稿子是否能采用；稿子有什么长处和短处，看了这么一遍，心里就大致有数了。如果决定采用，再看第二遍。这第二遍，我得逐字逐句仔细咬嚼，本着对读者负责的精神，作一些属于编辑职责范围之内的小修小补。孙幼军同志的语言简洁、浅显、生动、流畅，我估计如果念得好，幼儿园的孩子能够听懂；三四年级的小学生就可以自己看自己念了。为了验证我的估计，在看第二遍之前，我让女儿小沫先看一遍，她那时才念小学五年级。小沫拿起稿子就放不下了，几乎是一口气看完的。看十万字的一部故事，在她还是头一回；看她这样入迷，我还用得着问什么呢？只挑出两段来，让她念给我听。小沫是在北京长大的，普通话说得好，念得很顺溜，就跟说话一个样，听着挺有神。这当然得归功于作者孙幼军同志，他掌握了孩子们说话的特点，句子简短，用词明确，比喻具体，很少啰里啰唆的形容语句，又不故意装什么“娃娃腔”。只有少数词儿对孩子来说有点儿陌生，小沫念着要打疙瘩，最好换一下，别扭的句子极少，虽然少，也得理一理顺；还有“因为”、“所以”，“而且”、“但是”这类词儿稍多了点儿，不必要的可以划去一些。听小沫念了这么两段，我心里就有了谱了，于是开始看第二遍。我普通话说得糟透了，嘴唇舌头全不听使唤，别不过来。可是我有个本领，能用普通话在心里默念，就像面前坐着一群抬起了小脑袋听我讲故事的孩子一个样。每一句话，我得在心里默念两遍三遍，直到没有一点儿疙瘩了才肯放过。默念完一大段，我又翻到前边，再默念一遍两遍，看整段的语气是否连贯而且自然。说老实话，如果作者自己不在语言方面下功夫，我反而不会这样地费事了，除了把不太通顺不太明白的地方改动一下之外，念起来生动不生动，听起来有神没有神，我就管不了那么多了。因为语言风格跟稿子的内容和思想一个样，主要是作者的创造；编辑至多在作者偶尔疏忽的地方，作一点儿增删或改动。虽说“作一点儿”，做起来可得花力气，而且没有止境。要做到一字不易，恐怕办不到，一字不易的文字恐怕历来很少见。传说《吕氏春秋》完稿之后，吕不韦叫人把稿子挂在城门口，说谁能改动一个字，就赏他一千斤铜，结果没有人应征。我想，没有人敢应征倒是真的，凭吕不韦当时的权势，稿子冠着他的姓氏，还有谁敢碰它一碰。

在看第二遍的时候，我常常想，这样好的一部稿子，那一家出版社为什么不接受呢？会不会李庚和我都看失了眼呢？那一位编辑同志的看法跟我们在哪一点上不相同呢？会不会认为现实的社会生活不适宜作为童话的题材？这不至于吧，安徒生的《卖火柴的女孩儿》，王尔德的《少年国王》，不都取材于现实的社会生活吗？只要用孩子的眼光去观察，用孩子的感情去理解，用孩子的语言来表达，现实题材也能写成出色的童话。那么此外还有什么别的缘故呢？会不会嫌有些段落写实的成分多了点儿，认为不太像童话呢？这倒不是完全没有可能的。“文化大革命”之后，有一位童话名家写了一篇很长的论文，评述新中国成立以来童话创作的成绩，对《小布头奇遇记》就一句也没提。这是后话，当时我不过猜测而已。我是这样想的：童话必须具备哪些要素，我说不出来；《小布头奇遇记》很可能算不上正宗的童话。可是父亲跟我说过，文章的分类是研究者的事儿，作者可以不管。研究者为了研究的方便，把文章分成许多类：这是小说，具有哪些特点；这是散文，具有哪些特点；这是童话，具有哪些特点，如此等等，还举出范例，作为标准的模式；就跟植物学家给植物分类、动物学家给动物分类一个样，主要为了研究的方便。至于动物它怎么长，植物它怎么长，都是自然而然的，它们不管是否符合专家们规定的那些标准模式。因而常常会遇到一些动物或者植物，跟这一类相像，跟那一类也相像，分在哪一类都不能完全合拍。作者在写作的时候，认为自己要告诉读者的东西用什么形式来表达最合适，就用什么形式，不必去考虑作品写出来之后将归入哪一类，就跟植物和动物只顾自己生长，不管分类学是怎么说的一个样。我把父亲的话从写作引申到编辑方面。我一向把少年儿童读物的编辑工作看作教育工作——一种潜移默化的教育工作，只要孩子们看得懂，喜欢看，看了可能受感染，可能引起思索，结果有利于他们成长，这样的稿子我认为就可以出版。如果写审读报告，我认为首先得说清楚的，就是这部稿子对孩子的成长有没有好处，有哪些好处。至于稿子应该归入哪一类，是小说，是散文，是童话……可以不必多管，甚至是文学读物还是知识读物，分不清楚也不要紧。但是话得说回来，我认为《小布头奇遇记》还是可以归入童话一类的，因为我看过许多标明着“童话”的作品，《小布头奇遇记》跟那些作品还是比较接近的。

下一步是找人画插图，我选定了沈培同志。沈培同志当时是《中国少年报》的美术编辑，连环画连载《小虎子》的作者，在给我和迟叔昌合作的《没头脑和电脑的故事》配插图的时候，我和沈培同志有过一回非常默契的协作，因而我信得过他。我看完了第二遍，当天晚上就拿了《小布头奇遇记》的稿子，到少年报的单身宿舍去找沈培同志。我对沈培说，这是一部挺有趣儿的童话，虽然这么厚一大本，不用花多少工夫就能看完；相信他看完之后，一定愿意给这部童话配上插图，说定三天以后去听回音。过了三天，我又去到他的宿舍，他说他看过了，的确很有意思，他很乐意给配上插图，而且已经为主角小布头画了四幅不同的肖像，问我哪一幅好。我端详了一会儿，挑出了一幅来，他说他也认为这一幅好。我说且慢，让我带回家再让我女儿挑一下，她已经看过稿子，看她脑袋里的小布头的形象跟哪一幅最接近，明天晚上再给他回话。我回到家里让小沫一看，她挑的正是我挑中的，也是沈培自己认为最满意的。作者、编辑、读者意见完全一致，这可是少有的。第二天晚上又去找沈培，催他赶快动手画，哪儿需要插图，一共插多少幅图，都由他自己决定。并且一再怂恿他发挥他的想象和创造，作者写到的可以画，作者没写到的，他认为需要也可以画。我约画家配插图，总要啰唆这么几句。我认为插图有装饰的作用，有说明的作用，还有启发的作用。有的插图纯粹是装饰性的，不表现什么意义，能把一本书装饰得很美观；这当然是很必要的，可是得注意，插图的风格应该跟文字和谐协调。说明性的插图是最常见的，就是文字的形象化。是否可以这样说：作者把形象的东西用文字表达出来，写成作品；画家做的是还原的工作，把文字还原成形象，那就是插图。说起来似乎很简单，做起来可不容易。如果真跟图解似的，文字写了些什么，插图就画上些什么，那可太差劲了。画家得努力提高自己的文学修养和阅读能力，包括理解的能力、鉴赏的能力和想象的能力。在动笔之前，要把作品反复读几遍，理解得越细致越好，越透彻越好，等到形象浮现在眼前了，然后把它画下来。这样的插图才能使读者受到启发，帮助读者加深理解和感受，帮助读者进入作者的思想境界，跟作者产生共鸣。有些插图引人入胜。甚至不必依附于文字，本身就可以称作艺术品。至于启发读者的想象，就少儿读物来说，插图的作用有时甚至超过了文字本身，因为形象的图画更能吸引和感染孩子们，使孩子们在不知不觉中锻炼了自己的观察能力和思维能力。

还有一点可以讲一讲的，约沈培插图的时候，我已经把版面设计的原则考虑停当了。我选定了 28 开的开本，用新四号字排。28 开比大 32 开只稍稍宽一点儿，看起来却大多了；用新四号字，因为是给中低年级的小学生读的，字大一点儿好。有些插图可以“出版口”，“出版口”破坏了版面的长方形的框框，显得活泼一些。但是也不能让所有的插图都“出版口”，“出版口”的插图太多，会使整本书的版面显得凌乱。少数插图甚至可以“出血”——就是故意把插图安排在一页的边上或者角上，装订好以后切齐的时候，让插图被切去一条边或者相邻的两条边。我把这些想法一一跟沈培交代清楚，好让他在构思的时候充分利用这些条件。沈培的脾气，有一点我摸得挺熟，只要答应了的事，他决不马虎。他也知道我是个急性子，当时他正忙着操办婚事，可是并没有把我求他的事搁下来。我常常晚上去找他，他把已经画好的部分一幅幅拿给我看，有的还简要说明为什么要这样画。我一般总是点头，不提什么意见。因为一则，他的确画得不错；二则，他已经有了整体的设想，我尽可能不要打乱他的构思。至多在他碰到了某个疙瘩，提出来跟我商量的时候，我才说一点儿意见供他参考，有时候还给他找一些参考资料。例如画到老鹰，沈培画了好些幅，自己看着都不满意。我那时正集邮，而且专收集各国的动物邮票和植物邮票，我把所有的画着老鹰的邮票从本子上取下来给他送去。在那些日子里，我三天两头去找他，只有他结婚的那天晚上，我是诚心诚意去贺喜的，俩人没谈起小布头的插图；要不是小小的新房里挤满了客人，充满了喧闹声，说不定他还会打开画夹来的。

这样和谐的合作，真个值得怀念。最后沈培交稿了，抱了一大包插图，连同《小布头奇遇记》的原稿，来到我的办公室。他打开纸包，一大摞纸片，大的相当于少年报的版面，小的只豆腐干一般大。我问他画了多少幅。他说他自己没点过，大概有一百七八十幅吧，兴之所至，画了这么一大堆；还说如果我认为哪一幅不合适，尽管抽去不用，他决无意见。我说我一定照他说的办，又说插图有了，可是事情还没了，没有封面、封底和扉页，还成不了书；我打算印几千本精装本，精装本还得前后都加上环衬。我说我一向主张一本书应该是一件完整的艺术品，封面、封底、扉页、环衬，还得请他费心“一手落”。沈培问我有什么要求，记得我只提了一条，封面封底的底色要深，最好是黑的，因为书是给孩子们看的；而且这一本书，估计孩子们一定很喜欢看，如果底色是白的，在孩子们的手里传来传去，要不了多久就会显得很脏。封面封底当然要美观，要能够吸引孩子们，可是还得起保护作用，两者都应该照顾到。沈培同意我的意见，所以《小布头奇遇记》的封面封底采用了黑色作底子。

一百七八十幅插图，要一一安排妥帖，可不是件容易的事。插图不能跟文字脱离，某一幅图是为某一段文字画的，最好跟这段文字安排在同一面上，不得已求其次，最远也只能安排在相对的一面上。这是为了便利读者，让读者在阅读的时候，用不着前后乱翻寻找插图。占整面的插图最容易安排，可是为数不多。其余的插图有适宜于放在文字上方的，放在文字下方的，放在两段文字之间的，还有适宜于放在一面的上角或下角的，都得一一端详，仔细体会沈培作画时候的意图。沈培灵活地运用了“出版口”和“出血”的条件。譬如有一幅图，下面是一片树林，他只画了树梢，上面是两只老鹰在飞翔。只画树梢是个很聪明的办法，因为这张图要表现的是两只老鹰飞得非常之高，树干树身在画上没有什么用处。我把树梢安排在这一面的下方，让它“出血”齐切口，表示下面还有树干树身呐；上面的两只老鹰，得让它们“出版口”，以显得其高。另一幅图，小布头哭了，掉下三大滴眼泪。我把这幅图安排在这一面的右下角，让最下面的一滴眼泪掉出了版口。还有一幅图，一只老鼠在洞口伺候着小母鸡，正要窜出来；小母鸡已经发觉，赶紧逃跑。那只小母鸡，沈培只画了后半身。这幅图就非“出血”不可了，小读者看到小母鸡快要逃出书去，决不会让狡猾的老鼠给抓住，就会放心地舒一口气。此外还要避免版面的雷同，至少，相对的两面得避免雷同。所以版面得一面一面设计：图版制成多大，放在哪儿，占多少地位，图边上排不排字；如果排字，一共排几行，每行排多少字。为了使插图紧跟文字，文字得一段一段地数，图版的大小得一幅一幅计算；如果实在跟不上，就得改变版面的设计和图版的大小，甚至改变前头几面的版面设计和图版大小。就这样数了一遍又一遍，算了一遍又一遍，大概花了一个来星期，才把整本书二百多面的版面画好了，一百七八十张插图的尺寸也标好了。等插图制成了图版，我把图版的样张贴在画好的版面上，就交给出版部门付排了。交出去的除了一厚本稿子，还有一厚本版面设计，请排版的工人同志务必按照我的设计，一面一面往下排。

发稿之前，编辑按例要写一则《内容提要》。我想写《内容提要》跟写别的文章一个样，首先要认定主要是写给谁看的。少年儿童读物的《内容提要》可以是写给孩子的父母和老师看，向他们说明这本书讲些什么，对孩子有什么好处，让他们把书介绍给自己的子女或者学生；也可以直接写给孩子看，除了让他们知道这本书的内容，还要尽可能有点儿吸引力，能够引起他们阅读这本书的愿望和兴趣。我采取了后一种方法，把《内容提要》这个标题也改掉了；为了跟本文协调，我效学了孙幼军同志的笔调。我是这样写的：

这本书讲些什么？

有一个小朋友，名字叫苹苹。苹苹得到了一个小布娃娃，名字叫小布头。

小布娃娃干嘛要叫“小布头”呢？

这……你看了就知道啦！

小布头想做一个勇敢的孩子。有一回，他从酱油瓶上跳下来，……

干吗要从酱油瓶上跳下来呢？

这……你看了也会知道的。

小布头从酱油瓶上跳下来，碰翻了苹苹的饭碗，把饭米粒儿撒了一地。苹苹可生气啦，她批评小布头不爱惜粮食。小布头也生气啦，他不接受苹苹的批评，从苹苹那儿逃了出来。

以后，小布头遇到了许多奇奇怪怪的事儿，认识了许多新朋友，听他们讲了许多很有意思的故事。这些事儿，这些故事，书上都写得清清楚楚，明明白白。你快自己看吧！

小布头后来怎样了呢？

后来，小布头懂得了为什么要爱惜粮食的道理。他变成了一个真正勇敢的小布娃娃。当然喽，他又回到了苹苹身边。

这段文字是跟稿子一起发排的。以后，我就等着看校样，头校、二校、三校，最后签字付印。平装本没有什么可讲究的了，精装本我要求用平脊（书脊不是弧形的，而是平的），还选定了环衬用什么颜色的纸，用什么颜色的油墨印。那时候，排版、印刷，装订，都可以按编辑部的要求行事；如果处处碰壁，我就没有兴趣出这么多的点子了。

前后忙了不到半年，《小布头奇遇记》出版了，我的兴奋恐怕不亚于作者孙幼军同志。拿到了样书，我先给孙幼军同志寄去几本；再挟上几本，亲自给沈培同志送去；还带了几本回家，给了小沫一本，给了父亲一本。父亲早就听我夸过这本童话了，他看了也说的确不错。读者的反映也跟我的估计相符合。听好些老师说，《小布头奇遇记》受到小学中低年级同学的欢迎；中央人民广播电台在《小喇叭》的节目中连续广播了，连幼儿园的孩子也很喜欢听。不久又快到“六一”国际儿童节了，《文艺报》向我父亲约稿，我乘机给父亲出了个题目，请他写一篇《小布头奇遇记》的评介。父亲比我看得深多了。他在文章中指出这部童话的好处在哪儿，为什么会受到孩子们的欢迎，有哪些地方还可以斟酌，还可以写得更好一些；并且从这部童话的写作方法和语言运用两个方面，阐发了他对童话，对儿童读物的创作的设想，最后还着实夸奖了沈培的插图。这篇文章发表在一九六二年《文艺报》第九期上；一九八一年收进了上海文艺出版社印行的《叶圣陶论创作》。这也是后话了。为《小布头奇遇记》，我们一家三代都尽了力，在出版史上不知有没有类似的先例。

跟《小布头奇遇记》的奇遇，说到这里似乎可以结束了。可是对一个编辑来说，感情可割不断。我常常这样说，作者把一部稿子交给出版社，那种既高兴而又担心的心情，就像把女儿送到婆家去一个样，咱们当编辑的应该理会作者的这种心情。话虽这么说，咱们当编辑的自己何尝不是如此。一本稿子在手上反反复复摆弄了多少遍，好容易印成书出版了，就像把女儿妆妆扮扮地扶上了花轿一个样，高兴的是女儿终于嫁出去了，担心的是她离开了家将会遭到什么样的命运。应该说，《小布头奇遇记》的命运是不错的，出版之后一直受到好评，直到“文化大革命”中，才跟所有的少年儿童读物一个样，受到了“批判”。最可怕的一条罪名是诬蔑了贫下中农，因为有一段写到一位贫农，他为了小女儿快要饿死了，竟跑到财主家去求乞，甚至跪在财主家的大门前。当时《白毛女》都改了，硬不让杨白劳喝盐卤，要他挣扎起来打黄世仁三扁担；在这种气候下《小布头奇遇记》扫到这么点儿角，丝毫也不过分。还有两条罪名说来有点儿奇怪：一是插图中出现了这么多的老鼠，故意破坏“除四害”；一是文章中出现了一只懦弱的布老虎，跟景阳冈上的老虎不打它它也要吃人的真理故意唱反调。当时可并不奇怪，有三种动物如果出现在少儿读物上，那是很犯忌的：一种是老鼠，甚至被开除出了拔萝卜的行列；一种是老虎，比老鼠还不好办，说它不吃人固然不行，说它吃人也不行，能吃人就不成其为“纸老虎”了。还有一种是马，因为有一本小人书讲了一位司令员和一匹马的故事，据查实是为谁谁树碑立传的，因而所有的马都受到了株连。请相信我，我绝不是为了跟谁算旧账，因为在当时，我对这种种说法也都深信不疑。我直埋怨自己当了这么多年的编辑，联想能力竟然这样贫乏，连“除四害”这样声势浩大的运动都会忘得一干二净，天网恢恢地犯了那么大的错误——当时是叫做“罪行”的。谢天谢地，这样的“批判”今后再也不可能发生了。所以我更得记下一笔：一则因为实在可笑；二则，咱们当时竟然会糊涂成这样，很值得咱们想一想；如果今后还打算编编写写的话，想一想肯定有点儿好处。

“文化大革命”之后，《小布头奇遇记》重新出版了。28 开本印刷装订都不方便，改成了 32 开本，版式不得不作相应的改动，听说文字也作了些修改。我不在其位不谋其政，可是还时刻挂念着这个“嫁出去的女儿”，当然也时刻挂念着孙幼军同志和沈培同志。我认为像《小布头奇遇记》这样一本受孩子们欢迎的童话，应该任何时候都可以买到。可是遗憾得很，我去书店总见不着这本书的面。倒是前几天又遇到一位三十来岁的同志，他听说我是编少儿读物的，就兴冲冲地告诉我说，他小时候看过一本挺有趣儿的书，叫做《小布头奇遇记》。

一九八五年九月二十八日

开明书店的装帧

——在装帧艺术研究会成立大会上的发言

方才大会主持人加给我的两个头衔都取消。我是个编辑。我生长在一个编辑的家庭里，已经当了四十年编辑，而且还要当下去。我珍惜编辑这个头衔，而且引以自豪。

装帧艺术研究会成立大会的请柬，我是三天前收到的。我非来不可。因为一个编辑，他如果不重视装帧艺术，不喜爱装帧艺术，对装帧艺术的发展漠不关心，不支持装帧艺术的研究，他就算不上一个合格的编辑。前天为开明书店创建六十周年举行了纪念会，在今天的会场上，我又遇到了开明创建时期主持装帧设计的老前辈钱君匋老先生，因而想起了“开明”当时的图书装帧。

有一本翻译的短篇小说集，书名是《血痕》，封面就是钱老先生设计的。用的是加厚的红色木造纸，红得简直跟血一个样。钱老先生用一块满版，左下角是书名，反做阴文；右上角用一大滴墨水，也反做阴文。这块版子用黑色的油墨印在红色的木造纸上，黑得更加浓重，红得更加鲜艳，成了一大滴血，两个血写的字——“血痕”。这张封面可以说简单极了，可是醒目极了。集子里的小说，我早忘记了，这张封面还深深地印在我的脑子里。

还有一本大家都知道，《子恺画集》。先是用白报纸印的，已经全部印得了。装出样本来一看，几位老前辈都不满意，本子太薄，黑色的油墨印在白报纸上颜色发灰，于是决定把印好的页子全部报废，用木造纸重印。木造纸厚实多了，而且表面发毛，很吃油墨，油墨印在上面好像往外凸出来似的。还采用了毛边装，不切口，让读者自己看一页裁一页。

丰先生的漫画后来名满天下，当时还只出现在极少数的几种文学期刊上。给丰先生出这本画集，就为的把一种崭新的艺术品介绍给读者，因而装帧设计必需跟得上，非给读者一种眼目一新的感觉不可。

这两本书出版的时候，我还是个不满十岁的小学生，给我留下的印象却非常深。再说一本《抗战八年木刻集》，出版的时候我躬逢其盛，已经在开明当编辑了。印这本画册是接受了中华全国木刻协会的委托。为了使装帧配得上这本画册——抗战时期木刻艺术的总结，制版、印刷、装订，都动员了当时上海最好的技术力量。材料不用说，也尽量选用上等的。装帧设计作了许多革新，还在印制过程中作了不少改动。单说封面，书名先用红色油墨压印，看着有反光，不满意，把油墨换成了一种红粉。中间那幅图原来用黑色油墨压印，看着往下凹，反而没精神，后来改成了平印。开明在八年抗战中能支持下来已经很不容易，居然还有力量出版这样讲究的一本画册，现在讲起来，我还觉得有点儿骄傲。

在专家和长辈面前，我说了这许多外行话，请多多包涵。

一九八五年十月二十一日

办好出版社的三个条件

——在开明书店创建六十周年纪念会上的发言

我代表在北京的开明的老朋友老同事，包括我父亲在内，向在上海的老朋友老同事问好；还代表他们感谢上海出版工作协会和上海编辑学会为开明举办这样一个隆重的纪念会，感谢各位来宾特地赶来参加今天的纪念会。我已经见到了来宾中有许多是开明的老作者和老读者，所有到会的人都对开明怀着很深的依恋的感情。

开明书店创建六十周年纪念会，在北京已经开过一次了。在那个会上，我父亲作了个书面发言。他在发言中说：大家都说开明办得还不错，而且总要提到他，好像办得不错都是他的功劳，其实不是这样，于是举出了一大串开明老前辈的名字。父亲的眼睛不管用了，这篇发言是他给讲了个意思，我起的稿。稿起好了，父亲要我逐段逐句念给他听，他字斟句酌地改。念到这一段，他一边听一边问：某某提了没有，怎么把某某给忘了，还说某某应该放在前头。接下去的两句，我原来是这样写的："开明书店还能给读者留下一点儿印象，是许多人共同努力的结果。其中有我的一份，只是一份而已。"父亲说：在"一份"中间得加个"小"字，改成"其中有我的一小份，只是一小份而已"。添上这个"小"字，也许有人认为我父亲是谦虚，其实是实情，跟这一大串名单相比，我父亲出的力的确只占一小份。现在大家把开明的成绩归功于他，只因为老前辈们大多过世了，而活着的数他年龄最长而已。

我父亲的那篇发言已经刊登在前天的《解放日报》上了。我今天说一点儿自己想说的话。开明书店，我也认为办得有成绩，如果说功劳，我只是一小份中的一小份，更说不上了。我一九四五年八月才进开明，只赶上了一个尾巴。回想开明的工作，我有这么个体会：一个书店，现在叫出版社，要办好得具备三个条件。我今天就说一说这三个条件。

第一要有好编辑。开明创建的时候就有一批好编辑，章锡琛先生，夏丏尊先生，赵景深先生，钱君匋先生，顾均正先生，后来陆续参加进去的有我父亲，还有金仲华先生，徐调孚先生，王伯祥先生，周予同先生，宋云彬先生，傅彬然先生，周振甫先生等。他们都有编辑经验，自己又都能写，在社会上有一定影响，因而一个人能联系一大批作者。许多作者是他们的好朋友，文化事业上的好朋友，把稿子交给他们感到放心。他们也是读者的好朋友，读者的来信几乎每封必复。他们经常帮助读者解决一些问题，了解读者的需要和兴趣。所以我想，出版社的领导不要害怕编辑出名，而要鼓励他们发表东西，鼓励他们参加有关的社会活动。一个出版社能够培养出几位在社会上有影响的编辑，应该说是值得自豪的事。有了好的编辑，才会招来好的作者，招来好的稿子。

第二要有好作者，有一批相对固定的好作者。解放前大家都知道，茅盾先生巴金先生的小说上哪儿去买？开明书店。朱自清先生丰子恺先生的散文上哪儿去买？开明书店。夏衍先生吴祖光先生的剧本上哪儿去买？开明书店。还有顾均正先生讲物理化学的书，刘薰宇先生讲数学的书，索非先生讲医学的书，贾祖璋先生讲生物的书，大家都知道上开明书店去买。甚至有几位国外的科普作家，如法布尔、伊林、别莱利曼的作品，几乎也让开明给包办了。我只是举例而言，当时几乎固定在开明出书的作者，何止我提到的那几位。现在反正一统天下，无论哪个作者的书，都上新华书店去买就得。但是从出版社来讲，我认为作者还是固定一些比较好，可以让作者和编辑加深相互之间的理解，从而提高出版物的质量。从作者方面来讲，现在一个作者要应付好几个出版社，还要跟好几个报社杂志社打交道，耗费的精力实在太多了。如果作者固定给一两个出版社和一两家报刊写稿，精力集中一些，也许可以多写出一些作品来，而且写得更好一些。

第三要有好书。有了好编辑，有了好作者，好书自然就有了，似乎没有再说的必要。我作为一个条件提出来，为的强调好书得经常供应，不能断档，不能脱销。如茅盾先生的《子夜》，巴金先生的《家》《春》《秋》，丰子恺先生的《缘缘堂随笔》，朱自清先生的《背影》，夏衍先生译的《母亲》，夏丏尊先生译的《爱的教育》，我父亲的《稻草人》，还有夏丏尊先生和我父亲合著的《文心》等等，你任何时候跑进开明书店都能买到，决不会断档脱销。其实每一版的印数并不多，前一版快要卖完，后一版已经印出来了，决不让找上门来的读者失望。现在可不是这样，一本书出版了，你看到报刊上评论说这本书好，赶到新华书店，这本书已经卖完了。哪天再有？不知道，可能隔两三年，可能在五六年之后，也可能永远不见再版。这实在是非常可惜的。即使再版，隔这么长的时间也不行，读者早把这本书忘了，等于出版一本新书，宣传工作评介工作都得从头做起，以前做的一切都等于白做。这种现状必须尽快改变。出版管理局应该规定再版书的种数和新书种数的比例，各出版社应该把再版书列入出版计划，并且给编辑规定整理修订的任务。新华书店应该加强再版书的发行工作，至少跟新书同等看待。我所以用“应该”这个词儿，因为不这样做不能满足读者的需要。

我要说的就是这一些，一定有说过头的地方，也有没说到的地方，请各位老前辈指正。

一九八五年十一月

为了孩子们的成长

——记少儿科普工作者郑延慧

郑延慧也快退休了，真叫我又吃惊又惋惜。吃惊的是时间过得太快，梳着两条辫子的郑延慧似乎还在眼前；惋惜的是她为孩子们编写科普读物搞了这么多年，积攒了不少知识和经验，在理论探讨方面也逐渐趋于成熟，她却不得不离开她热爱的工作岗位了。

决定一个人在一生中走什么道路，往往有一些既偶然又关键的机遇。拿我来说吧，要是我不当编辑，编的不是给孩子们读的综合性刊物，而当时写科普文字的作者又不是那样难找，我跟少儿科普读物就不可能结下不解之缘。看来郑延慧也是这样。她是分三步走的：头一步当报刊编辑，在《苏北青年》编“青年生活”；第二步当少儿报刊编辑，在《新少年报》编“业务通讯”；最后一步，调到了上海的少年儿童出版社，才成为少儿科普读物的编辑，于是又编又写，直到现在。这“直到”两字用得不太贴切，中间得扣除那史无前例的十年。好在那十年大家都经历过，而且忘怀不了，不用我加注说明，大家都心里明白。

一九五七年夏天，郑延慧被调到中国少年儿童出版社，成了我的同事。就从那时算起，到现在也快满三十年了。这三十年中，郑延慧到底为孩子们编了多少东西，写了多少东西，恐怕连她自己也说不清楚。好在我并不想代她结什么总账，只因为有些事儿给我的印象很深，我觉得非跟同道们说一说不可。印象嘛，总有点儿“意识流”的味道，我就想到哪儿说到哪儿。

我首先要说的是《我们爱科学》，郑延慧对这个期刊的感情之深，简直跟母亲对子女一个样儿。这也难怪，孕育者是她，她担负了创刊的实际工作；哺养者是她，每一期，从整体设计到定稿发稿，她都付出了无数心血。难怪一谈起《我们爱科学》，她就像个母亲似的，嘴上尽管说子女不成器，却掩盖不住心底的欢喜。也难怪在她不得不调离出版社的时候，她最舍不得放不下的，就是《我们爱科学》。“何物系君心，三岁扶床女。”我发现许多认真的严肃的编辑，对自己编的书刊好像都有这样的感情。这种感情是我非常欣赏，而且认为应该受到珍惜的。

《我们爱科学》十多年来有过许许多多专栏，我只说一个，就是《小好奇游记》。“小好奇”是位记者，当然是孩子。郑延慧给这位小记者布置了任务，要他专门采访科技工作人员，报道他们正在从事的研究课题；还给他编了四句顺口溜：“我是小好奇，最爱提问题，遇到新鲜事，定要问到底”，好让他出场亮相的时候“自报家门”。这样看来，小好奇是专代读者向科技界的叔叔阿姨们提问题的了。其实不然，郑延慧不让这位小记者成为一个旁观者，她要他参加叔叔阿姨们的工作，跟他们一同实验，一同探索；因为只有这样，他才能通过亲身的体验，把科技研究的思路和方法，一步一步地告诉他的小朋友——《我们爱科学》的读者。郑延慧给自己出了个难题，这样的专栏请谁执笔呢？即使找着了对象，跟作者把意图说清楚也不是件容易的事儿。怎么办呢？先自己试一试吧，郑延慧就自己动手写起来。材料是从书刊上找来的，是从科研单位采访来的。写过几篇之后，失败的经验有了，成功的经验也有了，知道哪些要求是难以达到的，哪些要求经过努力却可以达到。既有经验，又有样品，跟作者约稿就实在多了。这一专栏终于巩固下来了，小好奇这个人物，如郑延慧当初设计的那样，个性越来越鲜明，真个成了读者的好朋友。

报刊编辑写文章，大都是逼上梁山，郑延慧就是个例证。必需有的稿子找不到人写，怎么办，只好自己来。要创新又没有把握，怎么办，只好自己先试一试。约稿、审稿、改稿、定稿，都不能光凭几条大原则，得说得出道理来，拿得出办法来，还得了解读者的好恶，体会作者的甘苦，怎么办，只好自己动笔，在实践中积攒经验。郑延慧的大多数作品，都是在这种情况下写出来的，都为的做好编辑工作。跟“教学相长”一个样，编和写也有互相反馈的作用。郑延慧除了《我们爱科学》，还编出了不少受孩子们欢迎的集子，如科学童话集《小伞兵和小刺猬》，科学幻想故事集《布克的奇遇》，科学相声集《一对好伴侣》等等；同时写出了不少出色的作品，科学小品占多数，科学童话也不少，还有科学家故事，科学幻想故事，甚至科学相声。作品的内容之杂犹如其形式，这正是报刊编辑的特点。报刊要求它的编辑成为什么都拿得起来的杂家。郑延慧在少儿科普工作方面所以能做出成绩来，依我看就因为她应顺了作一个合格的报刊编辑的要求。

三十年来，郑延慧又编又写，编的杂，写的也杂，可是思想脉络很清楚，一点儿不杂。她从来没有忘记，她的服务对象是少年儿童，是建设社会主义的接班人。接班人嘛，如果只能守成，只能达到前人已经达到的高度，未免太差劲了；他们得继续向上攀登，登上前人向往而从未达到的高度，登上前人甚至想也没有想到的高度。光凭灌输是达不到这个目的的，何况他们还是孩子，许多知识，他们暂时还无法接受。把前景展现在他们面前，鼓舞他们去攀登，教给他们攀登的方法，引导他们先练好攀登的本领，是完全可以办到的，也是应该甚至必须办到的。三十年编编写写，郑延慧采用的正是这种启发的方法，而且越来越自觉。她鼓励和引导孩子们自己实验，自己观察，自己动手做，自己动脑筋想；希望孩子们个个都长成脚踏实地，而又浑身是闯劲儿的开拓型人才。因而最近几年，她常常闯出了编编写写的圈子，好些开发少年儿童智力的活动，她都参与了，又是发起人，又是组织者，唱的往往是主角。

为了孩子们的成长，各种工作都需要做，都值得花力气去做。郑延慧越来越忙了，尽管忙，她并没放下她手中的笔。调到科普创作研究所之后，她参与了《科普创作概论》和《科普编辑概论》的编写工作，参与了《少年科普佳作选》《儿童科普佳作选》《幼儿科普佳作选》的选编工作。这三部佳作选，给建国以来的少儿科普创作作了一次全面的总结。郑延慧一边选材料，一边作理论方面的探讨，写出了好几篇有建设意义的论文来。目前她又结合各种活动，正在进行开发少年儿童的智力的研究。创作方面，她也没放下，听说又有几本集子已经交稿；印刷周期如此之长，出版事业目前又处于低潮，不知哪一天才能跟读者见面。

从工作的精力看，从工作的热情看，郑延慧正当盛年，怎么说就要退休了呢？退就退吧，既然有这么个制度，迟早总有那么一天。只要热情还在，只要还有精力，退休之后一样能发挥作用，说不定比在职的时候还少些掣肘。我是这样劝她的，更大的成就也许还在退休之后。

一九八六年二月二十一日

“导游”和“游记”

虽然说作文不应该有固定的格式，写游记却很难跳出窠臼，通常是从甲处到乙处，再到丙处、丁处……写得不好，就成了一篇蹩脚的导游。

导游也有写得好的，你读着，就像在旅途中新结识了一位朋友。譬如上黄山，作者会告诉你如何根据你的体质选择合适的路线；上了山，哪儿可以消停，哪儿可以歇宿；哪个季节多雨，别忘了雨衣；哪个季节山顶还冷，得带上毛衣；山上供水点少，要背上个水壶；旅游旺季最好连吃的都带上，免得抢购食品挨挤……

好的导游除了殷勤周到地帮你解决衣食住行问题，还热心地伴着你去各处观光游览。

譬如去杭州灵隐，作者会劝你说，如果烧香的善男信女太多，就不一定往寺里挤了，不如在飞来峰前冷泉边上盘桓一会儿，那一棵棵枝丫交叉的大树，够赏心悦目的。作者会提醒你，如果恰好大雨刚过，听听那冷泉的水声，就能领会“壑雷亭”这块匾题得多么贴切。还有冷泉亭上那副对联：“泉自几时冷起，峰从何处飞来。”作者会告诉你几百年来有多少人自作聪明，硬凑出了据说是非常巧妙的答案。

又如去苏州洞庭东山，紫金庵宋塑的罗汉，作者会劝你非去看看不可；至于塑工好在哪儿，只略加指点，让你自己去鉴赏。罗汉为什么不是十八个而只有十六个？作者料到你会提问，因而在导游中预先作了回答。作者还会告诉你，看过罗汉，不妨去大殿右首的阁子里稍坐一会儿，喝一杯清冽的碧螺春；阁子前面的山谷里满是橘树，逢上初冬橘子通红的季节，这杯茶更不可不喝……

我想，好的导游应该写成这样，作者应该事事处处为咱们读者——为咱们旅游者设想，随时随地给咱们关照和指点，让咱们在观光游览中能得到所有的方便，得到尽可能多的乐趣。

游记却不同于导游。譬如说去年夏天，你有机会去北戴河休养，回来写了篇游记发表在报刊上。读你这篇游记的人一定很多，却大体可以分为三类：一类是去过北戴河的，一类是没去过北戴河的，还有一类也没去过，却正准备去北戴河。这三类读者，情形各不相同。

去过北戴河的，他们读着你的游记会回忆起那些欢乐的日子来：这一段写游泳写得真贴切，我也做过弄潮儿哩，有过作者描摹的心情，享受过作者所说的乐趣；海上日出似乎渲染过了分，我见到的并不像作者写的那样瑰丽；岩石下边原来有那么多有趣儿的小生物，难怪经常有人低头弯腰在那儿打转，可惜我没有注意，光顾着欣赏那翻腾的浪花了……这样一边回忆一边印证，其乐趣犹如重温旧梦。

没去过北戴河的读者肯定占大多数，有的甚至没见过海。对于海的印象，他们是从画片、照片、书本、电影、电视上看来的；而这些印象，就是他们读北戴河游记的感性的凭借。他们只能追随你的笔去北戴河，跟你一起在海水里游泳，一起躺在沙滩上洗日光浴，一起看那翻着鬃毛似的海浪一阵阵向岸边涌来，一起听海浪冲击岩石的那震撼心胸的声音，还在潮退之后，跟你一起到岩石边上去搜寻那些有趣儿的小生物。读者只能通过对文字的理解，把你的所见所闻所感所思，化作他们自己的感受。他们这样读游记，才叫作名副其实的“卧游”。

只有准备去北戴河的那部分读者才是旅游者。他们读你的游记，是想知道到了北戴河怎么个玩儿法，哪些地方是非去看一看不可的，哪些乐趣可得细细品味，切不可当面错过。他们甚至想用自己的实践来检验你写的游记，看你是否把该写的全都写上了，是否都写得恰如其分。至于衣食住行，他们从导游中会得到指点，游记的作者不必越俎代庖；当然兴之所至，也不妨写上几句。

游记的读者主要有这样三类，他们的要求不尽相同，可是有一点是一致的：都希望读着游记的时候，好像作者来到他们身旁，跟他们娓娓而谈，谈自己的感受。因而我想，游记并不难写，却不能硬写。如果在旅游中没有什么感受，或者似乎有点儿感受却没能抓住，那么还是不写为好，免得让读者扫兴。如果确有感受而且说得清楚，别人听了会感到兴趣，还能得到点儿好处，就可以写下来；只要如实地写，甚至就按照旅程的先后次序，也可能写成一篇很好的游记。好与不好往往不在于形式，而在于作者感受之深浅；而感受之深浅得靠作者的学识和修养，这是一时无法强求的。

一九八六年四月一日

给爆竹安上药线

夏丏尊先生是作家，又是语文教师。他写过许多篇指导学生写作的文章。

在《关于国文的学习》中，夏先生说：作家写文章总是有了某种意见或者愿望，觉得非让别人知道不可，才动笔的；一般都在文章完篇之后，再加上合适的题目。命题作文却不然，是先有题目，后有文章，不符合自然的顺序。但是教师让学生练习作文，命题不失为一种好方法，运用得好，可以让学生得到许多益处。因为有了教师的命题，学生可以学得捕捉题材的方法，或者学得敏捷地搜集有关材料的本领，还可以养成写作各种文体的能力。

夏先生作了一个非常贴切的比喻。他说："写作是一种郁积的发泄，犹之爆竹的遇火爆发。教师所命的题目，只是一条药线，如果诸君是平日储备着火药的，遇到火就会爆发起来，感到一种郁积发泄的愉快；若自己平日不随处留意，临时又懒去搜集，火药一无所有，那么遇到题目，只能就题目随便勉强敷衍几句；犹之不会爆发的空爆竹，虽用火点着了药线，只是'嗤'地一声，把药线烧毕就完了。"

这篇文章发表在五十五年前的《中学生》杂志上。话是跟中学同学说的，夏先生把同学们称作"诸君"。如果对象是教师，夏先生一定会换一个角度说：作文命题，犹如给爆竹安上药线。诸君在安药线之前，得先看一看爆竹里是否储备着火药：如果有，而且很充足，爆竹一定能放响，这回练习一定能成功，一定能达到你预期的目的；如果爆竹里既无储备，又无临时使它充实之可能，你硬给安上了药线，练习的失败是肯定无疑的，“嗤”的一声，药线烧毕就完了。你可以看到学生对着你“命”的题目，怎样地愁眉苦脸，唉声叹气；卷子交上来了，你会看到他们写的尽是些看滥了的空话和套话。

任何技能的练习，最怕的是敷衍。学生只好抱着随便勉强的敷衍态度来作文，当然得不到什么进益，也不能感到“郁积发泄的愉快”，因为在题目划定的范围内，他们本来没有正待发泄的“郁积”。一回两回不打紧，如果回回如此，学生一定会把作文当作一件无法摆脱的苦差使。

这儿有一点需要说明的。夏先生说的“郁积发泄的愉快”，绝非发牢骚图痛快的意思。“郁积”指的一切所见所闻所感所思的层层积累。一个人对某一方面的“郁积”多了，常常觉得非告诉别人不可，或者用嘴说，或者用笔写，都可以得到“发泄的愉快”。如果他对某一方面从未留意过，没有一点儿“郁积”，自然不可能产生什么“发泄”的愿望。以作文命题来说，教师的题目如果“命”在学生的“郁积”上，“郁积”自然而然“发泄”出来成为文章；犹如给装满火药的爆竹安上药线，一点就着，丝毫也不勉强。学生如果感到勉强，很可能题目没出在点子上，把药线安在了没有火药的空爆竹上了。

学生无话可说，也得“勉强”按着命题作文，只好“随便”找些话来敷衍成篇。“随便”和“勉强”，在词义上似乎有点儿矛盾。既然可以随便，又何必勉强呢？可是在这个无可奈何的场合，两者统一起来了。当过学生的人都受过命题作文的训练，或多或少有这样的经验。

所以教师在命题之前，总得想一想学生是否有话可说，在题目划定的范围内，学生是否有所“郁积”。如果有，学生才有可能按命题作文，把平日的“郁积”——早就积累在头脑里的所见所闻所感所思，经过选择和整理，写成文章交卷；才有可能作一回认真的练习，练习“捕捉题材的方法”。

如果在命题划定的范围内，学生一无“郁积”，固然可以促使他们练习“敏捷地搜集有关材料的本领”；可是得注意，临时搜集材料究竟不是一件容易的事儿。教师在命题的时候，得照顾班上大多数学生的能力，考虑他们有无立时找到材料的可能：或者告诉他们从哪儿可以找到材料，或者径直给他们提供适当的材料，让他们选择和发挥。

夏先生又说：“无论自由写作或命题写作，只是临时搜集是不够的。

最好是预先多方面注意，从读过的书里，从见到的世相里，从自己的体验里，从朋友的谈话里，广事吸收。”夏先生这段话当然还是对学生说的。当教师的——不限于语文教师，所有课程的教师都一个样，都得想尽方法，帮助学生养成随时随地，从各方各面广事吸收的习惯。养成这样的习惯，绝非仅仅为了作文的需要，为人，处世，做工作，时时处处都需要。

在阅读这一方面，语文教师自应多着一点儿力。因而我想，在指导学生阅读范文的时候，不但要让他们知道这篇范文好在哪儿，还得进一步让他们知道，作者在生活中学习中工作中是如何广事吸收的，所以能把文章写得这样好。

一九八六年四月四日

帮助娃娃们开发智力

——评介《母子画册》

中国科普研究所花了将近两年工夫，组织编绘了这一套精美的《母子画册》。河北少年儿童出版社前几天送来了样书，我看了非常高兴。我是赞赏并支持这套画册的。为什么呢？请听我说明理由。

现在大家开始明白了，教育要从娃娃抓起。这套《母子画册》正是为四岁到六岁的娃娃编绘的，让他们在上小学之前，就受到良好的教育。

对学前儿童来说，什么是良好的教育呢？让他们认字？让他们背诗？让他们学加减乘除？不，不对。所有这些，进了小学都要学的，有的甚至要等到进了中学才学，用不着性急，用不着提前。

有人会问：小学里要学的，娃娃们都用不着学，那么在学前，还有什么要娃娃们学的呢？学前教育还有哪些内容呢？

内容多着哩，这四本一套的《母子画册》，每一本都有个副标题，这些副标题就作了明确的回答：感觉的训练，知觉的训练，观察力的训练，数概念的训练，动手能力的训练，思维能力的训练，都是学前教育的内容。

这种种训练，目的都在于开发娃娃的智力。所谓智力，其实就是人类认识世界和改造世界的基本能力。对任何人来说，智力的开发都是没有止境的。让娃娃从小就训练，打下点儿初步而又初步的基础，将来进了学校，学习就会轻松得多，敏捷得多；长大了不管做什么工作，都能够应付自如，干得非常出色。

我所以赞赏并支持这套画册，就因为编绘这套画册的同志抓住了开发智力的这个核心。此外还有个原因，编绘者还想到了应该指导做妈妈的，让她们充分利用画册提供的材料，来开发娃娃的智力。

所以这套画册叫做《母子画册》，既供娃娃用，又供妈妈用。当然，爸爸也可以用，幼儿园的老师也可以用。娃娃是这套画册的直接读者，妈妈、爸爸、老师，都是娃娃的助手，开发智力的助手。

希望妈妈、爸爸、老师都当好娃娃的助手，让咱们的娃娃们，咱们最可宝贵的后代，一个个都超过咱们，建设咱们向往的更加美好的明天。

一九八六年七月

介绍《有趣的海洋动物》

真是一本有趣的书，我拿上了手就舍不得放下，两天工夫就把这十三万字读完了。书中讲到的海洋动物，有我完全陌生的，有我早就知道的，不管怎么样，对大部分知识，我都感到新鲜，因而在阅读中，我自始至终保持着浓厚的兴趣。全书共一百零一篇。前头的一百篇介绍各种动物，每篇主要介绍一种，至多两种；最后的一篇，讲的却是尚待探索的人们还不太知道的动物。书到此结束了，却余音绕梁似的引起我回味，引起我遐想。这不能不感谢作者的巧妙的匠心。

巧妙的匠心不光表现在书的结尾，更值得称道的还在前头的一百篇。这一百篇都自成起讫，独立成篇，合在一起却条理非常清楚，绝非杂凑。作者以生物进化为纲，由低等到高等，把千奇百怪的海洋动物排了个队。对同一进化阶段的各种动物，都相互比较，指出它们的异同。对处于过渡阶段的动物，在生态和习性方面都特意作了详尽的描写。因而我读着，等于重温了一遍生物进化的历程；得到的知识不是杂乱无章的，因为有生物进化这样一条线，把许多零星的知识穿成了珠串。

文字是朴质而浅显的，没有难以理解的术语，也没有无法捉摸的形容词之类，篇章结构灵活，能使读者一边阅读一边思考，这正是科普读物不可或缺的重要因素。感到不足的是插图：我希望看到能表现动态的色彩鲜艳的插图，可惜书上只有锌版插图，而且仅仅是说明性的。

一九八六年七月二十日

编辑工作的回忆

——在科普报刊座谈会上的发言

让我说些什么呢？咱们都是当编辑的，都是同行；我又编过几种期刊，跟各位可以说是小同行。我就先说说我是怎么当起编辑来的吧。

我生长在一个编辑的家庭里。我的父亲叶圣陶，大家都说他是文学家，是教育家，是语文学家，其实他当编辑的时间比干什么都长，花在编辑工作上的心力比干什么都多，就是没有人说他是个编辑家。我父亲一九二三年进商务印书馆工作，开始正式当编辑，到一九六六年离开人民教育出版社，这四十三年间，他几乎没有放下过编辑工作。而实际上，我父亲干编辑工作的时间远远不止四十三年。进商务前一年，他跟朱自清、俞平伯、刘延陵三位先生一起创办《诗》月刊，这是“五四”以来最早的一种新诗刊物，既发表创作又发表论文，编辑工作主要由我父亲担任；如果把在学生时代编辑油印刊物也包括在内，还得往前推移十一年。一九六六年以后，我父亲不再担任编辑了，还经常帮人家看稿子，短篇的，长篇的，甚至整本的都有。编编写写几十年，他的眼睛受了损伤，视力越来越衰退，到后来最深的老花镜也不顶事了，得加上放大镜，可是只要有人托他，他还是仔仔细细地看，一个标点也不放过。最后一部是周总理的论统战工作文集，是统战部理论研究室要他看的，他还对文集的体例和注解认真地提了意见。那是一九八四年的冬天。后来他病了，在医院里住了一年半，没法再看稿子了。如果从一九一一年编油印刊物算起，他连头带尾，一共做了七十三年编辑工作。

我的母亲胡墨林也是当编辑的，一九二八年，点校过一部《六十种曲》，就是现在中华书局还在印行的那一部；第二年，帮我父亲编《十三经索引》；一九三一年进开明书店，做我父亲的助手。解放后，她在出版总署担任校对，后来调到人民文学出版社当校对科科长。一九五七年，我母亲就过世了。虽然过世得早，算起来也做了二十八年的编辑工作。我生长在这样一个编辑家庭里，从小看惯了编辑工作。记得九岁那年，我跟几个小朋友玩儿，他们的父亲也是当编辑的，有一回几个人商商量量，要自己编一本刊物，自己写，自己画，当然是给自己看的；开头大家挺认真，搞了两三天，不知为什么吵起架来，到底没有编成。

抗日战争后期，那时我家在成都，生活很困难，父亲不得不应承一些业余的编辑工作，我也在业余帮父亲和母亲编编写写。后来，开明书店在内地成立了编辑部，由我父亲主持工作，助手只有我母亲一个。父亲的几位朋友看他们俩实在忙不过来，知道我文字还清通，懂得的东西比较杂，撺掇我词掉了教员，帮我父亲编辑新创办的《开明少年》月刊。那是一九四五年八月，我二十七岁。《开明少年》是给初中学生看的综合性月刊，内容很庞杂。其中的自然科学部分主要归我编，有许多文章是我自己写的，因为给孩子们写科普读物的作者不太好找。抗战胜利后回到上海，那时候反内战，争民主，我父亲的社会活动多得不得了，《开明少年》就主要由我负责，每期定了稿，还要父亲看过之后才发排。因为我编写的讲自然科学的文章比较多，大家把我当成科普编辑；其实我什么都编，什么都写，连音乐美术也不例外。咱们希望孩子们全面发展，《开明少年》是综合性的少年期刊，当然什么都不能少；要编好这样一种期刊，我自己也非得来个全面发展不可。

从一九四五年八月到现在，足足四十一个年头了，我还没有放下编编写写的工作。党的十一届三中全会以后，知识分子的社会活动越来越多，我也是这样，看趋势今后还有增无减。有的同行开玩笑说："老叶现在是投笔从政了。"我可舍不得放下手中的笔。中国少年儿童出版社的工作，在五年前我就交了班，但是有空还得去跑跑，交流些信息，帮着出些主意，每年还审读几部稿子，写几篇序言或者评介，偶尔编发一两部稿子：我还是"中少"的人嘛，总得多少为"中少"尽点儿力。老朋友老同事要我看点儿什么写点儿什么，我一般也都应承。只是跟他们说，我只能帮点儿小忙，大忙实在帮不了了，因为我想把我父亲的著作全部整理一下，字数估计在一千万以上，需要花很多的时间和精力。此外，我还想编一些写一些多年来想编想写的东西。就拿今年这最后四个月来说吧，我至少还要发一百万字的稿子，指标是我自己定的，已经答应了出版社。这四个月内还得参加多少天会，出多少天差，现在没法预计，总之在九月份，可以让我自己支配的时间算起来已经不到一半了。我得督促自己，抓紧一切空隙，见缝插针；趁我的心，最好看见有条缝就插进一根大棒去。

长期的编辑工作使我养成了事事自己动手的习惯，甚至编完了一本稿子，或者写完了一篇稿子，总要亲自交到出版社或者杂志社去，好当面再交代上几句。别人说我自讨苦吃，我却乐在其中。不论编成一本稿子还是写完一篇稿子，总是实现自己的一项愿望，检验自己的一项设想。何况每编一本稿子，多少可以得到点儿长进，或者在知识方面，或者在编辑技巧方面；每写一篇稿子，总可以把原来是朦胧的模糊的一些想法，想得明白一点儿，理得清楚一点儿。这不是最大的乐趣吗？再说我的年纪越来越大了，想编的想写的还有许多，只怕时不我待，我非得这样抓紧不可。

我做编辑工作是从编期刊开的头。从我的经验看，编辑期刊是锻炼自己的最好机会。期刊或者是月刊，一个月出一期；或者是双月刊，两个月出一期；或者是季刊，三个月出一期，时间性是非讲求不可的。要把期刊编得像个样子，决不是把手头的一些文章收集在一起，凑足了两个印张或者四个印张就算完事。为什么这些文章非刊载在这一期上不可，应该能说出个道道来。所以咱们期刊编辑总是处在非常紧张的状态之中，咱们的感觉得随时保持敏锐。咱们得注意看报纸，注意听广播，注意新出版的书，还要广交朋友，凡是跟咱们编辑的期刊有关的信息，咱们最好一点儿也不漏掉。没有大量的新鲜的信息，咱们订选题就没有依据，编出来的期刊就缺乏时间性。要是这个月出版可以，下个月出版也可以，甚至今年出版可以，明年出版也可以，这还成个什么期刊呢？但是信息还不是选题，咱们还得根据得到的最新的信息，结合自己编辑的期刊的方针任务和读者对象，来设计和订出合适的选题。因而咱们的思路一定要开阔，思想一定要敏捷，每编一期期刊，最好能订出二三十个选题来，供作者选择。思路开阔，思想敏捷，要以广博的知识作为基础。跟自己编的期刊直接有关的知识，咱们必须非常熟悉；跟自己编的期刊并非直接有关的知识，咱们也得尽量吸收。有同志说，编辑应当是“杂家”，这句话说得非常之对。如果咱们要当一个有见解、有眼力、有主见、有决断的期刊编辑，光凭几条编辑方针是不够的；要是没有广博的知识，咱们就不能在原则的指导下，编出有自己特色的期刊来。

编辑期刊迫使咱们不得不努力地充实自己，这是一个方面；另一个方面。编辑期刊迫使咱们养成事事处处为读者着想的习惯，养成事事处处依靠作者和专家的习惯。当然，编辑图书也得为读者着想，也得依靠作者和专家，可是给你的感受却没有编辑期刊这样深切。就说读者来信吧，期刊编辑部收到的读者来信就比图书编辑室不知多上多少倍。这许许多多来信都在提醒咱们：“编辑同志呀，你可千万不能忘记咱们读者呀。”读者的大量来信，咱们非得仔细阅读，认真思考，是否每信必复倒不一定。每信必复固然好，就怕没有那么多的时间；但是读者的意见一定要想方设法在期刊的版面上反映出来。譬如说，根据哪几位读者的意见，咱们的期刊作了哪些改进，新添了哪些栏目，发表了哪些文章；有些意见还可以摘要在期刊上发表，或者作公开答复。读者看到他们的意见受到了重视，才能真个把咱们的工作当作他们自己的事，把咱们编辑当作他们的知心朋友。咱们还要接待来访的读者，还要到读者中间去作调查研究。这些工作图书编辑也是非做不可的，但是接触读者的机会总没有咱们期刊编辑多。通过阅读来信，接待来访，到读者中间去作调查研究，就能知道他们对咱们的期刊有些什么要求，同时了解他们的知识水平和理解能力，熟悉他们的阅读兴趣和思考问题的习惯：咱们的期刊就会越编越好，受到读者的欢迎。

咱们编辑期刊，还不能不跟作者跟专家打交道。咱们得了解他们的专业是哪一行，他们有什么专长，有什么特殊的成就；了解他们正在干什么，他们正考虑什么问题，擅长写哪一路的文章，是理论性的呢还是说明性的，擅长写论文呢还是小品，还是随笔，还是其他特殊形式的文章。当然最主要的是了解他们的文章是否合乎咱们所编的期刊的要求，能不能为咱们的读者理解，能不能引起咱们的读者的阅读兴趣。跟作家跟专家打交道，了解他们，熟悉他们，图书编辑也是非这样做不可的；可是咱们期刊编辑的机会要多得多，多上十几倍甚至几十倍。图书编辑一年发几本稿子，每本稿子只跟一两位作者或专家打交道；咱们编辑期刊，如果是月刊，一年就是十二本，一本期刊就有十来篇或者二三十篇文章，就得跟几十位作者和专家打交道。咱们有更多的机会向作者和专家学习，从他们那儿学到更多的知识，得到更多的信息，使自己越来越充实。咱们有这样特殊的优越条件来不断地充实自己，做好咱们的工作，为咱们的读者服务。

编辑期刊还迫使咱们非养成勤快的习惯不可。期刊是不能脱期的，脱了期就失信于读者；到了每期期刊出版的日期，咱们的读者都在巴望着呢，咱们怎么能让他们失望。还有发行部门，邮递部门，运输部门，他们都是有计划的；咱们一脱期，就把他们的计划都打乱了。

编辑期刊还迫使咱们非自己动笔不可。编后记总得咱们编辑自己写吧，咱们得把咱们的编辑意图告诉读者，告诉他们这一期为什么要刊登这些文章，下一期将要发表哪些文章。有的文章得加上按语，向读者说明刊登某篇文章或者某组文章的用意所在，这“编者按”总得咱们编辑自己写吧。有的文章得加些注释，这注释也得由咱们编辑自己写。还有补白，如果某篇文章后面留下一块空白，咱们编辑就得写一篇短文补上。补白要写得好可不是件容易的事，字数不多，又要言之有物，生动活泼。有时候，期刊缺了一篇非有不可的文章，急切却找不到作者，咱们编辑就被逼上梁山，非得自己写不可。凡此种种，都是咱们练笔的好机会，而且下笔还得快。期刊的编排一般说来比图书复杂得多，咱们还必须学会编排技巧，掌握制图、排版、印刷等等印制方面的知识。编辑期刊对一个编辑来说是全面锻炼，好处是说不完的，各位在工作中间想必随时有所体会。

我做了四十一年的编辑工作，回想起来最带劲的就数编辑期刊的那些年头。有时候我甚至想，要是让我再编一种期刊，再过过那紧张的编辑生活，那多有意思呀。当然只是想想罢了。一则，要编好一种期刊，得一心扑在编辑工作上，得把别的工作都放下，客观上办不到。二则，从主观上说，中断了那么多年，我的感觉已经迟钝了，思路越来越狭窄，思想更不如先前敏捷。如果教我编辑一种科技期刊，即使给少年儿童看的，也编不成了。科学技术近几年发展得越来越快，我早已经跟不上了。一九八二年九月，中国科普记协和北京科普记协开办讲习班，要我去讲课，我还能勉强讲了两个多小时；因为那时候，我还帮《我们爱科学》

和《中国少年报》的科技版看点儿稿子。如果现在再要我讲，我心里就虚得很，不接触期刊编辑工作已经好几年了，叫我还能说出个什么来呢？

去年八月，我想我给孩子们写文章讲自然知识已经满四十年了，应该自己总结一下作个交代，以后也未必再写了。于是把我写的旧文章收集起来，整理了一下，选出一小部分，编成了一本集子，起了个书名叫《竖鸡蛋和别的故事》。还写了一篇七八千字的后记，说明这些文章的选题是怎么订的，材料是哪儿来的，为什么这样写，效果又如何——是成功呢还是失败。这几十篇文章主要是为编辑期刊写的，因而那篇编后记实际上是回忆我对编辑期刊的一些想法和体会；这样一来，前面的几十篇文章，倒成了那篇后记的例证或者注解。稿子在去年年底交给了上海的少年儿童出版社，听说插图已经完成了，如果顺利的话，明年总可以出版了吧。各位如果有兴趣的话，到时候可以找来看看，我希望得到各位的批评和指正。

我这本集子为什么取这么个奇怪的书名，叫《竖鸡蛋和别的故事》？《竖鸡蛋》是集子中的一篇文章的篇名。这篇文章讨论生鸡蛋到底能不能竖起来，给孩子们讲关于重心和稳定的知识，前面用哥伦布的一个故事作为楔子。据说哥伦布发现了新大陆回到西班牙，受到了西班牙国王的奖赏。可是有些人说："这有什么稀罕呢，新大陆本来就在大洋那边，只要乘着帆船一直向西航行，谁都会发现新大陆的。"有一回国王举行宴会，哥伦布听见又有人在背地里风言风语，他就从餐桌上拿起一个鸡蛋，大概是煮熟的吧。他对大家说：有谁能把这个鸡蛋竖起来。于是达官贵人一个挨一个地摆弄起鸡蛋来，谁也没有办法把鸡蛋竖起来。鸡蛋最后传到哥伦布手里，哥伦布拿起鸡蛋，在餐桌上轻轻一磕，磕破了一点儿壳，就把鸡蛋竖起来了。于是引起了哄堂大笑，都说这有什么稀罕呢？哥伦布冷冷地说，本来没有什么稀罕，可是你们为什么不这样做呢？我很喜欢这个故事：天下的事本来都没有什么稀罕，问题就在于你去不去做。我是喜欢实干的，所以我把《竖鸡蛋》作为我的这本集子的书名。

一九八六年九月十六日

向专家约稿

A 老先生过世好多年了，可是一想起他，我心里还是十分不安。他是某门科学在我国的创始人，一直坚持实践，数十年没间断。这门科学孩子们不但能理解，还能照着去做。我们请 A 老先生写几则他自己的实践片断，目的在于引起孩子们观察自然的兴趣。老先生一口答应了，没过几天就托人把稿子捎了来。稿子用毛笔写的，工工整整，内容符合我们的要求，只是用的文言，老先生没养成写口语的习惯。我们的读者都只十岁左右，还读不懂文言，就这样发表当然不好，请老先生重写又觉得不妥当。考虑来考虑去，稿子就压了下来。过了半年多，再拖延实在不成话了，我们才去找 A 老先生商量。我们说我们的刊物是给孩子们看的，孩子们不懂得文言，能不能让我们把稿子改成口语。老先生说“既然这样，就把稿子还给我吧。”我们不好再说什么，涎着脸把稿子还给了他。A 老先生的不愉快，我们完全理会：他热心地应承了我们的约稿，很快就把稿子写成了，我们却拖了这么久才给回音。为孩子们写稿，他还是头一回，动机，兴致，都是我们给逗引起来的；我们却冷冰冰的，把老树上萌发的新芽给摧折了。他没给孩子们留下一篇文章，这教我怎么不内疚呢？

科学家大多跟 A 老先生一样，很乐意为孩子们写稿，这是我们的有利条件。B 专家领导着某一门尖端科学的研究工作，难得有空回家。他在国内国外都享有盛名，我们想，跟孩子们讲这门尖端科学，请他写稿是最合适不过的了。费了好大的周折，我们居然跟 B 专家联系上了。他说他实在没有时间动笔。可以由他口述，我们记录。于是约了个周末的晚上，我们去到他家里，他讲一句，我们记一句——那时还没有录音机哩。我们回来把记录整理成稿子，寄给他请他过目。才过了一个星期稿子就寄回来了，没作多大的改动，可是从笔迹看得出来，B专家读了不止一遍。他在信上夸我们记录得不错，我们自己也很满意，稿子条理清楚，层次分明，有点儿耐心的孩子是能够读下去的。没想到文章发表之后反应冷落。B专家的学识和经验都是没得说的，可是对孩子们，他能讲些什么呢？只能讲些最最粗浅的常识。到这时候我们才觉悟，这样粗浅的常识还不如请中学教员来写，他们比专家更了解怎样写才能引起孩子们的兴趣。我们是杀鸡用了牛刀，自己费力不算，还硬让B专家陪着我们，搭上了他许多宝贵的时间，牺牲了他周末的难得的休息。

说到这里，又想起两年前过世的C教授来了。我们也请他写过稿，让他跟孩子们讲电子在不同导体之间的运动方式。C教授的稿子像几何证题一样缜密，每个名词都下了明确的定义，推理一环扣一环，体现了一位科学家的严谨的作风。单从这一点讲，对孩子们也是良好的教育，应该让他们逐渐养成严谨的习惯。可是孩子们从没看见过电子，很难理解文章中的那些个抽象的推理。我们跟C教授商量，能不能插进一些孩子们熟悉的比喻。C教授真是严谨到了家，他不愿意用比喻。他说一件事物就是一件事物，比喻不是事物的本身，不管怎样贴切，总有不能吻合的地方。我们再三跟他磨，他最后才添上了一段，用小人儿比作电子。我们知道他是十分勉强的：电子在导体之间运动并不出于它们的意愿，怎么能用有意识的小人儿来作比喻呢？当我接到C教授的讣告的时候，我心里一阵难受，觉得很对不起他。比喻虽然是写科普文章常用的方法，我们也不应这样强加于人，粗暴地硬要他接受。

D教授喜欢写旧体诗，他写文章时常要引几句他自己写的诗。他是自学成才的专家，孩子们都知道他，敬佩他。我们约他写一篇稿子，跟孩子们讲一点儿学习的思路，启发孩子们如何自觉地学习。稿子按时寄来了，符合我们的设想，只是带点儿文言，还插进了他自己的几句诗。为了这几句诗，我们之间就发生了争论：有的说孩子看不懂旧体诗，应该删去，可以向D教授说明缘由；有的说还是留着的好，不过多排五六十个字罢了，得尊重D教授的特殊爱好。双方争执不下，于是把稿子整理了两份，孩子太难懂的文言都作了改动：一份删去了诗句，一份保留着，誊清之后让D教授自己挑选。结果D教授挑选了保留诗句的一份。这一回，我们总算没造成什么遗憾。

E老先生是科普作家的老前辈，某一项建筑工程的专家。他经常给孩子们写文章作报告，请他写稿，对他来说真个是驾轻就熟了，可是我们没跟他约过稿。我们不是不想约，还把他已经发表的文章和报告记录都找来看了。他讲的都是这项建筑工程在我国历史上的成就，内容几乎都相同，我们就不免犹豫起来。后来在别的报刊上一连看到他新给孩子们写的两篇文章，我们才后悔不及。两篇文章从不同的角度讲了这项建筑工程的远景，设想开阔极了，壮丽极了，有一股鼓动的力量。这样的题目只有E老先生这样的专家才能写。在佩服E老先生的同时，我们不能不佩服出题目的同行：我们为什么没想到这样好的题目呢？

我们当然也有成功的例子，要说的话，也可以A，B，C，D……说上一大串。要不是有许多专家热心地支持我们，我们的刊物还怎么站得住呢？可是失败给我们的教训更加深刻。因而在出题目向专家约稿之前，我们总是战战兢兢，预先设想各种可能出现的后果。我们知道如果贸然从事，那是十之八九会失败的。

一九八六年十一月一日

从小开始训练自学

——在智力竞赛发奖会上的发言

初小学生的《从小学起》智力竞赛，从去年四月开始筹备，就受到了老师们和家长们的支持；经过了一年半的时间，到今天圆满结束。竞赛的成果现在已经摆在我们的面前，每一件都闪烁着智慧的光芒。我相信凡是看到的人都会跟我一个样，感到兴奋不已。

我们看到在这次智力竞赛中，孩子们都既能动手，又能动脑。他们自己实验，自己观察，自己翻阅图书，自己作出推理，还用自己的语言作出了合乎逻辑的论断。

我们看到在这次智力竞赛中，孩子们充分发挥了他们的想象力和创造力。他们自己设计了许多新型的智力游戏，改进了他们认为不尽满意不尽合理的用器和工具，还用自己的语言为他们的设计和改进作了有条有理的说明。

一年级到四年级的小学生，年龄最大的也不过十岁左右。在一般成人的眼睛里，他们还是无知无识的娃娃，只能在老师和家长的督促下，学习规定的功课，完成规定的作业。离开了督促，他们还能干出些什么来呢？看了这次智力竞赛的成果，这样的老观点一定会得到纠正。咱们的孩子既聪明又能干，而且满怀着求知的欲望和进取的精神。只要稍加引导或指点，他们就会创造出无数出人意料的事物来。

我们举办《从小学起》智力竞赛，只想为教育改革作一次小小的尝试。我们认为对孩子们说来，学习本来是极其有趣的事儿，爱好学习是孩子们的天性，只要引导得当，应顺他们的身心发展，他们就会自觉自愿地学，有滋有味地学，快快活活地学，高高兴兴地学，用不着督促，更用不着逼迫。竞赛的成果表明我们的设想没有错，是行得通的。希望老师们和家长们都能注意这次成功的尝试，共同创造出一条启发孩子们自觉学习的路子来，让他们从小开始就训练自学的本领，将来长大了都成为富有创造性的开发型人才。

一九八六年十一月二十一日

给总编辑同志的一封信

百花出版社总编辑同志：

承蒙贵社看得起我，邀我担任《外国文化 ABC》的主编。我不知轻重，竟答应了。现在看了小学部分的三册稿子，试改了一册半，真个“事非经过不知难”，才知道我实在担任不了这个任务。因而特地写信给您，恳请贵社另找合适的主编。并特地请谷斯涌同志代我把这封信和留在我这里的一本半稿子专程送到贵社。

我所以担任不了主编，因为一是太吃力，二是太痛苦。

先说吃力。“吃力”是苏州话，就是劳累的意思。三册稿子，一共五六百篇，用不着作什么改动的只有极少数，大多数需要作很大的修改，有的甚至得重新写过。我已经是七十岁的人了，没有这份精力了。况且我社会活动多（每年都要占去四个来月的时间），还有好几项比较大的编辑任务（编父亲的总集仅是其中之一项，今年要发的稿子共约两百万字），所以除了没有这份精力，也没有这份时间了。修改本来不是主编的任务，这是预先说好的。可是不修改实在没法发稿，当主编就得向读者负总责。

再说太痛苦。小学的三本，我试改了一本半；虽然动手作了修改，仍旧很不满意，很不放心。稿子一到我手里，就催得很急，因而，一、我修改的时候来不及查对原文（如文学艺术部分）和资料（如史地科技部分），只能凭记忆，甚至只能凭印象，怎么能不出错，而且这样就文改文，只是把没有必要的删去一些，把文句理一理顺罢了，明知内容有欠缺，也无法作补充，明知逻辑有问题，也只好打马虎眼。二、就文字讲，选词造句来不及推敲，不能适合小学高年级学生的阅读水平。三、就整本书来说，从内容到文字，程度参差不齐，来不及重新编排。由于以上三点，我认为这部书还远远没有达到发稿的水准，如果印出来，一对不起读者；二对不起贵社（怕有损于贵社的声誉）；三对不起那些文学艺术作品的原作者，还有那些历史人物和科学家；四对不起我死去的父亲。我扪心自问，实在痛苦极了，甚至吃不好饭，睡不好觉。因而只能恳请贵社让我解脱，我实在当不了这部书的主编。

已经试改的一本半稿子，已由刘、王二位同志带回。我再郑重说一遍：这一本半还没有达到发稿的水准。如果照这样发，我不能负担责任，切勿署上我的名字。祝愿贵社能尽快找到一位合适的肯负责任的主编，而且务必请他把小学的三册和中学的四册放在一起考虑，重新编排，并仔细核对原文和资料，再作修改。

贵社的出版计划被我打乱了，只好请贵社多多原谅，都怪我自视太高，没有充分估计到这项任务的艰难。直到看到了稿子，试改了一本半，体验到了吃力和痛苦，我才觉悟我实在没有能力和时间担当这部书的主编的任务。

我的话都说尽了，都出自肺腑。您是我的同行，一定能理会当编辑的苦衷。请刘、王二位不要再来劝说，因为事实已经证明我确实“非不为也，是不能也”。附带说一句，请贵社不要付给我任何报酬。由于当时草率应承，我已经很对不起贵社了，我没有脸面接受任何报酬。请贵社尽快复信同意我的恳求，好让我放下压在心上的这块石头。如果复信中有一两句表示谅解的话，对我来说，已经是莫大的安慰了。

顺颂

编安。

叶至善　谨上

一九八八年三月八日

祝贺《朱自清全集》开始出版

去年，江苏教育出版社和朱乔森同志商定，要出版朱自清先生的全集。父亲得知了很高兴，说总算代他了了一桩心愿。父亲跟我们讲起朱先生，总要说做人作文都得向朱先生学，总要为当年没能出版朱先生的全集感到不安。

四十年前，一九四八年八月十二日，朱自清先生过早地离开了人世。认识他的人都很感伤；不相识而读过他的作品的人也都十分惋惜。就在朱先生逝世后的第四天，父亲接到吴晗先生的信，说北平的朋友为了永远纪念朱先生，准备编辑朱先生的全集，问开明书店是否愿意接受。开明的同事们正沉浸在悲痛之中，都说这是义不容词的事，非接受不可；第二天就由我父亲写信答复了吴先生。于是组成了朱自清全集编辑委员会，编委有在北京的，有在上海的，负主要责任的自然是清华大学中文系的几位先生。到第二年全国解放，全集的目录就拟定了，共收朱先生的著作二十六种。

建国初期大家都忙，等到全集的稿子大致收集齐，已经是一九五二年春天，出版界的情况已经发生了变化，开明书店没有力量担负这样大部头的集子了。全集的编委们认为拖延下去总不是事，对不起朱先生也对不起读者，决定从目录中选出十二种，编成四卷，先用“文集”的名称出版，等将来条件具备了再出版全集，并推定我父亲写一篇《题记》向读者作个交代。第二年三月，开明版的《朱自清文集》跟读者见面了，我父亲写的《题记》印在正文前边，开头第一句就申明说：“《朱自清文集》是《朱自清全集》的精简本。”这句话等于向读者作出承诺，等于说："请稍等一等，先出版'文集'是权宜之计，不久就能读到朱先生的'全集'的。"

这一等，竟等了三十五年，今天，《朱自清全集》终于开始出版，头三卷已经放在咱们面前了；而且赶得正巧，下个月的二十二日就是朱先生的九十诞辰纪念日。从规模看，这部全集超过了当年没能排印的那一部，搜罗的著作广得多，而且除了著作，还有朱先生的日记和书信。从形式看，开本这样大方，装帧这样精美，都不是开明版的四卷本"文集"所能比并的。乔森同志亲自负责编辑，他有朱先生的作风，勤奋，踏实，谨慎；江苏教育出版社也郑重其事，努力要把朱先生的全集出得快而且好：成绩的取得绝非偶然。只可惜当年参加全集编委会的先生大半已经作古，连我的父亲也没能看到这部全集的出版。

一九八八年九月二十二日

尽快解决学术专著出版难的问题

学术专著出版难是个老问题，近两年来发展到了无法容忍的地步。许多出版社不肯接受学术专著，已经列入计划的大批退稿，已经排版的也大多停印。有的出版社以要求作者自己出资上万元或者包销数千册作为出版的条件。出版学术专著如此之难，不仅挫伤了学术研究工作者著书立说的积极性，更严重的是阻碍了我国科学技术和教育文化事业的正常发展。许多有识之士深感忧虑，强烈要求国家迅速采取有效措施，解决这个老大难的问题，保证学术专著顺利出版，使学者专家的研究成果能够及时在我国的四化建设中发挥应有的作用。

全国政协教育文化委员会有鉴于此，在去年下半年召开了多次有科技界、文教界、出版界人士参加的座谈会；向人民出版社、中华书局、中国社会科学出版社、科学出版社等单位了解情况征求意见，还向五十五家中央级的出版社和上海新闻出版局作了书面调查。从三十七家出版社的材料统计，经审定有出版价值的学术专著有两千一百三十四种因亏损过大而不能出版。如中国科学院所属的科学出版社，它是以出版学术著作为专业的，去年撤销的选题达一千一百种之多，还积压着两一十种书稿无法发排。上海人民出版社去年停印的学术专著也有六十多种。这许多不能问世的专著，有的填补了某个学科的空白，有的是科研或生产所急需的，如甲骨文专家胡厚宣先生的《甲骨文合集释文》（三百万字），声呐专家潘勤升先生的《声呐技术》（这部稿子讲声波导航和测距的尖端技术，曾先后投寄六家出版社，只有一家愿意考虑，要求作者出资 1.8 万元），俞大绂先生的《植物病原菌培养手册》（一部对科研和生产都非常有用的工具书)。此外还有因亏损过大而无法再版的，如任维卓先生的《人工水晶》(国际上第一部讲人造水晶的专著)。这样的例子不胜枚举。

学术专著无法出版，不可避免地会流向国外。有个新的情况应该特别引起我们警惕，据有些出版社反映：自从台湾当局允许民间到大陆探亲以来，台湾有许多出版商到京沪等地和各出版社洽谈业务，要求合作出书，甚至通过私人渠道，直接向专家学者和文艺作家购买版权，目前已经有一些书稿流到了台湾出版商的手中。这种趋势如不加抑制，大陆的学术文化将有丧失优势的危险。

造成学术专著出版难的原因是多方面的。首先是这几年纸价猛涨，而书价受购买力的限制，不能提得太高，学术著作出一本亏一本，使出版社不胜负担。其次，某些专业部门削减了所属出版社的补贴。如科学出版社的亏损历年都由科学院弥补。最近科学院作出规定，今后的补贴以一九八八年的三百万元为基数，逐年递减 20%～30%，到一九九一年停止补贴，由出版社自负盈亏。这个规定使科学出版社不得不大量削减学术专著的选题。许多专业部门的出版社热衷于出版专业范围以外的图书，削减属于自身专业的学术专著的选题，主要原因之一也是由于主管部门的补贴不足。

根据以上所述学术专著出版难的严峻情况，目前必须采取一些应急措施来迅速扭转局面。全国政协教育文化委员会通过反复讨论，提出如下建议，请国务院责成新闻出版署和各有关部门认真考虑，予以采纳。

(一) 建议调整出版税收政策。我国目前对出版业征收所得税的税率一般为 35% (工业部门所属出版社有征收 55%的)，加上能源、交通建设基金等税项，出版社的负担过于沉重 (据了解，国外对文化出版均有优惠政策。如日本、巴西、葡萄牙等国，对出版业实行免税；欧洲共同体成员国中，多数对图书只征税 8%，意大利只征税 2%)。建议对出版业实行单一的所得税，税率降低为 15%，其余如营业税、增值税、交通能源税等一律免征。

(二) 建议建立学术专著出版基金会。从中央财政每年拨款数千万元，资助有价值的学术专著的出版。由新闻出版署聘请一批学术界的权威人士组成各种专业委员会，负责评选书稿和分配基金的工作。

(三) 建议新闻出版署在处理淫秽图书时，根据处罚规定处以的罚款和没收款项，在上缴财政部后，全部移交学术专著出版基金会，作为基金的第二来源。

（四）国家物价局于一九八八年颁发的《关于改革书刊定价办法的意见》中规定，书刊利润率最高不得超过定价的10%。建议国家物价局制订监督办法和处罚办法，凡到年终结算超过此项规定的，超过部分上缴财政部，然后移交学术专著出版基金会，作为基金的第三来源。

（五）建议各省、市、自治区视需要和可能，成立学术专著出版基金会，全部或部分返回各省、市、自治区出版业上缴的税款作为基金，由各省、市、自治区的新闻出版局组织委员会掌握使用（山东、四川、贵州、吉林、安徽、浙江等省的新闻出版局目前已采取类似办法，设立补助学术专著出版的基金。上海市新闻出版局也已采取类似办法，缓解学术专著的出书困难）。

（六）建议各学术机关、团体以发表研究成果为目的建立的出版社，以及某些专业部门所属的出版社，进一步明确不以营利为目的（不强求利润的多少，而以完成出版任务是否得力，出书的质量和品种的多少来考核工作的成绩）。这些出版社亏损较大，要相应地增加它们的事业费补贴。

（七）建议鼓励社会上各方面对学术专著出版的关心和资助。不论机关、团体、企事业单位及各界热心人士，愿意出资帮助学术专著的出版的，均应受到欢迎。

（八）为了保证新闻出版用纸的供应，杜绝投机倒卖、抬高纸价，建议实行新闻出版用纸专营。并制订减免税收的优惠政策，鼓励新闻出版部门进口新闻出版用纸。

在全国政协教育文化委员会召开的座谈会上，许多同志对低级庸俗的图书报刊充斥市场，表示了极大的愤慨。大家认为出版事业是建设社会主义物质文明和精神文明的不可或缺的支柱，应该担负起提高人民文化水准和道德品质的责任。国家出版局一再耳提面命，要求出版发行单位把社会效益放在首要地位上，使经济效益服从于社会效益。出版发行单位在执行中，却往往有意无意地把这个关系倒转了过来。这是因为对社会效益的要求只能提出几条原则的规定，缺少可供检查的具体明确的标准，而经济效益却有账可查，可以算得一清二楚。目前实行的一些规章制度，如着眼于利税创收的承包制度以及奖金和利润挂钩等办法，又助长了片面追求经济效益的不良风气。大家强烈要求国务院制订一套适合我国国情的文化经济政策，并责成新闻出版署在调查研究的基础上，根据出版事业所担负的任务和它本身的发展规律，进一步改革出版发行体制，修正片面追求经济效益的各种措施，使我国的出版事业能够健康地发展，为社会主义四化建设和两个文明的建设作出必不可少的贡献。

一九八九年六月

我编《中学生》的那些年

一九五二年三月，开明书店和青年出版社由出版总署撮合，开始准备合并。开明书店当时有三种刊物：一种是《进步青年》，读者对象是高中和高中以上学生；一种是《开明少年》，读者对象是初中学生；还有一种是《语文学习》，新创刊的。先是在上海解放之前，开明在北京创办了《进步青年》。新中国成立后不久，北京的《进步青年》和原来的《中学生》合并，用《进步青年》作刊名，刊名下边注上一条："原名《中学生》"，仍在上海出版，由张明养先生主编。一九五〇年，开明书店的经理部和编辑部迁到北京。明养先生暂时不能来北京，《进步青年》改由贾祖璋先生主编；《开明少年》又归我主编。

在"开明"和"青年"商讨合并的过程中，双方都认为青少年刊物归团中央领导比较合适，决定在一九五一年底停办《开明少年》，恢复《中学生》，取消《进步青年》这个刊名；并把《中学生》的读者对象降到初中程度，以文化教学为主，由双方各派一人担任主编。经过协商，"开明"派的是我，"青年"派的是刘重同志。"开明"和"青年"是一九五三年三月正式合并的，《中学生》早了整整一个年头。

接着，我和刘重同志根据团中央批准的办刊方针开始筹划，定栏目，约稿子。开明书店本是个同人书店，编辑部各人管一摊，习惯于自作主张。合并以后不能再这样自由主义，得诚心诚意接受党的领导，这一点，我在当时是很明确的。我把刘重同志当作"政委"，主要听他的。刘重同志是个谨慎的人，重要的事儿都请示李庚同志，他是青年出版社的领导。团中央宣传部的许立群同志也抓得很紧。当时李庚同志住在中南海，刘重曾带我去他那儿，跟他一起修改头两期的稿子。一九五二年三月，改版的《中学生》出刊了，记得印了十万册，大大超过了三十年代的纪录，后来印数一直保持在三十多万册。

中国青年出版社成立之后，我曾几次离开《中学生》。一九五三年十月，我参加赴朝慰问团，离开了三个月。后来，我被调去帮子冈同志创刊《旅行家》。接着又碰上农村社会主义高潮，我被调去跟吴小武一起编写供初级社用的语文课本和算术课本。在这些日子里，《中学生》主要由刘重同志负责，名义我还挂着。一九五六年六月，中国少年儿童出版社成立，我被任命为社长兼总编辑。《中学生》划归了少儿社，刘重同志调去管文学组了，调来了燕生同志，跟我一同负责《中学生》。我又把燕生同志当成了“政委”。

一九五七年“反右”，跟我合作过的刘重同志、子冈同志、小武同志，还有领导过我的李庚同志，都被戴上了“帽子”；知道是“错划”，已经是二十年以后的事了。这一回我总算没摊上。一九五八年的业务思想大批判，我可成了重点，说是脱离政治、脱离实际、脱离群众，鼓吹知识不但有用，而且有趣，完全是资产阶级的一套。我想想好像是这么回事儿，直懊悔自己没抓紧改造。可是要改造好一时也难，我没有什么可做的了，只好咬文嚼字。接下来就是“大跃进”，就是三年困难，纸张越来越匮乏，许多报刊相继停刊，《中学生》也宣告停刊了。

后来，《中学生》又复刊，又停刊，又复刊，跟我都没有什么关系了。从一九三〇年一月创刊起，《中学生》这样断断续续地维持了一个甲子，也真不容易。祝愿《中学生》长命百岁，以后不再停刊，而且“日新月异”，不断有所前进。至于我，实在没给《中学生》尽什么力，只感到惭愧而已。

一九八九年二月二十二日

“唯愿文教敷”

我们民进中央办了个开明出版社，想为建设社会主义精神文明做点儿实事：主要出版有助于基础教育改革的书，以中小学教员为主要读者。说“主要”，当然不是绝对排斥其他，不是不顾及其他的读者。

开明出版社的经营方针只是两句话，叫做“一不亏心，二不亏本。”“不亏心”指质量而言，要求出版的书都有益于读者，有益于社会，对得起作者，对得起自己。这是一条最低的杠杠，不能降格以求，是必须长期坚持的准则。

至于“不亏本”就另当别论了。出版社没有一分钱开办费，目前还无本可亏，只好在“不亏心”的前提下，先出版一些可以获利的书。等积累了一些资金，才能够量入为出，再出版值得出版而明知要亏本的书。这个过程要尽可能缩短，期以三年或五年。

我们立足于自力更生，当然，同时得争取各方面有心人的支持和帮助。

有人以为开明出版社是开明书店重新开张，其实不是。开明书店创办于二十年代，自有它诞生的条件和发展的过程，而且早已完成了它的历史使命。时代已经变了，不可能照原样重复一遍，来个“再版”。我们袭用“开明”这个名称，只是想继承老开明的优良作风，认真，朴实，谦虚，诚恳，达到“唯愿文教敷，遑顾心力瘁”的境界。

一九九〇年三月二日

漫谈语文教材的编辑

我没念过大学中文系，也没当过语文教师，只是在父亲身边，帮他编写过修改过中小学语文教材。这一回参加洪宗礼老师主编的《“单元合成，整体训练”初中实验课本》理论研讨会，我只能说说过去编写和修改语文教材的一些体会，大半还是从父亲那儿听来的。

洪老师主编这套“实验课本”有个体系，他归纳成形象的三句话，叫做“一本书，一串珠，一条线”。昨天拿到课本，晚上浏览了一遍，我才知道这三句话的含义。“一本书”，就是把“听、说、读、写”有机地综合在一起，形成一个整体结构的教学体系。“一串珠”，表示教材是分单元编写的，每个单元都是一个具有“听说读写”教学效应的“集合块”。“一条线”，就是说各个单元相互连贯，使“听说读写”的训练贯串整套课本，成为“多股交织”的“集合体”。记得大约十年前，我父亲跟参加编写小学语文课本的老师和编辑讲过一次话，说到语文教学还没形成完整的体系，希望大家一同努力，在较短的时期内解决这个问题。所以我想父亲要是能看到洪老师主编的这套课本，一定会感到满意的，满意就满意在这套课本在解决语文教学体系这个问题上，又迈进了一步，作了认真的有益的尝试。其实我父亲是来得及知道的，这套课本已经试用了四年了，我父亲故世了才两年。

来泰州之前，我听到过一个不正确的消息，说洪老师主编这套课本，按的是《国文百八课》的路子。我想这不太好，因为《国文百八课》是单以写作训练为中心的。昨天看到了这套“试用课本”，我才放下了压在心上的这块石头。我岳父和我父亲合编《国文百八课》，在当时也只是尝试。先前的初中国文课本，只是从浅到深，从短到长，选取若干篇课文就算完事，都杂七杂八，没有明确的教学目的，看不出要让学生进行哪些方面的训练。他们认为必须从改革教材入手，把语文教学引上科学化系统化的道路。初中六个学期，一共上课一百零八个星期，他们把写作训练的各方各面组织成若干单元，由浅入深，分配在一百零八个星期内，每星期一个单元，所以那套试用课本叫做《国文百八课》。第一二两册出版后就受到了教育界的重视，主要因为是一次突破，一次认真的尝试。出到第四册，抗日战争爆发了。第五六两册后来好像也编成了，正好碰上湘桂大撤退，没有印出来，连稿子也不知弄到哪儿去了。

人教社近来重印了前四册《国文百八课》，作为参考资料发行。在发稿前，我又认真读了两遍，觉得有些说法是很新鲜的，譬如什么是“诗”，什么不是“诗”，什么叫“诗意”，什么叫“意境”，什么叫“语感”等等，都讲得生动活泼，学生很容易接受。挑选课文着意避开太熟见的，也使人有新鲜感。一概不作注解应该说是个缺点，有些是一般的词书上找不到的，不加注解怕老师也讲不清楚。总之，这部课本是以写作训练为系统的，阅读当然非讲不可，可是目的还在于训练写作。我父亲大概觉察到了，在抗战期间提出了阅读教学要真正做到跟写作教学并重的想法。于是同朱自清先生合写了一本《精读指导举隅》，相当于预习课文的指导；一本《略读指导举隅》，相当于课外阅读的指导。“听说读写”并重，是“文革”以后才受到语文教育界的普遍认可的。我想，要是让我父亲再编一部课本，可能也是洪老师所说的“一本书”的格局。

洪老师主编的这套课本已经试用了四年，今天有好几位试用单位的老师发了言，都说教学的效果不错，在农村里尤其受欢迎。我听了很高兴。老师们又说，这套课本的好处是既照顾到了学生，又照顾到了教员。我同意这样的评价，只是觉得对教员的照顾是不是多了点儿，细了点儿，以至于把课本编得这样厚。对教员的照顾过多，很可能妨碍他们在教学过程中发挥自己的能动性。对学生来说也有这个问题，本来要让他们思考的问题都讲得一清二楚了，等于剥夺了他们锻炼的机会。我知道，目前有一部分教员，尤其在农村的，程度是比较差一些，有必要多给他们一些帮助。是不是可以这样办，把没有必要跟学生讲的那些部分从课本中抽出来，专为需要辅导的教员们另编一套供教课用的参考书。这是个老办法，并非我灵机一动想出来的。

洪老师要我说说这套课本的选文。我才浏览了一遍，对整体还说不出一个印象来，只好驾轻就熟，说说课本所选的我父亲的作品。因为时间关系，只能说其中的两篇：一篇是《古代英雄的石像》，一篇是《苏州园林》。

《古代英雄的石像》后边附了我父亲的《皇帝的新衣》，不作为正式课文，让学生自己阅读。我认为这样编法很好，好比趁热打铁，让学生紧接着再作一次训练，巩固和加深刚才学到的阅读技能。在《古代英雄的石像》的“读前提示”中，有些话是阅读之后的感受，在没读之前是讲不清楚的，应该搬到后边的“读后思考”中去。最好是让学生养成一边读一边思考的习惯。上海教育出版社约我编过一本《叶圣陶读本》，其实应该叫《叶圣陶作品读本》，我就采用金圣叹批《西厢记》的办法，把感受、提示、评论，甚至注解，都随处夹批在正文中间。譬如在《古代英雄的石像》中，砌作台基的小石块对站在上边的雕像说：“从前你不是跟我们混在一起吗？也没有你，也没有我们，咱们是一整块。”我就批了一句：“英雄本来就存在于人民群众之中。”骄傲的大石块接着又说：“经过雕刻家的手，咱们分开了。”小石块反驳说：“现在你其实也没有跟我们分开。咱们还是一整块，不过改了个样式。”我批了一句：“英雄离不开群众。”像我这样直截了当地把自己的感受说出来，也不是好办法，有代替读者思考和强加给读者的倾向。老师在课堂上教课最好不用我这个办法，只要提醒学生读到这些地方不要轻易放过，得想一想在文字后边是不是还藏着什么意思。答案不一致也不要紧，除了实在太离谱的必须予以纠正外，别的都可以容许，也可以开展讨论。理解每一篇课文是必须抓紧的，但是目的还在于提高学生的阅读能力和写作能力。

《苏州园林》原来是一篇序文。香港有一家出版社打算出一本图片集《苏州园林》，要我父亲先把序文写好，大概为了提前作宣传吧。图片集还没有见着，这序文怎么个写法呢？我父亲只好从同济大学陈从周教授在“文革”前编的那本《苏州园林》谈起，到结尾才说明这篇序文是为将要出版的一本《苏州园林》写的。后来选进初中语文课本，把这篇序文的开头和结尾都删去了。删去了也挺好，仍旧是一篇完整的文章，而且更适合初中的程度。可见我父亲写的东西并不是不能删改的。我只是想，在跟学生讲解的时候，还有必要讲清楚这是一本画册的序文，序文中的话是写给看这本画册的读者看的，告诉他们苏州园林的特点，指点他们怎样欣赏画册中的图片。讲清楚了，学生至少可以得到两个方面的好处：一是知道一本书为什么要有序文，读一本书为什么必须先读序文；二是这篇《苏州园林》为什么要讲这些内容，为什么要按这样的顺序叙述。其实我父亲在写的时候还有一层用意，就是跟这本图片集的编辑讲应该怎样编法，如选择的图片一定要能够表现出苏州园林的哪些特色，既要注意整体，又不要忽略了局部，有些景点还可以采用角度不同的几幅图片来表现等等。这一层用意就不必跟学生讲了。

今天上午看了课文《国宝——大熊猫》的教学实践录像，我又有些想法。编者说这是一篇说明文，这没有错；后边讲到阅读方法，却安排了一篇《怎样读科普作品》，好像不太相宜。科普作品以说明文居多，但是采用其他形式的也不少，尤其是供青少年阅读的科普作品。要讲科普作品的读法，除了讲说明文一种形式，其他形式的似乎也应拣几种主要的讲一讲。大熊猫是大家知道的，但是未必熟悉它们的生活状况和生活环境，讲解课文的时候最好能运用一些有关的图片和录像。因而又联想到我父亲的《景泰蓝的制作》，讲解的时候最好也能借助于图片和实物，包括景泰蓝的成品和各个制作阶段中的半成品，以至于工具和材料。许多老师反映这篇教材难教，我认为的确难教，因而主张不要把这篇作品选进语文课本。为什么所有的课本都选了这篇作品呢？大概因为教材审定委员会把它列入了基本教材的目录。审定委员会规定的基本教材大约占整部课本的教材的一半还多，容许课本编辑自己选用的课文，篇数就所剩不多了。选用课文是体现语文教学思想的重要环节，限制这么大，我是不大同意的。为什么要规定基本教材呢？我体会还是为了考试的方便：出考题可以在基本教材的范围内出；老师指导学生应考，只要在基本教材的范围内打主意就成。再推究下去还是老问题：让学生学习语文是为了应考，还是为了让他们终身受用？如果说应考也是用，那么真个成了敲门砖，敲过就扔掉了，谈不上什么终生受用。

话又扯远了，拉回来再说两点意思。一是学习前人重在学习前人勇于改革的精神。洪老师主编的这套试用课本虽然采用了前人的一些主张和办法，但是都有所开拓，有所创新，应该说是难能可贵的。二是参加编写这套课本的同志都没有脱离教学的第一线，有了新的想法，随时可以在教学中进行试验，试验有效就编进课本去；如果发现有尚需改进的地方，在编进课本之前就可以改进。这个“不脱离”是个非常有利的条件，要充分利用，并且坚持下去。

昨天晚上才看到这套“试用课本”，就哇哩哇啦说了一大篇，没说到点子上的话一定很多，浪费了各位的宝贵时间，很对不起。

一九九〇年四月五日

知识读物的研究

知识读物研究会开成立大会，我很愿意参加，跟各位同行见见面，聊聊家常，交流些情况，交换些意见。可惜大会不在北京开，我脱不出身。我还在做编辑工作，因为社会活动多，落下的任务不少；如今年关已近，我不得不抓紧时间赶一赶。

我是一九四五年八月正式当编辑的，到现在已经四十五年了；中间得扣去“文化大革命”的十年，实际上只做了三十多年，主要编少年儿童看的刊物和图书。编辑少年儿童读物，跟当小学老师中学教师一个样，也是为咱们的社会主义祖国培养未来的建设者，要说意义，是十分重大的，认真做起来，又其乐无穷。我想，同行们一定都有这样的体会。

咱们的研究会是研究知识读物的编辑工作的，文学读物不在咱们的研究范围之内。其实从广义来说，文学读物也是知识读物。少年儿童读了小说、散文、诗歌等等，能知道别人的生活，知道别人的思想感情，知道社会的情况，知道自然界的情况，这些不也是知识么？我这样说，不是要冲破咱们的研究范围，只是说不要把文学读物和知识读物的界线划得太清楚。咱们研究编辑工作，重点固然放在知识读物上，不妨花点儿功夫也研究点儿文学读物，也许可以相辅相成，收到提高知识读物质量的效果。我的想法不一定对，只是提出来，请各位同行考虑。

在学校里，为了教和学的方便，分成各种科目，各科有各科的课本。咱们编的可不是课本，而是一般人所说的课外读物，恐怕不能把各种知识的界线划得像课本那么清楚；讲历史就只顾讲历史，讲数学就只顾讲数学，恐怕不太好。为什么这样说呢？因为在实际生活中遇到的事物都是错综复杂的，既牵涉这一学科，又牵涉那一学科。有经验的老师都懂得这个道理，他们在教学中经常采用各种办法，来弥补分科教学的不足。恐怕咱们也得注意这个问题，在编辑工作中不要只顾自己这一摊。各科知识本来是互相关联互相渗透的，连社会知识和自然知识这两大门类也是如此。咱们要在启发诱导方面多下功夫，让少年儿童乐于学习各科知识，知道在实际生活中各科知识是无法截然分开的，逐渐养成唯物的辩证的世界观。咱们不能忘了教育少年儿童的总目标，这个总目标就是为咱们的社会主义祖国培养未来的建设者。

研究会成立了，就得定出题目来着手研究了。题目尽可能定得切实一些，研究所得到的结果，要在工作中能用得上；从理论到理论恐怕不是好办法。咱们所以要研究，是为了提高知识读物的质量，为了使咱们编写出来的东西能让少年儿童看得懂，喜欢看，看了真能得到益处。可研究的题目一定很多，我愿意跟各位同行一同努力。

一九九〇年十月七日

我喜欢编辑工作

——在中国编辑学会上的发言

祝贺中国编辑学会成立。学会聘请我做顾问，我实在不敢当。做了半个来世纪的编辑工作，编过好几种期刊，编过不少本图书，经验不能说没有，可是至今还说不出一个“子丑寅卯”来。让我做学会的顾问，使我感到羞愧。

我喜欢编辑工作，这倒是真的。自己想想，大概有两个原因：一是可以满足我的创造欲，跟当工程师当艺术家没有什么两样；二是可以满足我的求知欲，随时能学到杂七杂八的诸多知识。因而我乐此不疲，从未见异思迁，尽管失败的懊恼多于成功的喜悦。

我想，编辑和作者一个样，服务的对象是广大读者：成功是共同的成功，失败是共同的失败。在让读者得到实益的前提下，编辑和作者只有密切协作的份儿，不存在什么谁占了便宜谁吃了亏的问题。所以我不大同意当编辑是“为人作嫁”的说法。

大会主持人点名要我说话，我就说说我的心里话。谢谢大家。

一九九二年十月十三日

叶圣陶和编辑工作

我的父亲叶圣陶生于一八九四年，一九八八年逝世。他在晚年说：如果有人问他的职业，他就回答说，他的职业是编辑。在长长的一生中，他做编辑工作的时间最长，超过了六十年。

他进商务印书馆正式当编辑，是一九二三年年初；在这之前一年，他和朋友们一同编的《诗》已经问世。《诗》是我国第一种新诗刊物。

他在商务编辑所工作了八年，主要在国文部，编辑小学国语课本，中学国文课本，还有《学生国学丛书》。曾代替郑振铎先生编过一年半《小说月报》，后来又被调去编《妇女杂志》，编了不到半年。在业余，他担负了文学研究会部分会刊的编辑工作；五卅运动中，和朋友们一起编《公理日报》；大革命之前，受中国济难会委托编《光明》半月刊；还有其他，都是义务的，并非现在所谓的“第二职业”。

一九三一年年初，他进开明书店编辑部工作，主要编《中学生》杂志，也参与其他书刊的编辑。他和朋友们编了好几部国文课本，还独自写编了一部小学国语课本。他是《新少年》半月刊的创办人；《月报》创刊，他担任文艺栏的主编。还在业余，编了一部《十三经索引》。

抗日战争爆发，开明和在上海的许多出版业一个样，受到很大损失，暂时处于停顿状态。他离开了开明，携家进入四川。《中学生》在桂林复刊，他挂上了主编的名义，可是人在乐山，无法参加实际工作。那时他感到很寂寞，由于离开了日夕相处的老朋友，也由于放下了编辑工作。

一九四〇年秋天，他接受四川省教育科学馆的聘请，名义好像是什么督导员，主要的工作却是编写语文教学的辅助读物。在业余，他给成都当地的书店编课本编刊物，取得一些报酬来贴补日益贫困的生活。他还担任《笔阵》的主编，这是中国文艺界抗敌后援会成都分会的机关刊物。

一九四二年，开明书店在成都设立编辑部办事处。他回到开明，主持办事处的工作。在编辑方面，除了主编《中学生》，别的图书也全归他管，助手只有我母亲一个。到一九四五年《开明少年》创刊，才添了一个我。这并非父亲的主意，是朋友们实在过意不去，而我又早在帮父亲的忙了。父亲似乎还有用不完的精力，几家小书店请他帮助编辑图书期刊，只要是他认为值得出版的，他都乐于接受。

抗战胜利后回到上海，开明大体上恢复了原来的规模，人员却比战前精简多了。编辑部包括专业校对在内，不足二十人，几乎一个人就相当于现在的出版社的一个编辑室。我父亲担任编辑部主任，好在都是熟朋友，出什么书，刊物怎么编，大家随时商量。他负责终审《中学生》《开明少年》《国文月刊》的稿件，书稿也大多归他最后审读。为了试验中学语文教学的改革，他还和朋友们一同编了好几套国文课本。

一九四九年初，父亲离开上海，绕道香港进入解放区，也就从此脱离了开明。直到“文革”开始，这十七年间，他的精力主要用在中小学教科书的编辑出版上，只要看他担任的职务就可以知道。先是担任华北人民政府教科书编审委员会主任；新中国成立后，担任出版总署副署长，分管编审局。编审什么呢？主要是中小学教科书。过了不久，出版总署的任务明确了，主要抓管理，就把业务部门逐个划分出来，于是成立了人民教育出版社，由我父亲兼任社长和总编辑。出版总署撤销后，他担任教育部副部长，仍旧主管人教社，职务没有变动。

父亲屡次说：他当不了领导，最适合的是让他当个责任编辑。在人教社，他主要做的实际上正是责任编辑应该做的工作：根据各科的教学大纲制定选题，编写或组织稿件，审读，修改，定稿，设计版式，直到校对付印，检查成品，他都事必亲躬。有人以为他只管语文，其实不然，数理化他也管，也参与定选题，改稿件，看校样，尤其是生物课本，花的力气不小。别的机关和出版社、杂志社请他看各种稿件，他都认真审阅；朋友们托他看著作稿或翻译稿，他也从不拒绝。此外，他还对标点符号的用法作了规定，在印刷字体的统一和排版格式的改进方面，也作了不少工作。

在十年浩劫中，父亲跟出版界绝大多数人一个样，被剥夺了工作的权利。“文革”以后，父亲没有再担负出版方面的职务，可是老关系还在，请他审阅或修改稿件的出版社、杂志社，还有老朋友，又渐渐多起来，他都应承下来。有的征求意见稿用小五号字印得密密麻麻，把他的眼睛也看坏了。有一次他在给我弟弟的信上说起又在看什么什么稿子，跟下来一句是“总之都是中国的事”，意思没有说清楚。我体会他是说，凡是中国的事，不论谁要他干，只要他还能干，他就得尽力干。最后审读的可能是《周恩来统一战线文选》的注释，那是一九八四年十月，他正好九十岁。在他长长的一生中，他经手的图书期刊到底有多少种，实在很难估计。

父亲的编辑思想，跟他的文艺思想和教育思想是一致的。他早年曾猛烈抨击《礼拜六》派，把文艺作为纯消遣品的游戏态度，同时指出生活是文艺作品的源泉，文艺作品应该反映时代，应该担负起唤起读者、改革社会的责任。还指出儿童文学的教育作用在于感染，不应该采取教训甚至恫吓的手段。他认为改革社会要从基础教育做起，要帮助学生树立正确的人生观，使他们得到全面的发展，成为自觉进取的，能为社会作出贡献的合格公民。他也说过，出版工作也是教育工作，对编辑青年读物和少年儿童读物来说尤其如此。

开明书店成立于一九二六年，一九三〇年创刊《中学生》，等于公开声明从此把青年作为主要的读者对象，包括在校的和失学的青年。创刊人夏丏尊先生在《中学生》上接连发表文章，阐明受教材不等于受教育，青年不能关在学校里光读教科书，应该认清自己所处的时代和社会，学会如何做人如何处事。这许多话正是我父亲要说的，无怪乎他宁可减少薪俸，接受了开明的招邀。他在开明编辑部感到很愉快，朋友们不但看法相同，作风也相同。他们大多教师出身，不满意当时的学校教育。他们知道哪些知识是青年所必需的，哪些问题是青年所关注的；又熟悉青年的阅读兴趣和理解水平。他们编写读物从来不用教训的口吻，而是跟朋友谈心一样，和读者平等地商讨问题。他们都善于跟作者交朋友，尊重作者的意见，保护作者的权益，因为他们也都写文章在别家报刊发表，对作者有充分的理解。他们还熟知印制技术，尽可能给印制工人，尤其是排版工人以方便，遇到困难能一同商量解决。他们注重出版物的质量，既对读者负责，又对作者负责，总起来说就是对社会负责。当时在文化界、出版界，把他们的作风称作“开明风”。

在北上进入解放区的途中，父亲作过一首七律，中间有一联是：“篑土为山宁肯后？涓泉归海复何求？”我想，“篑土为山”指的建设一个崭新的中国，“涓泉归海”指的接受中国共产党的领导。编审中小学教材是党交给他的主要任务，他当然得努力做去，在各科的课本上体现党的教育方针。在开明编辑所，他习惯于无为而治，又事必躬亲；人教社跟开明大不相同，人员是从五湖四海调集拢来的，人数越调越多，编辑室越分越多，使他难以适应。他自己也说，他成了个辛辛苦苦的官僚主义者。遇到的困难是很多的，工作十分劳累，在日记上，他都有具体的记载。

我不是没考虑到，由我来叙写父亲在编辑出版方面的工作是不相宜的。可是和他一同在商务、在开明工作的老朋友，大多去世比他早，连抗日战争后期的，如今也寥若晨星了。我从小生活在父亲身边，许多事还能约略记得；近几年来编二十五卷的《叶圣陶集》，又把脑海中的记忆梳理了一遍。要写这样一篇比较全面的简介，还是由我来吧。我一边写一边警告自己：下笔要客观，除了记叙事实，别的话一句也不要说。警告尽管警告，实际上没有严格做到。我当编辑不是父亲教的，他不主张我搞文字工作，我却主要是跟他学的；我爱上了编辑这一行，而且莫名其妙地感到自豪，主要是受了他的熏陶。在字里行间带上点儿感情色彩，在我恐怕是免不了的，只好请读者明察了。

一九九四年六月二十日

在《百种爱国主义教育图书》座谈会上的发言

我也说几点体会。

向全国中小学推荐爱国主义教育图书的通知，是中共中央宣传部、国家教委、文化部、新闻出版署和共青团中央联合发出的，推荐的书目，是这五大部委共同主持选定的。声势这样浩大，态度这样认真，充分说明了课外阅读对中小学生的思想品德教育有多么重要，尤其在培养爱国主义情感、增强民族的自尊心和自豪感方面。

通知由五大部委联合发出，应该说是十分必要的。各地的中小学收到了这份推荐书目，怎样才能得到目录上开列的图书呢？这是首先必须解决的问题。图书到手了，还有如何组织如何引导学生阅读的方式方法等问题。

通知非常切实，非常扼要，最大的特色是号召性强，而且可以操作。通知一开头就说明，这一回向全国中小学推荐一百种图书，目的在于贯彻落实《中共中央关于进一步加强和改进学校德育工作的若干意见》和《爱国主义教育实施纲要》这两个至关重要的文件。接着在第一条中，又概括地阐明了在全国中小学开展爱国主义教育的深远意义，阐明意义其实就是提出要求。第一条还列举了向学生进行爱国主义教育的主要途径，课外阅读是其中之一。可见光顾着抓课外阅读而忽略了其他途径，是不全面的，不符合通知的精神的。除了主要的途径，还有没有次要的呢？我想一定有的。途径多多益善，可以根据通知的精神去开辟。懂得思想品德教育必须潜移默化的老师，一定都能够在日常的教学和生活中，随时随地抓住适宜的时机，运用恰当的事例和材料，采取学生乐于接受的方式方法，不断地把爱国主义教育推向新的高度。

最后说一说推荐书目。这一百种进行爱国主义教育的图书，从内容说，可以称得上全面；从形式说，可以称得上百花齐放。推荐的态度是郑重的，负责的，考虑到了年级不同的中小学生的理解程度和阅读兴趣。可以预料，所有的中小学生都能从这个推荐书目中找到自己喜欢阅读的图书。这一点非常重要，如果书目是随随便便开列的，尽管你如何鼓吹这一百种图书多么有价值，本本都非读不可，结果却没有一本是中小学生喜欢读的，读得懂的，那就全都白费。从另一方面说，这个书目虽然考虑得十分周详，还是一个供选择的书目，通知并没有规定，一个学生从进小学起到中学毕业，都必须把这一百种图书统统读完。一百种图书，数量固然不少，还不可能把所有的主要进行爱国主义教育的图书都包括在内。举个明显的例子，有关学习孔繁森同志的就一本也没有，因为在选定书目的时候，这些图书还没有印出来。这样看来，在组织学生课外阅读的时候，推荐的范围还可以广一些，尤其得留意，不要放过最新出版的有益于进行爱国主义教育的图书，包括发表在各种报刊上的文章和材料。

可说的好像还有一些，我已经占了太多的时间，就到此为止吧。

一九九五年六月十三日

参加图书评奖工作后的感想

——在中国编辑学会上的发言

祝贺中国编辑学会第二次全国代表大会开幕并获得圆满成功。

记得在编辑学会的成立大会上，我作了一个极其简短的发言。我说我喜欢做编辑工作有两个原因：一是能满足我的求知欲，我的许多知识，大多是为了做编辑工作，强迫自己学的；二是能满足我的创造欲，每一本书，从提出选题到印制成书，每一个环节都可以发挥我自己的创造。所以我非常喜欢这个工作，已经做到老之已至，还想一直做下去。

近来我参加了几次图书评奖工作。我是搞少年儿童读物的，看的当然是少年儿童读物。我看到有些书，题目出得很有新意，可能是为了赶进度，编辑工作做得比较潦草，觉得非常可惜，把很好的选题给糟蹋了。也有些书似乎题目没有出好，对少年儿童没有吸引力，这就成了问题。一本书要让少年儿童一看到书名，就想翻开来读，能做到这样才好。要是非给他们提示不可，说这本书如何如何好，对你有多大多大的帮助，你一定要耐着性子把它读完，那就差点儿劲了。当然，如果能这样随时关心少年儿童的成长，随时指导他们该读些什么书，还是很有好处的，值得欢迎。

书是翻开了，少年儿童能不能读下去，还是个问题。现在看来是语言不太注意，或者可以说太不注意！书上写的大多是大人们说的话，这叫做语言成人化。少年儿童不喜欢看啰啰唆唆的长句子，喜欢鲜明活泼的短句子，最好念起来就像说话一个样。三四十字的长句子，念起来疙疙瘩瘩，肯定不会受欢迎。怎样把长句子改成短句子，对编辑工作者来说，也是一项非练不可的基本功。

要让少年儿童读下去，还得使他们读了能懂，有往下读的兴趣。一般的少年儿童读物不同于教科书。教科书是非读不可的，有老师给他们讲解，而且有很大的强迫性，得应付考试。读课外书完全不同，他们得自己去理解，没兴趣读下去，尽可以放弃。我们给少年儿童编辑书，靠的就是文字和图画，全靠印在书上的文字和图画来吸引他们，打动他们，把我们想跟他们说的意思，向他们表达清楚，还得使他们乐于接受。如果做不到这些，你纵然有一片好心，也达不到你所预想的效果。这不能怪小读者不领你的情。

不太注意语言文字，恐怕不仅是少年儿童读物。出版界好像有一种倾向，大家都把主要精力花在包装上，书的装帧越来越讲究，争奇斗艳，很有一些称得上精品的。是不是现在可以回过头来，重新在语言文字方面多花一些工夫呢？

没作准备，只得随口说一些家常话，恐怕没说到点子上。

一九九六年十二月八日

《古诗词新唱》编后絮谈

一

我在认字之前，父亲和母亲教我唱会了许多首儿歌。七十五年过去了，唱得全的如今只剩下两首，一首是《雪弥陀》。

1· 3 5 1̇ | 6 1̇ 6 5 - | 4· 5 3 1 | 2 - 1 - |
雪 花 堆 个 雪 弥 陀， 坦 着 肚 皮 上 坐。

5 5 4 4 | 3 5 3 2 - | 5 5 4 4 | 3 5 3 2 - |
你 在 那 里 想 什 么？ 为 何 向 我 笑 呵 呵？

1· 3 5 1̇ | 6 1̇ 6 5 - | 4· 5 3 1 | 2 - 1 - ‖
我 来 对 你 唱 个 喏：“南 无 阿 弥 陀 佛！”

三十年代初我进了中学，英文课本上有首小诗《Little Star》。老师教同学们念完了，又教同学们唱：

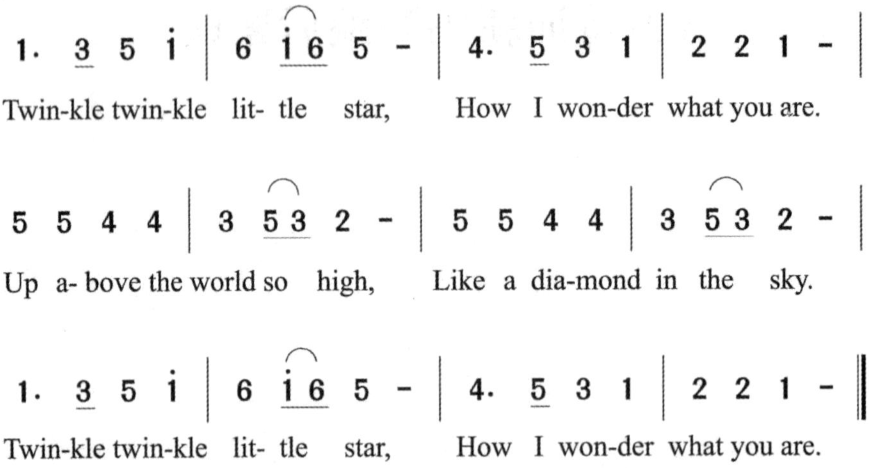

1. 3 5 1̇ | 6 1̇6 5 - | 4. 5 3 1 | 2 2 1 - |

Twin-kle twin-kle lit- tle star, How I won-der what you are.

5 5 4 4 | 3 53 2 - | 5 5 4 4 | 3 53 2 - |

Up a- bove the world so high, Like a dia-mond in the sky.

1. 3 5 1̇ | 6 1̇6 5 - | 4. 5 3 1 | 2 2 1 - ‖

Twin-kle twin-kle lit- tle star, How I won-der what you are.

我恍然大悟，从小爱唱的那首《雪弥陀》原来是“倚声填词”，用的英国儿歌的曲子。

后来唱的歌多了，知道有好些国外的名曲是通过“倚声填词”，首次引进我国来的。弘一法师在出家前就“填”了不少。如现在还常有人唱的那首《送别》，曲子采自美国早期的乡村歌曲，歌词“长亭外，古道边……”是他按照曲子的情调和拍节而创作的，并非原来那首歌的译文。

不仅“倚声填词”，弘一法师还“洋为中用”，给我国古代的诗和词配上了国外的名曲。如李白的《春思》，他给配上德国民歌的曲子，是一首二部合唱：

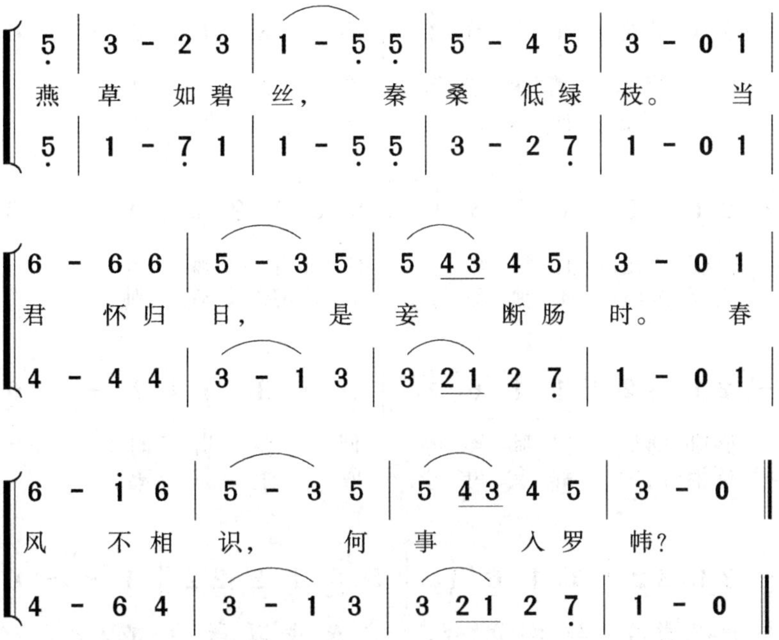

5 | 3 - 2 3 | 1 - 5 5 | 5 - 4 5 | 3 - 0 1 |
燕 草 如 碧 丝， 秦 桑 低 绿 枝。 当
5 | 1 - 7 1 | 1 - 5 5 | 3 - 2 7 | 1 - 0 1 |

6 - 6 6 | 5 - 3 5 | 5 43 4 5 | 3 - 0 1 |
君 怀 归 日， 是 妾 断 肠 时。 春
4 - 4 4 | 3 - 1 3 | 3 21 2 7 | 1 - 0 1 |

6 - i 6 | 5 - 3 5 | 5 43 4 5 | 3 - 0 ‖
风 不 相 识， 何 事 入 罗 帏？
4 - 6 4 | 3 - 1 3 | 3 21 2 7 | 1 - 0 ‖

弘一法师自己也作曲。可是奇怪，他似乎没给别人的诗篇谱过曲子，不管是同时代的还是古代的。我只见到名副其实的“自度曲”，词和曲都出自他一人之手。如三部合唱《春游》：“春风吹面薄于纱，春人妆束淡于画。……”唱着这开头两句，就像置身于江南初春的郊外，不仅感受到春的气息，还看到了在春光中徜徉的同伴和自己。

最早把弘一法师的歌曲收集在一起的，是丰子恺先生和裘梦痕先生合编的《中文名歌五十曲》。裘先生是我的音乐老师，他教的歌多半选自这本歌曲集。裘先生教得很认真，漏了一个附点也不放过。我学得也很认真，所以直到现在，还一首也没忘怀。

二

弘一法师有一首《梦》，配的福斯特《Old Folks at Home》的曲子。

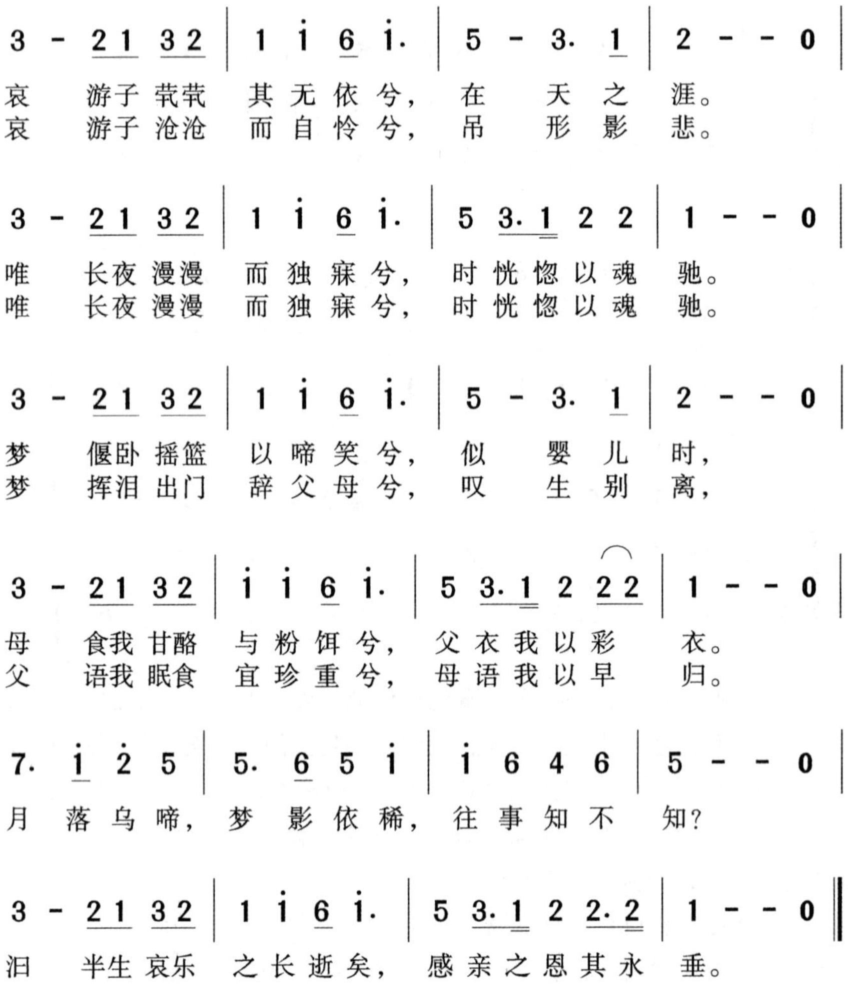

3 - 21 32 | 1 1̇ 6 1̇· | 5 - 3· 1 | 2 - - 0 |

哀　游子茕茕　其无依兮，在　天之　涯。
哀　游子沧沧　而自怜兮，吊　形影　悲。

3 - 21 32 | 1 1̇ 6 1̇· | 5 3·1 2 2 | 1 - - 0 |

唯　长夜漫漫　而独寐兮，时恍惚以魂　驰。
唯　长夜漫漫　而独寐兮，时恍惚以魂　驰。

3 - 21 32 | 1 1̇ 6 1̇· | 5 - 3· 1 | 2 - - 0 |

梦　偃卧摇篮　以啼笑兮，似　婴儿　时，
梦　挥泪出门　辞父母兮，叹　生别　离，

3 - 21 32 | 1̇ 1̇ 6 1̇· | 5 3·1 2 22 | 1 - - 0 |

母　食我甘酪　与粉饵兮，父衣我以彩　衣。
父　语我眠食　宜珍重兮，母语我以早　归。

7· 1̇ 2̇ 5 | 5· 6 5 1̇ | 1̇ 6 4 6 | 5 - - 0 |

月落乌啼，梦影依稀，往事知不　知？

3 - 21 32 | 1 1̇ 6 1̇· | 5 3·1 2 2·2 | 1 - - 0 ‖

泪　半生哀乐　之长逝矣，感亲之恩其永　垂。

“倚声填词”能如此声情交融，真可以说出神入化了。由于唱这首歌，我喜欢上了福斯特的曲子，居然在一本美国普及歌曲集《One Hundred and One Best Song》中找到了好几首。福斯特真是个创作通俗歌曲的能手，他作的词，配的曲，都既平易又清丽，颇有我们中国诗词的韵味。我唱着唱着，忘记了自己英文考试老不及格，妄想把他的歌词译成中文。

后来知道早有人这样做了，他的《Old Folks at Home》《Old Black

Joe》《My Old Kentucky Home》等等，早就译过来了。就是唱起来总觉得不太顺畅，有些句子还词不达意，甚至有明显的错译。如“我听得他们轻声呼唤‘老黑奴’”，把“old black Joe”译成了“老黑奴”。“老黑奴”绝非亲昵的称谓，同在一片棉田里受尽折磨的黑哥儿们，怎么会这样呼唤自己的伙伴呢？不过话得说回来，翻译歌词比翻译只供吟诵的诗还难得多，既要“信、达、雅”，还要合得上曲子的拍节。我试了几次都没成功，只好作罢。

那本“Best Song”不仅收美国和英国的歌曲，西欧其他国家的也收，当然都译成了英文。如意大利的名歌《Santa Lucia》：

See where the star of eve,
Beams gently yonder.
See where from wave to wave,
Soft breezes wander.
Far down the silver track,
Twilight is falling.
For, oh, so far away,
Sweet songs are calling.
Came, then, eve night is dark,
Came to my bounding bark.
Santa Lucia, Santa Lucia.

“信、达”且存而不论，“雅”是够格的了。合着原来的曲子，唱起来似乎比中译的顺口。

挪威的名歌《Last Night》，我也是从那本“Best Song”中学到的。注明转译自德文，“信、达”与否更无法对证了，可是论情调和拍节的和谐，好像就出于作曲者之手。后来找到一首中文的《昨夜》，歌词跟曲子也挺吻合，却并非转译，跟英译的几乎毫不搭界，可称作“拈题配词”。现在凭记忆录下来，供同好作个比较。

5 | 5 5 | 4 3 2 | 3· | 1 1 | 7 2 | 1 7 |
Last night the night-in-gale woke me, Last night when all was
瞢 腾，昨 夜 魂 飞 无 定，有 梦 也 何 如

6· | 6 6 | 6 6 6 | 7 1 2 | 5· | 1 1 | 2· | 2 1 |
still; It song in the gol- den moon light, From out the
醒。 一 窗 月 色， 几 痕 花 影，满 屋 萧

7 3 2 | 1 5 | 5· 5 5 | 5 67 12 | 3· | 5 1 |
wood-land hill. I o- pened my win-dow so gen- tly, I
聊 四 边 静。啊， 幽 凄 如 此 画 也 难 成，梦

1· 1 1 | ♭3 1 | ♮3· | 3 5 | 5 7 6 | 3 4 6 |
looked on the drea-ming dew, And oh, the bird my
境 也 难 比 并。 过 了 三 更 又

6 5 3 | 2 1 6 | 5 3 54 | 3 2 5 | 1· | 1 ‖
dar-ling,was sing- ing, shing-ing of you, of you.
四 更，远 远 鸡 声， 被 它 叫 破 清 境。

“Best Song”中有一首《Over the Summer Sea》，注明曲子选自威尔第的《Rigoletto》，就是歌剧《弄臣》。原来“倚声填词”，在国外也是通行的。这首的歌词有点儿佶屈聱牙，曲子倒挺熟，跟我唱过的《海滨远眺》是同一首。《海滨远眺》也不是译文，跟曲子配得十分和谐。

3 3 3 | 5 4 2 | 2 2 2 | 4 3 1 | 3 2 1 | 1 7 7 |

天连水 莽苍苍，水连天 白茫茫。天低处 下夕阳，

2 1 6 | 6 5 5 | 3 3 3 | 5 4 2 | 2 2 2 | 4 3 1 |

水平处 见帆樯。风乍起 阵阵凉，月初上 淡淡光。

3 2 1 | 1 7 7 | 2 1 6 | 6 5 5 | 2 3 2 2 | 5 2 |

落又起 新潮涨，散又聚 白云忙。天 空鸟 倦飞，

3 4 3 3 | 6 3 | 5 6 5 5 | 6 5 | 4 5 4 3 2 | 1 0 ‖

水 面鱼 吹浪。我 独立 苍莽，悠 然遐 想。

《Over the Summer Sea》译成中文似乎较晚，五十年代初，才在普及的歌本上看到译文《夏日泛舟海上》。曲子的出处也找着了，原来是《弄臣》中公爵唱的《女人善变》。公爵是个好色之徒，他反复唱这首歌嘲笑女人们水性杨花，骨子里是夸耀他自己猎艳手段之高超。威尔第把握得真准，曲子配得恰到好处。

三

给古代的诗和词配上现成的曲子，我是学弘一法师的样；只不过范围稍拓宽了一些，采用的曲子不限于西欧和北美。

最先配成的是范仲淹的《苏幕遮》。四年前的春节，我是在医院里度过的，躺在病床上无可消遣，只好哼哼记得的歌曲。哼到苏联诺索夫的《遥远的地方》，不知怎么地想起了穷寨主的“碧云天，黄叶地”，于是哼一句配一句，没费多大心思，居然让我给配成了；压低了嗓门唱了两遍，还像那么回事。心里一高兴，一连编配了三四首。

范仲淹的《苏幕遮》和诺索夫的《遥远的地方》，抒发的都是边防将

士怀念家乡的心情，配在一起自然容易协调。可是也不尽然，《海滨远眺》，还有那首《夏日泛舟海上》，都配的风马牛不相及的《女人善变》的曲子，唱起来并不觉得别扭。什么缘故呢？我说不准，可能由于曲子表现了一种洋洋自得的情绪吧。我给这支曲子配上了左思的一首《咏史》，咏的是荆轲高歌燕市，如何旁若无人，洋洋自得。

我发现有些曲子，尤其是民歌的，改变了速度和强度，表现的情调就跟着改变了。陕北民歌《兰花花》是个突出的例子。先夸兰花花长得俊，比喻朴质，感情真诚。接下来就是说媒、定亲、过财礼、迎亲，平铺直叙，不带一点儿感情色彩，却使人感受到封建买卖婚姻的冷酷。紧跟着一个大转弯，改用兰花花自己的口吻，唱她落进冰窖似的感受，唱她的反抗和诅咒，唱她对自由的渴求，对爱情的执着，直到跟情哥哥一同发誓："咱们俩死活长在一搭!"一层深进一层，情调如此强烈；曲子只有四句，只能反复这四句。我听一位女高音歌唱家演唱过。她随着歌词情调的变化，调剂歌声的宏细和拍节的徐疾，唱得丝丝入扣。不少听众抹着眼泪，赞叹世上竟有如此感人的民歌。

又如包头民歌《思乡曲》和《掏洋芋》，两首歌用的同一支曲子。《思乡曲》只四句："城头上那个跑马，回呀回不了头。提起俺们的包头，哎呀我就牙儿肉儿抖。"女高音歌唱家往往重复唱三遍，把节奏拖得很长，凄楚哀怨，如泣如诉。难怪马思聪先生把这支曲子谱进了他的音诗《绥远组曲》。《掏洋芋》却是劳动号子："土溜溜那个蚂蚱，满呀么满山跑。提起俺们的镢头，来呀来把洋芋掏。一镢头那个下去，翻过来瞧一瞧。这么大的个儿，哎呀你看妙不妙!"如此粗犷欢快，当然得用男声快节奏使劲儿唱。我想既然这样，何不放大胆子试一试，给李清照的"生当为人杰，死亦为鬼雄"也配上这支曲子呢？配完了却又踌躇起来，试唱了几遍，总觉得不能熨帖。

给李颀的《古从军行》配上圣·桑的《天鹅》，周邦彦的《金陵怀古》配上西班牙名歌《鸽子》，给苏轼的"大江东去"配上瓦格纳的《晚星》，"明月几时有"配上李姆斯基·柯萨可夫的《印度客商之歌》，更是胆大妄为了。可是清唱几遍试试，前两首我觉得还过得去，苏轼的两首配得确实有点儿拗口，曲子也本来难唱。只因为不忍舍弃这几首词和这几支曲子，生拉硬扯凑合在一起了；花的心思也不算少，可是偏离了我“倚词配曲”的初衷。

歌本是给爱好唱歌的人编的，希望他们看着谱就能唱个八九不离十。所以我采用的曲子，民歌比较多些；名家的名作，多半采用《小夜曲》《摇篮曲》及其他小品；也有歌剧和交响曲的选段，都采用经常能听到的。

四

曲子配得恰当，才能让人越唱越爱唱。唱的遍数多了，唱熟了，自然而然会增进对歌词和曲子的理解和鉴赏。能否配得恰当却往往靠碰巧，几乎可遇而不可求。

拿李白的诗来说吧：给《行路难》配上《三套车》是碰巧了，唱得带劲，好像曲子本来是为这首诗配的。《清平调》配上《西班牙女郎》，效果就不怎么样，只做到可供唱唱而已。至于《蜀道难》，竟找不着合适的曲子来配。

又如辛弃疾的词：他的“醉里挑灯看剑”，碰巧配上了歌剧《麦克白》的《凯旋歌》，歌词和曲子一样恢宏雄壮。“更能消几番风雨”配上《悲歌》，似乎也不差，一样“伤春”，唱起来激情并不亚于唱马斯涅的原词。可惜“绿树听鹈鴂”等几首出色的《贺新凉》，也没能找着合适的曲子。

歌本中为什么有这一首没有那一首，原因就在于此。说实话，有的诗词并不是第一流的，或者并非作者的代表作，只因为曲子配得还可以，有点儿风趣，我也收进来了。因而得郑重声明：请别把这本歌本当作古代诗词的选本来读。

五

一般说来，七律和五律比较容易找到可以相配的曲子，其次是格式跟律诗相近的词，如《玉楼春》《鹧鸪天》《蝶恋花》《卜算子》《生查子》等等。曲子的乐句如果多出几句，我往往用重复诗句的办法来解决；有的乐句过于长，我就重复诗句中的某个词儿或短语。除了重复，我不敢作其他形式的改动。少数几个“啊”“呣”之类的语气短语，也是斟酌再三才添上的。

对曲子，我也不敢任意改动。只有极少数歌剧中的咏叹调，曲子实在太长，我采用节选的办法，删去了其中的某一段。有些曲子，也是极少数，乐句比诗句少了两句或四句，我就重复乐句来补足。有几支曲子是我在中学时代唱熟的，要核对找不着原谱，可能有一些小出入，有的还没法注上出处。为了让爱好唱歌的同道有琢磨的自由，我没给曲子标上强弱快慢的符号。

有人建议，让我给诗词作些必要的注释，我没有照办。因为绝大多数比较难懂的词语，在《词海》上都能找到。近年来出版了好些部唐诗宋词的“鉴赏词典”，除了注释，还有“作品赏析”“时代背景”“作者小传”，也可以找来参考。再说，给歌词作了注释，给曲子作不作注释呢？既然编的是歌本，似乎不该厚此薄彼。

倒是一些常见的字，不加分辨很容易念错。有这一百五十首诗词中，所有的“斗”都该念作《多收了三五斗》的“斗”；所有的“争”就是“怎”，也跟“斗争”无关。“觉”都得念作“觉悟”的“觉”，“强”都得念作“勉强”的“强”，“省”都得念作“反省”的“省”。在李白的《行路难》中，“塞”该念作“瓶塞子”的“塞”；而在别处，就是“寨”字。在杜甫的《旅夜书怀》中，“应”该念作“有求必应”的“应”，而在别处，都念作“应该”的“应”。“朝”得看情形，作“朝代”讲的时候念作 cháo，作“早晨”讲的时候念作 zhāo。还有“参差”得念作 cēncī，“欸乃”得念作 ǎinǎi。

忒啰唆了，就此打住。

最后套一句歌手们的套话：“希望能得到您的喜欢。”请不忙“报以热烈的掌声”，先唱一两首试试再说。

一九九七年四月十日

在知识的长河中注入一滴水

记得两年前的某一天，中国少年儿童出版社的几位朋友来找我闲聊，说起他们正在策划一部丛书，叫做《十万个不知道》。一听这题目，我说："这个主意好。老跟孩子们讲这是这样的，那是那样的，日子久了，孩子们可能会感到腻味的。是得跟孩子讲讲，世界上还有许许多多不知道的事儿，比已经知道的多得多，而且有趣得多。如果能潜移默化，让孩子们的心里萌发一株自己去探索的苗苗，你们这部丛书就算成功了。"

没想到经过两年的努力，这部丛书已经编成了十本；一个星期前，他们把最先印得的两本样书给我送来了。丛书改了名称，改成了《不知道的世界》。我看改得好，应该改。原来打算用《十万个不知道》，是受到了《十万个为什么》的启发；从编辑的意图来说，两者本是相辅相成的：如果不改，倒像故意唱对台戏了，所以我赞成改。两本样书，一本讲的植物，一本讲的物理；每本二十几篇，一篇围绕一个主题。推想其他八本也是这个格局，每一本讲一门学科。看内容和行文，这部丛书是为初中学生和小学高年级学生编写的，以他们已有的知识为基础，讲这门学科最近有了什么新的成就，正在研究哪些新的课题，将来可能朝着哪个方向发展：就这样，把读者领进一个不知道的世界。这个世界无边无垠，多少原先不知道的，现在知道了，却又引发出更多的不知道来。从每一个不知道到知道，都没有现成的道路，道路需要人们去探索。在探索中，有的人走通了，有的人碰了壁，也有殊途而同归的，都到达了目的地。在我看到的两本样书中，这样有趣的故事一个接着一个，到了儿也没有说完；留下了一大堆的不知道，让读者自己去思索。

我看照着这个格局编下去，这部丛书会得到成功的。现在的十本，只开了个头。老话说：头开得好，就是成功的一半。应该一鼓作气，一本又一本继续往下编，把不知道的世界中的奥秘，一一展现在小读者面前。让他们自己去挑选，将来从哪一个不知道入手，为咱们亲爱的祖国作出贡献；在人类知识的长河中，注入他们自己的一滴水。

一九九八年五月十九日

给孩子们编写唐诗选本的设想

我想，既然要让孩子们读点儿古诗文，就得认认真真，给孩子们编写几本读古诗文的辅导读物，如诗的选本，词的选本，韵文的选本，各种散文的选本。

以唐诗来说，给孩子们读的选本已经出得够多了，大多是认真编写的。我干吗还要提出这个建议来呢？因为编写的角度可以不同，而且认真是没有底的。

先说编排。我见到的选本，多数把浅的短的放在前头，长的深的放在后头，这个办法比较好。可是所选的诗都各管各的，缺乏相互之间的联系和照应。孩子们读完了选本，背熟了所选的几十上百首唐诗，对咱们中国古诗的艺术特色和表现手法，恐怕还留不下比较清晰的印象。

再说讲解。各个选本有详有略，都致力于把不太好懂的词和句解释清楚，这当然是必要的；讲解都有根有据，也大致错不了。可是往往忽略了选本是给孩子们读的。孩子们生活在现代，思想感情跟古人总隔了一层。因而我想除了讲解之外，必要时还得为解决这一类差异作些必要的说明。

还有一些有助于诵读和理解唐诗的常识，如平仄呀，押韵呀，对仗呀，古体呀，近体呀，律诗呀，绝句呀，等等，有的选本是讲了，可是讲得太少；有的选本竟忘了讲。咱们希望孩子们读了选本上的唐诗，能举一反三，凭借词典，自己去诵读更多的唐诗和唐代以后的诗；因而让他们知道一些粗浅的有关唐诗的常识，是非常必要的。

还有，古诗中有些句子，组织形式非常特别，在古文中是找不着的；

咱们现代人作文更不能仿效。遇到这样的诗句，一定要随时指出来，免得孩子们在练习写作的时候走上岔路。

选本的第一首，是否就用“床前明月光”。现在就以这一首为例，说说我的设想。

这首诗明白如话，似乎没有什么要讲的。李白写他半夜醒来，在朦胧中看到床前一片白，以为地上铺着霜，可立刻明白过来了，那是月光；于是引出了后头两句：“举头望明月，低头思故乡。”想念故乡的什么呢？由此产生了哪些感慨呢？李白都没有说。他把读者引到了这样一个境界里，让读者自己去体会。这是我国的诗和词常用的手法。读者如果体会得深，甚至会觉得这首诗或词好像是自己写的。

是否还得给孩子们提个醒：古时候交通很不发达，通信非常困难；不像现在，拨个长途电话就可以跟数千里外的亲友谈心，所以许多诗人都留下了怀念家乡的名作。夜深人静，独自对着一轮明月，诗人更感到孤零，不由得低下头来，细细回忆在故乡那欢乐的日子，难怪这首诗的题目是《静夜思》。讲解完了，可以引几句浅近的对月怀乡的诗句，供孩子们印证比较。

这是选本中的第一首，一些有关唐诗的最基本的常识，也有必要先简要的提一提。这首诗每句五个字，叫做“五言”。最常见的唐诗是五言和七言，句数往往成双；通常两句成为一组，从内容和形式看都是如此。在一句之中，两个字成为一个音节。这首《静夜思》，第一、二、四句是押韵的，古诗必定押韵。还有读音的平仄，一定要分辨清楚，诵读的时候要有所区别，听起来才顺溜。其余的留到以后碰着适当的机会再讲。

因为是开头的第一首，讲解不得不啰唆些，以后不必每一首都作这样的串讲；有关唐诗的常识，也不要一口气讲这么多。下面再举两首可能入选的诗为例，来说明我的设想。

如“红豆生南国”，除了“撷”字，孩子们都认得。“相思”是什么意思，《现代汉语词典》的解释很完整，说是“彼此思念，多指男女因互相爱慕而又无法接近的思念。”“最相思”是什么意思呢？原来“最”字后边省去了一些什么，或者是“能惹起”，或者是“能寄托”，或者是“能传递”，可能还有什么别的，读者可以自己去体会。类似的省略，在诗词中十分常见，得给孩子们提个醒，不要轻易放过。还得讲一讲红豆为什么“最相思”。红豆产在亚热带，很罕见，豆粒坚硬，经久不坏，红得很鲜艳，还有光泽。常被当作宝石镶在指环上。孩子们有了这些常识，方能理解诗人为什么要写这首诗。

这首诗跟《静夜思》不同，第一句没押韵。唐诗的偶数句非押韵不可；奇数句不押韵，因而末一字的平仄，一定跟偶数句相反；只有第一句，有押韵的，也有不押韵的。

关于押韵，讲“千山鸟飞绝”一首时，有个问题得跟孩子们讲清楚。这首诗，咱们念起来好像没押韵，在古时候却是押韵的，押的入声韵。入声的发音非常短促，跟上声、去声同属于仄声。现代的普通话没有入声，古时候念入声的字，都分别归到阴平、阳平和上声、去声中去了。同一个字，今古发音不同，不是哪个人规定的，而是在漫长的岁月中逐渐演变的结果。咱们念这首诗，得把用来押韵的三个字，就是“绝”“灭”“雪”，尽可能念得短促，一发声立刻收住。可以请孩子们试一试，这样念，是否更符合这首诗所描写的枯寂寒冷的意境；再背诵两三首已经讲过的押平声韵的诗，来作比较。

这首诗的前两句，“千山”跟“万径”相对应，“鸟飞绝”跟“人踪灭”相对应，这就叫做“对仗”。如果头一回提到对仗，就说到这儿为止；如果前头已经提过，就接着前头说的，说一说对仗有哪些严格的要求，其余的留到后头讲律诗再说；到那时，再引已经讲过的某几首诗中的对仗作例证。

把“没有鸟飞过”说成“鸟飞绝”，“没有人走过”说成“人踪灭”，这样的倒置手法，只能用在诗和词中。末一句“独钓寒江雪”也是如此，要是写进散文，至少得用十多个字，顺序也得重新安排。“孤舟蓑笠翁”，写进散文也得添上好几个字，才能成为一句短语。似乎还得跟孩子们说说明白，作者是非常羡慕这位独钓寒江的渔翁的；甚至把自己当成了诗中的这位渔翁。可以说说他出于什么心态，从哪儿可以看出来。写渔翁的诗和词也很多，用意莫不如此。建议再选一首“渔翁夜傍西岩宿”，让孩子们作比较。

给孩子们读的选本，当然主要得选名家的名作。题材不同的，形式不同的，抒发不同的思想感情的，最好都能照顾到。注意得少选消极的，颓丧的，多选积极的，奋发的。不要忘了这个选本的读者，他们是生活在现代的力求进取的孩子们。

至于选本的编排，我想根据由浅入深的原则，先讲短的，把二十来首短诗放在前头：五言的七言的可以混在一起，都以四句为限，也不分古体近体；先讲稍加指点孩子们就能理解的，后讲比较难懂的。然后讲八句的五言七言，包括五古五律、七古七律，有二十多首就可以了。把律诗跟古体的区别讲清楚之后，再讲十几首五绝七绝，跟开头讲过的合在一起，也有二十几首了。讲到绝句和古体的区别，正好拿开头部分讲过的，孩子们已经背熟的来作比较。

再往后讲一二十首长诗，除了五古七古，杂言至少得选一首，或者就选李白的《蜀道难》；排律也得选一首，恐怕难找到合适的；还有结构特殊的，如杜甫的《饮中八仙歌》，是否也选上。最后讲几首唐代以前的古诗，作为附录，好让孩子们约略知道一些古诗的渊源和演变。

大约在二十年前，有位编辑同行来找我，说要给孩子们编一套丛书，选题中有一本《唐诗选》，问我怎样编好。我就给他出了这么个主意。他听我似乎胸有成竹，说定期限要让我编。我说我很想试试，可实在抽不出时间，如果谁愿意采用这个编法，我可以帮忙。后来没有下文。

现在把我的设想写下来，仍旧是这个用意，希望有哪一位拣了去，编出一本来试试，看我当年想的是否完全是空中楼阁。可是得声明在先，我已经年老力衰，一点儿忙也帮不上了，千万别把稿子寄给我看。等到书印出来，寄一本给我看看，我就非常满足而且感激了。

一九九八年十一月八日

《中学生》杂志的《文章病院》

有人写文章介绍解放前的《中学生》杂志，说在三十年代，《中学生》杂志经常指导读者修改作文，设置过一个专栏叫做《文章病院》。这句话分成两截，都没有错；把两截连成一气说，却不符合事实。

《中学生》杂志自一九三〇年一月创刊，经常从读者的来稿中挑选例文，加上批改而后发表，很受中学同学和老师们欢迎。《文章病院》设置于第二十二期，只刊出过两回，说不上经常；先后只诊治过四位病患者，都不是读者的习作，来头之大都无以复加。名单开列如下，简介是我给加上的。

第一号，《词源续编说例》

“说例”印在商务印书馆一九三一年出版的《词源续编》前头，署名作者是“续编”成书时的编辑主任。

商务印书馆创建于十九世纪末，是我国第一家也是最大的出版业。一九一五年，商务出版了我国第一部大型百科词典——《词源》。“续编”的“说例”中说，到一九三一年，《词源》已“销行达数十万册”。由于时代的演变和科学的进步，十多年来出现了许多新名词。商务决定出版这部“续编”，为的是适应已持有《词源》的数十万读者的需求。“说例”主要说明编辑“续编”的缘起、方针、体例，以及成书的艰辛。

第二号，《中国国民党第四届第一次中央执行委员会全体会议宣言》

国民党的中央执行委员会是全党的最高决策机构。“宣言”发表于一九三一年十二月二十九日，距“九一八”事变已一百零二天。

一九三一年九月十八日，日本驻我国东北境内的“关东军”突然炮击沈阳，接着进攻吉林、黑龙江两省。国民党政府命令东北守军撤至关内，绝对不得抵抗；一方面继续调集重兵，加紧对中央苏区的“围剿”。全国民众要求停止内战，团结一致抵御日寇。拖到十二月下旬，国民党才开了这么个会议，发表了这么个“宣言”。“宣言”说抗日是要抗的，“为国牺牲，为民前锋，乃本党应有之责任”；但是先得“切实认识最近世界情势”，“以定救国之根本方针”；还得进行“政治改革”，“以整齐全国一致的步骤”，“保障元首地位之稳定”，……连哄骗带掩饰，话自然是说不圆的，用词造句也纰漏百出。

第三号，《江苏省立中等学校校长劝告全省中等学校学生复课书》

江苏省立扬州中学、苏州中学、常州中学、上海中学等，当时都以升学率之高而名闻全国。校长们紧跟“第二号病患者”，于一九三二年一月十日公开发表这封信，其劝说的对象，当然不限于江苏一省的中等学校学生。

“九一八”事变爆发后，全国各地的大学生中学生纷纷罢课，举行游行示威抗议日寇侵略，要求国民党政府对日宣战，并组织进京请愿、下乡宣传等活动，也有参加抗日义勇军的。社会舆论有的支持学生的爱国行动，有的说国家大事自有政府做主，劝学生不要荒废学业。校长们的劝告书当然属于后一类。

第四号，《今后申报努力的工作》

《申报》创刊于一八七一年九月，行销全国；历史之悠久，影响之普遍，居全国各种日报之首。

一九三一年九月，《申报》发表《本报六十周年纪念宣言》，公布了“新的工作方针”。讲今后工作的这一篇发表于一九三二年十一月三十日，主要说实现新方针的具体办法。

四位病患者都出身显赫，“第二号”尤其不可一世。他们正在招摇过市，替他们的作者和发表者现身说法。《中学生》杂志硬把他们拉进病院来诊治；也未征得作者和发表者的同意，把他们的症状、病因和治疗办法一一公之于众。这样做目的何在？《文章病院》的《规约》作了明白交代。《规约》就刊登在《中学生》第二十二期上，全文如下：

一、本院以维护并促进文章界的“公共卫生”为宗旨。

二、根据上项宗旨，本院以出现于社会间之病患者中择尤收容，加以诊治。

三、本院只治病患者本身——文章，对于产生文章的作者绝不作任何评价，毫无人身攻击等卑劣意味。

四、本院对于病患者详细诊治后，即将诊治方案公布，使公众知道如此如彼是病，即不如此不如彼是健康，是正常。

五、院外同志遇有病患者，希望介绍来院，倘加以诊治而将所开方案交由本院公布，尤所欢迎。

六、本院附设于《中学生》杂志中，所有公布文件，悉归《中学生》杂志编辑者负责。

原来《文章病院》面向公众，以卫生保健为宗旨。所收容的病患者都经过严格挑选，至少得具备两个条件：一是病情严重；二是社会影响大，可能损害公众的卫生和健康。第二项说的“择尤”，大概是这个意思。公布“诊治方案”以增强公众的免疫力，是病院实施卫生保健的唯一手段。《规约》第四项说得很清楚，读者看了“诊治方案”，可以“知道如此如彼是病”，提防自己传染上跟病患者相同的和类似的疾病。可能还有个目的在《规约》中不便说明，而是《中学生》杂志经常提醒读者的：要养成自己鉴别的能力和习惯，不要迷信那些名不副实的夸夸其谈的“权威”。

《规约》第三项说“本院只治病患者本身”，“对于产生文章的作者绝不作任何评价”。从所公布的四篇“诊治方案”看，病院是恪守诺言的，连国民党的那篇“宣言”，除了批改文章，也没说一句题外的话。读者们看了却不会不知道，把簇新鲜的“宣言”连同稍后的“劝告书”一同推出来，当众揭他们的病灶，这一举动本身，就表明了《中学生》杂志的政治态度和对时局的看法。两位病患者的执笔者和发表者不是傻瓜，哪能看不出来呢？打上门来砸了开明书店的招牌，迫害阅读《中学生》杂志的学生，那些大人先生们都是干得出来的。因而《规约》在最后不得不再次郑重声明：“所有公布文件，悉归《中学生杂志》编辑者负责。”

没料到这一期《中学生》杂志没能如期跟读者见面，还没印制完毕就毁于"一·二八"的炮火。那天半夜，日寇的海军陆战队突然进攻上海闸北，十九路军忍无可忍，违令抵抗。全国民众奋起支援浴血抗敌的爱国将士，要求政府立即对日宣战。国民党当局仍不改变"攘外必先安内"的政策，可又不敢公然求和；公立中学校长更没了主意，连按期开学也办不到了：什么"宣言"，什么"劝告书"，都成了一堆废话。等到三月初，第二十二期《中学生》杂志重新印刷出版，那些大人先生们大概只好装作没瞧见，倒没惹出什么麻烦来。第二年二月，《文章病院》公布了第四号"诊治方案"就收场了。可能因为那些病患者还有个不可救药的通病，都是"放大的小脚"——半文不白；从写作教学的角度看，效果似乎并不理想，还不如批改读者的习作来得切实。

《文章病院》公布的文件都没署名，除了第三号"诊治方案"，都由我父亲执笔，因而都收进了江苏教育出版社的《叶圣陶集》第十五卷。可是得说明白，设置《文章病院》和挑选病患者，并非我父亲一个人的主意。先是章雪村先生看到了《词源续编说例》，说天下竟有如此不通的文章，很可以在《中学生》杂志上批他一批。夏丏尊先生和我父亲都赞成，商量下来，让我父亲执笔。《文章病院》这个栏目也是大家定的；都说还得有个《规约》，于是凑了六项，由我父亲记了下来。国民党的"宣言"和校长们的"劝告书"，也是大家说非批不可，得尽快发表。为了赶时间，宋云彬先生把批"劝告书"的任务揽了去。第二年正在商量批《申报》的那篇文章，不知怎么的走漏了风声，《申报》托人到开明说情。雪村先生说不要睬他。不怕事，得理不饶人，是雪村先生生就的脾气。

一九九八年十二月十三日

开明书店的
“活页文选”和“国文讲义”

《开明活页文选》是供中学国文教师选用的零篇课文，一九二七年开始分批出版，到一九三七年积累了两千来篇。《开明国文讲义》是供没法升学的小学毕业生自学的课本，三厚册，出版于一九三四年。两者不是一码事。

出版中小学教科书，最早的是商务印书馆，其次是中华书局。开明书店创办于一九二六年，这时候，出版教科书的已经有好几家。就中学国文课本来说，各家的格局大致相同，无非选若干篇课文，加上注释编排成册，一个学期一册；课文选来选去，无非那么些篇，只是编排的先后和注释的详略稍有差异。在正常的情况下，国文教师用哪一家的课本，可以自己挑选。

有的教师对各家的课本都不满意：或者嫌所选的课文不配自己的胃口，讲解起来不得劲；或者对国文教学有自己的看法。他们偏要自己选编课文，用蜡纸刻写了印发给学生。好在学校每学期向学生收取讲义费，并雇有专司刻写蜡纸的职员，财力人力都无问题；只是刻写难免出错，墨色又浓淡不匀，印出来笔画模糊。《开明活页文选》用四号字排印，校对精审，款式清朗。如果认为它之所以受欢迎，就在于替代了油印的“讲义”，则未免低估了这一创举。它的主要意义，应该说是给国文教师提供了挑选课文的自由和方便，并使市面上的各种国文课本，受到了不大不小的冲击。

《开明活页文选》不仅提供选择的课文篇数多，范围也超过了各家的课本，其中有不少选自最近出版的书籍报刊，是现成的课本不可能做到的。每出版一批选文，就有目录分送到各所中学，供国文教师挑选。在目录上，各篇课文都有编号。教师选定了哪些篇，只要按次序开列编号，注明需要多少份，交给开明书店，开明书店立即配齐送到。售价以页数计，记得每页不到五厘钱，总之比一般课本的定价标准低得多。如果在开学前一个星期就把课文选定，老师还可以要求装订成册，开明书店一定照办不误，加上早就准备好的封面，还排印一份篇目，装在课文前头。篇目用铅字排成活版，装在圆盘机上一印就得，不费多少事，连同装订都不另收费。那时候纸张价格低，排工印工都便宜；教学用的课文，按惯例不需付给作者稿费，开明书店还是有利可图的。北新书局后来也出版活页文选，可能服务不怎么到家，做不过开明书店。

《开明活页文选》并无注释。另有专供教师参考的加上注释的课文，那是编印成册的，不是零篇的活页；陆续出版了十册，记得每册三四十篇，都是古文；注得尽可能详细，工夫花得不少，销路却并不好。可能因为没有个整体规划，没把选文归类，编排也无一定的次序，不便于查找。再说，教师挑选的总是自己娴熟的课文，用不着临到讲课再抱佛脚。

一九三二年“一·二八”事变之后，失学的青少年越发增多。第二年的暑期，开明书店创办“开明函授学校”，目的在于帮助他们自学普通中学的全部课程（甚至包括体育），以及一些必要的谋生技能（如应用文和珠算）。先办初中班，以半年为一期，一年半结业，共收学费十八元，教学进度比中学快一倍。每月发给学员一本讲义，一本作业本。每本讲义的开头有一篇“讲坛”，相当于校长在全校集会上的讲话（头一本讲的就是《自学的精神》）；后边才是初中各科的讲义，科目的排列先后与中学相同，后一本跟前一本相衔接。作业本跟讲义配合，各科分练习、笔记、质疑三个部分。学员作完作业如果要求批改答复，得交批答费，一年半也是十八元。学费和批答费一共三十六元，只相当于念三年初中所交的学杂费的六分之一，还可以分期付款。

开明函授学校由夏丏尊先生担任校长，编写各科讲义的也都是教育界文化界有名望的人。招收学员的广告一公布，报名入学的大大超出了预计，而且多半要求批改作业本，主要着眼于质疑的答复。作业本不断涌来，开明书店的十多位编辑如何招架得住，只好请信得过的中学教师帮忙，当然是有偿的；一方面宣告停止招收新的学员。十八本讲义出齐之后，函授学校就宣告停办，对已经入学的学员都做到了善始善终。十八本讲义都是精心编写的，就此舍弃未免可惜，于是按科目归类重新排印，作为单行本出版发行。《开明国文讲义》就是其中的一种。

《开明国文讲义》是夏丏尊、叶圣陶、宋云彬、陈望道四位先生编写的；初中程度的读者能够自己读下去，就跟当面听教师讲课一个样。如果认真阅读认真练习，学完这三册讲义，应该能掌握阅读和写作的基本方法，还能知道一些语法修词的常识和中国文学史的常识。

新中国成立后，开明书店和青年出版社合并。直到一九八五年，人民教育出版社重印《开明国文讲义》，让我写了“后记”。这篇纪念性的短文，收进了我的杂文集《我是编辑》。

一九九九年三月二十二日

名著和名译

为了赵元任先生译的《阿丽思漫游奇境记》，我跟乔木同志打过一回交道。

乔木同志似乎特关心赵老先生的这本译品。五十年代，中国青年出版社成立不久，他写信给顾均正先生说：欧美儿童读物的许多译本，解放后都停印了，这样不好，应该挑选一部分整理出版；还开列了可供考虑的书目，近二十种，其中有赵老先生译的《阿丽思漫游奇境记》。顾先生当时是中青社的总编辑。

中青社当初有五个编辑室，第五编辑室专管少儿读物，才十来个人。上海的少年儿童出版社当时也归团中央直接领导，他们有的是专门人才和印制力量。为了明确分工，中青社的五编室连人带任务，包括乔木同志提的意见，都划归了上海的少儿社。乔木同志的意见等于开放了一个禁区（其实是我们少儿读物工作者自己画地为牢），少儿社当然乐于照办。徐调孚先生译的《木偶奇遇记》、唐锡光先生译的《鲁滨逊漂流记》等等，都先后见书了；唯独赵老先生译的《阿丽思漫游奇境记》迟迟不见重版。我现在借到的，是少儿社一九八八年十月的版本，译文酌情作了谨慎的改动。

一九五六年成立了中国少年儿童出版社，当时跟上海的少儿社商定，翻译作品的组稿、编辑、出版，仍旧全归他们负责，收到稿件都转给他们处理。中少社成立之初实际上是中青社的一个编辑室，二三十个人大半是从各处抽调来的，还没有力量把摊子全面铺开。“文革”前的十年中，我们中少社只出过一本翻译作品——《印第安小猎人》。作者是捷克人，他自己请朋友译成了汉文才送来的。真个盛情难却，稿子又真不错。——违约仅此一回。

“文革”之后，中少社从干校先调回来几个人，约了几部稿子，筹划重新开张。正在这时候，乔木同志派他的秘书送来一封信，建议我们重新排印赵老先生那本《阿丽思漫游奇境记》，连书都送来了，商务印书馆的老版本。

乔木同志如此地道，如此认真，同事们哪敢怠慢。大家轮流看了书，结果都说看不懂，不明白这本书讲的到底是什么意思。我半开玩笑地说：“看不出意思来就对了。咱们给孩子们出书，都得讲教育意义。欧美就有这么一派，讲究的是 nonsense，就是不讲道理，避免说教。儿童读物嘛，能让孩子们得到快乐就好。其实他们有他们的道理，让孩子们笑一笑，乐一乐，辨辨滋味，借此潜移默化，培养孩子们的幽默感。咱们中国人也不是不讲幽默，我的家乡苏州就有许多 nonsense 的童谣，想来别处也有。”

(当时我没举例子。前两天偶然想起一首，很值得记下来：“和尚和尚，光里浪淌，一记耳光，打到里床。里床一只缸，缸里一个蛋，蛋里一个黄，黄里一个小和尚，‘嗯呀嗯呀’要吃绿豆汤。”用苏州乡音念，实在有趣。我小时候哩哩啦啦跟着祖母学，开心极了。我试了试，想译成普通话，没成功；要译成英语，又保持童谣的形式，恐怕是不可能的。)

同事们说他们是硬着头皮读这本书的，一点儿笑不出来。我说：“问题就在这儿。这本‘阿丽思’是大大有名的 nonsense，据说原作到处妙趣横生；这位赵老先生只怕体现不出来，译的时候费尽心思。读过原作又熟悉北京话的人，都说他译得棒极了；可一般人还是读不出滋味来，别说孩子们了。我七八岁的时候，看这本书上的插图挺有趣，硬着头皮读过三四回，都没读到一半就扔下了。这样一本名著名译，原式原样印出来供专门家研究，看来很有必要；让孩子们自己读恐怕难，很难。”

“文革”十年，少儿读物被批得只剩下一本《新华字典》，当务之急是让孩子们有书可读，不是提供什么研究材料，这本“阿丽思”只好缓一步再说。经过商量，大家取得了共识。可是怎么回复乔木同志呢？我说信就让我来写吧，我想我能把理由说清楚的。

写给乔木同志的信，我没留底稿，回想起来颇有点儿可笑，简直像审读报告。开头举了两个例，一个是“tale”和“tail”。在赵老先生译的第三章中，我找到了这么两段：

> 那老鼠对着阿丽思叹了一口气道：“唉，我的身世说来可真是又长又苦又委曲呀——”
>
> 阿丽思听了，瞧着那老鼠的尾巴说：“你的尾巴是曲啊！可是为什么又叫它苦呢！”

我说“尾巴”的原文是“tail”；“身世”的原文想来是“tale”：两个字念起来一模一样。老鼠说的是自己的 tale，阿丽思以为它说自己的 tail：英国孩子读到这儿肯定发笑，中国孩子看了译文却莫名其妙，非得加个注不可。可是要看了注才知道所以好笑，孩子们可能笑不起来了。

第二个例子说来话长。我在高中二年级念的英文读本，选了“阿丽思”的第二章作课文。老师是清华毕业的，很有水平，讲解又认真。我仅有的关于 nonsense 和“阿丽思”的那点儿常识，基本上是听他讲的。光“阿丽思”第二章开头的第一个字，他就讲了十来分钟，说这个字是个副词，由动词加了个词尾构成的，作者故意把词尾加错了，为了引孩子们发笑，也为了表现阿丽思当时惊诧之极，连话都说不周正了。这是个什么字呢，我再也想不起了，只记得是“奇怪”一类的意思。(查原文本，第二章开头是：“Curiouser and curiouser!” cried Alice；……在英汉字典上找不着 curiouser，只有 curiously。原来阿丽思把词尾“ly”错成了“er”。可惜我当时没法找到原文本。)赵老先生煞费苦心，把阿丽思这句话译作：“越变越稀汉了，越变越切怪了！”为了表现阿丽思说错了一个词儿，赵老先生用了两个译法，还故意把“稀罕”错成了“稀汉”，把“奇怪”错成了“切怪”。效果恐怕不可能理想，孩子们很难理会，笑不出来。

给乔木同志写信，我不能如此啰唆，草稿改了好几遍，恐怕到了儿也没能说清楚。接下去我说：从这两个例子推想，作者擅长文字游戏，这本“阿丽思”所以难译，主要原因可能就在于此。书中还有好些诗歌，可能本来是英国孩子都会唱的，或者竟是印在英国的小学课本上的，作者改了几个字，把一本正经变成了滑稽可笑（现在查商务一九八八年五月出版的英汉对照本所加的注，我的这些推想十之八九得到了证实），英国孩子当然越读越有味儿。我们中国孩子没唱过这些英国儿歌，也没念过这些英文诗，即使译得一丝儿不走样，中国孩子还是体会不到作者的用心。

信的结尾，当然是同事们和我一同商量定当的处理办法。因为信中出现了“我”，用我自己的口气写的，在“谨致敬礼”下边，我只好署上我个人的名字。

没过几天，乔木同志就给我回信了，仍旧派秘书送到出版社的。信上说既然这样，《阿丽思漫游奇境记》暂时不必考虑了。书不用归回，送给我作个纪念，或许以后还有用。又说他早听说我了，很想有机会见见面。我马上回信，谢谢乔木同志如此丰厚的赠与。还告诉他说，他是经常见到我的，前两天讨论整理古籍规划，扶着我父亲到会的大个儿就是我。父亲出门我老跟着，像个警卫员；在家里接待客人，我是服务员；还经常骑着车替父亲给老朋友送个信，成了通信员；偶尔也帮父亲抄抄写写，只能算半个秘书。信写到末了儿，没有什么别的可说，我添上了这几句很不得体的玩笑话。

记不清后来跟着父亲开什么会，又见着了乔木同志，我主动上前作自我介绍。乔木同志握着我的手，仔细看了看我，没说什么话。过后碰到这样的场合，我仍旧站得远远的。商务版的《阿丽思漫游奇境记》已经非常难得。我最怕收藏，把它给了爱书如命的弟弟至诚。乔木同志给我的回信，我倒是收藏了一阵子的，到了儿还是找不着了。

一九九九年七月十三日

开头的那四篇童话

我父亲怎么会写起童话来的呢？

六年前，我父亲写过一篇《我和儿童文学》，回答了这个问题。他说：“我写童话，当然是受了西方的影响。‘五四’前后，格林、安徒生、王尔德的童话陆续介绍过来了。我是个小学教员，对这种适宜给儿童阅读的文学形式当然会注意，于是有了自己试一试的想头。还有个促使我试一试的人，就是郑振铎先生，他主编《儿童世界》，要我供给稿子。《儿童世界》每个星期出一期，他拉稿拉得勤，我也就写得勤了。”

我父亲写童话，开头只是看别人这么做了，觉得很有意思，想自己试一试，郑叔叔一怂恿，就写起来了。

写小说也是这样，引起我父亲试一试的是华盛顿·欧文的《见闻杂记》。在中学的英文课上，他念的原文本的《见闻杂记》，“那富有诗趣的描写”，“那看似平淡而实有深味的叙述”，都是他过去没读到过的。他“爱赏不已”，当时曾想，“若用这种文趣来写文字，那多么好呢！”后来他试着写小说——开头用的文言，还“有意模仿华盛顿·欧文的笔调”。四十多年前，在《杂谈我的写作》那篇文章中，我父亲就是这样说的。

看别人这么做了，想自己试一试，这样的事儿，我父亲似乎特别多。记得在我十岁以前，父亲常常跟他的朋友一同出去旅行，每年总有一回两回。有一回去无锡，伯伯叔叔们都带了泥人回来，分给自己的孩子，我当然也想得到一个，没想到父亲带回来的却是西瓜大的一团又湿又沉的烂泥。

顾颉刚顾伯伯为小说集《隔膜》写的序中提到过，我父亲在中学时代就看中了泥塑，这一回他不买泥人而买烂泥，就为的自己试一试。他让我妹妹至美做模特儿，要塑个小女孩儿的头像；于是找了块木板，把烂泥在木板上蹾了个结实，捏成个头颅的轮廓，让我妹妹站在边上，他打开螺母柄的小折刀，端详着我妹妹，用小刀在泥团上慢慢地刮，细细地刻。我妹妹那时还不到四岁，她哪儿有做模特儿的这份耐性。父亲只好摆弄了一会儿就停下，用湿布把泥团蒙上，免得泥团干裂。一连许多天，摆弄这泥团成了父亲下工回家必做的功课。依我看泥团是越来越像我的妹妹了，不知为什么父亲却把它放下了。后来泥团裂成了比石子还硬的小块块。

父亲还给我妹妹理过发，剪成小女孩儿最时新的式样；给我妹妹裁过连衣裙，样子是他自己设计的，裁好了让我母亲给缝。在这些方面，女孩儿有她们天赋的优先权。有一回，父亲忽发奇想，要试一试种牛痘。

父亲买来了牛痘苗，又选中我妹妹做试验的对象，工具仍旧是他那把螺母柄的小折刀。父亲一把抓住我妹妹的胳膊，我妹妹就大哭大叫，死劲挣扎。父亲这一下可火了，他捋起自己的袖子，露出左胳膊，用蘸酒精的棉花擦了擦，拿起小刀划了两下，显然劲儿使过了头，血都渗出来了，他把一管子牛痘苗都吹在了伤口上。后来牛痘“发”得很厉害，母亲说是牛痘苗用多了，一管子牛痘苗可以种十来个人呐，哪有一下子都用上的。后来我学了点儿微生物的知识，回想起来，大概还是消毒不太干净的缘故。

可说的还有许多。这种想自己试一试的愿望，任何人都是常有的。男孩子踢足球，女孩子跳橡皮筋，开头不都是看小伙伴们玩得挺欢，不由自主地参加进去了吗？我生活在父亲身边，父亲的例子，我知道的自然多一些，而且受了感染，也什么都想试一试，可惜我往往浅尝辄止，干什么都没有长性。

看来鲁迅先生是赞赏这种试一试的精神的。他在《表》的《译者的话》中记下了一笔，说“叶绍钧先生的《稻草人》是给中国的童话开了一条自己创作的路的。”开这条路的时候，我父亲真个劲头十足。就在那篇《我和儿童文学》中，我父亲说：“我的第一本童话集《稻草人》的第一篇是《小白船》，写于一九二一年十一月十五日，我写童话是从这一天开始的。接着在十六日、十七日写了《傻子》和《燕子》；在二十日又写了《一粒种子》。不到一个星期写了四篇童话，我自己也不敢相信了。”他还回忆说：“一九二一年冬季正是我和朱佩弦（自清）先生在杭州浙江第一师范日夕相处的日子，两个人在一间卧室里休息，在一间休憩室里备课，闲谈，改本子，写东西。可能因为兴致高，下笔就快些。朱先生有一篇散文记下了那些值得怀念的日子，中间提到我写童话的情形，说我的构思和下笔都很敏捷。我自己可完全记不起来了，好像从来不曾这样敏捷过。”

不管我父亲怎么说，在开头的一个星期内，他一连写了四篇童话，那是千真万确的。这开头的四篇，一共一万三千多字，真称得上敏捷。构思和下笔所以顺当，不仅因为兴致高，他已经有了两年多口头创作的训练和积累，这才是主要的。一九一九年，祖父过世后不久，我们家从苏州城里搬到了乡下甪直，因为父亲在那儿的小学教书。我母亲原来是师范教员，从怀了我开始，歇了快两年了，到了甪直就跟我父亲一同教小学，教的女生班和预备班。小学的预备班相当于现在的幼儿园，我父亲常常去预备班给幼儿们讲故事，口头创作童话就是这样开的头。

在给北京《晨报》副刊写的《文艺谈》中，我父亲竭力反对那些民间流传的故事，说那些故事往往“借神怪为教训”，而“真的儿童文艺决不该含有神怪和教训的质素”，必需“对准儿童内发的感情而为之响应，使益丰富而纯美。”给幼儿们一边编一边讲，不正是面对面地试一试他对儿童文学的主张吗？那些随讲随忘的口头创作，经郑振铎郑叔叔一鼓动，即刻重新翻腾起来，一齐涌向笔尖。因而一开头，不到一个星期，我父亲就写成了四篇童话。

郑叔叔是我父亲的童话的编辑，也是我父亲的童话的知音。他在给《稻草人》这本集子写的序中，说我父亲开始写童话的时候，“还梦想一个美丽的童话的人生”。他特地引了《小白船》开头的一段，就是描写小溪的景色的那一段，称赞说“这是何等移人的美妙的叙述”。

小溪美丽而又丰富，那条小白船无疑是纯洁的象征，而两个孩子，只有他们那样纯洁才配乘在那条小白船上。忽然起了大风，把小白船越吹越远。女孩子想起妈妈，想起小黄猫，急得哭了。男孩子安慰她，照顾她。后来遇到一个面目可怕的巨人。孩子回答了巨人的三个问题，心地善良的巨人就亲自送他们回家。情节的简单，结构的松散，都还保留着跟学前儿童讲故事的特点。

有趣的是《小白船》的情节，跟父亲在小说《地动》记下的他随口编的那一则十分相似。因而我想，我如果听父亲讲的话，听到小白船被大风越刮越远，我也会睁大眼睛，为船上的两个孩子着急；听到他们想念家想念母亲，我也会“呀”的一声大哭起来。我父亲在《地动》上就是这么记载的：当时我哭得不可开交，父亲只好赶紧收场，让故事中的孩子当夜就回到了母亲的怀里。可是在自己读《小白船》的时候，我的情绪不曾有过如此剧烈的波动。因而我又想：从孩子来说，听故事和读故事，感受不尽相同；所以成功的口头创作，用笔照实记录下来，并不一定是成功的书面创作。

同样以孩子为主角，第三篇童话《燕子》给我留下的印象比《小白船》深。我从小喜欢燕子，也许是原因之一。住在甪直的时候，左邻殷医生家的屋檐下有个燕子巢，像半只泥碗贴在大门的梁上。五六只小燕子叽叽喳喳地老闹个不休。老燕子打食回来，爪子还没抓住巢沿，五六张黄色的小嘴争着承接哺喂，都张得好像漏斗似的。我仰着脑袋，一看就是大半天。更主要的当然是《燕子》“对准儿童内发的感情”，描写了孩子的同情心，因而使我产生了共鸣。

《燕子》的情节也很简单：一只小燕子让“不知什么地方飞来的一颗泥弹”打伤了，青子发现了小燕子，把他带回家里，跟玉儿两个一同看护他，安慰他。小燕子的伤很快就养好了，可是他老想念妈妈。怎样通知妈妈来领它回去呢？青子想了个办法，说何不在报上登个广告。玉儿马上代小燕子给妈妈写了一封信。第二天，妈妈果真在报上看到了这封信，马上飞来把小燕子接回去了。

结尾的部分原来有三句话，让父亲在修改的时候给删去了。一句是母亲教训小燕子的话：“……以后你不要相信世间没有伤害呀。”——教训是我父亲力求避免的。还有两句是小燕子的回答："……伤害之来，我没知晓，可知他的性质是虚空的。我相信这是末一回了——遇到这虚空的伤害。"父亲对我说——跟评论别人的作品一个样，小燕子也谈起哲学来了，这太不相称；到底是什么意思又没说清楚，教小孩儿看了莫名其妙，要改也难，不如删去的好。那也是一九八二年的事儿，在烟台的宾馆里。

一九八六年五月十二日

郑振铎叔叔的辩护

郑振铎叔叔给《稻草人》写过一篇序，一篇很长的序。他实际上是这本童话集的责任编辑，集子中的二十三篇童话，都先发表在他主编的《儿童世界》上。我常常想，《儿童世界》的主编当时如果不是郑叔叔，我父亲未必会想起写童话来，鲁迅先生的那一句“给中国的儿童开了一条自己创作的路”，就得送给另一位长辈了。这倒没有什么可遗憾的，假若不是我父亲开这个头，总会有别人开这个头的。“五四”以后提倡新文学，大家努力模仿西方，至少在形式方面；小说是这样，戏剧是这样，诗歌是这样，只散文稍有例外。在这股浪头上，迟早总会有人模仿西方写起童话来的；我父亲机缘凑巧，不过先走了一步罢了。

为了编父亲的集子，我把郑叔叔的序文又看了几遍。郑叔叔的序文主要说两点意思：一是为我父亲的童话“太不近于‘童’”辩护，一是赞赏我父亲“在描写方面，全集中几乎没有一篇不是成功之作”。

郑叔叔的辩护非常巧妙。不是大家都在向西方学吗？他把童话大师安徒生推了出来。安徒生说过：“人生是最美丽的童话。”郑叔叔抓住了这句话，他说：“这句话至少有两重错误：第一，现代的人生是最足使人伤感的悲剧，而不是最美丽的童话；第二，最美丽的人生即在童话里也不容易找到。”郑叔叔所说的“现代”当然指的旧社会，这篇序言写在二十年代初，离咱们的“现代”已经六十多年了。

郑叔叔并非强词夺理，他举出安徒生的《一滴沟水》作为例证：小小的一滴肮脏的沟水里有几千个小鬼在“跳来跳去，互相吞食”。“这景象如一个城市，人们在狂暴地跑着，打着，竞争着，撕裂着，吞食着。

在底下的想往上面爬，乘着机会爬到上面的又被压到了底下。”“只有一个小女儿沉静地坐着，她所求的不过是和平与安宁，但别的鬼不愿意……打她，撕她，也把她吃掉了。”

真个是“以子之矛，攻子之盾”，安徒生在自己的童话里，竟把他那个时代的城市描写得这样纷扰可怕。郑叔叔用反诘的口吻作出了他的结论：“所谓‘美丽的童话的人生’在哪里可以找到呢？在现代的人世间，哪里可以实现‘美丽的童话的人生’呢？”又说就是在童话里，“美丽的幸福的生活”“并不存在于人世间，却存在于虫的世界里，花的世界里”。至于人的生活，也大多是“冷酷而悲惨的”。

郑叔叔举出金斯莱的《水孩》，王尔德的《安乐王子》和《少年皇帝》，证明就是在童话里，人世间也毫无快乐可言。最后，他又举出安徒生的《一个母亲的故事》：孩子让死神抱去了，母亲竭力要夺回来，后来在井口上看到了孩子一生的命运，她不由得喊道：“还是带他去好。”活在世上竟不如让死神带去的好，这话竟出于母亲之口，还有比这更伤心的事儿吗？难怪我小时候最怕看这一篇，就在郑叔叔的那本《天鹅》里，我每回看到，总是悄悄地把这儿页翻了过去。就说看过多少遍的《丑小鸭》和《卖火柴的女儿》吧，《丑小鸭》有个美满的结尾，我憋到最后总算还能透过一口气来。至于《卖火柴的女儿》，一幕幕美好的幻觉转瞬即逝，我一边看一边担心火柴熄灭；火柴终于熄灭了，可怜的小女孩让她祖母接进了天国，我也不曾破颜而笑。没受过洗礼的中国孩子是不会相信那虚无缥缈的天国的。

人生不是美丽的童话，美丽的童话在人世间既找不到，也无法实现。现实就是这样残酷。这就是郑叔叔为我父亲的童话辩护的基本论点。他说：“在成人的灰色的云雾里，想重现儿童的天真，写儿童超越一切的心理，几乎是个不可能的企图”，说我父亲“不自禁地”在童话里“融化了许多成人的悲哀”“是自然的结果”；说我父亲“写到快乐的人的薄幕的破裂，他的悲哀已造极顶。”

郑叔叔会举出这个快乐的人来，我看了不由得大吃一惊。《快乐的人》，在评论我父亲的童话的许多文字中，似乎从未见到有谁提起；我小时候读过多少遍，也不曾理会在《稻草人》这本集子中，这篇童话占着多么重要的位置。直到帮我父亲整理童话——已经是八十年代初了，我才发现《快乐的人》的开头和结尾，父亲好像在作自我剖析，或者说自我表白，虽然是影影绰绰的。没想到我见到的，郑叔叔在六十年前早就见到了。假如我从小养成了看书必先看序的习惯，那该多好呀。可是又想，郑叔叔这篇长序并非为孩子们写的，小时候即使看了，我也多半不能理解，不会留下印象，更不会引起深思。

《快乐的人》不惹人注意，可能是情节缺少波澜的缘故；郑叔叔却抓住了，他到底是一位很有眼力的编辑。这篇童话以提问开头："世界上有快乐的人吗？谁是最快乐的人？"回答当然是肯定的。这个快乐的人"周身包围着一层极薄的幕"，"是天生的"。"这幕轻到没有重量，薄到没有质地，密到没有空隙，明到没有障蔽。""他在这层幕里过他的生活，觉得事事快乐，时时快乐。他隔着这层幕看环绕他的一切，觉得处处快乐，样样快乐。"介绍过后，就讲这个快乐的人在某一天的"快乐"的遭遇。后来呢？后来"大家传说他死了"。"有人说：'他并不是害病死的。有一个恶神在地面游行，要使地面上没有一个快乐的人，忽然查出了他，就把他的透明无质的幕轻轻地刺破了。'"

快乐的人所以快乐，就靠这一层脆弱的薄幕，薄幕被刺破了，快乐的人就死了。说我父亲写到这儿"悲哀已造顶极"，是郑叔叔的体会，我也这样体会。可是我又想，那个恶魔还算做了一件好事，他刺破了那层使人迷糊的薄幕，让快乐的人看清了现实的人生。"美丽的童话的人生"本来只是幻觉而已，看清了现实的人生，童话就不复存在了，要写也写不成了。这样说来，快乐的人的死，不就是童话的破灭吗？当然这是我的推断，我不敢说父亲当时作了这样的暗示。

可是有一点儿倒是事实，我父亲对自己的童话创作产生了怀疑。还在写《快乐的人》的两个多月以前，一九二二年一月十四日，他把才写得的《鲤鱼的遇险》寄给郑叔叔，在信上问郑叔叔"不识嫌其太不近乎'童'否？"父亲为什么突然提出这个问题来呢？很可能因为受到了批评，说他的童话离开了童话的意境，越来越多的掺进了"成人的悲哀"，会损伤孩子们的纯洁的天真的心灵，损伤所谓的"童心"。这些批评使我父亲感到迷惘。迷惘持续了两个多月，父亲终于忍不住了，又动笔写他的《眼泪》：有个人要寻找同情的眼泪。可是人世间到处是隔膜，人们冷漠得好像从来不曾流过眼泪似的，哪儿能找到同情的眼泪呢？最后总算在农村，在一个孩子那儿找到了。这样结尾，也许只是让希望还有所寄托罢了。

《眼泪》好像打开了闸门，在以后这两个多月里，父亲又一连串写了《画眉》、《玫瑰和金鱼》等七篇童话；真是越陷越深，跟先前写的相比，离所谓的“童”越来越远了。记得我小时候看这本《稻草人》，给我印象最深的是《傻子》和《跛乞丐》。在集子中，《傻子》是开头第二篇，《跛乞丐》是最后第四篇，正好拿来作个比较。傻子做了不少有益于别人的事儿，他只觉得这样做才快乐，才安心，责罚和讥嘲，他都无动于衷。跛乞丐可不是这样，他当邮差是经过选择的，认定了这个职业能给别人以安慰，能满足别人的希望。他愿意为别人作出牺牲，不顾艰难险阻，不顾自己将得到什么样的报应。傻子的结局只能出现在童话里，会使孩子得到满足；跛乞丐却终于成了乞丐，只能使孩子伤心，正如郑叔叔说的，这篇童话“溶化了许多成年人的悲哀”。我小时候可并没理会这个差别，只觉得跛乞丐和傻子同样的可敬可爱；甚至想甘愿做一个傻子，做一个跛乞丐。

《快乐的人》跟在《跛乞丐》后边，我父亲好像承认自己的童话确乎“太不近乎‘童’了”，又好像说那也由不得他，是“恶魔”刺破了神秘的“薄幕”——现实生活破坏了所谓的童话的意境。“悲哀已造极顶”，按说可以搁笔了，我父亲还想挣脱悲哀，躲进童话的世界里，接着又写下了《小黄猫恋爱的故事》。悲哀又如何挣脱得掉呢？当时我们家还住在甪直，农村日渐破产的景象触目惊心，使我父亲又不得不面对现实，写下了那篇《稻草人》。农村不是美妙的诗，不是生动的画。诗人和画家所描写的并非农村的真相，他们偶尔来农村跑一趟，跟快乐的人差不多，也隔着一层薄幕来看周围的一切。农村的真相只有日夜站在田头的稻草人知道。稻草人富有同情心，却没有力量改变可悲的现实，最后伤心地倒下了。写到这儿，我父亲真个不忍再写了。以《小白船》开头，七个月多一点儿，我父亲写下了二十三篇童话；写到《稻草人》，前一个童话创作旺盛期就结束了。在这七个多月里，我父亲一边实践，一边探索，可惜除了《稻草人》这本集子，没有留下什么其他的文字材料；当时的苦闷和怅惘，连他自己也无可追忆，茫茫然了。

郑叔叔为我父亲辩护，有个问题他没提到：童话是否可以写现实的生活呢？把现实生活写进了童话，会不会使孩子过早地失去天真的“童心”呢？我是当了编辑才碰上这个问题的，我编的是给少年儿童阅读的书刊，经常接触到童话。我用自己小时候的经验对这个问题作出了答案。《傻子》开头说到有育婴堂，现在的孩子们是不知道了，我却很小就知道，虽然没亲眼见过；育婴堂墙上的大抽屉，就像棺材一样使我害怕。傻子一生下来就被父母送进了那个大抽屉，我的心像被揪住了似的。《跛乞丐》开头写人们总是十分厌烦地把一个小钱扔给跛乞丐，那种神色，那种口吻，我小时候见得多了，听得多了，看了父亲写的，我当然很不舒服。人世间就有这些可怕的可厌的事儿，你不写，孩子们不也知道了吗？再看效果，效果似乎不算太坏，这些对现实生活的描述都使我幼小的心灵引起了共鸣。至于“童心”的泯灭，恐怕不能怪我小时候看了过多的描述现实生活的童话，除了父亲的，还有别人的。

我又在为父亲辩护了，可是这一回，是受了郑叔叔的传染。

一九八七年七月十九日

骄傲的石像

我父亲写童话，总共写了五十几篇。如果有谁问我最喜欢的是哪一篇，我会夺口而出：数《古代英雄的石像》。因为喜欢，我看过不知多少遍，积攒了许多有趣的遐想。

我是这篇童话的第一个读者，那时才十一岁半，正念着小学的最后一个学期。一天晚上，《古代英雄的石像》可能才完稿，父亲把稿子拿给我，让我看一遍，问我能不能懂。六七张五百字的大稿纸，写得清楚整齐，不多一会儿我就看完了；之后怎么说的，现在记不真了，不外乎复述了一遍故事的梗概，说了点儿感想，大致是被雕成石像受人们尊敬，不如铺成路让大家在上边走之类。父亲没说什么，我知道他是满意的，他脸上挂着微笑。

直到后来自己也当了编辑，我才明白过来，父亲当时微笑还别有缘故。这篇童话是他改弦易辙的头一篇，是写给中学生看的；一个六年级的小学生也大致能看懂，等于终审得到了通过，他可以放心地发表在他当时主编的《中学生》杂志上了。而且我知道，父亲是很喜欢这篇童话的。

《古代英雄的石像》发表后不久，就被选作初中语文课的教材，一直沿用到解放以后。开头好像没发生什么问题，想不到过了二十几年，这篇六年级小学生也能大致看懂的童话，反倒变得难以理解了：经常有老师和同学写信来问我父亲，这篇童话的主题思想是什么，创作背景是什么，那个石像究竟指的是谁，如此等等。每信必复是父亲的习惯，可也有招架不住的时候。一九五六年四月，父亲趁《叶圣陶童话选》出版的机会，在《后记》中特地写上一段，作为公开答复。

> 我想特别说一说《古代英雄的石像》。这篇童话曾经选在语文课本里，很有些老师和同学为了这篇东西写信来。他们依据各自的看法，问我是不是这样，是不是那样。我写回信老是这么说，我只能把写作当时的想法写一些。我当时认为主要的意思放在这篇的末了儿。无论大石块小石块，彼此集合在一块儿，铺成实实在在的路，让人们在上边走，这是石块最有意义的生活。在铺路以前，大石块被雕成英雄像，小石块垫在石像底下做台基，都没有多大的意义。至于大石块被雕成英雄像就骄傲起来，自以为与众不同，瞧不起人：我这么写，只是揣摩大石块当时的“心理”而已。这原是一种不大容易抵抗的毛病，过去时代犯这种毛病的挺多，当前时代也得好好锻炼才能不犯。我写小石块看见大石块骄傲以后怎么想，也无非按照它们当时的“心理”。

父亲写过一百来篇小说，五十来篇童话，像这样向读者明白交代创作思想的，这是唯一的一篇。尽管作了公开答复，来信提问的依然不断。这也难怪，《后记》附在“童话选”后头，哪能让所有的老师和同学都看到呢？父亲只好告饶，跟课本的编辑同志商量，请他们把这篇《古代英雄的石像》抽了下来。

这是一篇情节极为简单的童话。

有个城市为纪念一位古代的英雄，请雕刻家从山里采来一块大石头，雕成了这位英雄的全身像；就用凿下来的石块，砌作石像的台基。

石像高高地站在台基上，受尽市民们的尊敬，禁不住要起骄傲来。垫在他脚下的石块不吃他这一套，于是发生了争论。

争论分两个回合，各有各的主题，从行文看是很清楚的。争论到最后，站在上头的石像和垫在下面的石块都陷入了沉思。

结果在半夜里，石像和石基一同倒了下来，砸成一堆大大小小的石块，分不清谁是谁了。

人们把这堆石块铺成了一条路。所有的石块都同声赞美自己，赞美自己的新生活：

“咱们真平等！”

“咱们一点儿不空虚！”

“咱们一块儿，铺成真实的路，让人们在上面高高兴兴地走。”

这三句话，就是我父亲“放在末了儿”的，这篇童话的“主要意义”。经过了两个回合的激烈争论，铺成了路的石块们才能体会到，新的生活是如此惬意，如此足以自豪。

头一回合争论的主题是：站得高了，是否就有理由骄傲。

争论还没开始，父亲学说书人的样儿，先作了一段旁白。父亲说：“骄傲的毛病谁都容易犯，除非圣人和傻子。那块被雕成英雄的石头既不是圣人，又不是傻子，只是一块石头，看见人们这样尊敬他，当然禁不住骄傲了。”

骄傲的石像于是发表了一篇夸耀自己的演说。父亲又插进一段旁白，点穿他不是说给白云听的，不是说给树林听的；“他这话是向垫在他下面的伙伴，大大小小的石块说的。骄傲的架子要在伙伴面前摆，也是世间的老规矩。”

——真是这么回事哩，我想。历史上多少英雄人物，不是都把“衣锦还乡”，向左邻右舍摆阔，当作最大的荣耀吗？

争论到最后，石像终于感觉到了，高高地站在台基上并不是件好玩儿的事，脚底下的石块们可不是好惹的，他只得暂时认输。为了过渡到第二回合，父亲又用了句旁白：“骄傲像隔年的草根，冬天刚过去，就钻出一丝丝的嫩芽。”

这三段旁白如果连在一起，稍加发挥，不就是一篇挺有风趣的杂文吗？受到了尊重就忘乎所以，这倒要时刻警惕的：圣人不可及，不如甘心作傻子。

咱们还是就童话论童话。可以看出来，我父亲在写的时候，着实下了一番揣摩的功夫。石像高高地站在台基顶上，夸口说他“有了特殊的地位”，谁也没法跟他相比。话分明是说给垫在底下的石块听的，可连瞟也不瞟他们一眼。看石像傲慢得出了格，下面的石块不得不提醒他："你忘了从前。""从前你跟我们不是混在一起吗？也没有你，也没有我们，咱们是一整块。"

——石块们说得多实在。英雄本出自群众之中，人们不是都这样说吗？连书本上也这样写着哩。我想。

"从前咱们是一整块"毕竟是事实，石像虽然骄傲，也不能不承认。"但是，"他说，"经过雕刻家的手，咱们分开了。……独有我，成了光荣尊贵的、受全体市民崇拜的英雄像。……难道你们想跟我平等吗？……"

——看，石像被激怒了。跟骄傲的英雄提"从前"，未免太不知趣，太不识相了。陈胜的乡亲们就因为不知高低，糊里糊涂地掉了脑袋。何况，这石像还算不上英雄哩，他不过是应运而生的一座英雄像，出于雕刻家之手的一座英雄像。到底是块石头，他分不清市民们崇拜的并不是他，而是他代表的那位古代的英雄。

石像的被激怒，引起了垫在他底下的石块的讪笑。他们又提醒他："现在你其实也并没有跟我们分开，咱们还是一整块，不过改了个样式。……正因为改成了现在的样式，你的地位倒不安稳了。你在我们身上站着，只要我们一摇动……那时候就没有你了，一跤摔下去，碎成千块万块，跟我们毫无分别。"

——站得高，跌得重，地位改变了，这样的危险是有的，却并非必然。如果能记住从前曾经跟群众混在一起，现在还是群众中的一员，地位变了，跟群众仍旧不分"我"和"你们"，还会发生什么危险呢？我想，真正的英雄就应该如此。

可是石像究竟是块石头，他不信垫在他脚底下的石块竟敢造他的反。他生气了，吆喝说："没有礼貌的东西！胡说！敢吓唬我！"直到石块们都嚷嚷说要把他扔下去，他才感到事态的严重，也顾不得什么尊严了，连忙哀求说："别这样！彼此是朋友，连在一起粘在一起的朋友，何必故意为难呢？你们说的一点儿不错，我相信。千万不要把我扔下去。"

——看石像这狼狈相！自以为不可一世的英雄，到了生死关头还是害怕群众的。幸亏垫在底下的石块们都通情达理，没真个采取过激行动。石像既然认了输，就饶了他这一遭吧。石块们可能是这样想的。

危机算是过去了，第一回合到此结束。可是冬天刚过，骄傲的陈根又发出了嫩芽，石像忍不住又要说话了。经过前一番较量，他明白了自己的处境，不能再用“特殊的地位”作为夸耀的本钱了，声调柔和多了，用商量的口气说：“我想，我总比你们高贵一些吧。因为我代表一位英雄，这位英雄在历史上是很有名的。”

——石像又找到了足以骄傲的理由。要摆架子总是可以找到理由的：青年人要骄傲，常常把年纪轻作为本钱；老头子要骄傲，常常把年纪大作为本钱；读过书的人要骄傲，理由常常是他有知识；不读书的人要骄傲，理由常常是他根本看不起知识；……看来这也是世间的老规矩。

骄傲的石像已经退了一大步，没想到又让底下的石块抓住了把柄。“历史全靠得住吗？”他们问，“几千年前的人自个儿想的事情，写历史的人都会知道，都会写下来。你说历史能不能全信？”

——是这么回事哩。从前的人当时怎么想的，他自己没说出来，也没写在日记上，写历史的人是怎么知道的呢？岂但心里想的，汉高祖斩白蛇这段故事，分明是他自己编出来糊弄人的，不也写进了历史吗？再说鸿门宴，司马迁没赶上现场采访，他把那次政治会谈写得绘声绘色，恐怕也只能作历史小说看。

历史不能全信，那么历史上的英雄，也不一定个个是英雄。石块们说：“尤其是英雄，也许是个很平常的人，甚至是个坏蛋，让写历史的人那么一吹嘘，就变成英雄了……还有更荒唐的，本来没有这个人，明明是空的，经人一写，也就成了英雄了。哪吒，孙行者，不都是英雄吗？”

——父亲好像在散布怀疑论了。“五四”时代，就有学者对我国古代的历史和人物，提出了不少怀疑。好像西方也有这样的学者，怀疑荷马是否实有其人，耶稣是否实有其人。荷马的半身雕像，在照片上见过；耶稣钉在十字架上的像，不但教堂里有，许多人还拿来当首饰挂在胸前哩。把小说中的英雄当作真人，在我国好像特别盛行，近几年还越演越烈，为好些本无其人的英雄，修筑了不少崭新的古迹。这是后话，父亲当时不过借此强调一下，历史上的英雄跟历史本身一个样，也不能全信罢了。至于把坏蛋吹嘘成英雄，咱们都有幸亲眼见着了。那个凶悍成性的泼妇吕后，不就一度被吹嘘成了英雄吗？

石像高高地站在台基上，他见闻不如咱们多，何况还沉湎在骄傲之中。“我代表的那位英雄总不会是空虚的，”他说，“看市民这样纪念他，崇拜他，一定是历史上实实在在的英雄。”垫在底下的石块却回他一句“也未必”，甚至说：“市民最大的本领就是纪念空虚，崇拜空虚。”

——对这个“空虚”，我不知想过多少回。确有这样的人，只要听人说是位英雄，他们就崇拜：不问一问这位英雄是否实有其人，如武二郎；也不想一想这位英雄是否值得纪念，如关老爷。对于这样的人来说，纪念和崇拜是一码事，见佛烧香总错不了。即使是真正的英雄，受他们那样一崇拜，不也成了空虚的偶像吗？

骄傲的理由一一被粉碎了，石像自己也疑惑起来，他自言自语地说：“空虚？我以为受人崇拜总是光荣的，难道我上了当……”石块接着说：“我们岂但上了当，简直受了罪——一辈子垫在空虚底下……”大家都想起心思来。出发点虽不相同，看来结论倒是一致的，所以童话才有了这么个皆大欢喜的结局，也就是我父亲放在末了儿的三句话：“咱们真平等！”“咱们一点儿不空虚！”“咱们一块儿，铺成真实的路，让人们在上面高高兴兴地走。”

童话只能作童话看，我父亲并没有把所有的石像都捣毁了拿去铺路的意思。在过世之前十个月，朱自清先生的石像揭幕，父亲特地起了个大早，赶到清华大学去参加典礼来着，可见他并不反对纪念，并不反对为真为人民作出过贡献的人造像。他反对的只是盲目崇拜，近乎烧香拜佛的盲目崇拜。读到童话的末了儿我常常想：不管是不是英雄，只要是真心实意为人民做事的人，都是铺路的石块；咱们走的，正是由这些大大小小的石块铺成的路。

拉拉杂杂写了这许多，本应该打住了，忽然从烧香拜佛，想起了父亲的一首小诗，七十七年前写的《拜菩萨》。

儿学拜菩萨，
拉爹上坐作菩萨。
他自己作种种姿势，
点了烛，
插了香，
合十深深膜拜。

菩萨拜过了，
他站起来，
拔去了香，
吹灭了烛，
更举起小手说，
“推倒你这个菩萨！”

小诗中的“儿”就是我，“爹”就是我父亲。那时我才过两岁半。大概父亲带我去寺院里玩儿，我看到了烧香拜佛，回家就效学着做起游戏来。父亲写这首纪事的小诗，用意恐怕也在末了儿：“推倒你这个菩萨！”

原来我父亲在青年时代——那时才二十六岁，就厌恶受人崇拜的空虚的偶像。如果自己身不由主，成了偶像，他宁愿被推倒，即使推倒他的，是自己的儿子的小手。

一九九八年四月二日改定

稻草人和王子

华君武先生给我父亲作了一幅漫画像，应该说是跟稻草人的合影。在我父亲右边的稻草人戴着草帽，系着红领巾，是个孩子；他张开两条胳膊，像要向你扑过来似的。

稻草人用草黄色线条描的，我父亲的脑袋却涂的淡赭色，留出三条很粗的空白。两条在上，摆成“八”字，那是眉毛；下边横着一条，那是髭须，让人一看就知道是我父亲，而且在笑。眼睛和鼻子也用留空的办法表现；白线很细，意到而已。有了眉毛和髭须，其余本来就可有可无了。

君武先生让我父亲穿了件蓝色上装，也给系上了红领巾。他在短信上说：用彩色作漫画，他这是头一回。

在合影下方，君武先生题了一行大字，两行小字。大字是“喜看草人着新装”，小字是“八二年五月重读《稻草人》有感作此请圣陶前辈一笑”。后面署了名，盖了章。

父亲看了这幅合影，真个笑了。配了个镜框挂在墙上，客人们看了也都说好。所以说好，我看有两个原因：一是君武先生抓住了特点，把白眉白髭须作了夸张，做到了神似；二是大家都认为，让稻草人陪我父亲合影，是最合适不过的了。

难道不是这样吗？“叶老，我从小就喜欢读您的作品，您的《稻草人》。”多少年来，许多人初次见我父亲都这样说，我听到过何止上百遍。稻草人跟我父亲，简直要分也分不开了。

我跟许许多多人一个样，也从小就看《稻草人》。现在就说说这个稻草人。

稻草人默默地站在田埂上，他忠于职守，又富于同情心。可是他挪动不了身子，又不会说话；他什么也没有，除了挂在手臂上的一把破扇子。夜里，田野静悄悄的，所有的悲惨事儿，偏偏只有他知道。

他最关心的是他的主人，一位孤苦伶仃的老妇人。老妇人死了丈夫，又死了儿子，把眼睛几乎哭瞎了。给丈夫办丧事，给儿子办丧事，她背了一身债；债才还清，接连两年闹水灾，她种的稻子都颗粒无收。这一年总算风调雨顺，稻子丰收在望。稻草人替他的主人高兴，他想等到收割的那天，主人那又瘪又瘦的脸上一定会绽出笑容，他从没见过的满足安慰的笑容。没想到祸事又发生了，他看见稻叶上有螟蛾在产卵。他使劲摇动扇子驱赶，可是那风太弱，螟蛾全不理睬。他用扇子拍打自己的身子，向主人发出警报，可是主人不懂得他的用意。等到螟虫孵化出来，那就晚了；它们成群地咬嚼稻叶稻穗，主人一年的辛苦，又只能换来眼泪：稻草人着急得忍不住哭了。

这时候来了个渔妇，在河边撑起罾，扳罾捕鱼。她的孩子病得很重，躺在小船里不住地咳嗽，嚷着要茶喝。可是哪儿有热茶呢？渔妇舀了碗河水给孩子，又管自扳她的罾。要捕到了鱼，她才能拿鱼去换米，煮粥给孩子喝。稻草人可怜那孩子，他病成这样，还得不到母亲的爱抚；也可怜那母亲，为了明天的粥，她只好硬着心肠，扔下孩子不管。稻草人恨不能自己去作柴，煮一杯热茶给孩子喝；恨不能自己去作褥子，代替做母亲的给孩子点儿温暖。可是他半步也挪动不了，插在田埂上像一棵树。他哭得更伤心了。

突然啪的一声，一条鲫鱼落在稻草人身边的木桶里。真不容易，渔妇扳了多少回罾，总算捕到了一条小小的鲫鱼。稻草人正在为渔妇和她的孩子庆幸，那条鲫鱼说话了，求稻草人行行好，救他一命，把他放回河里。稻草人只好摇头，他在心里对鲫鱼说："请你原谅。我不但愿意救你，也愿意救捕捉你的渔妇和渔妇的孩子。可是我半步也挪动不了，不能照我的心愿去做。我是个柔弱无能的人呀！"鲫鱼只见他连连摇头，哪能懂得他心里想的什么，于是愤怒地咒骂起来，说稻草人没有一点儿同情心，说自己找错了人。稻草人心酸极了，只有叹气，只有哭。

最惨痛的事儿还在后头哩。渔妇疲倦得支持不住，睡着了。忽然一个女人跑到河边来，抽抽搭搭地一边哭一边诉说。原来她的丈夫又好喝酒又好赌，把家里所有的都喝掉了输光了；最后把她当作一条牛，一口猪，也卖给了人家。这样的日子，她再也过不下去了，她宁愿到地下去寻找她死去的孩子。稻草人着急得不知怎么办好，摆动扇子想唤醒渔妇，可是渔妇睡得跟死了似的。见死不救不是犯罪吗？稻草人在心里默默地喊："天哪，快亮吧！农人们快起来吧！鸟儿快飞去报个信吧！风儿快吹散她寻死的念头吧！"一切祝愿都是白费，那个女人举起胳膊，扑向河里。没等到听到水声，稻草人已经昏过去了。

第二天，有人发现河里有死尸，听说的人都跑来看，才惊醒了睡熟的渔妇。鲫鱼渴死在木桶里了。船上的孩子咳得更凶了。稻草人的主人，那个老妇人随着大家到河边来看，没想到她自己的田里，将要收割的稻子已经只剩下光秆。她又跺脚捶胸，呼天抢地放声大哭。稻草人呢？人们看到他倒在田埂上。

一九二三年十一月，父亲的头一本童话集出版，我才五岁半。父亲把这篇《稻草人》放在末了儿，并把它作为书名。差不多在同时，我得到了一本外国童话集《天鹅》，译者是郑振铎叔叔和高君箴阿姨。说实话，跟《稻草人》相比，我更喜欢《天鹅》中王尔德写的那篇《安乐王子》。

安乐王子的铜像高高地站在城市中央的圆柱上。他浑身贴满金箔，眼珠是一对蓝宝石，佩剑的柄上还镶着一块红宝石。他有一颗铅铸的心。

天气渐渐冷了，燕子成群地飞向南方。一只多情的燕子舍不得离开边岸的芦苇，多逗留了几天，落在同伴们后头了。那天夜里它飞过这座城市，停在安乐王子脚下，打算美美地睡上一觉，第二天再赶路。忽然一滴水落在它身上。天空这样晴朗，怎么会下雨呢？它正在奇怪，又落下来第二滴，第三滴，原来安乐王子在哭哩。

燕子问王子为什么哭。王子说："从前我活着的时候，我有一颗肉长的心。我住在花园里整天寻欢作乐，高墙外边是什么情形，我从来没想过，以为世界上充满了欢乐。后来我死了，人们让我站得这样高，我能够看到整个城市。可是我看见了许多痛苦的事儿，虽然我的心是铅铸的，我也忍不住哭了。”

王子求燕子留下来，帮他做一件事。王子说夜这样深了，有个女裁缝还没放下针线，在给皇后宠爱的宫女赶绣舞衣。她的孩子在发烧，嚷着要橙子吃，做母亲的什么也没有，只能给孩子喝从河里舀来的清水。王子请燕子把他剑柄上的红宝石啄下来，给女裁缝送去。燕子受了感动，照王子说的办，把红宝石悄悄地放在女裁缝手边。

第二天晚上，燕子来向王子告别，说同伴们已经在尼罗河边等它了。王子求它再留一夜。他说有个青年在阁楼里写剧本。炉子里没有火，青年冻得字也写不成了，还饿得头晕眼花。王子请燕子把他的一颗眼珠啄下来，把这颗蓝宝石给那青年送去。燕子怎么忍心啄下王子的眼珠呢？经不住王子苦苦哀求，它还是照王子说的做了，把一颗蓝宝石悄悄地放在那青年的桌子上。

第三天晚上，燕子又来向王子告别，说冬天马上来了，它不能再逗留。王子恳求它再留一夜，说广场上有个卖火柴的小女孩，这么冷的天还光着脚，也没戴帽子。她不小心把火柴掉在水沟里，不能再卖钱了。她只是哭，不敢回家，回家准得挨揍。王子请燕子把他剩下的一颗眼珠啄下来，给小女孩送去。两颗眼珠都送了人，王子不成了瞎子吗？燕子哪能做这样的事呢？经不住王子苦苦哀求，它还是忍心照王子说的去做，把最后一颗蓝宝石，送到了可怜的小女孩手里。

王子的心事了了，他劝燕子赶快飞到埃及去，好跟同伴们一块儿过冬。燕子说它不走了，打定主意留下来陪伴王子。王子什么也看不见了，燕子在城市上空飞翔，把看到的一切告诉王子：有钱人在高楼上寻欢作乐，穷人们在大门外受冻挨饿。王子说他身上贴的是金箔，请燕子一片一片啄下来，分给所有的穷人们。燕子尽心尽力，照王子说的办。

严冬终于来了，下起雪来。燕子最后向王子告别。王子问它是否去埃及。燕子说它不能了，它要到别的世界去了。说完落在王子脚下，它死了。这时候一声爆炸，王子那颗铅铸的心崩裂了。

天使把冻死的燕子和王子的那颗破碎的心，一同带到上帝跟前。上帝让燕子永远在乐园里唱歌，让王子住在天堂里，在他身边永远赞美他上帝。

我不惮其烦，从头到尾，把《安乐王子》的故事说了一遍，因为我一想起稻草人，就会想起这位王子来。这种联想，最初很模糊，随着时间的推移，越来越清晰。他们两个都有一颗好心，都深切同情受苦的人。除了同情心，稻草人只有一把没有用的破扇子；王子可不同，他有红宝石，有蓝宝石，还有满身的金箔，他可以用他的财宝帮助受苦的人，为了解救别人的苦难，王子不惜舍弃自己的一双眼珠。这样高尚的自我牺牲精神，稻草人表现得也很充分；为了煮茶给渔妇的孩子喝，他宁愿自己作柴，烧成灰烬也在所不惜。可是他办不到，他挪动不了身子。王子也挪动不了身子，可是不同，他很幸运，有一只燕子自愿供他差遣。

跟安乐王子相比，稻草人太寂寞了。王子可以把心事告诉燕子，而且博得了燕子的同情。还有个上帝在天上瞧着呐：王子和燕子做的每一桩善事，上帝都看得清清楚楚。最后派天使把他们俩接到了自己身边。稻草人却是个哑巴，心里有话也说不出来；鲫鱼在临死之前那样埋怨他，诅咒他，他无法分辩，连道一声歉也不能够。最后他倒在田埂上，谁也不知道他曾经伤心过，曾经着急过；不知道他被自己的同情心折磨得怎样痛苦。

我好像明白一点儿了，为什么我小时候会更喜欢《安乐王子》。孩子的同情心似乎是天赋的。我跟所有的孩子一个样，都希望受苦受难的人能得到解救，都希望为解救他们而牺牲自己的人，能得到好的报应。读了《稻草人》，这些希望都没能满足。《安乐王子》恰好相反，最后写到了绝路上，还请出了一个无所不知的上帝来。

说到这儿，我想起父亲的一句诗：“教宗堪慕信难起”。虔诚的教徒有让人羡慕之处，什么想不通的问题，他们都可以从宗教信仰中得到解脱。王尔德是信教的，英国的孩子也大多跟着他们的父母信教。让燕子跟王子都上天堂，在他们看来是必然的归宿。我父亲是彻底的无神论者，什么教他都不信；稻草人倒下了，童话就结束了，把寂寞和悲哀留给了孩子们。两篇童话相比较，《安乐王子》当然更应该受到孩子们的欢迎。

稻草人忠于职守，富于同情心：我小时候就给他作了这么个“鉴定”。后来长大了再读这篇童话，我在他的“鉴定’上加了几句，正如他自己说的，他“是个柔弱无能的人”：他忠于职守，却没有能力完成他应该担负的任务；他富于同情心，却没有能力解除别人的痛苦。他自怨自艾，受尽了同情心的煎熬，除了倒在田埂上，他别无出路。

父亲在甪直——苏州城东的一个水乡，先后住了五个年头。农村里发生的悲剧，他看得多了，听得更多；尤其使他触目惊心的，是处在最底层的妇女。他不能不写下来，写成小说，写成童话。这篇《稻草人》，是他在告别甪直之前写的；稻草人的所见所闻所感所思，我想该是他自己的所见所闻所感所思。

奇怪的是一直过了六十年，《稻草人》写成之后六十年，我父亲才自己发现了我的假想。

一九八二年五月底边，科普创作协会在烟台开讨论会，讨论科学童话的创作，我把父亲拖了去。大家要我父亲讲讲童话创作的构思和技巧，我想趁这机会让父亲看一看烟台的新面貌；一九四九年三月，父亲和母亲一同从海路进入解放区，就在烟台登的陆。

在去烟台的火车上，父亲一路考虑跟大家讲些什么。在宾馆里住了一夜，第二天早晨，父亲突然跟我说："我想起来了，《稻草人》实际上写了个知识分子，一个有同情心而什么也干不成的知识分子。"

真使我大吃一惊。"啊呀爹爹，你怎么才想到呀！"这话我没说出口，只说："是的，我早就这么想了。"

父亲在童话中塑造了稻草人这么个形象，自己竟毫无觉察，可见得他在动笔之前，并没想过他打算塑造一个什么样的形象。什么"形象"呀，"塑造"呀，跟他全不相干。他只是把自己的所见所闻所感所思，经过选择和集中，用他认为最合适的形式固定了下来罢了——正如他一向跟我说的那样。

一九九八年四月六日根据旧作改写

傻子和绿衣人

在童话集《稻草人》中，我最欢喜两个人：一个是《傻子》中的傻子；一个是《跛乞丐》中的邮差，那个绿衣人，他最后成了个跛乞丐。说喜欢还不够，我小时甚至认为，做人就该做他们这样的人。

傻子尽干傻事。他干傻事都有他自己的想法；干过之后，不管别人怎么说，他总是自得其乐——有他自己的乐趣。他的想法，他的乐趣，都简单而又实在，跟他自己却都不相干。正因为这样，人们都说他干了傻事，指着他鼻子骂："你这个傻子！"

傻子本来是育婴堂收养的弃儿，没长成人，就让木匠领去做了徒弟。一个冬天的夜里，师傅让他和他师兄一同锯木板，得全部锯完才准许睡觉。傻子看师兄又冷又困，劝师兄去睡，木板归他一个人锯，还把自己的破棉絮让给师兄盖。他"见师兄肯听他的话，感到非常满足；自己的破棉絮又让师兄卷成了一个舒适安乐的王国，这有多好呀！"他也冷，他也困，心里却充满快乐，只管推锯拉锯，像一架机器。可是没等到木板锯完，天已经亮了。师父醒来听到锯子声，跑来一看，只有傻子一个人在锯，另一个却裹在破棉絮里睡大觉，他气极了，举起木尺，拉开破棉絮就要打。傻子急忙说："不是他要睡觉，是我叫他睡的！"木尺就落在傻子的脑袋上。师傅还罚掉了傻子的两顿饭。

第二桩第三桩傻事也一个样，傻就傻在他的想法上。

有一天，傻子做完工，天色已经黑了。在回木匠铺的路上，他拾到一个小口袋，打开一看，口袋里有十来个亮晃晃的东西。他不知道这是银元，也不知道有什么用处，只知道师傅挺喜欢这东西。他想，这口袋一定是谁丢失的，那个人一定也挺喜欢这东西，丢失了一定非常伤心。他就蹲在路边，等那个人来找。直等到半夜，才来了位老太太，正是来找口袋的。老太太从他手里接过口袋，看银元一个不少，高兴得连谢他一声也忘了说。傻子不在乎这些个，东西回到了失主手里，他的心就放宽了，回到铺子里，一觉睡得特别酣。第二天师兄唤醒他，问他昨晚上哪儿去了。傻子把经过说了一遍，师兄指着他的脑门说："你这个傻子!"

又有一天，他做工的那户人家上梁，分给他两块糕两个馒头。在回木匠铺去的路上，他遇见一群难民，有老有小有男有女，一个个都眼巴巴地瞧着他手里的糕和馒头。他觉得很奇怪："他们未必知道糕是甜的，馒头是咸的。让他们尝一尝吧，反正我回去还有分内的两碗饭呢。"他把糕和馒头都送给了难民。饥饿的难民哪里想得到会有这样的好东西吃，他们把糕和馒头掰成小块，男女老少一人一块。傻子看他们都吃得有滋有味的，高兴极了。还没回到铺子，傻子被邻居拦住了，要分他的糕和馒头吃。听他说已经给了难民，都吐了口唾沫，骂他："你真是个傻子!"

这两桩事儿都极其平常，报纸上宣传好人好事，还轮不着刊登哩。好在那时还不兴作出榜样，树立形象，傻子不会在意的，他只是心里这么想就这么做罢了。最后一桩可傻得出了格，无论古今中外，都不可能发生那样的事儿。

那一天，国王在广场上发表演说，老百姓都得去听，傻子当然也去了。国王最喜欢打仗，而且老打胜仗，可是这一回，他让邻国给打败了。他怒不可遏，发誓要把敌人全都杀死。他疯狂地吼叫："最好有一个敌人站在这里，让我一刀砍下他的脑袋，才能解我心头之恨!"傻子觉得国王非常可怜，他怒恼成这样，很可能立刻晕倒。可是眼前又没有可以让他砍掉脑袋的敌人，有什么办法消解他的恼怒呢？傻子突然放大嗓门喊："国王，不必等敌人了，你要杀一个人解解气，就把我杀了吧!"广场上所有的人都听见了，都骂他是个傻子。谁也没想到国王的怒容消失了，他感谢傻子教训了他，因为傻子非但宽恕了敌人，还情愿代敌人去死。国王当众宣布，他今后不再打仗；还宣布请傻子雕一座高大的牌楼，作为永远不再打仗的纪念。

结局是"大团圆"，牌楼落成了，广场上举行盛大的庆祝会，傻子到底受到了全国百姓的称赞。真个太离奇了：为了让国王消气，傻子情愿让国王砍下脑袋；国王居然也会受感动，抛弃了他专爱打仗的嗜好。虽然离奇，在童话中却是完全允许的。我这样说，一点儿没有替父亲辩护的意思。因为从效果看，我小时候虽然蠢，也并不认为世间真会出现这样的离奇事儿，只觉得傻子傻得彻底，傻得可爱；对这样的结局，我感到十分满意。

跟傻子相比，那个绿衣人的结局太悲惨了。他跟傻子不同，邮差这个职业是他自己郑重选择的；目的极其明确，就为了给别人以安慰：他认为能使别人得到安慰，是他自己的最大快乐。

他的父亲是个棺材匠。父亲要他继承本业，也当个棺材匠。他不愿意。他说大家都不喜欢棺材这东西；当了棺材匠，就得一辈子陪着棺材挨骂，所以他不愿意。父亲一听就火了，责问说："我就是棺材匠，几时看见人家骂我讨厌我！"他回嘴说："我，我就讨厌你，就要骂你。好好的一个人，不做别的东西，专做一个个木匣子，把人一个个地装在里边。"父亲火透了，举起手里的斧子就劈过来，亏得被他挡住了。父亲说："你不肯继承我的本业，就不是我的儿子！"把他赶出了家门。

他一边走一边想，现在得找个职业了。他看到有个孩子趴在楼窗上，望着快要落山的太阳说："是时候了，爸爸的心，爸爸的信，该在绿衣人的背包里吧。安慰人们的绿衣人呀，你快快来到我家门前吧！"他听了，深深地点点头，仍旧朝前走去。

他看到竹篱内有间书房，一个青年正伏在桌上写东西，忽然抬起头看了看墙上的钟，满怀希望地说："是时候了，朋友的心，朋友的信，该在绿衣人的背包里吧。安慰人们的绿衣人呀，你快快来到我家的竹篱外边吧！"他听了，更深深地点点头，仍旧朝前走去。

他看到有个女郎坐在公园里的凉椅上，对着花坛里的花出神。树上一阵鸟叫把她惊醒了，她自言自语说："是时候了，他的心，他的信，该在绿衣人的背包里吧。安慰人们的绿衣人呀，你快快来到我的家里吧。"说完就匆匆地赶回家去了。他拍了拍手高兴地说："我已经选定我的职业了。"他跑到邮政局，说自愿当一名邮差。邮政局发给他一个绿背包，一身绿制服，他从此成了个快乐的绿衣人。

人们都欢迎他这位绿衣人。他把信送到收信人手里，总要恳切地说：

“你的安慰来了，你的希望来了，快拆开来看吧。”收信人还没拆开信，先从他的话里得到了安慰；他们有信要寄，都愿意交给他，好让收到信的人跟他们一个样，能得到双重的安慰。

等信等不着的人总会有的。有个姑娘天天站在门口等他，问他的背包里有没有她情人的信。他觉得很抱歉，只好照实回答说没有。有一天，姑娘不由得泪流满面，呜呜咽咽地说：她的爱人离开她足足三年了，三年来音信全无，“不知他的心在哪里了”。他听了非常难过，安慰姑娘说：“我一定替你去找，把他的心带给你。三天，不出三天。”

他日夜不停地找，穿过了茂密的森林，荒凉的沙漠，险恶的高山，终于找到了姑娘的情人，把姑娘怎样思念，怎样哀伤，说了一遍。姑娘的情人感动极了，写了一封很长很长的信，把整个的心都藏在里面了，托他送给日夜思念他的姑娘。他又经过漫长艰难的旅程，回到姑娘家门前——来回刚好三天工夫。

姑娘正在门口等候，见了他就问：“我要的心呢?”他把信交给姑娘。姑娘马上拆开来看，越看越露出笑容，看到末了儿快乐地说：“他依然爱着我呢！可爱的绿衣人，多谢你的帮助。”他回答说：“这算得了什么呢?只要你得到安慰，我什么都愿意的。”可是邮政局得照章办事，他三天没到差，罚去了他一个月的工钱。

写了信寄不出去的事，也总会有的。有个小女孩天天拦住他，请他寄一封信给小燕子。去年，小燕子跟小女孩一同玩儿一同唱歌，一刻也不分离。到了秋天，小燕子随父母迁到南方去了。小女孩非常想念，写了封信请他带去。他说他很抱歉，不知道小燕子的地址。没想到这一天，拦住他的是个妇人，说她的女儿病得很重，躺在床上迷迷糊糊地说，一定要把写给小燕子的信寄去；求他可怜可怜她的女儿。他听了非常难过，安慰妇人说：“请你的女儿放心吧，我一定去找小燕子，把她的信送到。”

他接过信，日夜不停朝南走，穿过了炎热的丛林，渡过了风浪险恶的海洋，才寻到了小燕子住的海岛。他把信交给了小燕子，告诉它说小女孩想念它想得害了病。小燕子说：“我也给她写了封信，正愁没法寄，着急得快要生病了，就请你带回去吧。”他接过信回头就走，来回一共花了五天工夫。

小女孩见了他连忙问：“我的信，我的心，你送到了没有?”他说：

“我还给你带来了你没想到的东西哩。”看了小燕子的信，小女孩从床上跳了起来，高兴地说：“它就要来看我了。可爱的绿衣人，多谢你的帮助。”他回答说：“这算得了什么呢？只要你得到安慰，我什么都愿意的。”可是邮政局得照章办事，他五天没到差，罚去了他两个月的工钱。

绿衣人受了两次处罚，他一点儿不反悔。为了别人得到安慰，有什么可反悔的呢？他背着沉甸甸的背包，仍旧跑得比山羊还快。

有一天，他看见一个猎人坐在路边的凉椅上打盹，脚下堆着好几头打死的小兽。忽然他听得有个微弱的声音在呼唤他：“一封紧急的快信，烦你送一送吧！”原来有一头野兔还没断气，前爪拿着封信对他说：“我中了枪弹，快要死了。我的同伴这两天正在树林里开联欢会，让那位打盹的先生知道了。方才听他说，他要约几个朋友，美美地去打他一回。我死算不了什么，可是我得通知我的朋友，叫他们赶快躲避。请把我的信赶快送去吧。”话才说完，野兔就死去了。他心里难过极了，流着眼泪，拾起野兔的信就拔脚飞奔。按信封上的地址，他好容易找到了那片树林。正在开联欢会的小兽们一看信，都惊慌得四处逃散了。忽然砰的一声，不知从哪儿飞来一颗枪子，打伤了他的左腿。

他用草叶裹住伤口，一瘸一拐回到邮政局。又是两天没到差了，跛了腿的邮差不能再送信，邮政局不要他了，收回了他的制服和背包。他不再是绿衣人了，成了个流落街头的跛乞丐。

跟傻子相比，绿衣人的结局太叫人伤心了。傻子尽干他自己想到的，认为他自己应该干的事，从来不想一想别人会怎么看怎么说。干过之后他总是自得其乐，讥笑，唾骂，责罚，跟他全不相干。最后得到全国百姓的赞扬，这个结局是我父亲给他安上的，他连想也没想过。在永不打仗的牌楼落成的那天，人们都向他欢呼，把鲜花洒在他身上，没有谁再说他又干了一桩最傻最傻的傻事。后来怎样呢？父亲没往下说。可是我想，他还会干出许许多多人们意想不到的傻事来，因为他依旧是个傻子。

绿衣人经过调查研究，才选定了邮差这个职业。他把给人们以安慰，当作自己最大的快乐。他选得对，选得好。人们都欢迎他感激他，盼望他每天都来到自己的身边。为了给人们以安慰，他历尽千辛万苦，还屡次受到处分；他全不放在心上，仍旧兴冲冲地背着背包，到处奔波。可是最后，他的左腿受了伤，不能再送信了，不能再给人以安慰了，他就成了一个多余的人，一个到处受人厌恶，被人唾弃的跛乞丐。后来我渐渐长大，渐渐知道在那个社会里，这样的结局几乎是必然的。

虽然这样，我小时候还是跟喜欢傻子一个样，喜欢这位绿衣人，真心实意把他们两个当作自己的榜样。至于结局嘛，我小时候好像从未考虑过。在童话中，他们两个都没有考虑过自己这样做，最后会得到什么样的结局；荣耀和屈辱，他们都从未放在心上。

一九九八年四月十四日根据旧作重写

一个编辑读《红楼梦》

题　记

题目既平且直，这个编辑就是我。

为什么不用“我”，而要标明“编辑”？

因为一则，编辑是我的职业，我已经干了四十年，打算还干下去。

编辑无非咬文嚼字，于是来了个“二则”。二则，说明我读《红楼梦》，不过是咬文嚼字而已。

咬嚼似有所得，我居然也“欣然忘食”，陪父亲喝酒的时候跟父亲说，在办公室里跟朋友们说。他们听了都怂恿我写下来，可能因为他们也是编辑吧。

我踌躇了五六年，才下决心动笔。所以踌躇不为别的，只怕没有这份闲工夫，现在知道闲工夫是等不来的。只有见缝插针——硬挤。

自知无甚高论，不过就文字论文字，多则一节一段，少至一个词儿一个标点，总之跳不出咬文嚼字的圈子。写下来不为别的，还是为当编辑练基本功。

父亲对我说过：“有了什么想法不妨写下来试试。如果写不清楚，表明你的想法不过是蒙胧的印象。”那么，我就写下来试他一试吧。

附带说明三件事：

一、我引用《红楼梦》的原文，都摘抄自人民文学出版社一九八二年印行的《红楼梦》研究所的“校注本”。我跟着父亲曾花了不少工夫，给“校注本”的征求意见本提过意见，对这个“校注本”印象比较深。

二、为了方便读者，我引用原文的时候，让“他”和“她”、“那”和“哪”、“罢”和“吧”、“顽”和“玩”，都分了工。

三、引用的原文中的删节号，都表示我在这儿作了删节，并非本来有的。

（一）大太监戴权

万事开头难，连曹雪芹这样的大手笔：为了“寻思从哪一件事自哪一个人写起方妙”也煞费踌躇。我选中了大明宫掌宫内相戴权。这位大太监只露过一次面。第十三回，贾珍“尽我所有”，为儿媳妇秦可卿大办丧事，戴权亲自去宁国府上祭，从“先备了祭礼遣人来”，到“于是作别”，总共才六百来字，跟前后文都不搭界。这样自成段落，说起来自然便当。在这六百来字中，戴权说的话不到十句。用人物自己的话来刻画人物，是曹雪芹最拿手的，这不到十句话，把大太监戴权刻画得玲珑剔透，可以引出我一大篇话来。

先是“贾珍因想着贾蓉不过是个黉门监，灵幡经榜上写时不好看，便是执事也不多，因此心下甚不自在”。无巧不巧，戴权正在这当口，“先备祭礼遣人来，次后坐了大轿，打伞鸣锣，亲来上祭”。贾珍忙接着献茶，“趁便就说要与贾蓉捐个前程的话。戴权会意，因笑道：‘想是为丧礼上风光些。’”——“想是为丧礼上风光些。”这是戴权的第一句话。贾珍心里想的什么，戴权猜个正着，恐怕不止是善于应对。听贾珍笑道：“老内相所见不差。”他戴权立刻接轨：“事倒凑巧，正有个美缺。……”真个无巧不成书了。

在《红楼梦》上，戴权的话一共四段，第一段只一句，前边才说过，不满十个字。第二段最长，一共五句，一百二十来字。且看是哪五句？戴权道：

“事倒凑巧，正有个美缺。如今三百员龙禁尉短了两员。昨儿襄阳侯的兄弟老三来求我，现拿了一千五百两银子，送到我家里。你知道，咱们都是老相与，不拘怎么样，看着他爷爷的分上，胡乱应了。还剩了一个缺，谁知永兴节度使冯胖子来求，要与他孩子捐，我就没工夫应他。

既是咱们的孩子要捐，快写个履历来。”

这段话有两个“咱们”读的时候可不能轻易放过。在以北京语音为标准音的普通话里，“咱们”的用法跟“我们”不同：说“咱们”，包括谈话的对方；而“我们”，只代表说话的一方。“你知道，咱们都是老相与”，这个“咱们”不仅包括说话的戴权和戴权所说的襄阳侯的兄弟老三，也包括听话的贾珍。“咱们都是老相与”跟在“你知道”后头，成了补足“你知道”的短语，等于说我跟老三是什么情分，你贾珍不能不知道，我为什么要看着他爷爷的分上，你贾珍也不能不知道，何况是“现拿了”银子上门“来求我”的，就“胡乱应了”。“应了”前头加上个“胡乱”，语气之间显得在他戴权不还是小事一桩。

对永兴节度使冯胖子可不一样，他不在“老相与”之列，戴权“就没工夫应他”。“没工夫”不是真个没工夫，而是他戴权不爱搭理，不过说得稍微婉约而已。称诨名而不称号无非两种用意：一是表示亲昵，一是表示蔑视。戴权在这儿称“冯胖子”，显然是后者，他不把这位节度使放在眼里。

接下来又是个“咱们”：“既是咱们的孩子要捐……”看，贾蓉明明是贾珍的孩子，这会子成了戴权和贾珍俩人共有的孩子了。在这儿说“既是你求我”固然不相宜，得避开这个“求”字；说“既是你的孩子要捐”，脸面上就过得去了。戴权可真厉害，偏要把“你”换成了“咱们”，看贴得多紧呀，他跟贾珍跳过了“老相与”这个档次，两个人简直成了一个人了——“你贾珍的孩子就是我戴权的孩子”。为自己的孩子哪有不尽心的呢？于是催贾珍“快写个履历来”。

写到这儿，想起了不久前看的电影《牧马人》。在结婚的那个夜里，下放劳改的知青灵均向逃荒来的姑娘秀芝坦白：“我犯过错误。”新媳妇回答说：“我们以后不再犯就是了。”这儿的“我们”改成了“咱们”岂不更好？可是不能妄改，秀芝的老家是川北，她不可能用“咱们”。用“你”是很不得当的，怎么能在新婚之夜就教训起丈夫来，只有用“我们”换去了“你”才能显出她有多么体贴，出自内心的对这位萍水相逢的新郎的体贴。戴权却是另一回事。他哪儿有一点儿真情实意，油嘴滑舌把个“你”换成了“咱们”。贾珍已经被他调弄得喜出望外，受宠若惊，只有恭敬受命，忙之不迭。

贾蓉的履历写来了，“贾珍看了，忙送与戴权”，“戴权看了，回手便递与一个贴身的小厮收了，说道：‘回来送与户部堂官老赵，说我拜上他，起一张五品龙禁尉的票，再给个执照，就把这履历填上，明儿我来兑银子送去。’”

吩咐贴身小厮的话，回府去说也不迟，何必当着贾珍的面交代。原来戴权就是说给贾珍听的：一则好让贾珍放心，二则显示他的能耐，炫耀他的权势，什么大不了的事，只要他一句话就得了。吩咐贴身小厮，不称“赵老爷”，而偏称“老赵”；什么户部堂官，就跟他戴权跟前的听差一个模样。贾珍听了，岂不比叫他“尽管放心”更加放心。

最后一段是戴权临上轿，贾珍问他：“银子还是我到部兑，还是一并送入老内相府中？”戴权道：“若到部里，你又吃亏了。不如平准一千二百银子，送到我家就完了。”“吃亏”的前头可以用“就”，这儿用“又”，又用得极妙：一是提醒贾珍，要不是碰着我戴权，你又得吃亏；二是让贾珍觉得自己是个一向吃亏的老实人，至少觉得戴权把他看成这么个老实人。对老实人，戴权决不相欺，他自动让了三百两银子。银子到底落进谁的腰包，只有天晓得；捐前程总得花钱，贾珍决不去追究，这三百两银子的情，贾珍可非领不可。虽然贾珍并不计较，他早就说过“尽我所有”的话，到了这时候他也得“感激不尽”。

说穿了，戴权到宁国府上祭是假，做买卖是真。他到得那么巧，也许是摸准了贾珍的心事，官宦人家办丧事，哪有不讲究排场的道理；也说不定有谁通风报信，把贾珍的心事透露给他了。买卖要做成，先得把买主稳住，戴权前两段话，专在这上头下工夫。那个老三的事儿想是有的，是否花了一千五可不一定，戴权料定贾珍不会去对证；冯胖子的事儿很可能是胡诌。接下来“既是咱们的孩子要捐”，把贾珍制得个服服帖帖。买卖做成了，得让买主心里踏实，甚至感激卖主。这是戴权那后两段话的用意。

戴权到宁国府一场，说的话决不止这几句。《红楼梦》上却只记下了这几句，“细考较去”，竟没有一句是废话。戴权虽然打道回府去了，在我脑子里还留下了一个活生生的惯于弄权的大太监的形象。写这样一个无关紧要的人物，曹雪芹也花了偌大的工夫，真个叫人折服。可是就这几句话，恐怕不是凭空想得出来的，工夫还下在平时。戴权这样的人物，曹雪芹一定见得多了，他熟悉他们的语言，而且摸透了他们的心思——那藏在他们语言背后的“潜台词”。所以到了写的时候，他能够运用得如此准确，把这个卖官鬻爵的大太监表现得如此鲜明。

一九八五年十二月初稿
二〇〇五年一（原十一）月修改

（二）栊翠庵品茶

《金陵十二钗正册》中那十二个薄命女子，数妙玉出场最晚。“必读本”的第十七回、第十八回连在一起，读到这两回的正中间，咱们才听说了这位秉性孤高，也是仕宦家出身的芳名。

再往下直到第四十一回，老祖宗带着刘姥姥，和众人闯进栊翠庵来了，这位带发修行流落在京的小仕宦家小姐才出场亮相。再往后那一千五百来字的篇幅中，妙玉的表现可够充分的。

第十七回末尾，迎接元妃归省的各项准备工作大致就绪，十个小尼姑和十个小道姑也聘买齐了。林之孝家的趁回话的机会，把妙玉推荐给王夫人。她先说妙玉的出身：“本是苏州人氏，祖上也是读书仕宦之家”，“自小多病”，到底“入了空门，方才好了，所以带发修行，今年才十八岁”，“父母俱已亡故”。再说妙玉的人品：“文墨也极通，经文也不用学了，模样儿又极好”。——“经文也不用学”自然是夸她天生聪明，用不着着力学的意思。最后说妙玉“去岁随了师父上来，现在西门外牟尼院住着”；“她师父极精演先天神数，于去冬圆寂了。妙玉本欲扶灵回乡的，她师父临寂遗言，说她‘衣食起居不宜回乡，在此静居，后来自然有你的结果’，所以她竟未回乡。”王夫人不等回完，便说“既这样，何不接了她来。”可是不成，林之孝家的转述妙玉的话说：“侯门公府，必以贵势压人，我再不去的。”于是“王夫人笑道：‘她既是官宦小姐，自然骄傲些，就下个帖子请她何妨。’林之孝家的答应了出去，命书启相公写请帖去请妙玉。次日遣人备车轿去接等后话，暂且搁过，此时不能表白。”这么暂且一搁，直搁到了第四十一回。

如果咬文嚼字，这儿有两处可以捉摸：一、“王夫人不等回完”，她为什么这样性急？二、听林之孝家的转述了妙玉的话，“王夫人笑道”，她为什么发笑？聘买小尼姑小道姑，为的元妃归省的时候做活摆设。听林之孝家的介绍，妙玉出身好，文墨好，模样儿好，真是一件不可多得的活摆设；何况她那“极精演先天神数”的师父说她留在京里自然有她的“结果”，这“结果”很可能就指的进荣国府，接她进府岂不应了天数？王夫人并非性急，而是已经让林之孝家的说动了心。至于发笑，可能笑妙玉摆官宦小姐的架子，既然托林之孝家的乘机引荐，还要这般拿腔作势。王夫人是老于世务的，这类事儿见得多了，她很可能这样猜度。

把妙玉接进荣国府，元妃归省是由头。可是写到元妃归省，竟没提到这位带发修行的官宦小姐。咱们甚至不知道她见了请帖，是否改变了“我是再不去的”的初衷，也不知道大观园里有一座专供妙玉修行的栊翠庵。佛寺是有一座，元妃进去烧过香，拜过佛，还题了匾，是否就是栊翠庵，咱们不得而知。说曹雪芹疏漏，当然也可以；可是不打紧，等看到第四十一回，咱们就认识这位槛外人了，不是从她的外表——曹雪芹没描写她的长相、身材、穿戴，而是看到了她的内心深处。

妙玉的出场最简单，在《红楼梦》的主要人物中恐怕是独一无二的了。“当下贾母等……带了刘姥姥至栊翠庵来。妙玉忙接了进去。”看，连附加语也没有一个，这个带发修行的官宦小姐就这么秃头秃脑出场来了。接下去：贾母“一面说，一面往东禅堂来。妙玉笑往里让，……”贾母要吃茶，“妙玉听了忙去烹了茶来。宝玉留神看她怎么行事。只见妙玉亲自捧了一个海棠花式雕漆填金云龙献寿的小茶盘，里面放一个成窑五彩小盖盅，捧与贾母。贾母说‘我不吃六安茶。’妙玉笑说，‘知道。这是老君眉。’贾母接了，又问是什么水。妙玉笑回：‘是旧年蠲的雨水。’……然后众人都是一色官窑脱胎填白盖碗。”看妙玉行动必“忙”，说话必“笑”，活脱是个大寺院里惯于奉承权贵的知客僧。

咱们读过前文，知道跟贾母来的众人之中有一个宝玉。在妙玉烹茶和献茶之间的空隙，曹雪芹突然点到他，说“宝玉留神看她是怎么行事”。插进这么一句曹雪芹有什么用意没有呢？为了表现宝玉的习性——专爱在女孩儿身上用心？有这个可能。也许还深入一层。为了表现宝玉发觉妙玉今儿的举止有点儿不同往常，所以要留神看她一看。妙玉“天性怪僻”，连黛玉都知道，宝玉不会不知道；今儿忽然变得这样随俗，甚至媚俗，专爱在女孩儿身上用心的宝玉是不能不觉察的。

不管宝玉怎么想，咱们且看妙玉怎么行事。贾母等来到栊翠庵，妙玉忙接了进去。贾母往东禅堂来，妙玉笑往里让；在偏屋里接待贾府的老祖宗可不大恭敬，该让到里头的正屋里去；让是让了，却不勉强，在礼数上十分得体。茶烹得了，妙玉先捧与贾母，然后才有众人的。贾母说不吃六安茶，妙玉笑道："知道。这是老君眉。"妙玉的应对真是妙到了极点，就这一声"知道"，叫贾母听着浑身舒服，决不会去考究妙玉怎么能知道她喝茶的癖好。茶叶是"老君眉"可能不假，妙玉料到这个名称贾母一定中听，跟小茶盘上的图案——"云龙献寿"一个样儿，正好向贾母献她的殷勤。众人都是一色官窑脱胎填白盖碗，这是"世法平等"；唯独贾母是成窑五彩小盖盅，虽然佛门之内，长幼尊卑还得有个分寸；妙玉掌握得十分妥帖。

借茶盅茶碗茶杯，曹雪芹在这一段里做了不少文章。固然因为写的是品茶，可是借器皿陈设刻画人物，也是曹雪芹的拿手。最出名的是第五回描写秦可卿卧室的一大段，教人看得眼花缭乱；不但暗示了这位东府蓉大奶奶的品性，还为宝玉梦游太虚幻境作了个似真似幻的铺垫。话别扯远了，咱们接着往下读。当下妙玉把贾母等众人安排妥帖，拉了拉宝钗和黛玉的衣襟，把她们两个让进耳房吃"体己茶"。宝玉悄悄地跟了去"餐茶吃"。"妙玉自向风炉上扇滚了水，另泡一壶茶。……另拿出两只杯来。一个旁边有一耳，杯上镌着'𤨣瓟斝'三个隶字，后有一行小真字是'晋王恺珍玩'，又有'宋元丰五年四月眉山苏轼见于秘府'一行小字。妙玉便斟了一斝，递与宝钗。那一只形似钵而小，也有三个垂珠篆字，镌着'点犀䀉'。妙玉斟了一䀉与黛玉。仍将前番自己常日吃茶的那只绿玉斗来斟与宝玉。"三只茶杯大有咬嚼，尤其是最后的那只绿玉斗。

先说"𤨣瓟斝"，三个字我全不认得。有人说"𤨣瓟斝"的读音就暗示这是件假古董。我也相信是假古董，什么王恺苏轼，全是胡扯。妙玉可把它当作真古董。"点犀䀉"这个"䀉"字，我也不认识，总之是只犀角雕成的杯子；"垂珠篆"是一种颇有点儿俗气的美术字，只在手工艺品上见过。妙玉拿"古玩奇珍"来待客，显得她风雅。曹雪芹的用意恐怕正好相反，讽嘲她"雅得太俗"。妙玉自己常日吃茶也用绿玉斗。她特地把自己吃茶的绿玉斗与宝玉吃，这番情意不用曹雪芹说，咱们也知道。可是咱们不能放过了前面“仍将前番”这四个字。宝玉到栊翠庵原来并非头一遭，他早就来过，早就用妙玉常日用的那只绿玉斗吃过茶。而且这“前番”，看来不止一番，少说也有五次三番：要不，他怎么能不作一声，悄悄地跟进了妙玉参禅的耳房？要不，他把妙玉的脾气怎么会摸得如此透彻，甚至妙玉还没想到的，他已经代妙玉想到了。咱们还可以推想到，宝钗黛玉也不是头一遭来，否则妙玉跟她们两个不会这样热和。当然，她们两个跟宝玉不曾一同来过。

可是奇怪，宝玉却嫌这绿玉斗俗。他笑着说：“常言‘世法平等’，她两个就用那样古玩奇珍，我就是个俗器了。”像宝玉这样一个专爱在女孩子身上用心的人，竟不理会妙玉这个绿玉斗的情意？真叫人没法相信。咱们只能这样看，在宝钗黛玉两个面前，他得替妙玉打个马虎眼。妙玉可不傻，她趁机把话头扯了开去。“妙玉道：‘这是个俗器？不是我说狂话，只怕你家里未必找的出这么一个俗器来呢。’”“妙玉道”的“道”字前面没有个“笑”字，她这样一本正经，为的把马虎眼打得更圆。话可说得有点儿狂，自己是个寄人篱下的活摆设，还说什么“你家里未必找得出……来”；可是要这样，才符合妙玉的性格。宝玉可真会凑趣，他还是笑着说：“俗说‘随乡入乡’，到了你这里，自然把金玉珠宝一概贬为俗器了。”把绿玉斗“贬为俗器”，是“到了你这里”的缘故；表面上为自己辩解，骨子里却是捧妙玉。难怪“妙玉听如此说，十分欢喜”。下边写妙玉如何兴头，如何说笑，我就不多引了。

如果说断定宝玉打马虎眼，论据不够充分，那么妙玉打马虎眼却千真万确。“宝玉细细吃了”妙玉给斟的茶，“果觉轻浮无比，赏赞不绝。妙玉正色道：‘你这遭吃的茶是托她两个的福，独你来了，我是不给你吃的。’”——“我是不给你吃的”，这谁知道？还要“正色道”——板起面孔来说。这“正色”俩字曹雪芹好像只用过这么一次。至少在女孩子身上只用过这么一次。于是轮到宝玉替妙玉圆谎了。“宝玉笑道：‘我深知道的。我也不领你的情，只谢她二人便是了。’”瞧这两位，配合得多默契，曹雪芹真个把他们写神了。

附带提一下，妙玉的这一段话，“整理本”整理得更绝：“你这遭吃茶，是托她两个的福，独你来了，我是不能给你吃的。”跟“校注本”相比，只少了个“的”字，添了个逗号，多了个“能”字，而意思大不相同，最关键的是那个“的”字。“你今遭吃的茶”，只表明今儿你吃的茶不同于往常。“你今遭吃茶”，说的却是往常你来，我妙玉不曾给你吃过茶，今儿是破题儿头一遭，把“仍将前番”那些公案，洗涮得一干二净。在“吃茶”后头添个逗号，停顿一下，加强了语气。在后头的“不给”中间加了个“能”，暗示所以不给是有缘故的，主要当然是不可逾越的男女大防。看妙玉处处在开脱自己，她心中其实是很虚的。

接下去，黛玉问了一声泡茶的水，“妙玉冷笑道：‘你这么个人，竟是大俗人，连水也尝不出来。……’”这位大雅人也雅得出了格，竟然唐突黛玉，把黛玉称作“大俗人”。黛玉倒吃她这一功，并没生气，只因“知她天性怪僻，……便约着宝钗走了出来”。宝玉故意落后，跟妙玉说了两件事。那只定窑五彩小盖盅让刘姥姥喝了一口，道婆收上来时，妙玉吩咐把它搁在外头。宝玉知道她嫌脏不要了，“陪笑”征求妙玉的同意，把那盖盅给了刘姥姥算了。妙玉“想了一想，点头说道：‘这也罢了。幸而那杯子是我没吃过的，若我使过，我就是砸碎了也不能给她。……’”这是一件。还有一件，宝玉出主意让小幺儿打几桶水来洗地。“妙玉笑道：‘这更好，只是你嘱咐他们，抬了水只搁在山外头墙根下，别进门来。’”妙玉的山门连抬水的小幺儿也不让进，宝玉却可以独个儿直进直出；妙玉使过的杯子宁可砸碎也不能给人，却把自己常日吃茶的绿玉斗儿番斟茶给宝玉吃：应了“欲洁何曾洁，云空未必空”这两句判语。

写于一九八六年一月

（此文为修改稿，修改时间未注明）

（三）卜世仁夫妻俩

《红楼梦》中有好些没甚要紧的人物，出场次数极少，只因语言传神，咱们读着好像能听到他们的谈吐，看到他们的神情：印象之深，不亚于某些次要人物。大太监戴权是一例，买卖人卜世仁和他娘子又是一例。

卜世仁夫妻俩也只露了一次面，在第二十四回，是由他们外甥贾芸捎带着引上场来的。尽管宁荣两府“白玉为堂金作马”，也免不了有许多穷本家。贾芸就是一个。他是“后廊上住的五嫂子的儿子”，“最伶俐乖觉”，几次进府来求贾琏讨个大小事务管管，也好弄些银钱使用。他琏二叔倒满口答应了。正当贾元春省亲回宫去后，大观园里达摩庵玉皇庙两处的一班活摆设——十二个小沙弥并十二个小道士要挪出大观园来，送往城外家庙铁槛寺养着，得派个人去管管。贾琏打算把这桩巧宗儿给了贾芸。不想后街上住的贾芹之母周氏听见有这件事，便坐轿子来求凤姐，凤姐便依允了。贾琏哪能强得过他这位令夫人，教人去唤了贾芹进来，当面批票画押，让他去银库上先支领了三个月的开销，白花花二三百两。贾芹自然高兴非凡，命小厮把银子拿回家去交与母亲，“登时雇了大脚驴自己骑上；又雇了几辆车子，至荣国府角门，唤出二十四个人来，坐上车，一径往城外铁槛寺去了”。

贾芹“当下无话”，贾芸这一头却落了空。等他去找贾琏已经晚了一步。这位琏二爷大概受制惯了，在侄子面前并不十分掩饰，他对贾芸说：“前儿倒有一件事情出来，偏生你婶婶再三求我，给了贾芹了。她许了我，说明儿园里还有几处要裁花木的地方，等这个工程出来，一定给你就是了。”贾琏说的“她”，就是“你婶婶”琏二奶奶王熙凤。贾芸一听心里明白了，原来二叔“竟不能的”，作不得主，不如径直去求二婶。他想着母舅卜世仁现开着香料铺，就找上家去，恳求这位至亲赊几两冰片麝香，好赶在端午节前给二婶送上这一份厚礼。就在这个当口，卜世仁上场来了。

卜世仁忽见贾芸进来，彼此见过了，因问他这早晚什么事跑了来。——“这早晚什么事跑了来”，“必读本”没加引号，我认为加了引号比较好，因为这是卜世仁的原话，从口气来揣摩，这位母舅的脸色就不怎么好看。贾芸只没作理会，仍说：“有事求舅舅帮衬帮衬。……要些冰片麝香使用。好歹舅舅每样赊四两给我，八月里按数送了银子来。”尽管贾芸“舅舅”“舅舅”喊得那么亲，还作了中秋节前清账的实质性承诺，这位老到的生意人却水泼不进。他冷笑道：“再休提赊欠一事。”一句话就把贾芸的嘴给堵死了，又随口编了个谎：“前儿也是我们铺子里一个伙计，替他的亲戚赊了几两银子的货，至今总未还上。因此我们大家赔上，立了合同，再不许替亲友赊欠。谁要赊欠，就要罚他二十两银子的东道。况且如今这个货也短，你就拿了现银子到我们这不三不四的铺子里来买，也还没有这些，……”这一大段话共三句，一句一个“我们”：铺子是“我们铺子”，合同是“我们大家”立下的，这香料铺原来还是个集体经济，他做舅舅的想帮衬也作不得主。第三句。在“我们”和“铺子”之间还插进个“不三不四”，强调“我们铺子”实在不像个样子，不但备货短缺，也赔累不起，他做舅舅的想帮衬也办不到。三句话只是一层意思，客观条件不具备。卜世仁点明了：“这是一。”他做舅舅的还有进一层的意思要说哩。

卜世仁紧接着斥责贾芸说：“二则你哪里有正经事，不过赊了去又是胡闹。”这“又是”两个字真叫厉害，不光加强了语气，还把“你哪里有正经事”这个前提敲得着着实实；做舅舅的敢说你这一次“又是”胡闹，可见你一向胡闹成性。你舅舅即使能办到，能作主，也不能把冰片麝香轻易赊欠给你。看，正说反说，都属他卜世仁有理，明摆着不肯帮衬，他还得把做舅舅的面子给找回来，舌头才一转，语调就变了：“你只说舅舅见你一遭儿就派你一遭不是。你小人儿家很不知好歹，也到底立个主见，赚几个钱，弄得穿的是穿的吃的是吃的，我看着也喜欢。”如果埋怨你舅舅不肯帮衬，那是“你小人儿家很不知好歹”，不理会你舅舅怎么疼你。你舅舅巴不得你能赚几个钱，把日子安排得像个样子。注意“不知好歹”前头的这个“很”字。这个字很有分量，足以使咱们读者想见卜世仁自居长辈，数落贾芸的那副神态。

贾芸早在后悔自己找错了门，他不是个服软的人，受不了这样的数落，他得反击，带着笑反击，他说：“舅舅说的倒干净。我父亲没的时候，我年纪又小，不知事。后来听见我母亲说，都还亏舅舅们在我们家出主意，料理的丧事。难道舅舅就不知道的，还是有一亩地两间房子，如今我手里花了不成？巧媳妇做不出没米的粥来，叫我怎么样呢？……”——“难道舅舅就不知道的”，这句提问式的短语插在中间有两层意思：一层是明的，“我们家穷成这样，你舅舅不能不知道，难道还有什么可供我胡闹的”。一层是暗的，刺卜世仁一下：“你别认作我贾芸不知道，那时节我们家孤儿寡母的，还不是你们舅舅们——也有你卜世仁在——说了算，把我们家给折腾穷了。”看开头的“舅舅说的倒干净”，再看后边卜世仁的语气就变了，这个猜测恐怕是可以成立的。当然，“舅舅说的倒干净”，还关联着“巧媳妇”那句谚语，等于说“舅舅您不肯帮衬也就罢了，怎么能把自己说成个没事人儿似的呢?”贾芸在最后老实点明了：“我这个穷外甥要是赖在您身上，您做舅舅的也没法推脱。”

让贾芸一顶撞，卜世仁果真软下来。他说：“我的儿，舅舅要有，还不是该的。我天天和你舅母说，只愁你没算计儿。”他于是给贾芸出主意，传授他自己的经验——一个精明的买卖人的处事之道。他说：“你但凡立的起来，到你大房（宁国府）里，就是他们爷儿们见不着，便下个气，和他们的管家或者管事的人们嬉和嬉和，也弄个事儿管管。”请注意：“跟他们爷儿们见不着”，说的可不是机会不凑巧，要见谁没见着，而是说够不着见他们爷儿们的身份。在卜世仁眼里，宁荣两府的爷儿们是高不可攀的；其次是管家，再其次是管事一流人物。他自己能巴结得上的，想来就是这班大爷。你这个卜世仁呀，把你外甥未免看得太扁了，跨进贾府的门槛，贾芸高矮是个“本家的爷们”，跟“管事的人们嬉和嬉和”，这还成什么体统。你外甥走的是上层路线。见了宝玉，他可以认干爹，在给宝玉送白海棠的贴子上，他可以堂而皇之的写上“不肖男芸恭请父亲大人万福金安”；见了凤姐，他“忙把手逼着，恭恭敬敬抢上来请安”，甚至作嗲说：“少不得求婶子好歹疼我一点儿。”虽然好赶着宝玉房里的丫头们叫“姐姐”，这正是他“伶俐乖觉”之处。买卖人卜世仁虽然精明，他没见过大世面，眼光未免太浅。

卜世仁教给贾芸的这一招，并非他凭空想出来的。而是亲眼所见亲耳所闻。他说：“前日我出城去，撞见了你们三房里的老四，骑着大叫驴，带着五辆车，有四五十和尚道士，往家庙去了。他那不亏能干，这事就到他了。”这“三房里的老四”就是贾芹。这段情节已经见过，可是写法很不相同。前边引的那段文字是作者的叙述，应该说是客观的，咱们可以看出贾芹当时的心情：“登时雇了大脚驴，自己骑上，”真有点儿春风得意，走马上任的架势，这个“登时”，还有“唤了二十四个人出来”的“唤了”，“一径往城外铁槛寺去了”的“一径”，都给客观的叙述染上了人物的感情色彩。卜世仁说的话不是客观叙述，处处流露出这个买卖人的艳羡之情。“他那不亏能干，这事就到他了。”瞅着贾芹的派头，甚至可以说威风，他眼红极了。眼睛一红，他就把人数给点错了，明明二十四个人——“十二个小沙弥并十二个小道士”，他看作“四五十个”，多出了一倍；人多出一倍，银子自然也多出一倍，得四五百两了。怪不得这个买卖人的眼睛红成这样，说起来津津有味，眉色飞舞。

十二个小沙弥，十二个小道士，是荣府特地为元妃归省聘买的活摆设，当然都是女孩子。头一回提到她们，称作“小尼姑”“小道姑”；后来改了口，也有称作“小和尚”的，不知为的什么。在“必读本”中，我看还是统一于“尼姑”“道姑”为好，免得叫读者白费心思。卜世仁所说贾芹所骑的“大叫驴”，在前头引文中是“大脚驴”。查《现代汉语词典》，“脚”和“叫”读音相同，一个念上声，一个念去声。该统一于哪一个呢？得查考在曹雪芹当时，北京话中是怎么叫的。在未查考出结果之前，只好由他去。

当时贾芸听他母舅“韶刀的不堪，便起身告词”。卜世仁虚邀一声：“怎么急的这样？吃了饭再去吧。”他娘子听着已经不受用了，赶紧接嘴骂他胡涂：“说着没米，这里买了半斤面下给你吃。这会子还装胖呢，留下外甥挨饿不成？”这就很够了，谁都听得出来她是在逐客。卜世仁还要装蒜，叫娘子再买半斤面来添上。他娘子只怕贾芸不知趣，死皮赖脸真个等面吃，连忙叫女孩儿跟街坊去借二三十个钱买面。“那贾芸早说了几个‘不用费事’，去的无影无踪了。”这场喜剧就此闭幕。

在《红楼梦》里，这场喜剧只占八百来字。我建议翻出来读一读，遇到对话最好念出声来，能用北京的口音和语调来念，那就更传神了。卜世仁夫妻俩究竟是市井小人，不像大明宫掌宫内相戴权有那么深的城府。他们俩虽然吝啬，势利，猥琐，唠叨，可是心里怎么想，他们嘴上就流露出来了，很像戏台上的小花脸。他们常常面对观众作旁白，毫不掩饰他们的内心世界。小花脸的可爱也许就在这儿，虽然他们扮演的经常是那些“不是人”的角色。大太监戴权则冠冕堂皇，教人想起戏台上奸相一流的人物来，脸上涂满了厚厚一层白粉，教人看不透他们的用心，听他们说话得反复揣摩，稍不仔细就让他们给瞒过了。

我有时想：在《红楼梦》里，曹雪芹为什么要写那么些没甚要紧的人物，而且写得那么认真，一个个原形毕露。像大太监戴权，如果不写他，咱们读者也不觉得少什么。只消交代一下，说贾珍一心要把儿媳妇秦氏的丧事办得风光些，花一千二百银子给儿子补了个五品龙禁尉的缺，这样一笔带过，满可以过渡到下文去了。至于卜世仁夫妻，他们俩的出场似乎还有个理由，就是给轻财仗义的醉金刚倪二作个陪衬。对比够鲜明的；一个是至亲，正经买卖人，贾芸亲自上门去求的；一个是邻里，泼皮无赖，贾芸在路上撞着还避之不迭，谁承望倒是他把一卷银子借给了贾芸，还是无息贷款。在铅字排版的各种《红楼梦》版本中，倪二只出现这么一回；有一种手抄的“脂批”残本，在二十四回开头有段总批，说倪二的出场“伏芸哥仗义探庵（监?）一事”。曹雪芹原先也许是这样安排的吧。在如今的后四十回中咱们却找不着贾芸探监这回事，没法知道倪二在这回事中扮的什么角色，起了什么关键作用。在《红楼梦》中，倪二已经失踪，卜世仁夫妇“无立足境”，无须上场来丢乖露丑了。

我还想：假如曹雪芹那个时候已经有了出版社；假如曹雪芹把他的《红楼梦》稿本送到某一家出版社，交到了某一位编辑同行的手里；假如这位编辑同志非常热心，又坚持作品非突出主题思想、非突出主要人物不可，他很可能用我在前边说过的那些理由，力劝曹雪芹把一些他认为没甚要紧的人物和情节删去。曹雪芹呢？他一定找不出理由来反驳；为了求得《红楼梦》顺利出版，除了唯命是从，他别无他法。我一个“假如”又一个“假如”，真个是想入非非了。可是我的担心并不是没有丝毫根据的。一则，我听说确有这样的编辑同行，他能用这样那样的理由，硬要作者删去某个人物或某段情节，有时候又硬要作者根据他的精心设计，添上某个人物或某段情节。二则，曹雪芹确曾接受过这种强迫性的建议。那位“脂砚斋”，他并非编辑，却以长辈的口吻“命”曹雪芹删去了“天香楼”一节，使《红楼梦》留下了一桩千古疑案，使所有的读者读到第十三回都遗憾万分。幸而“脂砚斋”没把突出什么作为他的审稿准则，要不，那些没甚要紧的可又活生生的人物，咱们一个也见不着了。

说了半天，还没有回答我在前边提出的问题：曹雪芹为什么要写那么些没甚要紧的人物？我想，曹雪芹可能养成了这样的习惯：他在日常生活中，对遇到的各色人等都感到极大的兴趣；他把观察他们的行动和神态，辨析他们的谈吐，揣摩他们的心思，当作他的赏心乐事。人以群分，日子久了，在不知不觉之中，每群人物都在他的脑袋里形成了若干个不同的典型。不管是可爱的典型还是可憎的典型，一旦形成了，就像有了自己的生命似的，都要寻找机会冒出来表现自己。可不，曹雪芹写到贾珍想给儿子捐个什么缺，好让儿媳妇的丧事办得风光些，那个卖官鬻爵的大太监就鸣锣打伞上场来了；写到贾芸想办一份节礼，去孝敬荣国府的实权人物琏二婶子，那个精明的买卖人卜世仁就画着白鼻子，挂着八字髯口上场来了。如此等等，所以咱们读《红楼梦》，就像读一幅人物画卷——曹雪芹那个时代的社会众生相。

一九八六年三月初稿

二〇〇四年十二月修改

（四）尤二姐的悲剧

评论王熙凤，在《红楼梦》中，数贾琏的贴身小厮兴儿最淋漓痛快。兴儿以“爷的心腹”自居，说家里的这位奶奶“心里歹毒，口里尖快”，“如今合家大小，除了老太太、太太两个人，没有不恨她的，只不过面子情儿怕她”；“只一味哄着老太太、太太两个人喜欢。她说一是一，说二是二，没人敢拦她。”“估着有好事，……她先抓尖儿；或有了不好事，或她自己错了，她便一缩头，推到别人身上来，她还在旁边拨火儿。”还说她“嘴甜心苦，两面三刀；上头一脸笑，脚下使绊子；明是一盆火，暗是一把刀：都占全了”。

兴儿这些话是说给尤二姐听的，在第六十五回，尤三姐跟贾珍贾琏两个大闹了一场之后。二姐看她妹子脾气越发不堪，在“枕边衾内”常劝贾琏说：“你和珍大哥商议商议，拣个相熟的人，把三丫头聘了吧。留着她不是个长法子。”贾琏听了说：“这话极是。”……至次日，二姐另备了酒，贾琏也不出门，至午间特请她小妹过来，与她母亲上坐；探听三姐对自己的终身大事到底打的什么主意。正说着，兴儿忽然走来请贾琏，说“老爷那边紧等着叫爷呢”。贾琏“偷的锣儿敲不得”，只怕家里有人知道他宿在小花枝巷二姐这儿，听兴儿回说替他弥缝得挺周全，才“忙命拉马，隆儿跟随去了，留下兴儿答应人来事务”。在这个未曾“露风”的所在，有多少人来事务非得留下兴儿答应不可的。看来留下这个伶俐乖巧的小厮，倒是曹雪芹的主意，为的让他应对二姐的问话。这样猜测大致不会错：一则曹雪芹接下去就是这么写的，二则这段对答插在这儿实在巧妙之极，不但让咱们知道了贾府的底下人平日在背后是怎么褒贬他们主子的，还刻画了尤二姐当时忐忑不安的微妙心态——从被贾珍父子“权当粉头来取乐”的地位，才上升到琏二爷的二房之后患得患失的心态，而用的正是她自己的言语举止，这是曹雪芹惯用的手法，咱们读到这儿切不可等闲放过。

兴儿不愧伶俐乖巧，留下他来最妥当不过。当时贾琏匆匆走了，“尤二姐拿了两碟菜，命拿大杯斟了酒，就命兴儿在炕沿下蹲着吃，一长一短向他说话儿。”看，尤二姐努力要做成一位待下宽厚的奶奶，从自己炕桌上拿了两碟菜给兴儿，可大杯是命人拿的，酒是命他蹲在炕沿下吃的，这主子奴才的名份，她不能模糊。二姐一长一短地向兴儿说了些什么呢？她先“问他家里奶奶多大年纪，怎个利害的样子”。她最关心的自然是这位“家里奶奶王熙凤”。问王熙凤多大年纪，一是跟自己作个比较；二是听贾蓉在提亲的时候跟她老娘说的，王熙凤“身子有病，已是不能好的了……过了一年半载”，只等她一死，“便接了二婶进去做正室”；及至成亲之后，贾琏跟二姐“百般恩爱”，也亲口这样答应了她无数遍。她正巴望着这一天哩，哪能不问一问，在心里估摸估摸。王熙凤厉害，她只是耳闻，贾琏买了房子让她暂时在外面住着，就为的家里那位太难缠。她得问问明白，多方面核一核实。问“老太太多大年纪，太太多大年纪，姑娘几个，各样家常等语”，这一大家子，都是她将来要日常相处的，问明白了好心里有所准备。

兴儿本是他二爷的心腹，在家里奶奶跟前老“提心吊胆”，只有“挨些打骂”的份儿，哪儿受到过蹲在炕沿下吃酒的恩典。这回子在“圣德怜下”的新奶奶跟前，他全身骨头都放松了，“笑嘻嘻的在炕沿下一头吃，一头将荣府之事备细告诉了她母女”。这儿用的“她母女”，因为除了二姐，还有老娘和三姐在场。兴儿说得“备细”，曹雪芹却删繁就简，只记下了两大段：一段说王熙凤，捎带着平儿；一段说寡妇奶奶李纨和几位姑娘。两段话都生动非凡，因而经常被红学家们引用：如前一段中对王熙凤的那些编派；后一段中的李纨浑名“大菩萨”，是“第一个善德人”，迎春浑名“二木头”，“戳一针也不知嗳哟一声”，探春浑名“玫瑰花”，“无人不爱的，只是刺戳手”，还有形容林黛玉和薛宝钗的那几句，“见了她两个不敢出气儿，……生怕这气大了，吹倒了姓林的；气暖了，吹化了姓薛的”。前后两段相比较，在后一段中，兴儿的话更风趣，更俏皮。也许酒吃得有点儿意思了，他越说越来了劲儿，又是拍手又是笑的。可是论深刻，还数前一段中兴儿对王熙凤的编派，以及尤二姐的几句插话。这也极其自然：从二姐来说，她把王熙凤当作主要对手，这一点，兴儿不能不理会；从兴儿来说，他是贾琏的亲随，对这位家里奶奶的为人行事，他早已摸透了，可是从未伺候过寡妇奶奶和各位姑娘，对她们只能说些浮泛的俏皮话。曹雪芹笔下的人物，不论言语举止，都很有分寸。

兴儿对王熙凤的编派，本篇的开头已经作了摘录，尽可能不多重复，现在单看二姐的插话。听了兴儿说“合家大小除了老太太、太太两个人，没有不恨她的”这一大段，“尤二姐笑道：‘你背着她这等说她，将来你又不知怎么说我呢。我又差了她一层，越发有的说了。’”请注意尤二姐说的这个“将来”，将来——一年半载之后，她是要被接进贾府去的，要顶替王熙凤做琏二爷的正室的，做荣国府的内总管的。她深信这个“将来”有着充分的把握，只是迟一点儿早一点儿而已。“小人不遂心诽谤主子是常理”，将来到了那个地位上，她不论是宽是严，哪能保得定底下人不在背后里诽谤挑剔呢？王熙凤是明媒正娶，自己却是“一顶素轿”抬了来的；王熙凤娘家“金陵王”何等显赫，自己家里却“着实艰难”，婚前“全仗着姐夫贾珍帮助”过日子；王熙凤有她姑母王夫人作靠山，自己在东府里虽然有姐姐——贾珍的夫人尤氏，却并非一母所生，一向不关甚痛痒：两相比较，正是二姐的一块心病。“差她一层儿”，她是往小里说，在底下人面前也只能说到这个程度。听兴儿说，那王熙凤确实利害，尚且在背后落下这许多诛心之论，将来她尤二姐进得府去，压得住这二百来口难缠的底下人吗？她心里不能不犯嘀咕，嘴里不自觉地说了出来。

二姐脸上仍带着笑，话里虽然用了两个“你”，并无责怪兴儿的意思。兴儿听了连忙跪下，在家里奶奶跟前，他这样惯了。他跪在炕前说：“奶奶要这样说，小的不怕雷打！但凡小的们有造化起来，先娶奶奶时若得了奶奶这样的人，小的们也少挨些打骂，也少提心吊胆的。如今跟爷的几个人，谁不背前背后称扬奶奶圣德怜下。我们商量着叫二爷要出来，情愿来答应奶奶呢。”兴儿的嘴多么甜呀，新奶奶哪儿受到过这样的奉承，更没想到在底下人面前，她自己竟然也有这样的威风。看她那得意劲儿，尤二姐笑道：“猴儿肏的，还不起来呢。说句玩话，就吓的那样起来。你们作什么来，我还要找了你奶奶去呢。”“猴儿肏的”表面是骂，其实是夸奖，夸奖兴儿跟猴儿崽子一样乖巧。这句话实在不雅，见得她当时高兴得连自己的主子身份都忘了，也见得她不是自小生长在深宅大院里的。至于“玩话”，真正的玩话倒是后边这一句：“我还要找了你奶奶去呢。”二姐自己找上门去，明摆着这是不可能的，她下不了这个决心，也没有这个胆量。只是听兴儿把家里奶奶说得那样厉害，她非得接这个碴儿不可，在嘴面上，尤其在底下人面前，她不能伏软。

二姐说的本是一句没着落的玩话，兴儿却劝她“千万不要去”，说家里那位奶奶什么坏心眼儿“都占全了。……奶奶这样斯文良善的人，哪里是她的对手”。兴儿越发这样说，二姐在嘴上越发不能伏软。她“笑道”：“我只以礼待她，她敢怎么样？”“以礼待她”的这个“礼”，就是二房与正室之间的名份，而二姐，她还是一面打不得的锣儿，连个正式二房还不是哩。“她敢怎么样？”话虽然挺硬，说穿了不过是强嘴而已。于是又引出兴儿的一段话来，他说“奶奶便有礼让，她看见奶奶比她标致，又比她得人心，她怎肯干休善罢？人家是醋罐子，她是醋缸醋瓮。凡丫头们二爷多看一眼，她有本事当着爷打个烂羊头”；……只有屋里的平姑娘她制不了，“性子发了，哭闹一阵……她一般的也罢了，倒央告平姑娘”。听到这儿，二姐又忍不住插话，她“笑道：‘可是扯谎！这样一个夜叉，怎么反怕屋里人的呢？’”“小人不遂心诽谤主子亦是常理”，对兴儿的话，她本抱定不可不信不可全信的态度，这会儿可让她抓住了破绽。兴儿连忙辩白，说明了王熙凤和屋里人平儿之间的微妙关系；总算顾全他二爷的脸面，没提第四十四回“变生不测凤姐泼醋”那段故事。尤二姐只好“笑道”：“原来如此”，接着打听寡妇奶奶和几位姑娘，话头就转到后一段去了。后边还有二姐和三姐议论宝玉的一大段；六十六回开头，还有兴儿评论宝玉的一大段：都不属于本篇要说的范围，这儿就搁下不表了。

第六十八回“苦尤娘赚入大观园”，第六十九回“觉大限吞生金自逝”，尤二姐一步步走向悲惨的结局。读了这段故事，咱们没有不同情尤二姐的，没有不痛恨王熙凤的。王熙凤固然毒辣，可是尤二姐上当，自有她自己的思想根源，怨不得什么命苦。她艳羡贾府里的生活，到了利令智昏的地步。所以当初贾琏“百般撩拨，眉目传情”，“只是眼目众多，无从下手”，她“也十分有意”，那天只“说了几句见面情儿”，她就悄悄地收下了这个“浪荡子”的九龙珮；所以明知贾蓉是个“很会嚼舌头的猴崽子”，听这“猴崽子”跟她老娘“说得天花乱坠”，她“也便点头依允”。等到“一乘素轿”抬进了小花枝巷，贾琏对她“百般恩爱”，命底下人“不许提三说二的，直以奶奶称之，自己也称奶奶，竟将凤姐一笔勾倒”，她就默认了贾珍说的“打着灯笼还没处寻”。甚至连刚烈的三姐也认为，“如今姐姐也得了好处安身”。可是这小花枝巷并非她最后的避风港，她“将来”是要进府里去的。这个“将来”近在眼前，又远在天边。她心里老忐忑不安，既盼望着，又害怕着。于是生出了她跟兴儿的这么一场对答，好让咱们读者在二姐被诓进荣府之前，先揣摩一下这位打不得的锣儿的心声。

尤二姐插话的时候老带着笑，曹雪芹写她跟兴儿的两段对答中，“笑道”用了五个之多。头一回近乎冷笑——她拿着主子的身份，任兴儿怎么说，她只装作姑妄听之。第二回，前边已经说过，却出自内心，又惊又喜。第三回带着勉强，“还要找了你奶奶去”，她自己也知道不过说说而已。第四回有点儿自得，让她抓住了兴儿的破绽。第五回在听了兴儿的辩白之后，她只好表示首肯。后边还有个“尤氏姐妹忙笑问何意”。——听兴儿说三姑娘浑名“玫瑰花”，她和三姐觉得新鲜，都忍不住笑了。

曹雪芹在“道”和“说道”之前，或者加个“笑”字，或者不加“笑”字。加不加“笑”字有很大区别。在谈《栊翠庵品茶》那一篇，我举过妙玉的一个例子，咱们读的时候可得分辨清楚。可是在曹雪芹，他只是如实写来，自然而然，并未特意下什么工夫。除了“笑”字，曹雪芹难得用别的形容语句，在“问”和“问道”之前亦然。用人物自己的话来刻画人物，是曹雪芹的拿手，咱们读了人物所说的话，就可以揣摩出他们当时的心情和神态来，不添加什么倒见得干净利落。“五四”以后的小说就大大不同了，逢到人物开口，或多或少要加些形容，什么也不加的就非常之少了。这大概是受的外国小说的影响。加些形容语句也不坏，省得咱们读者去揣摩。可是有的实在没有必要，尤其是“意味深长”

“饶有风趣”之类。几乎可以保证，碰到“意味深长地说”，后边的话一定稀松平常；碰到“饶有风趣地说”，后边的话一定枯燥无味：徒然教咱们读者失望而已。

一九八六年九月四日
（此文为修改稿，修改时间未注明）

（五）薛宝钗点戏

前头几节，屡次说曹雪芹擅长写对话，对说话人的身份、性格，以及当时的内心活动，都掌握得十分准确。是不是没有一处可以商榷的呢？恐怕也不能这样说。第六十二回，姊妹们带着众丫头给宝玉、宝琴、岫烟、平儿四个祝寿，就有这么一处。

这次寿筵没有长辈在场，宝玉和姐妹们又是射覆，又是划拳，大家兴高采烈，热闹非凡。湘云和宝玉划拳，宝玉输了，湘云给他出了个刁钻古怪的酒令：“酒面要一句古文，一句旧诗，一句骨牌名，一句曲牌名，还要一句时宪书上的话，共总凑成一句话。酒底要关人事的果菜名。”众人都笑说“唯有她的令比人唠叨，倒也有意思”。宝玉说得“想一想儿”，到底黛玉才思敏捷，随口代宝玉说了一个。后来湘云和宝琴划拳，湘云输了，只得自己也说一个，酒面在这儿从略了，她说的酒底是“这鸭头不是那丫头，头上哪讨桂花油”。于是“众人越发笑起来，引的晴雯、小螺、莺儿等一干人都走过来说：‘云姑娘会开心儿，拿着我们取笑儿，快罚一杯才罢。怎见得我们就是该擦桂花油的？倒得每人给一瓶子桂花油擦擦。’……”

每回读到这儿，我总有点儿不大舒服，觉得不该把晴雯扯在里头。晴雯“心比天高”，怎么会伙着小丫头们在小姐们面前带头作哆凑趣呢？用现在的话来说：未免有损于这个既风流又矜持的“俏丫头”的形象。假若我是曹雪芹的责任编辑，我会跟他商量，是否把晴雯换个别人较好些儿。要是他不同意改动，我这个当编辑的当然不能勉强。如果是我没能体会他这样做的用心，听了他解释能恍然大悟，也可浮一大白。

附带提一笔，“头上哪讨桂花油”，在 1953 年的“整理本”上作“头上哪有桂花油”。“哪有”就是“不可能有”，意思显豁，鸭头上本来没有桂花油。“哪讨”是“上哪儿去讨”的意思。看后边丫头们说“倒得每人给一瓶子桂花油擦擦”，鸭头是讨不着桂花油的，丫头既然是不鸭头，讨一瓶擦擦却顺理成章。这样一想，觉得还是用“哪讨”比“哪有”强一些儿。从“怎见得我们就是该擦桂花油的”这句话推想，桂花油在当时大概不是什么上等的化妆品。

说到做寿，还有一处使我煞费思量的，就是第二十二回，由贾母牵头给薛宝钗做寿。在寿筵上，这位“品格端方”的宝钗，竟点了一出《鲁智深醉闹五台山》。

《鲁智深醉闹五台山》是清初的人写的《虎囊弹》的头一出，又叫《醉打山门》，简称《山门》或《山亭》。《虎囊弹》这本戏我五十年代找来看过，记得只有四出，继承元人杂剧的标准形式。头一出《山门》是根据《水浒》第四回写的，相当于楔子，交代鲁智深喝醉了酒，打坏了山门，这一段不得不下山来的因由。接下去三出是个很寻常的扶弱锄强的故事，不见于《水浒》，没给我留下什么印象。整本的《虎囊弹》早没有人演了，这出《山门》却一直保留到现在，而且很受观众欢迎。既然宝钗点了这出戏，我们当编辑的倒不妨把它找出来研究研究。我是从《与众曲谱》上找到这出戏的。

正如宝钗所说，这出《山门》“排场又好，词藻更妙”。鲁智深上得场来，才唱了三句，“树木槎枒，峰峦如画，堪潇洒”，到这儿就一声长叹：“咳，只是没有酒喝”，接着又唱：“吶呀，闷杀洒家，烦恼天来大!”五台山景色虽好，也无法排遣他那天大的烦恼。唱完这支《点绛唇》，照例是四句上场诗：“削发披缁改旧装，杀人心性未全降。生平哪晓经和忏，吃饭穿衣是所长。”接着自报家门，交代了上五台山做和尚的缘故，抱怨说：“俺想往常间，那大碗酒，大块肉，每日不离于口；如今受了什么五戒，弄得身子瘪瘦，口内淡出鸟（屌）来，如何捱得过这日子。我想就做了西天活佛，也没有什么好处。……”这样毁僧谤佛叛经离道的话，后边还有许多：说“俺笑着那戒酒除荤闭磕牙，做尽了真话把”；说“守清规浑是假，一任的醉由咱”；甚至一听到寺院里“钟鸣鼓挝”他也烦恼，声音“恨惮林尚遐”。用现在的话说，这出《山门》深刻地塑造了鲁智深这个莽和尚的叛逆形象，怪不得生命力这样强，能一直保留到现在。奇怪的是“品格端方”“举止娴雅”的薛宝钗，竟喜欢上这么一出戏，而且公然点了这么一出戏。曹雪芹让她点这出戏，无非为了引出后边的“宝玉悟禅机”来，这个任务满可以让别人来完成嘛，比如湘云。湘云“英豪阔大”，从性格看，不是比宝钗近情得多吗？可是且慢，在给作者曹雪芹提意见之前，我还得仔细考查一下：他让宝钗点这出《山门》持的什么理由。

那一天贾母“自己蠲资二十两”，给宝钗做生日，“定了一班新出的小戏，昆弋两腔皆有”。老祖宗“巴巴的唱戏摆酒”，原是“特带着”孙儿孙女们“取笑”。吃午饭时戏就开锣了，“贾母一定先叫宝钗点。宝钗推让一遍，无法，只得点了一折《西游记》。贾母自是欢喜，然后命凤姐点。凤姐亦知贾母喜热闹，更喜谑笑科诨，便点了一出《刘二当衣》。贾母果真更又喜欢，……”“凤姐亦知”这个“亦”字，还有“更又喜欢”这个“又”字，都不可放过：原来这一回凤姐步了宝钗的后尘；宝钗就《西游记》中点了一折，就为的讨贾母喜欢，点的也许是《胖姑学舌》吧。凤姐点《刘二当衣》，倒合乎她的文化程度和欣赏水平。这出戏并非昆曲，是弋阳腔，前头说小戏班“昆弋两腔皆有”，是必须交代的，并非闲文。

点戏的还有黛玉、宝玉、湘云、迎、探、惜、李纨等人，直唱“至上酒席时，贾母又命宝钗点。宝钗点了一出《鲁智深醉闹五台山》”。宝玉埋怨宝钗“只好点这些戏”，又说“我从来怕这些热闹”。宝钗笑着奚落宝玉说：“要说这一出热闹，你还算不知戏呢。……”——“要说这一出热闹”，并非说《山门》不热闹，只是说这出戏的好处还不在于热闹。《山门》是出热闹戏，有的是“谑笑打诨”，若是不能讨老祖宗欢喜，宝钗才不点它呢。戏中卖酒的是个丑角。鲁智深跟他两个一个硬要喝，一个偏不卖，这一阵子“科诨”就够逗的了。尤其是看山门的那两个小和尚，一丑一副，鲁智深醉眼朦胧问他们俩：“这两旁鸟大汉是谁？”丑角回说：“个是（这是）哼哈二将。”鲁智深问：“何谓哼哈二将？”副角说：“个个（这个）哼将军专管和尚吃酒，说道‘哼哼哼，鲁智深，鲁智深，吃醉子（了）酒打山门，剥倷（你的）皮来抽倷筋！’”鲁智深又问：“那呢？”丑角说：“个个哈将军是个好人，说道，‘哈哈哈，且由他，做什么死冤家，希松百笳（稀松平常）。’”鲁智深说：“原来他们有些恼着洒家。”两个接嘴说："恼得势乱（很哩）。"两个小和尚原来也不安分的，他们俩一搭一挡，分明挑逗鲁智深闹事哩。贾母看到这儿不由得不乐，可不会想到他们是在扇风点火，那么宝钗呢？宝钗恐怕也不会想到这一层。插科打诨嘛，无非是逗乐而已。

宝钗好炫耀自己。她"举止娴雅"，表面很谦虚，骨子里却总是显得自己比别人高出一筹，前头的"讽和螃蟹咏"，后头的"偶填柳絮词"，都后发制人，是两个明显的例子。更露骨的是《金鸳鸯三宣牙牌令》那一回，黛玉说了一句《牡丹亭》，又说了一句《西厢记》，让宝钗给"捏"着了把柄，过后狠狠地训了黛玉一通，说女孩儿"最怕见了这些杂书，移了性情，就不可救了"。教训便教训吧，她偏要先兜着圈儿跟黛玉说："你当我是谁，我也是个淘气的，从小七八岁也够个人缠的。我们家也算是个读书人家，祖父手里也爱藏书。……姊妹弟兄都在一处，都怕看正经书。……也有爱诗的，也有爱词的，诸如这些'西厢'、'琶琶'以及'元人百种'，……我们却也偷背着他们看。后来大人知道了，打的打，骂的骂，烧的烧，才丢开了。"这一大段表白说给黛玉听，针对性之强不用多说了，咱们读着，似乎能看到她当时洋洋自得的气势。宝钗又好奚落人，尤其对宝玉，为的让宝玉服她。因了"绿蜡"那个蕉叶的典，就着实奚落了宝玉一场；宝玉吃她这一功，佩服得五体投地，称她为"一字师"。这一回又奚落宝玉说："你白听了这几年的戏，哪里知道这出戏的好处，"又说："要说这一出热闹，你还算不知戏呢。你过来，我告诉你，……"她硬把那支《寄生草》背了出来，喜得宝玉"拍膝画圈，称赞不已，又赞宝钗无书不知"。

宝钗毕竟是知戏的（应该说曹雪芹毕竟是知戏的）。她说这出《山门》"是一套《北点绛唇》，铿锵顿挫，韵律不用说是好的了；只那词藻中有一支《寄生草》，填得极妙"：这些评语都没说错。"宝玉见说得这般好，便凑近来央告：'好姐姐，念与我听听。'宝钗便念道：'漫揾英雄泪，相离处士家。谢慈悲剃度在莲台下，没缘法转眼分离乍。赤条条来去无牵挂。哪里讨烟蓑雨笠卷单行？一任俺芒鞋破钵随缘化。'"这儿宝钗说的"只那"，恐怕等于"只说那"，是"单举一个例子"的意思，并非"只有那"——"仅有一个例子"。《山门》中词藻极妙的不止《寄生草》一支，如前边已经说过的开头那支《点绛唇》，还有零星摘引的那一些。《寄生草》后头的那支《尾声》也非常之妙："俺只得拜别了老僧伽，收拾起浮生话。好向那杏花村觅些酒水沾牙。咻，免被那腌臜秃子多惊讶。早难道仗头的沽酒也不容咱。"才受了师父一顿叱咤，仍旧把那些受戒的和尚唤作"腌臜秃子"，真个是秉性难移了。"走，走，走，吓哈哈哈!"这个莽和尚浑身轻松，大踏步闯下山喝酒去了。

写到这儿，我猛然发觉我把事儿搞拧了。看我摘引的尽是些毁僧谤佛的唱词和道白，就因为我认定了《山门》所表现的是鲁智深的叛逆性格。曹雪芹的着眼点可不在这儿，他的用意非常明确，就是要宝玉悟禅机，所以他让宝钗单念这支《寄生草》而不及其余。当时戏散之后，凤姐说小戏班里有个小旦"扮上活像一个人"。湘云心直口快，说"倒像林妹妹的模样儿"。宝玉听了忙给湘云"使个眼色"，这一下可惹恼了湘云，又惹恼了黛玉。宝玉"落了两处的贬谤"，自己想想竟不如鲁智深"赤条条来去无牵挂"，"不禁大哭起来，……遂提笔立占一偈云：'你证我证，心证意证。是无有证，斯可云证。无可云证，是立足境。'……又恐人看此不解，因此亦填一支《寄生草》，也写在偈后"，说要跳出种种"亲疏密"的羁绊，从此"着甚悲愁喜"，"肆行无碍凭来去"，过鲁智深一般的出家人生涯。宝玉的悟也只悟到这儿为止，黛玉最了解宝玉，知道他不过是"一时感忿而作"。宝玉哭也哭了，写也写了，心中的感忿宣泄无遗，"自己念了一遍，自觉无挂碍，心中自得，便上床睡了"。看来还睡得挺熟，黛玉"来视动静"，他全不知觉。

宝玉写下这偈和曲子原是让人看的，要不为什么"又恐人看此不解"呢？袭人当夜就递与黛玉看了。黛玉"便向袭人道：'作的是玩意儿，无甚关系。'说毕便携了回房去与湘云同看，次日又与宝钗看"。宝钗看毕笑道："这个人悟了，都是我的不是，都是我昨儿一支曲子惹出来的。……"这前一段引文，在"校注本"中原是"说毕，便携了回房去，与湘云同看。次日又与宝钗看。"我尽编辑的本分，删去了两个逗号，而把中间那个句号改作逗号：两句话并成了一句，思路似乎更加清楚。后一段引的宝钗之话，原作"这个人悟了。都是我的不是，都是我昨儿一只曲子惹出来的"。我把句号改成了逗号，还他一句完整的话。

宝钗不愧警惕性强。她说"'这些道书禅机最能移性。明儿认真说起这些疯话来，存了这个意思，都是从我这一支曲子上来，我成了罪魁了。’说着便撕了个粉碎，……黛玉笑道，‘不该撕，等我问他，……包管叫他收了这个痴心邪话。’”于是三人来到宝玉屋里。黛玉先声夺人，劈头一句，问得“宝玉竟不能答。三人拍手笑道：‘这样钝愚，还参禅呢。’黛玉又道：你那偈末云：“无可云证，是立足境”，固然好了，只是据我看，还未尽善。我再续两句在后。’因念云：‘无立足境，是方干净。’”宝钗在宝玉面前怎肯示弱，马上接碴儿，说了个《传灯录》上惠能作偈胜了神秀的故事，其实只给黛玉续偈作了个注解而已。宝玉“不想被黛玉一问，便不能答；宝钗又比出‘语录’来，此皆素不见她们能者”，只好服输，承认自己“不过一时玩话罢了”。

《听曲文宝玉悟禅机》这桩公案，以宝钗点《山门》始，以宝钗说“语录”止，当然是曹雪芹故意安排的。他常常写宝钗在姊妹中炫耀自己，尤其当着宝玉的面。几次搬出些冷僻的典故，显得自己“无书不知”，好压倒才思敏捷的黛玉。有趣的是“列宁格勒藏抄本”偏偏在这儿加了眉批，竟是个“腐”字。我颇有点儿同意，因为估摸宝玉早该知这个故事了，曹雪芹在这儿隐隐约约寒碜一下宝钗，也并非没有可能。但是不管怎么说，让宝钗而不让湘云点出这出《山门》是非常合适的，我决定不就这个问题跟曹雪芹提意见了，——即使我是他的责任编辑。

附带说一说《北点绛唇》。“校注本”把“北”字放在书名号之前，恐怕不大妥当。《点绛唇》是一支曲子，《北点绛唇》却是一套曲子，按次序有《点绛唇》《混江龙》《油葫芦》《天下乐》《哪吒令》《鹊踏枝》《寄生草》和《尾声》八支曲子。不管哪出戏，用到《北点绛唇》，得这么一整套。南曲却并无成套的模式。《校注本》给《北曲》和《南曲》都作了注，跟《词海》上的条目很不相同，想来是有所本的。可是咱们读者看了却不得要领，还是《词海》比较清楚些。我从小听昆曲，领会到除了成套不成套之外，北曲和南曲还有三个主要的差别。一、南曲有入声，唱到入声字还要特意顿一下；北曲没有入声，所有的入声字跟现在的普通话似的，分别转成了阴、阳、上、去。二、典型的北曲，一出戏中的一套曲子，由一个角色从头唱到底，《山门》就是这样，只鲁智深一个人唱。卖酒的唱了一支山歌，这不能算，是外插进去的，不在这套《北点绛唇》之内。南曲不同，上场的角色都可以有唱的任务。三、南曲是五音阶，北曲是七音阶。因为北曲多了两个半音阶，更适宜于表现激愤、悲凉等情绪，往往用唢呐伴奏，南曲是从来没有的。这最后一点，似乎值得在注中说一说，好让读者明白，宝钗说这出《山门》“是一套《北点绛唇》，铿锵顿挫，韵律不用说是好的了”，并不是空泛的赞词。

一九八七年七月二日

（此文为修改稿，修改日期未注明）

（六）“道”和“笑道”

贾府上的人说话，无论长幼尊卑，都脸上带笑的时候多，所以《红楼梦》上的“笑道”和“笑说道”，比不带“笑”字的“道”和“说道”多得多。逢到前面带着“笑”字的，咱们不妨揣摩一下说话的那一位为什么笑，是哪一种笑；揣摩结果，往往会发出会心的微笑。逢到前面不带“笑”字的，咱们也不能放过；尤其说前一句还带着笑，说后一句忽然不笑了：或者正相反，说前一句没笑，说后一句忽然笑了：咱们都得好好揣摩揣摩，这些细微的变化出于什么心理状态。

有个挺有趣儿的例子，就是第十九回《情切切良宵花解语》，袭人“箴规”宝玉的两场对话。这日一早，“袭人的母亲又亲来回贾母，接袭人家去吃年茶。”袭人在家，“听见她母兄要赎她回去，她就说至死也不回去的”，“因此哭闹了一阵”。“她母兄见她这般坚执”，“也就死心不赎了”；“次后忽然宝玉去了，他二人又是那般景况，他母子二人心下更明白了，……而且是意外之想，……再无赎念了。”等宝玉命人接袭人回来，袭人心里早已笃定，可是她偏要跟宝玉说，“如今我要回去了，”还编排得像回事儿似的，“竟是有去的理，无留的理”，任宝玉一心要留她，她还斩钉截铁地说“去定了”。惹得宝玉又气又急，“上床睡去了”。前一场到此为止，俩人各开了七回口，竟没带一个“笑”字，原来袭人是“先用骗词，以探其情，以压其气，然后好下箴规。今见他默默睡去了，知其情有不忍，气已馁堕，……自己来推宝玉。只见宝玉泪痕满面，……”后一场对话在就从这儿开始，我把俩人说的分段抄录在下边，标上数序，以便揣摩。

（1）袭人便笑道：“这有什么伤心的！你果然留我，我自然不出去了。”

(2) 宝玉听这话有文章，便说道：“你倒说说，我还要怎么留你？我自己也难说了。”

(3) 袭人笑道：“咱们素日好处，再不用说。但今日你安心留我，不在这上头。我另说出两三件事来，你果然依了我，就是你真心留我了，刀搁在脖子上，我也是不出去的了。”

(4) 宝玉忙笑道：“你说，哪几件？我都依你。好姐姐，好亲姐姐，别说两三件，就是两三百件，我也依。只求你们同看着我，守着我，等我有一日化成了飞灰，——飞灰还不好。灰还有形有迹，还有知识；等我化成一股轻烟，风一吹便散了的时候，你们也管不得我，我也顾不得你们了。那时凭我去，我也凭你们爱哪里去就去了。”

(5) 急得袭人忙握他的嘴，说：“好好的，正为劝你这些，倒更说的狠了。”

(6) 宝玉忙说道：“再不说这话了。”

(7) 袭人道：“这是头一件要改的。”

(8) 宝玉道：“改了。要再说，你就拧嘴。还有什么？”

(9) 袭人道：“第二件，你真喜读书也罢，假喜也罢，只是在老爷跟前，或在别人跟前，你别只管批驳诮谤，只作出个喜读书的样子来，也教老爷少生些气，在人前也好说嘴。他心里想着，我家代代读书，只从有了你，不承望你不喜读书，已经他心里又气又愧了。而且背前背后乱说那些混话：凡读书上进的人，你就起个名字叫作‘禄蠹’；又说只除‘明明德’外无书，都是前人自己不能解圣人之书，便另出己意，混编纂出来的。这些话，怎么怨得老爷不气，不时时打你。叫别人怎么想你？”

(10) 宝玉笑道：“再不说了。那原是我小时不知天高地厚，信口胡说，如今再也不敢说了。还有什么？”

(11) 袭人道：“再不可毁僧谤道，调脂弄粉。还有更要紧的一件，再不许吃人嘴上擦的胭脂了，与那爱红的毛病儿……”

(12) 宝玉道：“都改，都改。再有什么，快说。”

(13) 袭人笑道：“再也没有了。只是百事检点些。不任意任情的就是了。你若果都依了，便拿八人大轿也抬不出我去了。”

(14) 宝玉笑道：“你在这里长远了，不怕没八人轿你坐。”

(15) 袭人冷笑道："这我可不希罕的。有那个福气，没有那个道理。纵坐了，也没甚趣。"

"二人正说着，只见秋纹走进来说：'快三更了，该睡了。'……"这场对话便打断了，共七个半回合。从标着的序数看：单数是袭人说的，双数是宝玉说的。

袭人在这场对话中开了八回口，带笑的只占一半儿，对这位"温柔和顺"的"贤袭人"来说，是很少见的。开头为了转圜，她说话当然得带笑（(1)(3)），跟着一本正经地"箴规"宝玉，自然得板起脸来（(5)(7)(9)(11)）；后来却笑了（(13)），最后一回却是冷笑（(15)）。这是为什么，很值得揣摩。

宝玉开了七回口，带笑的才三回。他忽而笑忽而不笑，跟袭人很不一样。先听袭人改了口，说，"你果然留我，我自然不出去了"，他急着听下文，顾不上笑（(2)）。听袭人说只要依了她两三件事，就是刀搁在脖子上也不出去了，他才放下心笑了，高兴得忘乎所以，又说起"混话"来（(4)）。跟着听袭人"箴规"，他只有规规矩矩应诺的份儿，自然不能笑（(6)(8)）；可是他也笑了（(10)），听了袭人提起他说过的那些"批驳诮谤"的"混话"，他笑了。或许笑袭人竟记得那么清楚；或许想到自己"小时不知天高地厚"，实在有点儿可笑；或许是陪着笑强嘴，说"如今"年纪大了，"再不敢说了"。可是接下去，笑容马上收敛了。"都改，都改。再有什么，快说。"看这语气，似乎很不耐烦。有没有这个可能呢？咱们回过头去，再看看前边怎么说的。

袭人原说只要"果然依了我""两三件事"，"就是你真心留我了"。不再胡说什么化为灰尘化为轻烟之类的丧气话，"这是头一件要改的。"（(7)）"第二件，你真喜读书也罢，假喜也罢，……别只管批驳诮谤，只作出个喜读书的样子来，"接着挖疮疤似的，数说宝玉如何"诮谤"那些"读书上进的人"，如何"批驳"那些述圣的"前人"，也许指的理学家吧。不许再说这些"混话"，算不算在这第二件里头呢？算也可以，不算也可以。就算算在里头吧，宝玉笑着答应"不再说了"，问"还有什么"（(10)）。袭人道："再不可毁僧谤道，调脂弄粉"（(11)）——"毁僧谤道"和"调脂弄粉"分明是两件事，混不到一块儿。这就超出了原来说定的"两三件"，已经是四件了。袭人还没有完哩，接着又说出两件来："还有更要紧的一件，再不许吃人嘴上擦的胭脂了，与那个爱红的毛病儿……”（⑾）——“两三件”，宝玉还能应承，袭人这样没完没了地“箴规”，教宝玉怎么受得了呢？他不耐烦了，笑容也没了，语气也变了：“都改，都改。再有什么，快说。”（⑿）分明是不愿再往下听了。“温柔和顺”的袭人到底善于察言观色，忙脸上堆笑说：“再也没有了。”可是还得添上一句总结：“只是百事检点些，不任意任情的就是了。”要宝玉自己随时留意，然后才说，“你若都依了，便拿八人轿也抬不出我去了。”（⒀）

在“与那爱红的毛病”后边，“校注本”用的句号，我改成了删节号。为什么改，我的理由很简单，因为“与那爱红的毛病”不是一句完整的话，即使跟前边的话连在一起，也不成一句完整的话。袭人还要往下说的，分明让宝玉给打断了，没能把话说完。这情形跟黛玉临终之前说的那句“宝玉，宝玉，你好”不同。那个“你好”后边可以用句号，现在各个标点本都用删节号。大家都说用删节号好，这是不错的。黛玉临死前那一肚子话，岂是“你好”两个字概括得尽的。用了删节号，一则，符合黛玉病得只剩一口游气了，哪有气力把话说完；二则，读者看了这个删节号，不能不想一想在“你好”后边，黛玉将说出些什么话来，由此重温一遍她和宝玉二人往日的情分。用了句号不能算错，可是那恨恨之声，不像林妹妹往常的口吻，要嘛她临到断气突然改变了性格；最大的逊色还在于不给读者留下想象和回味的余地，跟用删节号相比就差得远了。“与那爱红的毛病”后边却似乎无可选择，只有用删节号才说得通。附带说一句，这“爱红的毛病”不知指什么，很需要作个注。

在作家出版社一九五三年的“整理本”上，袭人这段话跟“校注本”上的很不相同，说的是“再不许谤僧毁道了。还有更要紧的一件事，再不许弄花儿，弄粉儿，偷着吃人嘴上擦的胭脂，和那爱红的毛病儿了。”早有人指出“弄花儿，弄粉儿”是错的，应该是“弄花儿粉儿”。“弄花儿粉儿”就是“校注本”上“调脂弄粉”的意思。把“谤僧毁道”单作一件，把“弄花儿粉儿”和偷着吃人嘴上擦的胭脂并作一件，把“那个爱红的毛病儿”又作一件，都让前面的“再不许”带领着，条理是清楚多了。“再不许谤僧毁道”，说得通；“再不许弄花儿粉儿和偷着吃人的胭脂”，也说得通，唯独“再不许那个爱红的毛病儿了”，仍旧不成一句话。

特意加上的这个“了”字，还不如改成删节号为好。用删节号要十分谨慎，没有必要的，不起作用的，一概不要用。有人见到后边有个“话未说完”（如⑸），就给前边那段话（如⑷）加上删节号，往往不得其当。“话未说完”常常用来形容时间之短促，动作之迅速，并非真个表明前边那段话尚未说完。类似的情形在《红楼梦》上有好些处，“校注本”都没有用删节号，这是对的。

还剩下最后两段话（⒁⒂）得说一说，就说那“八人轿”。“拿八人轿也抬不出我去了”，跟“刀搁上脖子上，我也是不出去的了”，本是同一个意思。曹雪芹在这儿让袭人换个说法，无非要这位“心里眼里只有宝玉”的袭人自己来作一番表白。对袭人来说，日后能盼上个姨娘的地位，她已经心满意足。她也真个盼到了，那是后话，看第五十一回琏二奶奶亲自打发她回家探母的那个派头，她分明已经是姨娘了，只是没定名分而已；可是也只能由周瑞家的和一个“跟着出门的媳妇”陪着，同坐一辆大车。坐八人轿，她即使“有那个福气”，也“没有那个道理”，袭人决不存这个妄想。宝玉说“不怕没八人轿你坐”，是他高兴得没法，接着袭人的碴儿说笑罢了，一时也没想他能否改变这个法度。袭人听了这话只好冷笑。“这我可不希罕”，“纵坐了，也没甚趣”（⒂），倒颇有点儿像那只吃不着葡萄的狐狸了。

咱们再翻到前头去，看看袭人说要回去引起的那场对话，袭人不得不绷着个脸，她要装作真有这回事儿似的；宝玉又着急，又生气，自然笑不出来。是不是曹雪芹每写到“说”和“说道”，都考虑过前边该不该下个“笑”字呢？这是不可能的，要真这样，那才真个成了笑话了。《红楼梦》对话又多，要这样句句捉摸，他再辛苦十年二十年，也完成不了这部巨著了。我想他在写的时候，书中的人物就在他眼前，一颦一笑，他照实写下来就是。揣摩是咱们读者的事儿，揣摩透了，曹雪芹心中的人物就一个个出现在咱们眼前了。

一九八七年七月十二日
（此文为修改稿，修改日期未注明）

（七）从两姨妹子说起

一九八七年七月写完第六篇，为了集中心思编父亲的《叶圣陶集》，不得不将这一头暂且按下不表。没料到一按就是十一个年头，如今再捡起来，又不知从哪儿说起才好。因想起当年揣摩袭人箴规宝玉的那场对话，曾把“校注本”的第十九回反复读了好几遍，收获着实不少。其中有许多是牵涉编辑工作的，何不先谈谈这些个，一则不离咬文嚼字的本旨，二则与前文好有个衔接。怕只怕不干编辑这一行的朋友读来味同嚼蜡，只好先告个罪，请暂时委屈一下了。

先说一个字。

第十九回，宝玉离了袭人家。还到东府里混了一会儿，少时回来，命人去接袭人。袭人回来换了衣裳卸了装。宝玉命取特为她留着的、她一向爱吃的糖蒸酥酪（贵妃所赐）来，丫头们说被李奶奶（宝玉的奶母）瞧见给吃了。袭人怕宝玉发火，忙说前回吃了酥酪肚子不舒服，直闹到吐了才算完事，“她吃了倒好，搁在这里倒白糟蹋了”。又说她只想风干栗子吃，让宝玉替她剥栗子。“宝玉听了信以为真，方把酥酪丢开，取栗子来自向灯前检剥。一面见众人不在房中，乃笑问袭人道：‘今儿那个穿红的是你什么人？’袭人道：‘那是我两姨妹子。’”* ……

这个“两”字显然错了，宝玉问的分明是一个人；袭人回答，人怎么多出一个，成了两个呢？如果真是两个人，按曹雪芹行文的习惯，要么用“二”，要么用“俩”，要么用“两个”，不可能用“两”字；因而可

---

* 选自人民文学出版社 1982 年 2 月“校注版”《红楼梦》第十九回《情切切良宵花解语 意绵绵静日玉生香》：

宝玉听了信以为真，方把酥酪丢开，取栗子来，自向灯前检剥。一面见众人不在房中，乃笑问袭人道：“今儿那个穿红的是你什么人?”袭人道：“那是我两姨妹子。”

选自作家出版社 1972 年“整理版”《红楼梦》第十九回《情切切良宵花解语　意绵绵静日玉生香》：

宝玉听了，信以为真，方把酥酪丢开，取了栗子来，自向灯下检剥。一面见众人不在房中，乃笑问袭人道：“今儿那个穿红的是你什么人?”袭人道：“那是我两姨姐姐。”

编者：北京人对姨表姐妹，有“两姨姐妹”之称。

以肯定袭人说的是“我二姨妹子”，决非“我两姨妹子”。奇怪的是，我查了作家出版社的“整理本”，又查了有正书局的“戚序本”和两部影印的手抄本，都跟红楼梦研究所的“校注本”一个样，用的都是“两”字。这样看来，莫非曹雪芹的手稿上就写的“两”？要是果真如此，这个“两”字分明是笔误。

曹雪芹手稿上的笔误，恐怕不止这一处。第三回宝玉初次见黛玉，问黛玉“妹妹尊名是哪两个字？”黛玉说了名，宝玉又问表字。黛玉道：“无字。”宝玉笑道：“我送妹妹一个妙字，莫若‘颦颦’二字极妙。”探春便问何出。宝玉道：“《古今人物通考》上说：‘西方有石名黛，可代画眉之笔’况这林妹妹眉尖若蹙，用取这两个字，岂不两妙！”探春笑道：“只恐又是你的杜撰。”宝玉笑道：“除《四书》外，杜撰的太多，偏只我是杜撰不成？”——宝玉这句反诘，无异于承认自己是杜撰。我怀疑他杜撰的那个书名，应该是《古今名物通考》。“西方有石名黛，可代画眉之笔。”考的“名”与“物”，跟“人物”毫不搭界。宝玉既然杜撰，总得把谎撒圆，在这里不会用“人物通考”作书名的。可是我查遍了手头的几个本子，都用的“人物”，因而推想，曹雪芹的手稿上也许就是这样写的，这个“人”字，可能也是笔误。

还有第二十三回，贾政听宝玉回王夫人时提到袭人，问道：“袭人是何人？”王夫人道：“是个丫头。”贾政道：“丫头不管叫个什么罢了，是谁这样刁钻，起这样的名字？”王夫人替宝玉掩饰，说是老太太起的。贾政道：“老太太如何知道这话，一定是宝玉。”宝玉见瞒不过，只得起身回道：“因素日读诗，曾记得古人有一句诗云：‘花气袭人知昼暖’。因这个丫头姓花，便随口起了这个名字。”——宝玉说的古人是宋代的陆游，这句诗原是“花气袭人知骤暖”。两相比较，“昼暖”不如“骤暖”。从上下文看，曹雪芹在这里并无故意让宝玉错记的缘由，而是他自己记错了。记错了可以算作笔误。

代作者改正手稿上的笔误，按理说是当编辑的应尽的职责。红楼梦研究所是极其严谨的。在“校注本”的《前言》中说：他们认定“庚辰本是抄得较早的比较完整的唯一的一种，……保存了原稿的面貌，未经后人修饰增补，因此本书在校勘过程中决定采用庚辰本为底本，以其他各种脂评抄本为主要参校本，以程本及其他早期刻本为参考本。”接下去开列了在校勘中遵循的三项原则规定，“庚辰”是一七六〇年，红学家们有的说是抄本抄定的年份，有的说是抄本所依据的稿本改定的年份。“脂评抄本”，指抄录了脂砚斋评语的抄本。“程本”指程伟元用活字排印的本子；程伟元在一七九一年排印的，叫“程甲本”，在一七九二年排印的，叫“程乙本”。作家出版社的“整理本”，就是以“程乙本”为底本的。两百几十年来，《红楼梦》先出现手抄本，后来挨次是活字本、石印本，到了本世纪二十年代，才有铅印本问世，红学家们为了讨论方便，给十几种主要的本子定了名称。咱们读者知道个大概就可以了，用不着深究。我读的是红楼梦研究所的“校注本”，只在咬文嚼字的时候遇到了可疑之处，才找出其他的本子来查对。

红楼梦研究所不但校勘严谨，还走了群众路线，先印成16开的大字本，广泛征求意见。记得我读到那个本子的第二十八回，曾提出有个丫头的名字可疑，他们果然改了。那一段说的是宝玉从冯紫英家吃了酒回来，听袭人说贵妃赏下端午节礼来了，命小丫头取来看，见是“上等宫扇两柄，红麝香珠二串，凤尾罗二端，芙蓉簟一领”。宝玉“喜不自胜，问‘别人的也都是这个？’袭人道：‘老太太的多着一个香如意，一个玛瑙枕。太太、老爷、姨太太的只多着一个如意。你的同宝姑娘的一样。林姑娘同二姑娘、三姑娘、四姑娘只单有扇子同数珠儿，别人都没了。大奶奶、二奶奶她两个是每人两匹纱，两匹罗，两个香袋，两个锭子药。’宝玉听了，笑道：‘这是怎么个缘故？怎么林姑娘的倒不同我的一样，倒是宝姐姐的同我的一样！别是传错了吧？’袭人道：‘昨儿拿出来，都是一份一份的写着签子，怎么就错了！你的是在老太太屋里的，我去拿了来了。老太太说了，明儿叫你一个五更天进去谢恩呢。’宝玉道：‘自然要走一趟。’说着便叫紫绡来：‘拿了这个到林姑娘那里去，就说是昨儿我得的，爱什么留下什么。’紫绡答应了，拿了去，不一时回来说：‘林姑娘说了，昨儿也得了，二爷留着吧。’”——这里的“紫绡”，就是我提了意见后改的；征求意见本上原作“紫鹃”。我说紫鹃是伏侍黛玉的大丫头，当时又不在宝玉跟前，宝玉使唤的不可能是她，他们郑重其事地查对了各种“主要参考本”，有两个本子是“紫绡”，才把“紫鹃”改成了“紫绡”。

改是改了，而且是有根有据的，我却还有点儿怀疑。紫绡的名字只偶尔出现有众丫环之中，并无什么作为。宝玉身边有许多人可供差遣。第三十三回“大承笞挞”之后，他躺在床上动弹不得，忽发奇想要把两条用旧的手帕送与黛玉，差遣的是晴雯，就很妥当。这一回差遣的，怎么会是个没甚要紧的小丫头紫绡呢？真个是百思不得其解，只好存疑。

在抄前边这段文字的时候，我又发现了一些个可以商榷之处。挨次说来。“二串”、“二端”似乎与前头的“两柄”统一为好，把“二”都改成“两”。“也都是这个”似乎改成“也都是这些个”为好，因为前边说的不止一种东西。“别人都没了”，这个“人”字显然错了，因为后头还有“大奶奶、二奶奶她两个”。把“别人”改成“别的”，正好跟前头“单有扇子和数珠儿”衔接。当时我看征求意见本，这几处都没看出来，没提意见；可是提了恐怕也白搭。红楼梦研究所是极其严谨的，“凡底本文字可通的”，几乎一律不作改动；如有改动，必得在“主要参校本”上找到根据。我还发现这段文字中，两个叹号都可以商榷。“倒是宝姐姐的同我的一样”后边不该用叹号，因为这句话到这里还没完；宝玉说的是他疑疑惑惑的内心活动，所以这儿最好用破折号。“怎么就错了”后边，用句号就足够了，袭人只是跟宝玉说明原委，不可能用驳斥的口气。

曹雪芹的手稿没加标点，有早期的手抄本可以作证。标点都是后人加的，先是在念起来必须停顿的地方加个圈，用新式标点是“五四”以后的事。各人使用标点的方法不同，对原文的理解不同，所以加标点因而不尽一致。从通体看，各种标点本相差不大；读者不论读了哪个本子，都能说出《红楼梦》讲了些什么故事。如果逐句揣摩，有些个细微之处很值得推敲。尤其是人物的对话，曹雪芹几乎全用口语——他那个时代的地道北京话，加起标点来特别烦难：不得其当就不能传神，有些时候还叫读者没法理解。在第十九回，袭人说她妈和哥哥要赎她出去的后头，就有必须推敲的两句话，还都是宝玉说的，为了说明方便，我把这两句话连同前言后语，分段抄了下来。

宝玉听了这话，越发怔了，因问：“为什么要赎你？”

袭人道：“这话奇了！我又比不得是你这里的家生子儿，一家子都在别处，独我一个人在这里，怎么是个了局？”

宝玉道：“我不叫你去也难。”

袭人道：“从来没这道理。便是朝廷宫里，也有个定例，或几年一选，几年一入，也没有个长远留下人的理，别说你了！”

宝玉想一想，果然有理，又道：“老太太不放你也难。”

袭人道：“为什么不放？我果然是个最难得的，或者感动了老太太，老太太必不放我去的，设或多给我们家几两银子，留下我，然或有之；其实我也不过是个平常的人，比我强的多而且多。自我从小儿来了，跟着老太太，先伏侍了史大姑娘几年，如今又伏侍了你几年。如今我们家来赎，正是该叫去的，只怕连身价也不要，就开恩叫我去呢。若说为伏侍的你好，为叫我去，断然没有的事。那伏侍的好，是分内应当的，不是什么奇功。我去了，仍旧有好的来了，不是没了我就不成事。”

宝玉听了这些话，竟是有去的理，无留的理，心内越发急了，……

让咱们读者看不明白的，就是宝玉说的“我不叫你去也难”和“老太太不放你也难”两句：作难的究竟是谁？按“校注本”的标点看，前一句作难的是宝玉。作家出版社的“整理本”就是这样理解的，竟把这一句理解成了“我不叫你去也难哪！”弄得跟前言后语都衔接不上。前言，袭人说她比不上贾府的家生子儿，留在这里不是个了局，并未说自己想留下来，更没求宝玉将她留下来：宝玉干吗要接上这么一句，说自己要留她也难呢？后语，袭人批驳宝玉，而且劈头就是“从来没这道理”。如果宝玉说的真个是“不叫你去也难”，有什么可批驳的呢？岂不牛头不对马嘴。这样一考较，原来宝玉说这句话的时候，中间有个停顿；在“也难”之前，该加个逗号。“我不叫你去，也难。”作难的不是“我”宝玉，而是“你”袭人；口吻是主子的口吻，等于说“我不点头，你就去不成。”别看轻了小小的逗号，有时真还少它不得。

解决了前一句，后一句可以照此办理，只要揣摩一下宝玉在说的时候曾在哪儿停顿过，加上个逗号就成了，这后一句应该是：“老太太不放，你也难。”比前一句多了个“你”，意思更明确，语气也加强了。两句话一句七个字，一句八个字，都中间还有停顿：这样的停顿容易被人忽略。在读征求意见本的时候，我不是也没看出来吗？这后一句，“整理本”上是：“老太太要不放呢?”清楚是清楚了，却改变了语气，比照前一句，离曹雪芹的原文可能更远了些儿。不知是否所依据的“程乙本”原来就是如此。

“整理本”也不是没有强似“校注本”的地方。就如前边讲的，第六十五回中尤二姐跟贾琏的心腹小厮兴儿那场对话，一共两千来字：“校注本”分成两段，黑压压地排了整整三面；“整理本”依着对话中心的转移，把这一长篇分成了七段，眉目清楚多了，让咱们在读的时候可以消停两回，也好细细体味。这场对话的文字和标点，两个本子有许多差异，各有短长，真要一一考较是很费工夫的，可是有两处，“校注本”恐怕非改不可。一处把二姐称作“尤氏”*。在整部《红楼梦》里，“尤氏”成了贾珍老婆的专用名字；二姐虽然也姓尤，还是让一让好，免得混淆，另一处错得离奇，把不知是谁批的一个“好”字，混进了兴儿的话中，还给加上个逗号。我手头的“校注本”是一九八二年二月的第一版，不知后来改正了没有。

一九九七年五月二十一日

（此文未曾发表，注为编者所加。）

---

* 选自人民文学出版社一九八二年二月“校注本”《红楼梦》第六十五回《贾二舍偷娶尤二姨 尤三姐思嫁柳二郎》：

兴儿连忙摇手说：“奶奶千万不要去。我告诉奶奶，一辈子别见她才好。嘴甜心苦，两面三刀；上头一脸笑，脚下使绊子；明是一盆火，暗是一把刀：都占全了。只怕三姨的这张嘴还说她不过。好，奶奶这样斯文良善人，哪里是她的对手!”尤氏笑道：“我只以礼待她，她敢怎么样!”

选自作家出版社一九七二年“整理本”《红楼梦》第六十五回《贾二舍偷娶尤二姨 尤三姐思嫁柳二郎》：

兴儿连忙摇手，说：“奶奶千万别去。我告诉奶奶，一辈子不见她才好呢！嘴甜心苦，两面三刀；上头笑着，脚下就使绊子；明是一盆火，暗是一把刀：她都占全了。只怕三姨儿这张嘴还说不过她呢！奶奶这么斯文良善人，哪里是她的对手?”

二姐笑道：“我只以礼待她，她敢怎么着我?”

（八）越发可厌的槛外人

除了“栊翠庵品茶”，《红楼梦》前八十回还有三处写到妙玉，前两处，她都没出场。一处是第五十回，“芦雪庵争联即景诗”。那年腊月十七忽然飘起雪来，海棠诗社社长李纨出主意：次日在芦雪庵围炉吟诗，与宝琴、岫烟、李绮、李纹四位新来的姊妹接风。“宝玉心里记挂着这件事，一夜没好生睡，天亮了就爬起来。……一夜大雪，下将有一尺多厚，天上仍搓绵扯絮一般。”“宝玉此时欢喜非常”，盥漱穿着已毕，“戴上金藤笠，登上沙棠屐，忙忙的往芦雪庵来。出了院门四顾一望，……自己却如装在玻璃盒内一般。……顺着山脚刚转过去，已闻得一股寒香拂鼻，回头一看，恰是妙玉门前栊翠庵中，有十数株红梅如胭脂一般，映着雪色分外显得精神，……宝玉便立住，细细的赏玩一回方走。”……来至芦雪庵，正在扫雪开径的丫环婆子见了笑道：“姑娘们吃了饭才来呢，你也太性急了。”宝玉只得回贾母处，等众姊妹来齐，连连催饭。

饭后，李纨和众姊妹，当然少不了宝玉，齐往芦雪庵来。这儿又插入烤生鹿肉，“割腥啖膻”这一段热闹文章，把个挂名的“监社御史”王熙凤也勾了来。吃罢鹿肉，才回到做诗这件正事上。题目是李纨和探春商定的：“即是联句，五言排律一首，限‘二萧’韵”，当下拈阄排定了谁先谁后的次序。从没做过诗的凤姐儿先说一句在上头，就是众人都相视道“好”的“一夜北风紧”。李纨起首联了句“开门雪尚飘”，出句是“入泥怜洁白”。下头轮到香菱，她对上一句“匝地惜琼瑶”，出句是“有意荣枯草”。接着探春、李绮、李纹、岫烟、湘云、宝琴、黛玉、宝玉、宝钗，十二人轮完一遍，又轮到李纨。李纨推说去替众人热酒，宝钗就命宝琴续联，不想让湘云站起来抢了先。宝琴也站了起来，等湘云说完立即续上两句。湘云哪里肯让人，扬眉挺身又续了两句。这一下可乱了套，成了宝钗宝琴黛玉三个共战湘云，搜奇捡怪互斗尖新。先还像个联诗，后来你一句我一句，竟成了抢对对子。湘云招架了近十个回合，自己先笑软了，黛玉又出了一句“无风仍脉脉”，倒让宝琴抢先对上一句“不雨亦潇潇”。“黛玉还推她往下联”，“宝钗也推她起来道：‘你有本事把“二潇”的韵全用完了，我才伏你。’湘云起身笑道：‘我也不是作诗，竟是抢命呢。'”探春因说还没收住，李纨便联了一句“欲志今朝乐”，李绮顺势说了句“凭诗祝舜尧”作结。

限韵联句本是文字游戏，做不出什么好诗来的。“李纨笑道：‘逐句评去都还一气，只是宝玉又落第了。”宝玉看湘云和宝钗两个你追我夺，已乐不可支，哪里顾得上自己的，因笑说：“我原不会联句，只好担待我吧。”李纨笑道：“也没有社社担待你的。……今日必罚你。我才看见栊翠庵的红梅有趣。我要折一枝来插瓶，可厌妙玉为人，我不理她。如今罚你去取一枝来。”众人都道“好”，“宝玉也乐为，答应着就要走”。湘云黛玉都说外头冷得很，俩人斟了一大杯热酒，让他吃了再去。“宝玉忙吃一杯，冒雪而去。李纨命人好好跟着。黛玉忙拦说：‘不必，有了人反不得了。’李纨点头说‘是’。”在“校注本”和“整理本”上，“李纨点头说”后面都有个冒号，后头那个句号都紧跟着“是”字。加了冒号，念到这儿得停顿一下，而李纨单说一个“是”，成了底下人应诺主子的口吻，还是避开的好。黛玉这句话很可玩味，也许就那一回品茶，她已经品出些儿苗头来了。李纨也妙，她自己不理妙玉，却派给宝玉这么个差使；经黛玉一点拨，她立刻醒悟过来：这位不问世务的大嫂子原本是个明白人。

宝玉去了多久，曹雪芹未作交代。当下李纨命丫环取瓶贮水，准备插梅；众人又商量分题限韵，准备咏花。李纨还说不能饶过了宝玉。湘云道：“命他就作《访妙玉乞红梅》岂不有趣?”“一语未了，只见宝玉笑孜孜掮了一枝红梅进来……众人都笑称谢。宝玉笑道：‘你们如今赏吧，不知费了我多少精神呢。'”妙玉的难伺候，咱们读者已领教过了，宝玉前回鬻茶吃，就费了不少精神；这一回讨红梅，妙玉岂能轻易给他。可是宝玉没透露一点儿实情，这句话等于没说，反而逗得咱们读者心里痒痒的，可以猜想当时在场的姊妹也必如此。且看后边宝玉受罚，作《访妙玉乞红梅》；他第一句是“酒未开樽句未裁”，黛玉笑道“起得平平”。听了他第二句“寻春问腊到蓬莱”，黛玉湘云都点头笑道：“有些意思了”，巴望他说出些真玩意儿来。谁知宝玉拼凑了一些花里胡哨的词藻，没有一句提到他跟妙玉是怎么交涉的。曹雪芹故意留下这块空白，好让咱们读者充分发挥各自的想象。

另一处是第六十三回，“寿怡红群芳开夜宴”的次日早上，宝玉梳洗了正吃茶，一眼看见砚台底下压着一张纸，取出看时，原来是张粉红笺子，上面写着“槛外人妙玉恭肃遥叩芳辰”。宝玉直跳了起来，忙问是谁接了来的。袭人晴雯等不知是哪个要紧人来的帖子，一齐问昨儿是谁接的。“四儿忙飞跑进来笑说：‘昨儿妙玉并没亲来，只打发个妈妈送来。我就搁在那里，谁知一顿酒就忘了。’众人听了道：‘我当谁的，这样大惊小怪，这也不值得。’”这个“不值得”，分明指的妙玉。宝玉却忙命快拿纸来，研了墨，看妙玉下着“槛外人”三个字，竟不知自己在回帖上回个什么字样才匹配，只管提笔出神；问宝钗又觉不妥，正要去问黛玉，恰好半路上碰上了邢岫烟。

宝玉问岫烟上哪儿去，岫烟回说去看妙玉。宝玉听了诧异，说妙玉“为人孤僻，万人不入她目。原来她推重姐姐，竟知姐姐不是我们一流的俗人”。岫烟笑道：“她也未必真心重我，但我和她做过十年的邻居……”原来妙玉在家乡蟠香寺修炼，邢岫烟家贷的是她庙里的房子。岫烟识字是她授的，又有半师之分。如今天缘巧合，求岫烟指教；说着将拜帖取与岫烟看。岫烟笑道：“她这脾气竟不能改……从来没见拜帖上下别号的，这可是俗语说的‘僧不僧，俗不俗，女不女，男不男’，成个什么道理。”宝玉忙笑道：“姐姐不知道，她原不在这些人中算，她原是世人意外之人。因取我是个些微有知识的，方给我这帖子。”看宝玉急的，替妙玉解释了，还得替自己解释，连话也说不大周正了。接下去才说：“我因不知回什么字样才好，竟没了主意，正要去问林妹妹，可巧遇见了姐姐。”岫烟听了这话，“且只顾用眼上下细细打量了（宝玉）半日”。

在这儿这个“打量”前头，干吗要加这许多形容呢？就为的岫烟实在觉得太离奇，她得看个明白，想个明白。直到明白了，“方笑道：‘怪道俗语说的“闻名不如见面”，又怪不得妙玉竟下个帖子给你，又怪不得上年竟给你那些梅花。既连她这样，少不得我告诉你原故。……’”“既连她这样”，其实就是“你们两个早这样了”，那么跟你说说妙玉的根底，也没有我岫烟什么干系。原来妙玉常说：“古人中自汉晋五代唐宋以来皆无好诗”，好的只有两句：“纵有千年铁门槛，终须一个土馒头。”……岫烟教宝玉：“如今她自称‘槛外之人’，是自谓蹈于铁槛之外了，故你如今只下‘槛内人’，便合了她的心了。”“宝玉听了如醍醐灌顶，嗳哟了一声，方笑道：‘怪道我们家庙说是“铁槛寺”呢，原来有这一说。姐姐就请，让我去写回帖。’……宝玉回房写了帖子，上面只写‘槛内人宝玉熏沐谨拜’九字，亲自拿了到栊翠庵，只隔门缝儿投进去便回来了。”

柬帖传递用不着见面，表了宝玉一方，不必再表妙玉。奇怪的是这位已经跳出了铁门槛的“畸人”，还如此关心着栊翠庵外边的世俗应酬。宝玉的生辰，不知她是怎么打听到的，还记得那么牢，那么准。上门来道贺自然是不相宜的，一张粉红帖子十一个字，就把宝玉闹得神魂颠倒，怡红院闹得大惊小怪。要不是半路上出来个邢岫烟，这桩公案还不知如何了结。在整部《红楼梦》中邢岫烟并非重要人物，在这个节骨眼上真还少不得她。

直到第七十六回“凹晶馆联诗悲寂寞”，妙玉才第二回露脸。海棠社桃花社总共不足一年，开社没有五回，到此时已风流云散；中秋节夜里还想着作诗的，只黛玉湘云二位。都是“旅居客寄之人”，避开了热闹，连个丫头都不带，到这水洼边的卷棚底下来赏月联句，也可算相呴以湿相濡以沫了。

黛玉先起一句现成的俗语：“三五中秋夕”；接下去你两句我两句，还随意夹杂些个评论，倒也洒脱自在。正好轮到湘云，黛玉指着池中与湘云道：“你看那河里怎么像个人在黑影里去了，敢是个鬼吧？”湘云笑道：“可是又见鬼了。我是不怕鬼的，等我打它一下。”——拾了块小石片向池中打去。一声水响，“月影荡散复聚者几次……那黑影里嘎然一声，却飞起一个白鹤来，直往藕香榭去了。黛玉笑道：‘原来是它。猛然想不到，反吓了一跳。’湘云笑道：‘这个鹤有趣，倒助了我了。’”因先对了黛玉的那一句，接句却是“寒塘渡鹤影”。“黛玉听了，又叫好又跺足说：‘了不得，这鹤真是助她的了！……叫我对什么才好？“影”字只有一个“魂”字可对。况且“寒塘渡鹤”，何等自然，何等现成，何等有景且又新鲜。我竟要搁笔了。’”黛玉其实哪肯服输，想了半日，对上了一句“冷月葬花魂”。湘云拍手赞道：“果然好极！”又说“只是太颓丧了些。你现病着，不该作此清奇诡谲之语。”黛玉笑道：“不如此如何压倒你。下句竟还未得，只为用工在这一句了。”一语未了，栏外山石后转出一个人来，两人不防，倒唬了一跳，细看时不是别人，却是妙玉。

原来这中秋佳节，妙玉听见贾府众人如此热闹，在栊翠庵里也坐不住了，等月到中天，方出来拣冷僻的处所游散；顺脚走到这里，有人联诗，站在背阴处听了半晌，这时忍不住转出来笑道："好诗好诗，果然太悲凉了。不必再往下联，若底下只这样去，反不显这两句了，倒觉得堆砌牵强。"——妙玉说"不必再往下联"，这句话对极了，就以"寒塘渡鹤影，冷月葬花魂"作结，有哪点儿不好呢？俗话说"不怕不识货，只怕货比货"。前头李纨李绮的"欲志今朝乐，凭诗祝舜尧"不必说了；跟后头妙玉的"彻旦休云倦，烹茶更细论"相比，也高出许多倍。妙玉又说诗中"有几句虽好，只是过于颓败凄楚。此亦关人之气数而有，所以我出来止住"。从诗句能够看出人的气数，必得她妙玉出来止住方可——做了槛外人，总免不了这些江湖气。

妙玉说只怕天就亮了，邀黛玉湘云二人到栊翠庵吃茶歇息；又取出笔砚纸墨，命她二人念着方才的诗，从头一句句写了出来。"黛玉见她今日十分高兴，便笑道：'……我也不敢唐突请教，……若不堪时，便就烧了；若或可政，即请改正改正。'妙玉笑道：'也不敢妄加评赞。只是这才有了二十二韵。我意思想着你二位警句已出，再若续时，恐后力不加。我竟要续貂，又恐有玷。'"妙玉说的分明是客气话，她早就熬不住，想露一手了。黛玉似乎没听出来，忙道："果然如此，我们的虽不好，亦可以带好了。"经黛玉一抬举，妙玉竟忘其所以，批驳道："如今收结，到底还归到本来面目上去。若只管丢了真情真事且去搜奇捡怪，一则失了咱们的闺阁面目，二则也与题目无涉了。"——妙玉道着了一般人联句的通病。叫人想不透的，她既然跳出了铁门槛，干吗还要把"咱们的闺阁面目"看得如此之重。

妙玉说黛玉湘云两个"才有了二十二韵"分明嫌少，因而提起笔来，一口气续了十三韵，硬比她们二人都多出两韵。替作者代劳。作如此的大段发挥，是当编辑的大忌，好在妙玉不是我们的同行。她说过"若底下只这样去"不好，要改变一下情调，可正如她自己说"后力不加"，未见十分出色，穿插些闺阁情事多半出于旧典，又没能摆脱"搜奇捡怪"。她自己却自视甚高，说"依我必须如此，方翻转过来。虽前头有凄楚之句，亦无甚碍了。”——“必须如此，方翻转过来，……亦无甚碍了”；而“凄楚之句”，前头已说过“亦关人之气数”：一派江湖术士的套话。读到这儿，只觉得这妙玉越发可厌了；甚至推想她在后四十回中的结局，恐怕与曹雪芹当初的创意相距甚远。她恐怕并非被动，而是甘愿跳进泥淖去的。“可怜金玉质”是曹雪芹的感叹，她的自我感觉很可能还十分良好呢！反正死无对证了，不妨姑妄言之姑听之。

一九八〇年一月

（此文未曾发表，写作日期可能有误）

附　说明

收拾父亲的遗稿，终于找到了他读《红楼梦》有感的手稿和修改稿，一共有八篇文章。

在一九九八年出版的父亲的《我是编辑》一书中，《一个编辑读〈红楼梦〉》用了他从一九八五年至一九八七年陆续写的六篇文章。从写作时间上看，正如他所说的“闲工夫是等不来的，只有见缝插针——硬挤”，有时一个月一篇，有时隔半年，最后两篇是同一个月写的，只间隔十天。可见只要有时间，他有感而发，写起来很快。

父亲在修改文章时写了个目录，一共八篇文章，(1)《大太监戴权》(2)《栊翠庵品茶》(3)《越发可厌的槛外人》(4)《卜世仁夫妻俩》(5)《尤二姐的悲剧》(6)《薛宝钗点戏》(7)《“道”和“笑道”》(8)《关键的第三回》。其中两篇是未发表的。一篇注明是一九八〇年一月份写的，题目是《越发可厌的槛外人》(写作年份可能有误，因为其他文章都是在一九八五年以后写的)。在《一个编辑读〈红楼梦〉》中，《栊翠庵品茶》这篇文章的后面的三个自然段，在修改稿中被去掉了，大概父亲考虑放在这里不合适，还是单独作为一篇好。看看后来写的《越发可厌的槛外人》，证实去掉的那部分真的被放在这里了。

另一篇是二〇〇〇年六月二十八日写的《关键的第三回》，距一九八七年隔了十三年。仅此一篇，可见时间是硬挤出来的。以后因修改《叶圣陶集》二十五卷和撰写《父亲长长的一生》，实在是挤不出时间来了。

父亲对《我是编辑》中发表过的六篇文章都进行了修改，其中《卜世仁夫妻俩》注明修改的时间是二〇〇四年十二月；《大太监戴权》注明修改时间是二〇〇五年十二月，这是笔误，准确时间应是二〇〇五年一月初。因为二〇〇五年一月三十一日父亲住院后，就再也没有出院。其他没注明修改时间的，差不多也应该是在二〇〇四年底修改的。因为二〇〇四年八月父亲写完《父亲长长的一生》后，再版《叶圣陶集》二十六卷，还有很多后续的出版方面的事要做。

又及：最近，因整理父亲的这八篇文章，翻看一九八二年版的“校注本”《红楼梦》，发现父亲夹在书中写在废纸上的两张字条。一张是对

《卜世仁夫妻俩》的补充内容："在铅字排印的各种版本中，倪二只出现了这么一回。在一种有脂批的手抄残本中，二十四回前有段总批，说倪二的出场'伏芸哥仗义探庵（监?）'一事，曹雪芹原先也许是这样安排的吧。可是在如今的后四十回中，咱们却找不到贾芸探监这回事，没法知道倪二在这回事中起了什么关键作用。这一位醉金刚全成了个不必要的人物，卜世仁夫妇俩越发'无立足境'了。"字条什么时间写的没有记录，在修改稿中这些内容已经增加到文章中去了。

另一张写着："一九八七年七月，写完了前头六篇，为了集中精力编父亲的《叶圣陶集》。只得暂时把这一头搁下不表，没想到一搁就是十一年；如今再拣起来，无异于重新开头，因而又煞费踌躇。今日重读第六篇中抄录的袭人和宝玉俩的一场对话，从形式看，跟'五四'以后的白话小说几乎没有两样。……"后面还写有三组对袭人和宝玉的十五句对话的不同的分段情况，其中两组注明的是"整理本"和"校注本"，还有一组不知是什么版本。这些文字写在一份《邀请函》的背面，这个邀请函的日期是一九九八年四月一日，这些内容也只能是一九九八年四月一日当天或以后写的。《我是编辑》的出版日期是一九九八年四月，可见从一九九八年四月之后的某一天起，父亲已开始修改刚刚发表的六篇文章了，也许其中有些没注明修改日期的文稿，正是在那个时期修改的。

在"校注本"前八十回中，有很多章节用铅笔划上了横着竖着的线，并在空白处写着批注：有些是纠错，有些是有感而发，因用的是铅笔，大部分字迹已模糊了。我们注意到，他在凡是有晴雯的章节都夹了纸条，并把所有对晴雯的描述给划了出来，有些地方还写着"好!""好!"他偏爱晴雯，我们从他的言谈和文章中已感觉到，看来写一篇有关晴雯的文章，早就在他的酝酿中了。

在《我是编辑》的《跋》中，父亲写道："有一件事要说明，集子中的《一个编辑读〈红楼梦〉》，可以说的还有许许多多，自己也不知道写到哪儿才算了结。当时为了赶编父亲的文章，不得不暂且搁下。希望今后有时间有精力，再逐段细细往下写。"——一九九八年二月十三日。可惜父亲缺少的正是时间和精力，只写了八篇便"了结"了，留下了终身的遗憾。

叶永和　蒋燕燕　二〇〇七年六月七日

序跋集

第一辑　写给自己的书

《花萼》[*] 自序

今年一年间，我们兄弟三个对于写作练习非常热心。这因为父亲肯给我们修改。我们在旁边看他修改是一种愉快。

吃罢晚饭，碗筷收拾过了，植物油灯移到了桌子的中央。父亲戴起老花眼镜，坐下来改我们的文章。我们各据桌子的一边，眼睛盯住了父亲手里的笔尖儿，你一句，我一句，互相指摘，争辩。有时候，让父亲指出可笑的谬误，我们就尽情地笑了起来。每改罢一段，父亲朗诵一遍，看语气是否顺适，我们就跟着他默诵。我们的原稿好像从乡间采回来的野花，蓬蓬松松的一大把，经过了父亲的选剔跟修剪，插在瓶子里才还像个样儿。

我们的原稿写得非常潦草，经父亲一改，圈掉的圈掉，添上的添上，连我们自己都不容易念下去。母亲可有这一份耐性，她替我们整理，誊写，像收拾我们脱下来的衣衫一样。誊写好了，少数投到杂志社去，多数收藏起来。

最近有几位父执从杂志上看到我们的文章，怂恿我们说："你们兄弟三个何妨合起来出一本集子。"我们想，我们写这些文章，原为练习，合将起来，岂不成了作文本儿？我们又想，学校里同学间欢喜调看作文本儿，或者有人想看看我们的。就把存稿编排一下，请父亲复看一遍，剔去若干篇，成为这本集子。

父亲替这本集子题了个名字，叫做"花萼"。

民国三十一年（一九四二年）岁尽日，至善

---

* 《花萼》，叶至善等著，文光书店一九四三年版。

《三叶》* 自序

“花萼”辑成的时候，我们就有个愿望，把以后的习作，按着年份，每年选辑成一个集子，作为我们练习写作的纪程碑，一方面也借此鼓励自己。谁知道事实并没有所想的那么如意。我们的文字愈写愈少了，写成的又很难教自己满意。因此，直到满了两年才选成这个集子。

这两年来，我们觉得文字愈写愈难了。动笔之前，煞费心思，总想把他写得好些，这也就是写得少的缘故。父亲说，想写得好些，正是我们进步的动力，时常不满意自己所写的，也证明我们确实有些儿进步了。我们真个有些儿进步了吗？父亲的话也许是为了疼爱我们，才给我们这个鼓励。可是，尽管我们这样的惶恐，这些文字总是我们花了一番心力的成绩，因此仍旧选辑成这个集子。正像我们手摘的花草，总舍不得随手抛弃，不免捡出几枝来，插成一瓶，并且希望旁人看一眼我们这一瓶野花。

怀着这样的心理，我们就把这个集子原稿先请朱佩弦先生看一遍，却博得朱先生着实称赞了一番。我们很知道，朱先生的称赞，和他在我们父母亲面前赞叹我们的长成，是同样的意味。而我们也正和听到他当着父母亲的面称赞我们，有同样的高兴。

这个集子叫做“三叶”，表明是姓叶的兄弟三个的集子，并没有其他的意义。

民国三十四年（一九四五年）元旦，叶至善

* 《三叶》叶至善等著，文光书店一九四九年版。

《日月星辰》[*] 序

天文学是最古老的一种科学。两千多年来，人们把它研究得越来越广博，因此到了现在，必须用很多的书来讲它。好些书都非专家不能了解。但是，在这门广博的学问里，也有好些是普通人都会感到兴趣的。这本书里谈的就是这一部分。当然啰，书是没法跟人对谈的。不过希望你读着这本书的时候，好像在电话机中，听一个熟朋友在谈话。而不是在收音机面前，听一个完全陌生的人的广播演讲。

这本书只说到极少数的不同的天体：其中最重要的是太阳。数目最多的是星；成千的星，把夜空点缀得多么有生气——要是用了倍数很大的望远镜，还可以多看到千百万颗以上。还有跟我们地球最相像的八大行星，其中的五个——水星、金星、火星、木星和土星，在地位凑巧的时候，我们用眼睛都可以看到它们。还有地球的近邻——月亮，它是夜晚最亮的东西。因此在开头的时候，我们就把它作为题材。

一九五〇年，叶至善

---

* 《日月星辰》叶至善、叶至美编译，开明书店一九五〇年版。

《花萼与三叶》[*] 重印后记

我们三个自称为“作文本儿”的《花萼》和《三叶》，原先由文光书店出版，那是解放以前的事。现在三联书店打算把这两本习作集合在一起重印，要我在后面写几句话，因为两本集子原先的“自序”都是我写的。

在《花萼》的“自序”里，我记下了当时我们三个围着桌子看父亲改我们的习作的情形。说是看父亲改，实际是商量着共同改。父亲一边看我们的习作一边问：这儿多了些什么？这儿少了些什么？能不能换一个比较恰当的词儿？把词儿调动一下，把句式改变一下，是不是稍好些？……遇到他看不明白的地方，还要问我们原本是怎么想的？究竟想清楚了没有？为什么表达不出来？怎样才能把要说的意思说明白？……多么严格的考试呀，同时也是生动活泼的训练，要求我们笔下写出来的，能毫不走样地表达自己的所感所思。

我们三个都乐意参加这样的训练，因而几乎每个星期要交一篇习作给父亲。写什么由自己定，父亲从不出题目。父亲一向主张即使是练习，也应该写自己的话，表达自己的真情实感。我们照父亲的主张做去，觉得可写的东西确实很多，用不着胡编，也用不着硬套。只要多多感受多多思索，生活中到处都是可写的东西，而且写出来决不会雷同；幼稚自然难免，但是多少总有点儿新意。我们的习作所以能赚得宋先生和朱先生的喜欢，原因大概就在这儿。

* 《花萼与三叶》叶至善等著，三联书店一九八三年版。

朱先生和宋先生先后过世了，我们将永远纪念他们，感激他们。在序言中，他们出于爱护和鼓励，把我们的习作夸奖得过了分。宋先生只指出了一点，说我们的“头脑太冷静”；朱先生几乎没有说一句批评的话。我认为宋先生的批评的确说中了我的弱点；而朱先生说我们“没有那玩世不恭、满不在乎习气”，我看了却十分惭愧，因为我自己觉得那几篇习作中颇有点儿那种坏习气。朱先生特地插进这么一句，是不是寓批评于表扬呢？我看很可能。不管怎么说吧，对于这两个缺点，我一定得时时警惕，主要还不在于作文而在于做人。

《花萼》收集的是一九四二年我们三个的习作，当时曾想每年选编一本，作为我们练习写作的纪程，可是没有如愿，到一九四四年底才编成第二本习作集《三叶》。这是因为我们三个的生活和工作都有变动，不能再聚在一起跟着父亲修改习作了。一直过了三十几年，最近四年间，我们三个才互相鼓励，重新练习写作，有些短的习作还要请父亲过目。可惜父亲的视力越来越衰退，戴了老花镜，加上放大镜，在四十瓦的日光灯直射下还看不清写在一般稿纸上的钢笔字。我们只好用粗铅笔把字写得核桃大让父亲看，还得尽可能把习作写得短一点儿，免得父亲过分劳累。今年我们三个的年龄加起来恰好是一百八十岁，还能在父亲跟前练习写作，一定使许多年轻朋友感到羡慕。其实父亲教给我们的主要是两条守则：一条是写的时候要写自己的话，一条是写完之后要自己用心改。我们愿意把自以为受到好处的这两条守则，贡献给愿意学习写作的年轻朋友们。

一九八二年十一月四日

《海外奇游记》* 序言

在这篇序言里，我要向少年读者们说明六件事儿。

第一件：我不是这本书的作者，这本书里的故事是从《镜花缘》中摘出来的，我只不过用现代的口语把故事重写了一遍罢了。《镜花缘》的作者是李汝珍，他在一百五十年以前写下了这部小说，有五六十万字，分成一百回；其中的第八回到第四十回，主要说的唐敖、林之洋、多九公三个漂洋过海去游历的故事。我重写的就是这一段故事，所以另外起了个书名，叫《海外奇游记》。

第二件：这段故事说唐敖他们在海外游历了许许多多国家，有的风俗习惯跟中国大不相同，有的连体格相貌也长得奇形怪状。这些国家在地图上自然是找不着的，大多出于作者的想象。我在做孩子的时候，作者想象出来的这许多国家，如君子国（看本书第四章）两面国（看本书第十四章）等等，就给了我很大的乐趣。我先是在儿童刊物上读到片段的故事，后来知道这些故事出在《镜花缘》上，就把《镜花缘》找来读。五十多年来，我读了不知多少遍，可是从来没有把这部小说读完过。说老实话，小说中讲到的某些专门知识，我一点儿也不懂；许多章回虽然能懂，却感到异常沉闷。我先是把这些地方跳过去，只拣能懂的有趣的来读，读到后来还是读不下去，把书撂下了事。可是很奇怪，只有从第八回到第四十回——唐敖他们在海外游历这一大段，我越读越有滋味，几乎每读一遍都会引起一些新的联想，得到许多新的欢快。所以我愿意把这段故

---

* 《海外奇游记》［清］李汝珍原著，叶至善改写，中国少年儿童出版社一九八三年版。

事重写一遍，介绍给我的读者——喜欢新奇又喜欢思索的少年朋友们。

我要说的第三件，是这许多有趣的国家虽然出于想象，却反映了作者那个时代的实际生活。君子国的人为了互相谦让而争论不休，显然是为了批评市场上那种唯利是图互相欺骗的习气。两面国的人有一明一暗两副面孔，显然是为了暴露社会上那些见什么人给什么脸色的市侩。至于女儿国（看本书第十九章到第二十二章），只是把男子和妇女的处境对调了一下，让人们知道妇女在那个时候所受的痛苦。此外如不学无术而自高自大的白民国的教师（看本书第十二章），满口“之乎者也”假充斯文的淑士国的酒保（看本书第十三章），也都是根据实际生活中的人物，用夸张的手法创造出来的。作者写这许多国家，这许多人物，或者赞颂，或者讥讽，原来都有他的目的：他要赞颂他所向往的事物，讥讽他所厌恶的事物；他要从正反两个方面来表现他所理想的美好的社会。为了说明小说中写的不是实事，作者借“镜花水月”这句成语，取了个书名叫《镜花缘》。镜子里的花是花的影子，要是没有花，镜子里怎么会有花呢？水池里的月亮是月亮的影子，要是没有月亮，水池里怎么会有月亮呢？可见即使是幻想，也不是无所依傍的，也离不开现实的事物。

紧接着说第四件。作者不是现代人，他生活在一百五十年以前，生活在封建社会里。他从小读封建主义的书，而且读得很认真。所以他设想的美好的社会，是一个没有一点儿缺点的封建社会。他的设想是无论如何实现不了的，封建社会就不可能十全十美。作者看到的都是一些表面的东西，从这一点上说，倒跟镜子反映花、水池反映月亮一个样儿；封建社会的最最根本的缺点——不合理的人剥削人的制度，他一点儿没觉察到。举两个例子来说吧，作者创造了一个无肠国，狠狠地挖苦了那些对待仆人特别刻薄的主人（看本书第六章）。不用说，在他的理想的社会中，主人对待仆人应当很宽厚。宽厚固然比刻薄好，但是主人还是主人，仆人还是仆人，地位仍旧是不平等的，仆人的命运仍旧掌握在主人的手里。这样不平等的社会，在咱们看来当然说不上什么美好。作者还创造了一个女儿国，他让男子和妇女调了个个儿，要男子尝一尝妇女在当时那个社会里受到的痛苦（看本书第二十章）。他认为妇女的痛苦是什么呢？是缠小脚，是穿耳朵孔。缠小脚穿耳朵孔固然是很痛苦的，这样的坏风气应当反对，但是把这些都反对掉了，妇女的地位就能跟男子完全一个样儿吗？作者是主张男女平等的，在封建社会里能有这样的想法的确不容易，但是他看不清男女的不平等主要表现在什么地方。至于男女为什么不平等？这个问题他大概没有想过。因而对如何消灭不平等的问题，他就想得太简单了。但是咱们不能责备作者，他要是生活在咱们这个时代，他也会明白的，要改变这些不合理的现象，首先得消灭人剥削人的制度。作者是个博学的人，是个聪明的人，但是对于社会的认识，他可比不上咱们少年朋友中的任何一位。

第五件，我想说一说读这本书的方法。在前面我说过，作者写这许多国家，这许多人物，或者赞颂，或者讥讽，都有他的目的，所以咱们要一边读一边想，首先要辨明作者到底是在赞颂呢还是在讥讽。正话反说，是作者常用的手法，不小心往往会弄错；如果看清楚了，就会忍不住哈哈大笑。把作者在赞颂什么、讥讽什么分辨清楚了，还得想一想：他赞颂的是不是咱们应该赞同的？他讥讽的是不是咱们应该批判的？不要以为写在书上的话一定是对的，对不对要靠咱们自己来分辨。作者也主张读书要独立思考，他把这个主张让黑齿国的两个黑姑娘表达出来了(看本书第八章第九章)。我在前面举了书中的几个例子，简略地说了说我的看法，这些看法当然就是我经过思考得到的结果。我说得对不对，也得请读者自己分辨，不要盲目相信。读书不加思考，不会得到任何好处；而读书的趣味，也就在于一边读一边思考。我喜欢《镜花缘》，因为它能引起我思考，使我得到欢快；当然，我指的是其中的第八回到第四十回。

少年朋友读完了这本《海外奇游记》，很可能还不满足，跟我小时候那样，想把《镜花缘》找来读一读。能找来读一读当然很好，这部小说是用口语写的，是一百五十年前的口语，跟现在的相差不大，语言是不难懂的。可是作者是个博学的人，精通许多门旧学问；他把他的学问都穿插在故事里，成了读者的绊脚石。我可以估计得到：你们开头看觉得沉闷；看到第八回以后就来劲儿了，可是中间还有不少绊脚石，只好跳过去；看到第四十一回就会碰上一块非常大的绊脚石，简直像一座山；硬着头皮跳过去再看，看到五十回以后，大概不得不半途而废了。你们看过之后，就会相信我的话，这部小说最好看的是第八回到第四十回；而且还会发现，在这三十三回中，还有一些有趣的故事我没有写下来。

为什么我把这些故事舍弃了呢？这个问题请读者考虑吧，我不想作说明了。这是我要说的第六件事儿，说到这儿为止。

一九八二年十二月十八日

《未必佳集》[*] 自序

这是我们三个的第三本习作选集，以“未必佳”作为集子的名称是我出的主意。

我们的前两本习作选集——《花萼》和《三叶》，是抗日战争后期，我们三个在父亲跟前练习写作的成绩。当时，父亲的几位朋友怂恿我们把习作编成集子，宋云彬先生和朱自清先生愿意给我们的选集写序文，还有文光书店愿意接受出版，都因为我们是在父亲的指点下练习写作的缘故。

现在仍然由于这个缘故，三联书店建议把《花萼》和《三叶》合在一起重新出版。我于是把两本集子整理了一遍，写了《重印后记》。在这篇“后记”中我附带说到，抗日战争以后，“我们三个的生活和工作都有变动，不能再聚在一起跟着父亲修改习作了。一直过了三十几年，最近四年间，我们三个才互相鼓励，重新练习写作，有些短的习作还要请父亲过目。”没想到这几句话引起了三联书店编辑同志的兴趣，他们建议把我们三个四年来的习作也编成一本选集。我们想这样也好，可以让看过前两本选集的师友和同志们看看，我们过了将近四十年有没有些儿长进，于是同意了。这就是这本《未必佳集》的由来。

“未必佳”出于《世说新语》。孔融十岁时候能说会道，受到司隶校尉李膺和他的宾客们的一致称赞，只有太中大夫陈韪说了一句：“小时了了，大未必佳。”孔融的嘴真厉害，马上回他一句：“想君小时，必当了

---

* 《未必佳集》叶至善等著，三联书店一九八四年版。

了。”说得陈韪目瞪口呆。《世说新语》把这个故事归在《言语》类内。我年轻时看了这则故事也佩服孔融的敏捷，可是觉得陈韪的话没有错：一则“未必佳”并非“必不佳”，所以孔融的逆向推理是犯了逻辑的错误；二则呢，任何人在小时候都受过长者的称赞，要是因此而自以为了不起，那就肯定会把自己的一生葬送掉。所以我宁愿记住陈韪的话，何况我“小时”实在并不“了了”。

我想：用“未必佳”作为这本集子的名称，可以提醒我们三个永远不要自满，而且不限于在写作这一个方面。我把这个意思向至美至诚说了，他们都同意。

一九八三年四月十六日

多馀的话

——《梦魇》* 后记

用短篇小说的形式介绍科学家，在我是一种尝试，我好像闯进了一个陌生的领域，感受很新鲜，到处都有乐趣。现在集子已经编成，送给画家插图去了，正好趁这发稿前的空当，把我感受到的择要记下几笔，附在正文后边。这样做也许完全是多馀的。读者诸君要是还有馀兴读下去，我的满足真个无法用文字来形容了。

我曾经写过几位科学家的小传，还在五十年代“向科学进军”的当口，都是杂志社和出版社的约稿。我遵命一一按时交卷了，自己却很不满意：三五千字一篇，姓名籍贯，生卒年月，学历职位，等等等等，什么都得挂上一笔，像个流水账，又像个履历表，读者得耐着性子才能往下看。尤其乏味的是材料都是现成的，我只能变着法子抄袭。为了解嘲，我给自己取了个笔名叫“任逸云”。怎样才能摆脱这种“人云亦云”的困境呢？我考查了好几位科学家，他们在一生中都碰到过一些很关键的问题，逼迫他们不得不自己作出抉择。抓住这样的时刻，探索他们的内心活动，或许能把他们的精神境界表现得稍稍丰满一些，读者看了或许能留下一点儿粗略的印象。至于写出来会成个什么样子，那时并未理会。抓住某一特定时刻来表现人物的思想感情，大概近乎短篇小说，形式总是由内容来决定的嘛。

写法有了，题目也想了十来个，当时却没动笔。那是五十年代后期，原因大家都知道，不必再去讲它了。等到写第一篇《梦魇》，跟设想的当

---

* 《梦魇》叶至善等著，中国青年出版社一九八五年版。

初已经相隔二十来年了。时间的流逝，我倒不十分惋惜。探索人物的内心世界需要阅历，而阅历的增长总得付出时间作为代价，何况中间还有个史无前例的十年呐。如果没有这段阅历，我对那几位科学家的理解一定还要浅薄得多，写出来的东西跟读者诸君现在看到的相比，一定还要差一大截。

第一篇《梦魇》，写达尔文得知华莱士将要先于他发表进化论之后的思想波动。人物没有一个是虚构的，而且都找着了照片；连背景——达尔文的乡间住宅和他的书房，也找着了照片；故事的梗概是从达尔文的日记、书信和著作中摘录归纳出来的；还根据达尔文的传记给他列了一张年表。我是这样想的：既然写的真人真事，材料当然越多越好，事事都有依据，才有可能写得像那么回事儿。这样拘泥于材料，会不会使我的本来就很贫乏的想象力受到束缚呢？——我踌躇过。从实践的结果看，束缚确乎有的，可是有些材料也给想象提供了依据。在那张书房的照片上，可以看到壁炉上方挂着一面大镜子。达尔文那时正在研究人和动物的表情，在他后来写成的那本书里，有些段落很可能就是他那时自己的面部表情的记录。因而推想在那段时间里，对着镜子观察自己可能成了他的习惯。在小说中，这面镜子成了重要道具，正好借它来反映达尔文当时的心情。如果没看到那张照片，没读到那本书，要我凭空想象，无论如何也想不到应该把一面大镜子挂在达尔文的书房里。

写第二篇《夕照》，情形正好相反，许多材料没弄到手。人物只有四个，拉马克、卢梭、居维叶三个的照片是容易找的，拉马克的女儿柯尼莉亚的，却至今没找着。这也难怪，她不是什么知名人物，可是在《夕照》里，她也是一位主角哩。拉马克的故居大概早已不存在了，有材料说，他和居维叶两个的实验室都保存得好好的，一个简陋，一个豪华，恰好遥遥相对。要是在小说中添上几笔描写，该多有意思呵，可是没找着照片；还有伟人祠前的卢梭雕像，也没找着照片。能去巴黎看一看就什么都解决了。这哪儿能呢？为了介绍某一位科学家而作一次出国旅行，这样的事儿还没听说过。没有直观的材料，写起来只好凭空想象，可是又不敢任意驰骋。像柯尼莉亚这样一位主角，也不敢写她的相貌和身材，说不定哪一天发现了她的照片，跟我写的截然不同，岂不糟了。这样的事儿在后来写巴斯德的时候还真碰上了。开头把他的夫人写成一位身材苗条、举止轻盈的美人儿，后来看到照片，原来她个儿不高，身子结实，透露出另一种稳重质朴的内在的美。对她的描写都只好推翻重来，或者干脆删掉。

但是缺乏材料也有好处，那就是给想象留下了较多的馀地。拉马克的传记找着了好几种，都着重于介绍他在生物学上的功绩，以及他跟同时代人在学术方面的论争。至于他的生平，几种传记都语焉不详：他当过兵，得过勋章，复员后学过医，后来当银行职员，爱好音乐和绘画；由于卢梭的鼓励和引荐，他开始从事生物学的研究；他工作孜孜不倦，却得不到他的顶头上司居维叶的赏识；日子过得很拮据，他全不计较，只沉湎于著作；晚年眼睛瞎了，只有女儿柯尼莉亚在他身边当他的助手，照料他的生活；在完成了《无脊椎动物志》那一部巨著之后，他就死了。材料就这样简单，《夕照》中写的拉马克父女在稿子完成之后的喜悦，拉马克对卢梭的回忆，柯尼莉亚把稿子交给居维叶的情景，以及最后拉马克之死，全都是虚构的，而虚构的凭借就是那些简单的材料；至于是否合乎情理，只有请读者诸君评判了。如果将来能找到具体细致的记载，这篇《夕照》恐怕得重新写过。

第三篇《诀别》，虚构的成分就更多了。为了便于抒发感情，小说借用了商人安东尼奥的口吻。这个安东尼奥，在布鲁诺的任何一篇传记中都是找不着的，布鲁诺根本没有这样一位朋友。连一些重要的情节，如布鲁诺为什么不得不离开巴黎，在伦敦，他怎样激怒了社会名流，也都是虚构的。可是我得声明，除了安东尼奥，所有的虚构都多少有点儿影子。举例说吧，布鲁诺确实写过一个讽刺教廷的剧本，题目叫《方舟》；《论无限的宇宙和无数的世界》这本小册子，确实是他在伦敦写成的，采用对话的形式，就为了答复名流学者的责难；他最后回到意大利，确实是接受了威尼斯的当权者让瓦尼·美第奇的邀请，而且确实在勃伦纳山口经过。至于山口的那家小旅店，安东尼奥在那儿跟布鲁诺相遇，当然又都是虚构的了。

关于布鲁诺的一生，我以前只知道这么一些：他逃出了修道院，在意大利无法存身，去国外流浪了多少年，到处受到罗马教廷的特务盯梢监视，后来受骗回国，在宗教裁判所里受尽折磨，最后被烧死在鲜花广场上，临死之前，喊出了“烧死不等于驳倒”那句名言。五十年代，我也“人云亦云”地写过他的小传。对当时的布鲁诺来说，回意大利就是自投罗网，他怎么会糊涂到如此地步呢？在异域流浪了这许多年，乡愁与日俱增，是可以理会的，此外有没有别的什么原因呢？跟他的对宇宙模式的设想，有没有点儿关联呢？为了寻找答案，我请卞德培同志帮忙找点儿材料，感谢他代我借到了一本苏联出版的小册子，上面有布鲁诺的小传。我不懂俄文，布鲁诺的画像是认得的；在画像后面的几页上，有他在宗教裁判所受刑的图，在鲜花广场被烧死的图；还有一幅雕像——立在鲜花广场上的他的雕像，一幅地图——记下了他一生的足迹，并且标明了他到达各个城市的年月。就是这张地图，引起了我极大的兴趣，原来他在巴黎停留得比较久，而且到过伦敦，这些都是我以前不知道的。好在这篇小传只有十来面，我立刻让妹妹至美译了出来。原来在法国，他受到了法王亨利三世的邀请和款待，有自由讲学的方便；后来不知为什么在巴黎耽不下去了，亨利三世派人护送他到伦敦，让他住在使馆里，还要大使把他介绍给英国的名流。这样看来，布鲁诺在国外过的不都是凄凄惶惶的日子，把他写得像一位被特务追踪的做秘密工作的革命家，显然不符合事实。我又查了一下欧洲的历史，知道那时离马丁·路德发动宗教改革已经半个来世纪，除了意大利、西班牙和东欧，欧洲的其他地区大部分不受罗马教廷节制，国王、贵族、商人和教廷之间还矛盾重重，因而可以相信小传的记载是确凿的；只可惜也像记流水账，缺乏具体的描写，连那个讽刺剧《方舟》也没有附上三五句情节摘要。尽管这篇小传写得如此简略，还是使我看到了布鲁诺的开朗诙谐的一面，而在我原先的印象中，他似乎生来就是一位面目枯槁的“殉道者”。

还有一件事儿非常重要，我读了这篇小传才知道，布鲁诺甘愿冒着生命危险回意大利，是受了小美第奇的那封邀请书的蛊惑。这个情节使我引起了许多联想，我想布鲁诺踏进国门的时刻，他一定抑制不住对故乡的怀念，一定会回想起年轻时候逃出国境的情况，回想起十四年来在国外漂泊的经过，一定要反复考虑小美第奇邀请他是出于哪种动机，而正在等待他的究竟是什么样的命运。真是个关键的时刻呀，写布鲁诺，就应该抓住他经过勃伦纳山口的那个时刻。可是总不能让他一个人唱独角戏呀，只好捏造一个安东尼奥来陪伴他。至于勃伦纳山口的景色，只好根据阿尔卑斯山的地图和照片以及那时的季节来设想了。最有意思的是那个鲜花广场，我一向以为在某一座大教堂的前面，问了几位到过罗马的朋友，都说没去过。后来让妹妹至美带了张罗马地图，去请教她的工作单位的意大利专家，才知道鲜花广场是一个不很大的集市，称作“花市”更为合适；广场上的布鲁诺雕像又算不上艺术品，所以旅游者如果不提出要求，是不会被带到那儿去的。感谢那位意大利朋友，他还用红铅笔在地图上把鲜花广场圈了个圈儿。我恍然大悟，封建统治者处决犯人，总要选个热闹的场所，前清的时候，北京的法场不就在繁华的菜市口吗？中外都一样，都为的造成更大的恐怖，吓唬更多的老百姓。

就在写布鲁诺的时候，我下狠心翻了一遍《圣经》，我想寻找罗马教廷反对“日心说”的根据。可能我太粗疏，从《创世记》直找到《启示录》，讲“地心说”的话竟一句没找着，连可以牵强附会的也没找着。于是我想，在《圣经》成书的那个年代，收集这些民间传说的无名作家似乎用不着，而且不可能考虑大地是否在运行，这个课题跟他们不相干，他们更不会想到在这个课题上，预先为后世镇压“异端”留下什么口实。罗马教廷凭空指摘“日心说”背离《圣经》倒是很可能的，因为这样做可以更有效地吓唬老百姓；反正老百姓大多一字不识，怎么说他们就只好怎么信。由此又想到哥白尼：《天体运行论》被罗马教廷查禁，是在哥白尼逝世七十多年之后，布鲁诺也早已被烧死了；记得有一位历史学家说过：在这之前——在罗马教廷把“日心说”看作洪水猛兽之前，宗教一向把科学当作自己的“顺从的婢女”，从来没想到她也会有造反的一天。这样说来，哥白尼生前似乎不大可能料想到他的著作会遭到非难，因为世界上还没有发生过类似的先例。他迟迟不发表他的《天体运行论》，也许只为了反复测量反复计算，不惮其烦地对他的结论进行核对和修正。他说他花了“将近四个九年的时间”，而不直截了当地说“三十四五年”，因为“九年”是个典故：曾经有一位诗人劝他的急性子的同道说，写完一部作品，得等上九年才可以发表，也就是说，得花上九年的功夫去斟酌推敲。从哥白尼为什么这样说，可以推想他要不是感到自己已经十分衰弱，不能再在夜间爬到高高的围墙上去观测星空，很可能把《天体运行论》的发表再推迟一个九年，甚至两个九年。

话越扯越远，还是拉回来说第四篇——写巴斯德的《祈求》吧。这一篇虚构的成分极少，人物、背景、主要情节，都是有据可查的。一位来我国作学术访问的法国倪娃尔小姐接受我的嘱托，回国后热心地为我寻找巴斯德和居里夫人的生活照片，还为我向巴斯德研究院要来了几本精美的画册。从这些照片和画册上，我看到了巴斯德一生的科学活动，看到了他生活和工作过的地方；还认识了巴斯德的夫人，她是她丈夫的义务助手和当然护士；认识了小约瑟夫，他是世界上第一个接受狂犬病疫苗注射的英雄。这许多来自巴黎的直观材料，给我这个拘泥于真实的人提供了可以放心的依据。我衷心感谢这位倪娃尔小姐，衷心感谢巴斯德研究院。我认为我得到的是法国人民的友谊和支持，并对他们待人接物的诚恳态度感到钦佩。

我读过两本巴斯德的文学传记，有一本说为了募款筹建巴斯德研究院，巴黎的艺术家举行义演；音乐家古诺参加了，特地为巴斯德指挥演唱自己改编的《圣母颂》。我把这一段情节作为《祈求》的结尾，还在小说的开头揣摩了他们夫妇俩作晚祷时候的心情。这样安排想来不至于受到指摘吧。跟其他各篇放在一起看：拉马克和达尔文，都是向上帝创造物种的谬论挑战的勇士；布鲁诺更不必说，他是宗教的叛徒；在第五篇《权利》中，还有一位崇实脱俗的居里的爸爸。总不至于因为这一篇中有些段落写到了巴斯德夫妇的信仰，就说我以写科学家为名，行宣传宗教之实吧。而且在西方，信教的科学家恐怕占多数，我所以写巴斯德绝不是看中了他的信仰，而是由于他为人类作出了一连串的不可磨灭的功绩。从研究酒石酸结晶开始，到最后研究狂犬病疫苗，相距何止十万八千里，巴斯德闯进了一个领域，又闯进一个领域，无往而不胜，足迹又清晰可见，真教我向往不已。如果让他多活个五年十年，那该多好哇。我相信他在晚年，自己一定这样祈求过。

为了写这篇《祈求》，我查阅了好几本讲狂犬病的医学书，看了两篇描写狂犬病人如何痛苦的小说。我想既然写科学家，就得尽最大的可能弄清楚他的见解，他所研究的课题的来龙去脉，他取得成功所走过的道路。写作家，得读他的作品；写画家，得看他的画；写音乐家，得听他的曲子；写科学家当然也不例外。就说达尔文吧，如果不知道生物进化这个课题已经跟他的生命融合成了一体，就很难揣想华莱士的那封信会给他多么大的打击。至于要不要把自己弄清楚的都写下来告诉读者，倒不一定，得看有没有这个必要。在写拉马克的《夕照》中，只提了提他在无脊椎动物分类方面的建树，提了提他的见解跟居维叶的主要不同在哪儿，我认为在那篇小说中，这样简单地交代一下就足够了。后来写居里夫人，我特意打听了从沥青铀矿中提炼镭的化学反应，因为知道四十年代初的美国电影《居里夫人传》中的有关描写不符合科学的真实，可是我没把打听到的硬塞进小说中去，就因为无此必要。在这篇《祈求》中，巴斯德对防治狂犬病的研究是非交代不可的，不交代就没法让读者诸君理解他为什么犹豫了两年之久，才迈出这跨进成功大门的最后一步。至于讲对了没有，讲明白了没有，这要看我的理解水平和表达水平了；这两者我都不敢自信，我只能说在这上头，我的确是花了工夫的。

第五篇《权利》是写居里夫人的，却把居里的爸爸写成了最主要的角色。这倒不是故意弄花巧。因为一则，直接写居里夫人当时的所感所思，不如写最关心她的人对她的观察和揣摩，更接近读者诸君的心理；二则，这位退休老医生的确使人感动，他对儿媳妇的事业——可能他认为其中一半是他儿子没做完的——关心支持，真可以说无微不至，在他孙女儿写的《居里夫人传》中留下了星星点点的记载。居里夫人有一位好公公，拉马克有一位好女儿，巴斯德有一位好夫人，何止他们，好些科学家所以得到成功，几乎都少不了家属作他们的后盾。可是在科学家的传记中，往往都要写到出身才出现父亲，写到婚姻才出现夫人。我读到的几本拉马克的传记就是这样，只在写到他贫病而死的时候才出现他的女儿柯尼莉亚，还不肯多花几笔交代一下这位老姑娘的结局，真够教人挂肚牵肠的。在《夕照》中请柯尼莉亚当主角，在《权利》中请老居里当主角，在我颇有点儿反其道而行之的意味。可是在《权利》中，情节也是虚构的居多。譬如结尾讲居里夫人第一次上讲台，日期和地点都是确凿的，阿佩尔院长的介绍词这样简单，居里夫人一开口就讲课，也都有据可查；至于阶梯教室设了旁听席，老居里参加了旁听，全是想当然的虚构。我所以一再这样声明，是怕有的老实人以为我写的都实有其事，把小说中的情节不加区别地写进了科学家的传记中去，那就会以讹传讹，一发而不可收拾，而我，岂不成了个始作俑者。

还有一件事儿得说明一下，就是这本集子为什么要附带署上我儿子和女儿的名字。近几年我越来越忙，可供写作的时间越来越少，于是想了个法子，让儿子女儿帮我收集和查阅材料，如果可能的话，帮我写个初稿。女儿小沫在报社工作，抽不出整段的时间，只好做些繁琐的事务性的工作；儿子三午是个长病号，时间倒是富裕的，除了《诀别》，另外四篇他都写了初稿，有的还写了不止一遍。署上他们的名字，一则不抹杀他们的劳动，二则当然是鼓励的意思。对虚构的掌握，三午比我宽得多，争论是经常发生的，而且常常在饭桌上。父亲听着感兴趣，有时也插一两句，还要我把稿子改定了先让他看一遍。前三篇稿子都让父亲看了，许多用词造句不妥帖的地方，父亲都给指了出来，我一一作了改正。看了《梦魇》，父亲指出对达尔文的心理分析还不到家，我按照父亲说的作了修改和补充，恐怕没能把他的想法如实地全盘表达出来。看了《诀别》，父亲嫌布鲁诺阐述自己的见解的那几段太啰唆，我也知道啰唆，可总想借布鲁诺的嘴来说一说偏见往往出于无知，所以没加删改。《祈求》的稿子是念给父亲听的，因为他的视力越来越坏了。父亲没说别的，只说题目不太好，可能因为宗教味浓了点儿吧。我是想改的，可惜直到现在还没想到一个合适的题目。《权利》没再念给父亲听，我不能让他为我这种没甚要紧的文字再多花心力了。

然而父亲并没有忘记这件事儿。听说我在编集子，他关切地问我："就只五篇吗？太单薄了。"是太单薄了。这样单薄的一本集子，怎么能跟读者见面？可是有什么办法呢？回想一九八〇年八月，第一篇《梦魇》发表在《雨花》上，庄似旭同志看到了，问我打算一连写几篇。我回答说："第一步先写十篇。"他答应等我写满了十篇，给我出一本集子。可是等了四年，我才完成五篇。本来打算写两三篇介绍我国古代科学家的，不但定了人物，连一些情节都想好了。譬如写僧一行，开头打算写他回到方丈，返身掩上大门，一切纷扰都被他排在大门外头了；写张衡，最后打算写有人求他的墨宝，他挥笔写下了他的新作《四愁诗》，诗传了出去，竟有人风言风语地说他偌大年纪还要作非非之想。这些段落看来可以成立，有点儿文学意味，可是离成篇还差得远哩，收集材料，探索人物的内心世界，还得花许多工夫，许多时间。我的时间实在太紧，心思又不能专一，因而在中国青年出版社的发稿计划上，这本集子已经连续出现了三年。庄似旭同志只好迁就现实，说五篇就五篇吧，将来写的可以作为补编。我听了这话如获特赦，连忙把已经有的五篇从头到尾再修改一遍，在纷至沓来的无数头绪中，总算暂时放下了这一头一绪。将来是否再写，得看将来了，我不敢再作任何允诺。

废话说起来总没有个完，就此打住吧。让读者诸君又白费了许多时间，真个抱歉之至，感激之至。

一九八五年一月

《诗人的心》* 写者自白

《诗人的心》本来是《开明少年》月刊的一个栏目。一九四五年四五月间，父亲和我筹备《开明少年》创刊，商量在这一份刊物上，应该让少年们读到些什么。当时定了好些栏目，如《望望世界》，讲国际时事；《任何人的科学》，讲科技常识；《时间前进吧》，讲人类在各方面如何取得进步；《人怎样变成巨人》，讲那些有益于人民的人的成长过程，如此等等。文学方面的栏目有《书的缩影》，介绍古今中外的中篇小说和长篇小说；还有《诗人的心》，介绍古今中外的诗，当然包括我国古代的词。

把介绍诗的这一栏叫做《诗人的心》，我们是有用意的。我们不相信光靠词藻和技巧能写出什么好诗来。一首好诗，一定是诗人的感情的真实的流露，他对生活的感受实在太深刻了，因而不得不用精粹的语言把他的感受表达出来。所以我们想，把好诗介绍给少年们，除了注释和讲解，还得引导他们，跟他们一同揣摩诗人的思想感情，揣摩诗人的心。这样做才能使他们的鉴赏能力和精神境界都有所提高。《开明少年》出刊了七十来期，给少年们介绍的诗，包括词在内，不到三十首。好诗固然不少，适合给少年们念的却不太容易找；要讲得能让他们理解，而且有兴趣作细致的揣摩，那就更不容易了。所以到后来，《诗人的心》就无以为继了。

没想到过了三十多年，我重新拣起了《诗人的心》这个栏目，又向少年们介绍起诗来，可是缩小了范围，只介绍我国的新诗。我曾经向几

* 《诗人的心》叶至善写，中国少年儿童出版社一九八六年版。

种少年报刊的编辑同志建议过，请他们不要只顾介绍旧诗旧词，也要适当介绍“五四”以来的新诗，因为新诗反映了我国的新民主主义革命时代和社会主义建设时代，反映了在这一段伟大的历史时期中，我国人民的生活、斗争、思想、感情，这些都是现代的少年应该了解的，应该领会的。从培养“五爱精神”来说，从开拓思想境界来说，让少年们读些新诗也一定大有好处。编辑同志都说我的想法很好，一定照我说的去做。可是半年过去了，一年过去了，在他们编的报刊上还不见介绍新诗的文章出现。我等不及了，发了愿心自己来开个头，于是一连写了几篇，寄给了《中学生》和《中学生阅读》。使我欣慰的是两种月刊都给发表了，介绍新诗的文章总算在少年报刊上争得了一点儿阵地，据说读者和教师都还欢迎。我的本意是“抛砖引玉”，希望有更多的同志来给少年们介绍新诗，并且希望各种少年报刊除了介绍旧诗旧词，也经常介绍新诗。

一年多来，我已经给少年们介绍了三十多首新诗。所谓“介绍”，主要是把我揣摩到的，告诉给少年们；到底揣摩得对不对，我不敢自信。我不过作个样子，希望能引起少年们自己揣摩的兴趣。现在从我写的介绍文章中选出三十篇，编成这本集子，书名就叫《诗人的心》，还是提倡的意思，还是“抛砖引玉”。

我给少年们介绍新诗，总是选他们容易理解的，会感到兴趣的，读了能得到点儿好处的；此外还有一条，就是总起来看，涉及的生活面尽可能广一点儿。符合这几条的我就选，因而没能体现新诗发展的历史，也不管什么流派，不管作者是否有名。至于诗人的简历，我一般不作介绍，如果跟所介绍的诗有非常密切的关系，我才提上几笔。三十篇介绍文章，大致按新诗发表的先后排列；只能说“大致”，要精确就得经过考证，这是我无法做到的。

一九八四年十月

附《校后记》

看了一遍校样，又作了少许修改。这三十篇短文，我自己看了少则七八遍，多则十来遍，每看一遍都或多或少作些修改。对少年读者，我不敢怠慢；对所选的新诗的作者，我也不敢怠慢。但是即使再改若干遍，也不可能有多大起色；理解能力只能达到这样的水平，是无法勉强的。希望这本小册子印出来之后，少年读者给我多提意见；少年们的老师和家长如果认为我这样做还有点儿意义，也给我多提意见。我更希望这些新诗的作者给我提意见，指出我的谬误。遗憾的是作者之中大约有十位已经成为古人了。他们为新诗开拓局面，冲锋陷阵，我们可不要忘记了他们的功绩。

一九八五年七月二十日

跟同道们谈心

——《竖鸡蛋和别的故事》[*] 后记

这本科普文集——应该说是自选集吧，我拿起又放下，折腾了将近三个年头，现在总算可以交稿了。所以搞那么久，由于能让我自己支配的时间实在太少。得空坐定下来，我得先写别人给出的题目，先看别人让看的稿件。自己的文集嘛，又都是旧作，往后靠吧，反正是不急之务。这样一拖再拖，直拖到墙上的挂历又换了一本新的——一九八六年一月。

选编这本文集是我自己的主意。给孩子们写科普文章，我打从一九四五年开了头，四十年来约莫写了一百来万字。我想借选编这本文集，给自己结一下账，在科普创作方面作个交代。没想到做起来并不容易，文章挑选出来了，非但内容杂，形式也杂，因而不好编排，还找不出什么规律性的东西来。文章大多为编辑期刊而写的，期刊缺少什么，我就写什么；期刊需要什么样的文章，我就写什么样的文章：哪儿能不杂呢？要使期刊编得活泼，杂一点儿原是非常必要的。从这些杂咕隆咚的文章中挑选出若干篇来，凑在一块儿仍旧像本期刊，不像什么文集。最后想了个办法，先以形式分，把类似小品文的归在一起，算作第一部分；根本不像小品文的归在一起，算作第二部分。第一部分大体按内容再分为十二组，第二部分不到十篇，都比较长，不再分组。下边就跟我的同道——编写科普读物的朋友们，说说我写这些文章的是非得失。

先说第一部分。

开头两组是物理和化学。这两个方面我写得比较少，因为有顾均正

---

* 《竖鸡蛋和别的故事》叶至善著，少年儿童出版社一九八八年版。

先生经常给我编辑的期刊写稿。我写的那两篇讲物理的都用新闻作为引子。这是编辑期刊常用的方法，可以增强期刊的时间性，吸引读者的注意力。像《跳伞》，庆祝建军节的体育运动会才开过，九月三日出版的《中学生》就刊出了这篇文章，对月刊来说是很及时的了。至于跳伞的知识，我是从苏联的科普读物《飞机大炮的数学》上引来的。那本书我看过，而且记得。看到了日报上的新闻报道，我把书找出来，两者一凑合，就写成了这篇《跳伞》。如果说经验，第一要书读得多读得杂，比较特殊的材料要记得住，找得着；第二要反应敏锐，能随时随地抓住可写的题目。当报刊的编辑，这两条应该说是基本功。

《竖鸡蛋》也是看到了新闻报道而写的，刊在我早年编的《开明少年》上。我先是好奇，自己拿了个鸡蛋作试验，心里想这本来是个重心和稳定的问题，试验成功了，又想起了哥伦布竖鸡蛋的故事，凑合起来就写成了这篇文章。我以为头还开得不错，讲到重心以下就差劲儿了，跟老师在课堂上讲课没多大差别。问题出在我没能把蕴藏在知识中的趣味给发掘出来。

两篇讲化学的，从内容到形式都出自苏联的通俗刊物和小册子。我不懂俄文，请人把大意讲了讲，就写出来了。我以为如果不是什么名著，国外的一般的通俗读物，还是采用这样译述的办法比较好。因为译述可以酌量增减，使文章更适合特定的读者对象，有些材料还可以换上国内的，使读者不至于感到太陌生。

第三组是数学。数学方面我写了不少，总有几十篇吧，大多是智力游戏一类，目的在于让读者得到思考的乐趣，养成推理的习惯；也写过几篇讲学习方法的。现在选的四篇都是智力游戏。《扳指头》那一篇如果现在写，讲完了八进位，我一定还要讲六进位、四进位，最后讲到二进位——电子计算机的计数法。我还想可以换个形式，把八进位叫做蜘蛛计数法，六进位叫做蚂蚱计数法，四进位叫做驴马计数法，有了这样一条桥梁，讲二进位也许比较容易被读者接受。

《白熊小姐的婚事》这个题目来自日报上的一则广告，讲了组合、排列和概率。这些知识要到高中才学，其实开头的部分并不深奥，初中学生能理解，而且会感到兴趣。许多高深的数学也许都这样，所以我想给读者先作个介绍，将来正式学就像见过面的老朋友似的，不至于太陌生。

这篇《白熊小姐的婚事》就是个例子。有趣的是我一边写一边算，发现悬赏的给奖办法有个大漏洞。原来出题目坑人的人自己不曾作精密的计算。我想读者要是有耐性一边看一边想，最后一定也会哑然失笑。至于讲小说《三里湾》中改造场磙的那一篇，主要目的在于劝说打算回乡务农的初中学生不要荒废学业，只是用这个几何题作为例证罢了。

第四组的三篇短文都讲的动物。动物、植物，我有贾祖璋先生作靠山，自己写的很少。一九四八年下半年，我找了六幅动物画片给《开明少年》作封面。封面说明这样的小事儿，我不好再麻烦贾先生，而且按照惯例，应该由期刊的编辑自己撰写，三篇短文就是这样产生的。现在重读自己觉得奇怪，那些材料在仓促之间是怎么找到的。只记得写《鲤鱼》那一篇，我还有点儿针对性，特地插进一段说明鱼向前游主要靠摆动尾巴，而一般人都误认为主要靠鳍。新近在科普报刊上看到一篇文章，还在这样讲。

第五组是生理卫生。《细细嚼·慢慢咽》是“补白”，编报刊如果遇到版面留有空白，就得写一篇小东西补上，长短要正好。这也是当报刊编辑必须练就的本领，写得好可以使版面活泼起来。我给期刊写补白常常作为前边那篇文章的补充，或者后边那篇文章的引子；言犹未尽，正好利用“补白”来补。这一篇却是例外，跟前后都不搭界，因为好几期没讲到生理卫生了，于是想出了这个题目。《全身的锻炼》是有针对性的，许多同学由于功课逼得太紧，不太注意锻炼身体。我写是写了，自己觉得很惭愧，因为我也是个不好运动的人。言行不一致，鼓励别人做自己却不做，这是很不应该的。

在《开明少年》的头几期，我还写过好几篇讲传染病的文章，如霍乱、鼠疫、疟疾等。当时这些病正在流行，我认为报刊应该负起责任来，尽快给读者普及这方面的常识。最合适的作者是索非先生，可是他在上海，我在四川成都，我只好收集材料自己来写。文章都很冗长，我只把材料堆砌在一起，没能消化之后再吐哺给读者。现在再读那些文章，自己觉得可厌，因而一篇也没有选。

第六组是讲气象的。四篇文章我觉得都还不错。天气变化是谁都可以观察的，所以除了搬科学知识，我还穿插了点儿自己的观察所得。特别要说一说的是那篇《雷雨》。我先在一本美国的通俗科学刊物上，看到了一幅雷雨的图解，写作的动机就是这样引起的。正好又在一本新诗期刊上，读到了程边写的《雷雨颂》，诗人把人们在闷热的夏天盼望一场雷雨的心情，来比喻人民在国民党反动派的高压下如何渴望解放，迎接解放。我于是请朋友写了一篇介绍那首诗的文章，放在我写的科学小品后头。机缘凑得这样巧，可遇而不可求；一旦遇到了，决不肯等闲错过。

第七组是讲天文的。天文方面我也写得不少，讲的知识现在看来大多过时了，只好勉强选了这五篇。最近这一二十年来，天文学的进展实在叫人吃惊。像我写的《海王星发现 100 年》，历史部分大致没错，对海王星的描述恐怕得全部重写了。《太阳金环食》引起了我一段回忆，所以没舍得扔掉。那年三月廿九日，我在日报上看到五月九日将发生金环食的消息，马上写了这篇号召读者观察的文章，刊登在四月十六日出版的《开明少年》上。没料到五月九日那天，我国大部分地区是阴天，都没看到日食。到了五月中旬，却收到两份读者寄来的观察报告，恰好一南一北，一份来自广东罗定，一份来自河北唐山。我把这两份报告都刊登在六月十六日出版的《开明少年》上。月刊作这样快的反应，在当时算不了一回事儿，如果排印像现在这样慢，那就无论如何办不到了，相比之下不免感慨系之。

《星空时钟》我写过两回。头一回用《天空里的大时钟》作题目，也是在一本美国的通俗科学刊物上先看到了插图，再根据那篇文章译述的。解放后看到了咱们国内的材料，我就下决心重写一篇。一则因为写科普文章，应该尽可能采用国内的材料；二则咱们中国的材料自有咱们中国的特色，像这篇文章中的口诀就是。记得口诀原来有八行，我没照抄，归纳成了四行。《北斗七星和半个月亮》是给语文刊物写的，无非举几个例子，说明学文学也得知道点儿科学常识，用的不是跟孩子们说话的口吻。

第八组是分辨一些相近的概念，目的在于吸引读者思考，让他们通过比较，加深对一些常见概念的理解。当时觉得这样做挺有意思，想多写几篇，甚至题目也有了；后来大概又有了别的什么想法，把这件事儿给忘了。

第九组讲工业生产流程。我的读者是初中学生，我认为应该让他们多知道点儿生产的知识。在写这些文章之前，我为了避免出错和增加一些感性的描述，都去实地作了参观。写的时候，我的确用了心，可是读起来总觉得唠叨，未必能受读者欢迎；毛病可能出在我过分拘泥于自己的所见所闻。

第十组是科学家的小传和小故事。小传我写过不少，除了这篇《张衡》，还有僧一行、郭守敬、哥白尼、法拉第等人的，无非姓氏、籍贯、生年、死月、著作、成就……总之人家怎么写我也怎么写。我写得很乏味，读者恐怕也不会感兴趣。后来我为写这些小传专起了个笔名，叫“任逸云”——人家也这么说，我只是人云亦云罢了。我记起曾经读过的一本旧俄作家的长篇小说，叫《诸神复活》，是写达·芬奇的文学传记。在这本小说里，达·芬奇是个有思想有感情的人；对他生活的那个时代，小说也作了生动细致的描述。我想我能不能也采用这个方法，根据确凿的历史材料，也给某一位科学家，譬如张衡，写一本这样的文学传记呢？写长篇得先写短篇作为练习，第二部分中的《诀别》就是这样的一篇习作，可是读者对象不是孩子。

《王充辩鬼》和《王府中的辩论会》是小册子《姚崇治蝗》中的两篇，作为历史小故事出版的。王充没有什么故事可讲，我只好把他在《论衡》中的一些论点串起来，编成了一个很不像样的故事。范缜的这个故事倒是可以写成短篇小说的，等将来有时间再试试看吧。

第十一组是我访问美国的三篇记录。参加科学作家和记者代表团去美国访问，是一九八一年初夏的事儿，回国后写了好些文章，除去讲编辑和写作的，就剩下这三篇了。旧金山的“探索者馆”是个很迷人的地方。迪斯尼游乐园也很迷人，主要是利用科学来做游戏。“探索者馆”正好相反，让人们通过游戏，对科学进行探索。我不反对前者，却更赞成后者。可惜在探索者馆，我只逗留了不到两个小时，只看了一个小小的角落，记下来的就更少了。茂林纪念公园也是个值得一看的地方。《可别为我担心》是给《中国少年报》写的，我尽了最大的努力，想写得浅一点儿，有趣一点儿，效果恐怕并不理想。有人看不起“小儿科”，那是他自己没写过，不知道难处。

第十二组是介绍读物的，前四篇是广告，后一篇勉强可以算评介。解放后有很长一段时期，期刊大多不刊登书籍的广告，可能认为刊登广告就是做生意，就是搞资本主义。这个风气直到近几年才改变，似乎改得过了点儿头，青年和少年报刊上不但书籍和学习用品，什么广告都刊登，常常不问对象。在解放前，一般书店出版期刊，目的之一就是为本店出版的书籍做广告。《开明少年》是开明书店出版的，当然得为开明书店出版的少年儿童读物做广告。而且我认为，把有益的读物介绍给读者是期刊应尽的责任。这四则广告都采用“补白”的形式，取书中的某一段改写成短文，最后交代一下出处，是从哪本书中摘出来的。这样做广告等于提供样品，让读者先试一试是否合他的胃口，再决定是否购买这本书，比类似“全国首创”“誉满全球”的吹嘘老实多了。而且能让读者得到实惠，不管买不买书，读了广告多少能知道点儿常识。在《开明少年》上做广告，我常常采用这个形式，不光介绍科学读物，也介绍文学读物。

第二部分的文章有的字数太多，似乎不能归入小品文一类；有的从形式看，根本不是小品文。

讲大豆讲黄金那两篇，显然是为了编期刊而写的。两篇的内容都很驳杂，学伊林没学像，可以说堕入了魔道。伊林有他的独到之处：知识面广，笔调活泼，而且随处有警句。知识面广固然好，要做到不卖弄，不炫耀，就不太容易。笔调要活泼，可是得力戒油滑。警句更不能强求，没有自己的体会，或者虽有体会而很肤浅，就成了装腔作势，故作高深。这几条可以说是我学伊林的教训，归根结底还有一条，就是我父亲说过的：临摹不如写生，从练习开始，就应该老老实实写自己的所见所闻所感所思，走自己的路。我所以选这两篇，一则拿来示众，上面说的毛病在第一部分的某些文章中也有，可是于此为甚；二则也有点儿可纪念的地方。如讲大豆那一篇，找到那么些材料，把它们凑合在一起，当时确实费了不少力气；其中讲到做豆腐做酱油，有一部分还是我自己的经验。讲黄金那一篇，先是在抗战才胜利的日子写的，开头写了成都的黄金市场。解放不久，我编一套百科知识的通俗小丛书，叫《我们的书》，把这篇文章改写成小册子编了进去。用黄金市场作开头显然不相宜了，换成了揭露国民党反动派在崩溃的前夜，如何利用金圆券对人民进行最后的掠夺。人们当时记忆犹新，这样开头可能产生吸引读者往下读的效果；现在事隔将近四十年，肯定没有这个作用了。从这件事儿可以看出，同样是写稿子，书的要求跟报刊的要求并不完全相同。当时我还写了一本讲原子能的小册子，作为讲黄金的续集，现在看来完全过时了；主要原因不在知识方面，而是跟时事结合得太紧密了。

《没头脑和电脑的故事》是迟叔昌君跟我合作的，他打了个毛坯，我做了琢磨的工作。先发表在《中学生》上，后来又琢磨了一遍，给各节加上了格言式的小标题，跟《割掉鼻子的大象》合成一本小册子出版。不知怎么地让傅彬然先生看到了，他很称赞这一篇，可是又说可能会受到批评。我父亲听说了特地要去看了一遍，他也说不错，此外没说什么别的，只改正了两个错字。傅先生真个有先见之明，后来在所谓的业务思想批判中，这篇文章真个成了典型，说是油腔滑调，资产阶级的低级趣味；还问：在咱们的社会主义国家里，会有没头脑这样的孩子吗？我哑口无言，实在没法回答。我想，我也反对油腔滑调，可是一向认为油腔滑调跟幽默和风趣是有区别的；界线在哪儿，恐怕各人有不同的划法。那些不苟言笑的同志把界线划得离自己近了点儿，所以除了“正色”之外，在他们看来都是油腔滑调，都是低级趣味。可是也有一些同志，当时也持批判的论点，现在他们变了，在我看来已经远远地超越了界线——当然这是我划的界线，作不得准的。我把这篇跟别人合作的文章编进自己的集子，无非是自我平反的意思。当时这样写，为的告诉孩子们，必须摆正人脑和电脑的关系。现在我仍旧这样想，虽然事隔将近三十年，晶体管已经发展成了超大规模集成电路了。

《史前探险记》是电影故事。当时为了诱发孩子们学习自然科学的兴趣，我在期刊上除了小品文，还采用了许多别的文艺形式，讲故事是其中之一。《失踪的哥哥》也是那个时候写的。这篇故事常被选家看中，编进了好几种科学文艺的选本。我自己写过一篇“自白”，专谈这篇故事的是非得失，编在和妹妹至美弟弟至诚的散文合集《未必佳集》中，在这儿就不多说了。总之觉得没有什么好，尤其写到让那个冷藏了十五年的哥哥活过来的那一段，我心里虚得很，简直说不出什么玩意儿来了。从效果看，两个主要的目的都没达到，一是讲点儿生命冷藏的科学知识，一是讲大胆的设想必须跟科学的态度相结合；读者感兴趣的却在于哥哥变成了弟弟，弟弟变成了哥哥。我写过不少篇所谓的科学幻想故事，比较像个样儿还数这一篇，那就留着示众吧。

《兄弟俩》这篇相声，材料来自王峻岑先生的数学小品《一和零》。

先是顾均正先生给《中学生》写了篇稿子，讲作用力和反作用力，用的对话形式，我给改成了相声。只怕有人说顾先生这么大年纪了，反倒油腔滑调起来，所以我在他的名字后边加署了我的笔名，如果在形式方面受到指摘，责任由我来负。后来出我意料，好些科普刊物也出现了相声，表明这种形式是受读者欢迎的。戏剧我也试过，没得到反应；我想戏剧的形式应该是可以用的，得怪我自己没把剧本编好。

最后一篇《诀别》，是写布鲁诺的短篇小说。在前面我已经说过，我为什么要采用这种形式。我也人云亦云地写过布鲁诺的小传，把他写成了一个苦行僧式的殉道者。一九八一年，我借到了一本苏联的通俗小册子，中间不但有布鲁诺传，还有一张布鲁诺一生的行踪图，图上还标明了年月。我让妹妹至美把这篇小传译了出来。小传也写得很干巴，材料可不少。读了之后，在我的脑子里构成了另一个布鲁诺的形象，他性格开朗，举止活泼，语言诙谐。要不是这么个人，在宇宙间，他怎么会比哥白尼跑得更远呢？在过去写的小传中，我对不起他，把他的形象给歪曲了，我得纠正自己的错误。于是我查阅了欧洲的历史，着重了解布鲁诺那个时代的宗教斗争和阶级关系，对一些细节，我还作了点儿考证。等到动笔的时候，布鲁诺好像已经成了我的一位熟悉的朋友。这样的小说，我才写成了五篇，以《梦魇》作书名编了个集子，不久就可以印出来了。我还想写若干篇，能否如愿得看时间是否许可了。

开头说过，我想借这本文集结一下账，在科普创作方面作个交代。可是文章这样杂，我又没有作总结的才干，到了儿竟说不出个所以然来，连起个书名，也踌躇了好些天。老实点儿，就用《叶至善科普文选》，恐怕不行，一定没销路，书店通不过。考虑来考虑去，想到文集的头一篇是《竖鸡蛋》，就用《竖鸡蛋和别的故事》作书名吧，把《叶至善科普文选》降格为副题。哥伦布竖鸡蛋的故事，我是很喜欢的，能鼓励人少说空话，多做实事。碰到那些习惯于指手画脚又从来不动手干的人，我就会想起这个故事来。我真想学哥伦布的样儿，回他们一句：“太太们，先生们，你们为什么不这样做呢？”

一九八六年一月

《古诗词新唱》* 前言

《古诗词新唱》原是薄薄的一册，只五十首，作为尝试，在前年十一月出版。

使我喜出望外，尝试居然得到了成功，初步的成功。

先是请四位名歌唱家，两位女高音两位男高音，各挑出一首或两首，在一次集会上演出，钢琴伴奏也请的名家。他们都非常认真，每唱完一首，都赢得了全场掌声。从他们选中的那七首听来，我的编配还说得过去，歌词和曲子的情调还算和谐，拍节还算吻合。

接着在报纸和期刊上，读到十来位朋友的评介文章。没有一篇是泛泛的捧场，都各有见地，言之成理，对我这样编配表示认同，都说我做了一件颇有意义的工作。

后来从各方面得知，欢迎这册小歌本的人还不少。他们大多人过中年，爱好唱歌，却找不到适合他们唱的歌。我本来就是为歌唱爱好者编配的。得其所哉！得其所哉！我替我的小歌本感到庆幸。

鼓励不打一处来，我怎么肯就此歇手。一年多来我又陆续编配了百十来首，连同原有的五十首，一再筛选修订，编成了这册“三倍体”，一百五十首的《古诗词新唱》。

在看校样的时候，我每校毕一首，随手记下了一些什么，短的不足五十字，最长不超过五百字，集在一起以《校后琐记》为名，附在后头。但愿不至于成为蛇足，败了歌唱爱好者的兴。

* 《古诗词新唱》叶至善编配，开明出版社一九九八年增订本。

给古诗词配上现成的曲子，并非我的创新，我是学弘一法师的样。

六十多年前在中学里，我唱过弘一法师制作的许多歌，当然都是他出家以前的作品。如三重唱《春游》，歌词和曲子出于他一人之手，是名副其实的“自度曲”。如现在还常有人唱的“长亭外，古道边”，曲子是外国的，他给配上了情调相符的歌词，可以称作“倚声填词”。还有给古代的诗词，如李白的《春思》，配上外国曲子的，是“倚词配曲”还是“倚曲配词”无法考证了，总之都配得非常和谐。

因为喜欢唱弘一法师的作品，我很想学他的样，自己制作一些歌自己来唱。我没学过作曲，又不会吟诗填词，作“自度曲”和“倚声填词”，我都无缘了。要学，只剩下一条路可以走，就是给古代的诗词配上现成的曲子，最好是经常听到的又容易上口的名曲。

古代的诗词本来都是可以唱的。先是没有记谱法，没法把曲子记下来，只能口耳相传；后来记谱法是有了，却不很完善，又不能普及，主要仍旧依靠口耳相传。年代隔得久了，曲子渐渐亡佚，诗词失去了音乐的依傍，只能吟诵，没法再唱，实在是非常可惜的事。配上现成的曲子，使某些古诗词能够唱，多少可以弥补一点儿缺憾吧。如果能像弘一法师配的那样和谐，我就心满意足了。

我说的是弘一法师在出家之前的作品。按佛门的规矩，出家前应该称呼在家的姓和名，可是我怎么敢呢？我的岳父和我的父亲，他们谈起弘一法师，从来不称名道姓的。我想，弘一法师即使知道了，也不会因此而皱眉头的，他脸上永远带着宽容的微笑。

给一首诗或一首词配上现成的曲子，先得选定配哪一支曲子。有时候很凑巧，诗或词有多少句，曲子也是多少句，诗句和乐句正好一一相配，甚至各句的长短也差不多。有时候却不然，往往乐句多于诗句，或者长于诗句，我只好用重复的手段来处理：重复完整的诗句，或者重复诗句中的某个短语，某个语词，某个单字。

我国的诗词跟国外的歌词不同，讲究用字尽可能少，包含的意思尽量丰富，因而重复的诗句是很少见的。在这一册歌本中，以诗而言，只《诗经·蒹葭》中，“所谓伊人”、“溯回从之”、“溯游从之”各出现三遍；

李白的《行路难》，一连用了两句“行路难”。以词而言，《忆秦娥》上片第二句最后三个字必需重复，用来引出后边两句四言，下片亦复如此；《如梦令》有一组必需重复的两言；《调笑令》有两组必需重复的两言；还有辛弃疾在《丑奴儿》中，把“爱上层楼”和“欲说还休”各重复一遍，所以重复，为了引出下一句，其作用犹如破折号。除此之外，其他的重复都是为了跟曲子相配而作的重复；都是我加进去的，不是诗词原来就有的。

有的时候，曲子比诗词短，只好重复一遍，或者重复其中的某些乐句。有的时候，曲子比诗词长得多，只好截取其中的一段，或者删去其中的一段。碰到这些情形，我在《校后琐记》中都作了交代，好让歌唱爱好者评判处理得是否妥当。国外的歌中常常有“啊”“哦”之类的叹词，都只好照搬；在我国的诗词中是没有这样的叹词的。

有朋友建议，让我给诗词作些注释，我没有照办。这不是一件容易的事，片言只语解决不了问题，结果必然越注越多，没有个底。其实难懂难念的词语，查《词海》就能解决；想作比较全面的理解，可以找些选本来读；近年来出版的那些“鉴赏词典”、“鉴赏大全”，也可供参考。

我编的只是歌本，供歌唱爱好者唱的。如果他们在唱这些歌的实践中能得到乐趣，从而对诗词和曲子偶有兴会，就是我莫大的幸运了。

一九九七年八月二十日

《我是编辑》[*] 题解

电视片《围城》播放的时候，我从头到尾看全了，确实好，全家人都说好。片中那所三闾大学，是在白马湖春晖中学拍摄的；汪教授住的，就是我的岳父夏丏尊先生的“平屋”。老伴满子看了更加高兴，等于年逾古稀又回了一次娘家。

小说《围城》，我是去年才读的，印象之佳，又远远超过了电视。小说随处妙语联翩，发人深省。譬如介绍三闾大学的校长高松年，先说他“是位老科学家”，接下来就是一大段调侃。开头说：“这个‘老’字的位置非常为难，可以形容科学，也可以形容科学家。不幸的是科学家跟科学大不相同，科学家像酒，愈老愈可贵，而科学像女人，老了便不值钱。”读到这里，我心中不免一愣。不是都说我是个老编辑吗，还说我经验丰富。是老编辑的经验呢，还是老得过了时的编辑经验呢？从我才编得的这本集子看来，恐怕有些所谓的经验，还是《儒林外史》中的那位选家，马纯上马二先生的。

既然心中打鼓，为什么还要打出幌子，把这本自选集叫做《我是编辑》呢？说来话长，“文革”后不久，有家英文的文学刊物打电话给我父亲，说中东某个国家的一位作家要登门拜访。父亲回答说：“为礼貌起见，还是让我去为好。”于是他们开车来接，父亲由我陪同，去宾馆谈了个把小时，拍了几张照片。隔了一个来星期，这家刊物的编者打电话给我，说报道已经写得了，正要发稿；配了张照片，是那位外国作家跟我

---

* 《我是编辑》叶至善著，中国少年儿童出版社一九九八年版。

们父子俩的合影，问我什么头衔，他好写说明。我说：“我是编辑，写 editor 就成。”他迟疑了一会儿又问：“你写东西吗？”我回答说：“经常写，当编辑哪有不写东西的。”他好像立刻开了窍：“那就用 writer，writer。”不由我分说，咔嚓一声，对方把电话挂断了。

Writer 就 writer 吧，反正也不伤脾胃。有位同行可比我顶真。有人在报纸上介绍他，说了句“他不但是编辑，还是一位作家”。他见了却生了气，拿着报纸特地跑来跟我说：“老叶你看看，他们真叫大方，没征得我的同意就给我提了级。”编完集子，我忽然想起了这桩往事，拿起塑料笔就写了四个大字：“我是编辑”。

一九九八年四月十二日

《我是编辑》跋

今年四月廿四，我满八十岁。中国少年儿童出版社说要举行祝寿；并建议我编一本集子，交给中少社出版。我说祝寿不敢当，出本集子，我很愿意。于是花了一个半月，赶编了这本《我是编辑》。

《我是编辑》专收近二十年来，我从事编编写写的有关文字，数一数，恰好一百篇，虽说不是全部，相差也不远了。因为内容杂，形式杂，没法分门别类，只好按写作或发表的先后排列。

这样编排也好，正好作为我这个人一向乱七八糟的写照。这二十年来，先是把大部分精力花在科普创作方面，少儿的智力开发方面；后来，着急整理和编辑父亲的文集；近两年，又沉湎于给古诗词配上现成的曲子，说穿了仍旧是编辑工作。凡此种种，都在这本集子中留下了痕迹。

有一件事要说明的，集子中的《一个编辑读〈红楼梦〉》，可以说的还有许许多多，自己也不知道写到哪儿才算了结。当时为了赶编父亲的文集，不得不暂且搁下。希望今后有时间有精力，再逐段细细往下写。

谢谢支持和帮助我编辑和出版这本集子的所有的朋友，以及我的老伴和子女，更要谢谢中国少年儿童出版社。

一九九八年二月十三日

《科普杂拌儿》* 后记

给孩子们写科普文章，我是一九四五年开的头。一九八八年，才出版了一本自选集——《竖鸡蛋和别的故事》；以后为了忙别的事儿，不再写科普文章了。如今这一本，基本上是那本自选集的简编，内容和形式依旧很杂，依旧是本“杂拌儿”，给孩子们读的《科普杂拌儿》。混在众多的“名家精品”中间，我感到羞愧，觉得很对不起读者诸君。

一九四五年，我开始当编辑，给孩子们编综合性期刊。刊物上什么文章都得有，自然知识、社会知识、文学艺术，等等，哪个方面都不能少。如果缺了什么，一时找不到作者，当编辑的就得自己凑上一篇。有时候想到了什么新点子，得自己写一两篇试试，看是否行得通，孩子们读了有什么反应；以后约稿，心中就有数了，不至于瞎提要求，让作者为难。

因为编的是综合性刊物，我哪个方面都得写；写得最多的数科普文章，长的短的，有二三百篇。期刊不同于课本，要系统地介绍每一门科学是办不到的；只能把孩子们引到各门科学的大门口，看一眼里边的世界是多么广阔，多么壮丽；让他们留下一些儿印象，将来好自己选择跨进哪一座大门。

可是我自己，哪一门科学，我都没正经学过；因而不论写什么，都得结合书本知识和生活经验，自己先弄清楚了方敢动笔。我特别注意孩子们的理解能力和阅读兴趣，尽可能写得让他们喜欢读，读得懂。我还

---

* 《科普杂拌儿》叶至善著，湖南教育出版社一九九九年版。

尽可能避免采用老师讲课的方式，想方设法诱发他们跟我一同思考。任何问题经过自己思考，方能得到更多的乐趣和较深的理解。

因而我尽可能用文学的笔调来写科普文章，尝试着采用孩子们喜闻乐见的种种文学形式。我还特别注重运用插图，尽可能把插图设计得既美观，又能说明问题。跟孩子们讲科技知识，一幅精心设计的插图，效果往往胜过一大段冗长的文字。

我在前边已经用了好几个“尽可能”。尽可能怎样怎样，只表明我在哪些方面曾着意作过探索和修炼；实践的结果，跟我所追求的目标往往差得很远很远。“眼高手低”，恐怕真个是当编辑的通病。“人生无悔”，恐怕是当编辑的永远无法达到的境界。

也许读者诸君会问我：“你说你写过二三百篇科普文章，为什么选来选去，总也跳不出这三五十篇的圈子呢?”

科学技术的发展越来越迅猛，尤其是最近这二三十年。我的科普文章，绝大多数是二三十年以前写的，在发表的当时确有点儿新意，现在看来却大多陈旧了，落后了，有的还免不了夹杂着一些错误。知识太过时的，错得太离奇的，当然非剔除不可。

我的科普文章又是专为编辑期刊而写的。期刊的时间性特强，得反映出刊当时的社会情况和政治热点。因而有些作品跟时事结合得太紧，现在看来成了历史陈迹，当然也不宜于编进选集。

还有个原因，出版社要求这本选集尽量少用插图。我写科普文章却非常注重运用插图；有些作品竟以图为主，离开了图单看文字，甚至无法理解，当然也只好舍弃，不再编进这本选集。

这篇剔除，那篇舍弃，弄到结果，可供选择的只剩下这三五十篇了。虽然重起了书名，改变了编排次序，这本《科普杂拌儿》仍然了无新意，但愿能得到读者诸君的宽容和谅解。

一九九八年十一月十五日

《父亲的希望》* 自序

这本自选集，是中国青年出版社约我编的。今年年初，中青社的副总编程绍沛同志来看我，说去年中少社出的那本《我是编辑》，主要选的是我从事编辑工作的体会，这一本可否把范围放宽些，因为好些读者想知道，我父亲是怎么关心我教育我的。他话没说完，我就想起了十多年前发表的那篇《父亲的希望》。我说我愿意再编一本，书名就叫《父亲的希望》吧。

我一直生活在父亲身边，父亲按他的希望关心我，教育我：希望我身体比他强壮，心灵比他明澈；希望我能够生产出供人家切实应用的东西来，不要像他似的只干笔墨的事。耳提面命是不大有的，我能记得的，尽是些琐琐屑屑的往事。直到父亲过世，我才突然感觉到失去了依傍——七十年来受到的关心和教育，从此中断了。父亲的关心和教育似乎是无形的，像空气一个样；我无时无刻不在呼吸，可是从没想到，自己生活在空气的海洋里。比喻无论怎样恰当，总是个比喻。父亲不在了，我还得工作，还得生活，幸而在琐琐屑屑的回忆中，我还能重温父亲对我的关心和教育；颇有些细微之处，只有上了年纪方能觉察。

话虽这么说，这第二本自选集，并非全都是怀念父亲的琐记。第三本是未必再编了，我得抓住这个机遇，把自认为还见得人的文篇也编进去。结果跟《我是编辑》一个样，成了又一本“杂拌儿”。分门别类是办不到了，只好仍旧按写作或发表的先后编排。这样也好，可以反映我这

* 《父亲的希望》叶至善著，中国青年出版社二〇〇〇年版。

二十年来头绪纷繁的工作和生活，反映我自己也控制不住的，在大脑网络上跳来跳去的意识波。

中青社对我的照顾真个到了家，稿子约定了，就为制作我这本自选集组织了最强阵容：责任编辑是庄似旭同志，装帧设计是沈云瑞同志，校对请洪光仪同志最后把关。三位都已退休，业务的娴熟自不待说。无巧不巧，在开明书店，他们就是我的同事，都半个多世纪的交情了。总编室主任刘艳丽同志总其成，亲自调度。大家都乐意支持我，叫我感激不尽。

一九九九年六月二十九日

《舒适的旧梦》[*] 自序

四十篇记事短文，多一半是回忆，编成了这本小册子。四十篇中数《舒适的旧梦》最短，我把它排在最后，借这个篇名作为小册子的结束语。用《舒适的旧梦》作为书名，是汪稼明同志的主意，他说这五个字，可以大致概括这本小册子的内涵。编者和著者的合作是愉快的，由于双方的意见基本一致。

封面是我自己设计的。我必须坦白交代：封面上那张蛛网，是我从《子恺画集》的扉页上偷来的。那扉页背面，印着南宋高观国的两句《卜算子》："檐外蛛丝网落花，也要留春住。"可是别误会，丰先生并非给这首词配图，因为坐在蛛网中央的分明是一个人。这个人是谁呢？依我看就是丰先生自己。那么黏在网上的花瓣，自然就是丰先生从生活中捕捉到的，每一个不该忘怀的瞬间；自然就是画集中一幅幅耐人寻味的速写了。

在《子恺画集》中，画阿宝、瞻瞻、软软的速写几乎占了一半。那时我还不满九岁，看了画集才结识了他们三位新朋友，还设想过，他们看到自己给印上了画集，将怎样围着丰先生欢欣雀跃。丰先生还特地给他们写了封缠绵的长信，作为代序印在画集中。信上说，他时时被他们的天真所激动；又说童年最可珍惜，却谁也挽留不住，就跟挽留不住春天一个样；因而叹息他这本画集，"真不过像'蛛丝网落花'，略微保留一点春的痕迹而已。"

---

* 《舒适的旧梦》叶至善著，山东画报出版社二〇〇〇年版。

写回忆常常会半途而废，原因正如李商隐说的："此情可待成追忆，只是当时已惘然。"于是想起了《子恺画集》，想起了丰先生为阿宝他们回忆欢快的童年，留下了这许多看得见的"春的痕迹"，想起了在画集扉页上，丰先生自己画的那张蛛网。我的思想过程，也是动机就是如此。丰先生如果听了我申说，肯定会拈髯微笑，答应我非分的请求。

二〇〇〇年五月二十一日

《父亲长长的一生》* 序

《叶圣陶集》头一版共二十五卷，如今添上《传记》和《索引》一卷，成了二十六卷。主意是江苏教育出版社出的。他们说，如此规模的一部个人专集，该有一篇比较全面而且简要的作者传记，让读者阅读某一文篇的时候，能多少了解些作者在写作当时的生活、工作、感触、思绪，岂不是好？又说索引更不可少，某一文篇在哪一卷里，没有索引，叫读者往哪儿去找？第一版的缺漏，如今知道了，就应该一一补上，这才是对读者负责。缪咏禾同志不惮其烦，已经把索引编得了，还不许我谢，说本是责任编辑的分内事。可是该我分内的传记才写到辛亥革命那一年，离完工还远着呐。

传记想尽可能配合前边的二十五卷往下写。有些人和事，在某篇中已经由作者交代明白，我就写得概括些，甚至只略提一下，请读者参看某些文篇就算了。有些人和事，作者未曾提起过，料想读者希望知道，恰好在我的记忆中还有印象，我就适当写上一些。或详或略，说说容易，实做起来分寸很难掌握。专为了练这一手，我两年多来写了不少篇回忆文字，长的五六千字，短的两三百字，最短的数各卷中的部分插页说明；看来成绩平平，进步不大。可是时不我待，传记等着发排，我只好再贾馀勇，投入对我来说肯定是规模空前，而且必然绝后的一次大练笔了。

饭要一口一口吃。这篇传记还得分成好多段，一段一段地往下写。给插页写说明的时候，我绷着一副编者的面孔，实在太吃力。现在写传

* 《父亲长长的一生》叶至善写，江苏教育出版社二〇〇四年版。

记，请允许我回到做儿子的位置上，把父亲唤作“父亲”，把父亲的朋友唤作“先生”……所有的称谓都复了原，下笔的时候可以省却一些徒劳的思虑。篇名就用《父亲长长的一生》。父亲活到九十四岁，临终前，头脑尚不糊涂，这一生真活得够长的。

这六百来字，就算作序。

二〇〇三年一月五日

第二辑　写给父亲的书

《叶圣陶散文甲集》* 编后琐记

我们弟兄俩忙了将近五个月，总算把父亲在新中国成立以前写的散文理了一遍，选出了二百一十篇，编成了这本《散文甲集》。编排顺序依据写作的先后，篇末未注明写作日期的就以发表日期为准，好在那时候发表和写作的日期不会相差太远。为了寻找出处和核对日期，好几位朋友给我们帮了忙，商金林同志出力最多，现在集子将要付排，我们衷心感谢他们。

把收集到的父亲的散文按时间一排，我们发现一些颇为有趣的现象：从篇数看，有几年特别多，有几年却寥寥无几，甚至一篇也没有。举例说，一九二五年是大丰收，在“五卅”以后那一个多月内，将近有二十篇；一九二八年却特别少，原因是写《倪焕之》几乎占去了父亲所有的工馀时间。抗日战争开始，父亲的感受很多，按说都可以写成散文，可是寻找的结果，头几年写的并不多，可能先是由于到处迁徙，生活过于动荡，后来又住在乡间，跟文化界出版界比较疏远了些。到一九四四年，处境有了改变，同时民主运动高涨，父亲写的散文突然多起来，内容大多涉及政治，而且反应的迅速又跟“五卅”运动中相仿。这股劲头一直持续到一九四八年底，第二年年初，父亲就由上海动身，绕道香港进入解放区了。我们编的虽然是选集，但是还可以看出这种变化的形迹来。

更有趣的是把父亲的散文按时间一排，我们还发现父亲谈论到的一些问题，别的作者稍前或稍后也谈论过，有的看法十分接近，有的甚至

---

* 《叶圣陶散文甲集》叶圣陶著，四川人民出版社一九八三年版。

连题目也十分相似。这种情形恐怕只能这样来解释：因为大家关心的事物的面比较广，感觉又比较敏锐，在同一个时期受到的刺激又相同，所以产生了相互类似的反应。题材多样，涉及的方面广，可以说是那时候许多散文作者的共同特点，差别就在涉及的方面不尽相同罢了。我们认为要给那时候的散文作者编选集，应该尽可能反映这个特点，否则不能让读者看到作者的生活和思想的全貌。我们是努力这样做的，凡是父亲涉及的各个方面，我们至少得选上一篇。效果怎样，只有请读者评定了。

父亲再三关照我们，凡是别处见过的，不要再选进这本散文集里去。所谓别处，一是语文教科书，二是近几年出版的各种名目的非个人的选集，三是今年出版的父亲的《语文教育论集》和明年将要出版的父亲的《论创作》，如果都避开不选，要让读者看到全貌就难办了。尤其是谈阅读的和谈写作的，在父亲的散文中占比较重要的地位，总不能因为已经选进了那两本集子就避开不选吧。于是我们跟父亲发生了争论，最后达成协议，尽可能减少重见。对于选不选早期的作品，我们跟父亲也发生过争论。父亲认为他的早期作品见解十分幼稚，文字又很别扭，没有再拿出来让人看的必要。我们说让人看一点儿有好处，可以明白任何人的思想都是逐步发展的，都是跟生活经验分不开的。最后，父亲也同意了我们的意见。我们选出的二百一十篇散文，父亲都看了一遍，作了一些修改，不是改动意思，只是把原来的意思表达得清楚点儿罢了。父亲认为要是改动了意思，那就成了新作，不是原来的作品了。

在这二百一十篇散文中，有一些是集体的或者团体的倡议、声明、公开信之类的文件。这些文件实际上是集体创作，包含着许多人的共同思想。把父亲执笔的这些文件收在集子里，目的在于保存。

叶至善　叶至诚

一九八一年十二月二十八日作

编父亲的散文集[*]

好些出版社要把我父亲的散文编成集子出版，我父亲总不同意，他说翻来覆去老是这几篇，自己看着都腻了，冷饭越炒越没有味儿。“炒冷饭”是父亲和朋友之间的“行话”，就指把若干篇文章翻来覆去地编集子，编了一本又一本。

一九七六年十月粉碎了“四人帮”，被禁锢达十年之久的“五四”以来的新文学也得到了解放，这当然是值得庆幸的事。许多出版社随即争相出版“五四”以来的作品选集，这种心情是可以理解的。既然选“五四”以来的作品，那就少不了我父亲的。可是在散文方面，无非《记金华的两个岩洞》、《游了三个湖》等几篇游记，稍后出版的可能加上前年写的一篇《拙政诸园寄深眷》，连语文课本也是这样。看来选家们都有爱好游记的倾向，要不，就是我父亲的游记写得特别好了。

在报刊上还常常有分析我父亲的游记的文章，大多是供语文教学作参考的，当然都说写得如何如何好，总之尽量拔高。似乎我父亲的这几篇游记是散文的正宗，要写好散文就得向这几篇游记学。看到这种文章，我父亲就要叹息了：“唉！我成了始作俑者。”

父亲担心的是他的这几篇游记使学生们产生这样的印象：散文就是写些闲情逸致的；要写好散文，必须寄情于山水之间。父亲的担心不是没有根据的，只要翻一翻近来非常时行的学生作文选就可以知道。这种担心我也有。我还有另一种担心，到处是这几篇游记，会不会使人产生

---

* 本文原收在《叶圣陶散文甲集》一书之末。

这样一种印象，我父亲是个散淡闲人，只知道游山玩水。

爷儿俩都担心，相形之下，我的胸怀窄得多了。父亲担心他的游记把学生们引入歧途，我担心的却是光选游记未免歪曲了我父亲：公私判然。但是请不要过于责备我，因为在我的记忆里，父亲写的散文不光是游记。去年看父亲的《语文教育论集》的校样，其中好些篇从内容到形式都不是论文，而是地地道道的散文；今年看父亲的《论创作》的校样，其中散文更多。还看到有人写文章说，在四十年代，我父亲为民主运动写下了不少有力量的散文。那时期的情景，我还记得很清楚；往前推，抗日战争、“八一三”、“七七”、“一·二八”、“九一八”；还有“四一二”、“三二一”、“三一八”、“五卅”……光是日期就有这么一大串。虽然越往前我的记忆越模糊，可是还记得，关于那些日子，我父亲都写过不少文章，若说其中没有一篇散文可以跟他的游记相比，恐怕未必。那些散文没有什么闲情逸致，但是我相信，真情实感是并不少的。

于是我跟弟弟至诚商量，由我们来选编父亲的散文集，各个时期的都要选，各个方面的都要选，各种形式的都要选。说是选，当然由于我父亲的散文并非篇篇值得一看，因而我们不主张出全集，可是我们要选得全面，游记当然要选，好让人们看到游记固然是散文，可是散文不光是游记，写散文不光为陶情遣兴，散文跟游记之间不能画等号，我父亲在游记之外还写了很多别的散文。我们的想法居然说动了父亲，于是弟兄俩就动起手来。

第一步工作是收集材料。我父亲在解放前自己编过三本散文集：《脚步集》《未厌居习作》和《西川集》，解放后只有一本《小记十篇》，经常被选的游记就在《小记十篇》里。分散在各种报刊上的散文比已经收进集子的多一二十倍。再说从二十年代初到现在，六十年间，发表过我父亲的文章的报刊恐怕不止一百种。我父亲自己已经记不起曾经写过些什么，发表在哪种报刊上。幸亏《新文学史料》丛刊发表了商金林同志编的《叶圣陶年谱》，我们可以按图索骥；真找不到，还可以请商金林同志帮忙。解放前的散文现在已经大体收齐；其中抗战期间的还缺一部分，托人在四川找；还有“五卅”时期的《公理日报》没有找到，上面肯定有我父亲的散文。

收集材料是一件极其困难的事，也是一件极其有味儿的事，像挖矿似的，挖的时候确实辛苦，挖到之后的高兴也无法形容。常常有这样的事，找到了一篇从没见过的，跟父亲一说，他自己也奇怪怎么会写这样一篇文章，一定要自己看一看。从报刊上复印下来的文章，他怎么看得清楚呢？至诚只好工工整整地用大字抄了给他看。看的时候，他不免作些改动，不是改动原来的意思，是读了早期写的白话文感到有些疙瘩，不顺当，不舒服。渐渐地，这样自己看，自己改，又成了我父亲的日常工作之一。他说，现在这样编倒还有点儿新意；还吩咐我们某几篇可以不要，总之要从严选，宁缺毋滥。我们说，我们要尽可能做到不缺不滥。

滥当然不好，但是我们想尽可能做到不缺。首先是收集的材料越全越好，尽可能少遗漏。第二，在收集材料的过程中我们感觉到，读散文最能看清楚一个作者的世界观和人生观，在主张写真情实感的作者，尤其如此（矫伪的作者在散文中也会显露他的矫伪）。所以作者写到的诸方面，每方面至少要选一篇，这是尽可能反映得全面些的意思。第三，在收集材料的过程中，我们又看了我父亲的朋友们的一些散文，发现有许多共同点：涉及的方面相当广，是其一；写真情实感，是其二；还有，对许多问题的看法大体相同，似乎形成了一种思潮。我们决不敢说我父亲的散文足以代表这种思潮，可是我们想，把这部散文集尽可能编得全面些，也可以让人们窥豹一斑。

解放前的一部分散文，父亲和我们弟兄俩一同加紧干，年底可能完成。已经跟一家工作作风比较最不拖拉的，又愿意花力气帮助我们收集材料的出版社约定，一编成就交给他们出版。年纪越大性子越急，恐怕年轻人是体会不到的。父亲今年八十七，我们弟兄俩加起来也有一百二十了，所以都在加紧干，盼望能早日看到成果。

一九八一年十月十八日

《中国现代作家选集（叶圣陶）》* 编后絮语

这是我父亲的又一本选集，将在香港出版。我受出版社委托，完成了这本集子的选编工作。出版社规定了选集的格局和字数，还叮嘱说内容得避免“刺激”。所以我选的是父亲在一九四九年以前的散文、童话和小说。

按出版社的要求，还得有一篇作者评传之类的东西，为的帮助读者了解作者和他的作品。评传本来可以请父亲的朋友写，可是料想父亲一定不会同意，他又会说：“你去请人家评论我和我的作品，无非要人家称赞几句，说几句好话。我看不大合适。”那就我自己写吧，想想也不合适，哪有儿子给父亲写评传的？看来评传只好阙如了。我想“传”的部分好办，只要在挑选作品的时候注意点儿，使读者诸君能大体知道我父亲的生活经历，这就够了。至于“评”，这功夫让读者诸君自己去做吧。对于作品，各人可以有各人的体会；高明的指点固然可供参考，但是不看评论而直接面对作品，更有鉴赏的自由。这是父亲一向的主张，不知读者诸君是否认同。

了解一位作者的生活和思想，我认为最直接而且可靠的，是阅读作者的全部散文。可是这本选集字数不得超过二十万，我只能在这个划定的圈子里跳舞，散文只选了三十篇。好在有一篇《过去随谈》，父亲把他在三十六岁以前的经历大体都谈到了；三十六岁以后的，我选了几篇片段的生活记录。读者诸君读了这些篇，稍稍费点儿心，用附在后边的简

* 《中国现代作家选集（叶圣陶）》叶圣陶著，叶至善编，香港三联书店一九八三年版。

要的年表作为经线，把所得到的零星印象串在一起，对我父亲的生活和思想也可以知道个大概了，说不定比读一篇评传还稍为具体点儿。

关于创作方面，我选了父亲的《随便谈谈我的写小说》。在这篇散文里，我父亲谈了他开始创作的动机，谈了他对于文艺作品的社会作用的认识。我父亲写过许多指导阅读和写作的文章，虽然主要讲方法，其实都离不开他的文艺观，所以我也选了一些。我希望读者诸君读了这不多的几篇，对于我父亲的创作态度和创作方法，可以有个大体的了解；如果要进行研讨，也好有个初步的依据。

我还特地选了父亲纪念几位老朋友的作品。因为我想，这几位先生都为新文学尽过力，读者诸君一定很愿意了解他们。再则，我父亲生活在他的朋友中间，彼此如切如磋，相呴相濡，读者诸君一定很想知道他们之间的情谊和交往。此外，我也有点儿私心，想借此表示我对这几位我所尊敬的前辈的怀念。

所选的三十篇散文，大约有一半只发表在报刊上，后来没编入集子。读者诸君看了，可能还有点儿新鲜感。

童话选了八篇，都是从一九七九年版的《〈稻草人〉和其他童话》中选出来的。我父亲写过五十来篇童话，为什么不多选两三篇呢？因为没编入那本童话集的，都还没经过整理。

我父亲有个习惯，旧作品在编成集子之前，他都要作一番整理，把别扭的句子顺一顺，把冷僻的词儿换掉，对早期的作品尤其不肯马虎。父亲说他在学校里读的是文言，写的也是文言。“五四”前后，他提倡写白话文，写出来的其实是“四不像”：文言的成分还相当多，一时改不过来；又掺杂了一些外国腔调，是从当时那些生硬的翻译文章学来的；再加上一些旧小说和旧戏剧中的古代的口语，还有别地方人不能懂得的苏州方言。这样的“四不像”的文字不整理一遍，教人家怎么读得下去呢？无意之中还给推广普通话造成了障碍。所以在一九五八年三卷本的《叶圣陶文集》出版之前，父亲把他的小说几乎全部整理了一遍。去年秋天，我和弟弟至诚整理一九四九年十月以前的散文，父亲把我们挑选出来的各篇都仔细改了一遍，只改动语言而不变动原来的意思。父亲说如果变动了意思，那就不是原来的文章了。对于童话，父亲对文字的要求更加严格。童话是给孩子们读的，既要顾到他们的阅读能力，又要帮助他们养成良好的语言习惯。他要把童话改得念起来就是说话，让孩子一听就懂，没有一点儿疙瘩。有几篇童话在修改之后，他还要请擅长说普通话的朋友给他校正。这个功夫就花得大了，所以直到现在，还只整理了《〈稻草人〉和其他童话》中的十五篇。我想抓紧时间帮父亲再整理出若干篇来。许多朋友也催促我，说多花点儿功夫是值得的。

选完了散文和童话，一算字数，二十万已经去了一半，再选小说就舒展不开了，结果只选了十八篇。《一生》是现在找得到的我父亲最早用白话文写的小说，当然得选；《潘先生在难中》和《多收了三五斗》经常有人提起，不能不选；《赤着的脚》，我见到的写孙中山先生的小说，只有我父亲的这一篇；《一个朋友》和《皮包》，在我父亲的短篇中形式比较别致……总之，为什么选这十八篇，我篇篇都说得出理由来，向读者诸君是交代得过的。关于小说部分，我要说的只有这么一些。

最后还要说一件事。新近看到一篇评介我父亲的文章，作者是我父亲的一位朋友，她久居海外，不通音信。她在文章中说，我父亲自一九四九年起没有什么文学活动，不再有新作品发表。我得郑重声明，这不是事实。在以后的三十几年中，我父亲写的散文有好几百篇，我和弟弟正在收集整理。其中有好些是评介新人新作的，可见他对文学事业的关切，至少不亚于他代郑振铎先生主编《小说月报》的那些年月。在最近出版的《叶圣陶语文教育论集》和《叶圣陶论创作》中，都选入了这些文章的一部分；去年上半年，我父亲还写文章称赞新凤霞的回忆录有她的独到之处。这些话跟这本选集没有多大关系，不说也可以；只因为所选的都是父亲的旧作，有可能使海外的读者诸君产生误解，似乎还是说一说好。

一九八二年二月

《文心》* 重版后记

《文心》曾经是一本很受欢迎的书，一九三四年由开明书店出版，再版好多次，解放后没有重印过。中国青年出版社最近决定重新排印，要我写一篇后记。因为这本书的两位作者是我的岳父和我的父亲，而且在解放前后，我曾经在开明书店的编辑部工作，知道的事儿稍多一些。

我首先要把这个消息告诉关心《文心》的许多先生和许多朋友。三十多年来，他们常常问起这本书，带着怀念甚至惋惜的心情。有人跟我说："讲语文教学很难切合实用又具有吸引力，像《文心》这样的书，不应该停印。"这句话的后一半可说错了，事实上并没有谁作出过停印《文心》的决定。解放之初，开明的编辑部还问过我父亲（我岳父已经在一九四六年去世了），《文心》如果重印，是否需要作一些修改。当时我父亲很忙，把这件不急之务搁了下来，没有马上答复。后来开明跟青年出版社合并，成立了中国青年出版社，就不再提起这本书，一直到现在。类似的事儿大概还有吧，总不止《文心》一本，似乎有必要作一番整理，把还有点儿用处的书重新排印出来。

《文心》写在三十年代前期，当时我的岳父和我的父亲正在编《中学生》杂志。他们看到中学语文教学（当时叫"国文课"）有不少问题，于是商量写一本专讲读和写的书，跟青年读者谈谈这些问题。他们轮流执笔，每月写一节或几节，在《中学生》杂志上连载，花了一年半功夫按计划写完；然后出版单行本，封面上除了《文心》这个书名，还有个副

* 《文心》，夏丐尊、叶圣陶著，中国青年出版社一九八三年版。

题：《读写的故事》。陈望道先生和朱自清先生为《文心》写了序。陈先生说这本书的特点是“把关于国文的抽象的知识和青年日常可以遇到的具体事情融成了一片”。朱先生说“书中将读法与作法打成一片……不但指点方法，并且着重训练”，还“将教与学打成一片，师生亲切的合作才可达到教学的目的”。两位先生说的都是实在话，要不然，《文心》怎么会这样受欢迎呢？语文老师把这本书介绍给他们的学生，许多失学青年把这本书看作不在面前的语文老师。

《文心》从出版到现在将近半个世纪了，书里讲的虽然是三十年代语言教学上的问题，现在看来还切合实用，因为有些根本问题至今还没有完全解决。举例来说，有人认为阅读的目的就只为练习写作，因而专在模仿技巧和积蓄词汇方面下功夫；有人认为练习写作的目的是搞文学创作，只要学会了技巧，积蓄了词汇，就可以当作家：他们不知道读和写都是做好工作和料理生活所不可缺少的技能，因而必须在中学阶段加强训练，打好基础。这种情形在过去的五十年间并没有多大改变。至于教和学的方法，五十年前行之有效的，现在大致还有用。目前语言教学的水平不能提高，原因不外乎两个：一是没把教学的目的弄清楚，二是采用的方法不得当。《文心》主要讨论的就是这两个方面的问题，所以在今天看来，还可能给青年读者和语文老师一些帮助。

我的岳父和我的父亲都认为一个人无论学什么，要学得好，能终身受用，得靠自己努力。所以在《文心》中，他们写的学生都是积极好学的，都把学习看作一件最愉快的事儿，学生所以能这样，老师起了主导的作用。语文老师把主要的功夫下在诱导方面，启发学生在阅读和写作的实践中发现问题，并且鼓励和指点他们自己去讨论，自己去解决，而决不贪图省力，把现成的答案灌输给学生了事。要老师这样教，学生这样学，看来都近乎理想。但是我想，理想不等于空想，经过努力该是可以实现的。如果各门功课都这样教，都这样学，学校里一定会出现一种生动活泼的局面，教学质量的提高就大有希望了。

还有一点可以说的，我的岳父和我的父亲都主张思想品德教育应该贯穿在教学的全部活动中，所以他们笔下的语文老师不光是教语文，还随时注意以自己的言行影响学生。他做事认真，为人诚恳，对学生平等相待，有问题共同研讨，从不把自己的意见强加于学生，所以学生都亲近他，敬佩他，把他看作榜样，毫不勉强地乐意学他。如果学校里的老师都能这样以身作则，就会蔚成浓厚的精神文明的气氛，使学生随时随处受到熏陶。

《文心》是用故事体裁写，故事的时间是一九三一年初秋到一九三四年夏天，取材于初中学生的生活，写到的几个学生出身于职员家庭和教员家庭。我就是在那几个年头念的初中，所以对书中所写的时局和生活都感到亲切。当时的初中学生跟现在的相比，在某些方面似乎成熟得早了些：日本军国主义的侵略，社会经济的凋敝，家庭生活的困难，失学和失业的威胁，使他们不得不忧虑重重。现在的青年看到这些，如果认真地作一番今昔对比，受益一定不浅。有的读者还可能第一次知道：原来在解放前，知识分子的境遇大多不怎么样，只是一群受损害的自己无法掌握命运的可怜虫。

一九八二年六月

《文章例话》[*] 重版后记

《文章例话》本来是开明书店编印的《开明少年丛书》中的一种，一九三七年二月初版，到一九四九年，曾经再版十次左右，总印数大概在三万四万之间。在抗日战争爆发后的版本中，曾经抽出了《小河》，改选了《给修筑飞机场的工人》；现在恢复原样，把谈《给修筑飞机场的工人》这一篇作为附录。既然有了附录，就又在附录中加选了谈翻译文章的两篇，都是从解放前文光书店出版的《国文杂志》中找到的。

读者读了这二十几篇“例话”，一定会注意到两点。一点是用来作例子的文章全是现代文，原来从现代文中也可以悟出阅读和写作的许多道理，也可以学到阅读和写作的许多方法；不一定非求诸文言文不可。另一点是“例话”阅读和写作并重，并不把阅读仅仅看作学习写作的途径和方法；在谈文学作品的时候，这种态度尤其鲜明，主要讲如何理解，如何体会，如何从中学习一般的写作方法，而不讲什么文艺创作。

在重印之前，我父亲把这本书的序作了仔细的修改。他对这本书总觉得不满意，原因有种种，其中之一，就是他现在对语文教育的某些想法，跟四十年前不尽相同了。这是不可避免的，他希望读者读这本书的时候能注意到这一点。

一九八三年一月十八日

---

* 《文章例话》叶圣陶著，三联书店一九八三年版。

《叶圣陶散文乙集》[*] 编后琐记

我们弟兄俩编父亲的散文集，是一九八一年夏天开的头。先选编建国以前的，当年年底就完工了，交给了四川人民出版社，就是去年年底跟读者见面的那本《叶圣陶散文甲集》。我们用“甲集”这两个字向读者预告，后面还有《乙集》、《丙集》，我们按着写作时间的先后，还在逐年往下编哩。

今年三月下旬，父亲感到身体不舒服，进医院检查，发现胆囊又出了问题，四月十七日再次做手术，把胆囊割除了，彻底去掉了这个隐患。医疗的经过很顺利，可是父亲究竟年纪大了，体质和精神的恢复都比较缓慢，医生再三叮嘱出院之后还得好好休养，把写文章的事暂时抛开，再动笔至少得在半年之后。我们就借此告一段落，把已经选定的一百八十九篇编成“散文乙集”。“乙集”跨的年代比“甲集”长，从建国开始到今年春季，前后共三十四年半；中间却有十三个年头是空白，从一九六四年到一九七六年，连一篇也没找着。我们就以这段空白作为界线，把“乙集”分为上下两辑，好让读者注意到这么回事。至于这段空白是怎样出现的呢？先是“三年困难”，纸张跟别的物资一样，也短缺得厉害，许多报刊只好停刊，剩下的少数大多缩减了篇幅。记得从一九六二年起，就不大有人上门来约稿，后来几乎绝迹了；父亲即使自己有兴趣写，也未必有地方发表。等到国民经济稍见好转，“十年浩劫”就跟着来了，大家有话没法说，也没处说，父亲不能例外。这十三年的空白倒从

* 《叶圣陶散文乙集》叶圣陶著，叶至善、叶至诚编，三联书店一九八四年版。

反面说明了一个道理：坚实的物质基础和生动活泼的政治局面，这两者都是繁荣创作以至发展文化的不可或缺的条件。

“乙集”的选编准则还是先前的两条：一是尽可能做到“不缺不滥”，凡涉及的方面都不要遗漏，又要选得精一点儿；二是尽可能“避免重见”，语文课本和别的集子已经选过的，最好不要再选。原则虽然没有变动，我们在执行中不免放宽了点儿。父亲的视力近两年越来越坏，写东西越来越困难，戴着深度的老花镜还看不清笔尖在纸上究竟怎样移动。父亲写字才真叫“默写”：他左手拿一把尺子按在稿纸上，右手拿着笔，手腕靠着尺子，完全凭熟悉和记忆，把字一个挨一个画在尺子的上方，笔画曲里拐弯，有时候还两个字叠在一起。每写完一句，放下笔拿起放大镜，把稿纸凑近电灯仔细读一遍，读到不顺心的地方就放下放大镜，拿起笔来修改——除了修改文词标点，还要修改那些教人看不清楚的字；改完一句，还得拿起放大镜来逐字检查。写成一篇东西真不容易，教我们怎么能随便舍弃呢？因而很可能选得“滥”了点儿。至于“重见”，有位先生持不同意见，认为不该避免。他特地给我们来信，说他既不是语文教员，又不研究创作，语文课本、“语文教育论集”、“论创作”，他都不曾翻过，因而对他来说，不存在什么“重见”的问题；还说像他那样的读者一定不少，有些篇散文因为“避免重见”而不选进散文集里，会使他们感到遗憾。这位先生说的也有道理，对于“重见”，我们就稍稍放宽了点儿。尤其是父亲为几位过世的老朋友的集子写的序和跋，虽然都收进了新近出版的“序跋集”，我们还不忍舍弃。“一死一生，乃见交情。”可能有的读者受了这一句古代的民谣的影响，很想读一读那样的散文，有的即使读过了，再读一遍也不至于厌烦。

在这两年多的时间里，我们还陆续收集到父亲在建国以前写的四十来篇散文。我们选出了二十六篇，作为“甲集”的“补遗”附在“乙集”后面。这样做有个好处，让没有见到“甲集”的读者可以窥豹一斑，有兴趣的话，还可以跟“乙集”作个比较，看看在建国前的各个时期写的，跟建国以后写的有什么相同之处和不同之处。可是加上“补遗”，“乙集”的篇幅就超过了“甲集”，未免厚了点儿，读起来可能不太方便，这也无可如何了。

我们祝愿父亲健康长寿，几年之后又能积攒下许多篇散文，我们就可以接下去编“丙集”了。从“甲集”和“乙集”看，父亲写散文至少有一半是应报刊的约稿，要不是编辑同志鼓动，其中有些篇就不一定写了。命题作文是桩苦差使，我们弟兄俩都有亲身体会：有时候碰僵了，实在想不出什么新的意思，眼睁睁地对着题目硬是无话可说，真是苦不堪言。我们并不反对约稿，因为对作者来说，约稿不失为一种推动力。只是希望题目出得宽一点儿，或者只大致划个范围，让作者在构思的时候有回旋的馀地。限期要尽量放宽，最好能允许作者哪一天写得就哪一天交稿。有的编辑同志挺有本事，他们把作者的心思完全摸透了，知道作者对哪个问题有话要说，而且非说不可；他们决不强作者所难，决不把自己的意图硬塞给作者；他们用不着纠缠，用不着催逼，而约稿往往能得到成功。我们祝愿父亲今后遇到的都是非常善于约稿的编辑同志。

我们能够把父亲几十年来写的散文收集起来，主要靠朋友的帮助，商金林同志花的功夫尤其多，我们由衷地感谢他们。我们把“乙集”交给三联书店出版，因为三联就在北京，离我们家又近，想到什么要商量，骑上自行车十分钟就能到，免得书信往返，有时候教人等得心焦。

一九八四年五月

重印《开明国文讲义》* 后记

《开明国文讲义》停版已经三十多年，现在重排付印，出于以下三个方面的考虑。

第一，这部讲义是供青少年自学用的，青少年不用老师指点，能够自己读下去——读懂一百三十多篇选文，学会阅读和写作的一般方法，知道一些语法和修词的常识，还有中国文学史的常识；如果认真自学，语文程度可能不差于中学毕业的水平。现在提倡自学，正需要这样的专为青少年自学而编写的讲义。

第二，编写这部讲义的夏丏尊、叶圣陶、宋云彬、陈望道四位先生，都热心教育事业，对语文教学都很有见地，这是大家知道的。半个世纪前他们的合作，可以说是语文教材编写史上难得的一次盛会；而这部讲义，可以说是他们当年对语文教学改革的一次实验。如果研究四位先生的语文教育思想，研究教材的编写方法和教学方法，这部讲义有一定的参考价值。

第三，这部讲义是开明书店在三十年代开办的函授学校的讲义。开明书店开办的二十多年中，对语文教育的贡献比较显著，单说中学课本就出版了不下十种。各种课本的编辑体例各不相同，目的却是相同的，都为了探讨语文的教学方法和教育理论；而其中供青少年自学用的，只《开明国文讲义》一种。现在重印这部讲义还有点儿纪念的意味，因为一

---

* 《开明国文讲义》夏丏尊、叶圣陶、宋云彬、陈望道合编，人民教育出版社一九九一年版。

九八六年是开明书店创建六十周年。

下面附带说一说开明书店开办函授学校的经过。

“一·二八”事变之后，失学的青少年越发增多，开明书店决定开办函授学校，帮助他们自学普通中学的全部课程（甚至包括体育）和一些谋生必需的技能（如珠算和应用文）。一九三三年夏季，函授学校开始招收学员，先办初中班，以半年为一期，一年半结业，共收费十八元，进度比普通中学快一倍。每月发给学员讲义一册，作业本一册。各册讲义都以《讲坛》开头——《讲坛》相当于校长在全校集会上的讲话，第一册就讲《自学的精神》。后面是各科课程的讲义，每科若干节，约略相当于普通中学两个月的进度，后一册与前一册衔接。讲义除了发给学员，还以“开明中学讲义社”的名义公开发行。作业本配合讲义，分练习、笔记、质疑三个部分；学员做完之后，如果要求批改答复，要交批答费，一年半也是十八元。两项费用一共三十六元，只相当于私立初中三个学年所收的学杂等费的六分之一。

开明在那个时候办函授学校，正符合社会的需要；收费不多，还有分期交付的办法；校长和讲师（负责编写讲义和批答作业本）是青少年信得过的人，在著作界教育界大多有些名望，所以报名入学的学员很多，而且多数要求批改作业和答复质疑。作业本源源不断涌来，十多位讲师如何招架得住，只好请许多中学教员在课馀帮忙，一方面不再招收新的学员。十八本讲义如期出齐之后，函授学校就停办了，对已经入学的学员都做到了善始善终。后来把讲义按课程归类，作为单行本出版发行，《开明国文讲义》就是其中的一种。

现在看来，开明当时办函授学校的设想是可取的。可是规模这样大，课程这样多，要认认真真地办，必须有社会各个方面的协作和支持，单靠一家出版社的力量是一定维持不下去的。

一九八五年一月

《在上海的三年》* 的按语

三年前，花城出版社出版了我父亲的《日记三抄》，抄的都是旅途中的日记，前两“抄”还是新中国成立以前的。《东归江行日记》是抗战胜利后，从重庆乘船顺流而下的一段，共四十七天，抄到一九四六年二月九日到达上海为止。《北上日记》是绕道香港进入解放区到达北平的一段，共七十八天，从一九四九年一月七日离开上海抄起。现在发表《在上海的三年》，正介于这两段日记之间。当时，我父亲在开明书店主持编辑部的工作，又代老舍先生主管文协的总务，跟文艺界、学术界、教育界、出版界的人士有许多交往；上海在解放战争时期的民主运动，我父亲大多参加了，在日记上留下了记录。读者凭借这些简略的记录，也许可以印证一些资料，发现一些线索。我打算在今后的三年内，每个季度抄三个月的日记给《新文学史料》发表，每期约三万字。写日记的日期跟发表的日期正好相隔四十年，这是个无意的巧合。按期阅读《新文学史料》的读者可以记住：您现在看到的，正好是发生在四十年以前的事。

一九八五年十月

* 《在上海的三年》叶圣陶写，《新文学史料》一九八六年第一期。

是作家，又是教师

——《叶圣陶作品选》* 前言

亲爱的小读者，让我先介绍一下这本集子的作者，叶圣陶老先生。他是一位作家，又是一位教师。

叶圣陶老先生今年九十二岁了。他是江苏苏州人，生在一八九四年。你可以问问你的爸爸妈妈、爷爷奶奶，还有你的老师，他们都知道叶老先生，还会告诉你，他们小时候就读过他写的文章，读过他编的书，受到过他的教育。

叶圣陶老先生小时候，家里比较贫穷。他先在私塾里念古书。后来苏州开始办小学，他就进了小学，除了念古书，还学数学和常识。再后来，苏州办起中学来，他小学没毕业就考上了中学。那时候，咱们中国受帝国主义欺负，清朝政府又非常腐败。叶老先生和他的同学们一样，很关心国家大事，巴望孙中山先生领导的革命能够成功，中国能够马上富强起来。

辛亥革命那年，叶老先生正满十七岁。第二年，他中学毕业，跟许多青年一样，想为国家干一番事业。他的校长却介绍他去当小学教员。告诉他说这是一桩切实的工作，要使国家强盛起来，一定要从教育人才做起。叶老先生经过几年的磨炼，才安下心来当教员。他对当时的教学内容和教学方法很不满意，就和几位志同道合的朋友一起，作了许多改革的尝试。

几乎跟当教员同时，叶老先生开始在报纸和期刊上发表文章。不久，

---

* 《叶圣陶作品选》叶圣陶著，韦商选编，四川少年儿童出版社一九八七年版。

五四运动爆发了。叶老先生虽然在苏州的乡下，也积极参加了这场要民主要科学的新文化运动。他跟朋友们一同发起成立了文学研究会，一起提出了“为人生”的口号，意思就是说：文学作品的目的是改进人的社会生活和精神生活。他写了不少文学作品，包括诗歌、童话、散文、小说；编过好几种文学刊物。

叶老先生非常注意自学。他说自学不光要读现成的书，还要读没有写出来的书。没有写出的书就是指一切社会现象和自然现象，要通过自己的生活，用心去体念，去观察。还要善于向朋友们学。对于写作，他说一定要写自己的所见所闻，所感所思，一定要自己有了体会，并且想清楚了才动笔写。

叶老先生当过小学教员、中学教员、大学教员，但是更多的时间是当编辑。他编辑的书籍和刊物大多是给青年少年和儿童看的，他通过书籍和刊物，孜孜不倦地教育着一代又一代的年轻人，鼓舞他们跟反动势力作斗争。解放以后，他主要负责中学小学教科书的编辑出版工作。现在虽然九十多岁了，身体比较衰弱了，还一直关心教育事业，经常恳切地为教育改革提出他的意见。

下面再介绍一下这本集子。

这本集子分四个部分。第一部分是诗歌，一共十首，都是从叶老先生在抗战前编写的小学课本中选出来的。十首中有七首是描写自然风景的，还有两首写的是学校生活，一首反映了一九三二年“一·二八事变”上海的抗日战争。第二部分是童话，叶老先生是我国最早写新童话的作家，有一个集子《〈稻草人〉和其他童话》早已出版了，其中的《蚕和蚂蚁》、《古代英雄的石像》两篇，语文课本都选用过。这本集子选的十篇，没有一篇跟那本集子相重复；都是抗日战争前写的，反映的都是旧社会的生活。

第三部分是散文。叶老先生的散文有几篇也是语文课本上常选用的，这本集子选的十五篇，都避免了跟语文课本相重复。散文又分为两部分：前一部分是叶老先生写自己的生活的，一共八篇；最后的三篇游记是解放后写的，歌颂了新中国的新面貌。叶老先生还给青年和少年儿童写过不少指导如何做人如何作文的文章。在这些文章中选出了七篇，作为散文的后一部分。

第四部分是小说，一共七篇，最后一篇写在抗日战争中，其余六篇，写作的年代更早一些。读的时候要记住，这些小说都写的旧社会。尤其是《小妹妹》和最后的四篇，跟咱们现在的生活一比，咱们就知道为什么社会主义好，为什么新中国这样可爱了。

一九八六年一月

《叶圣陶读本》* 前言

上海教育出版社约我编一本我父亲的集子，说是《中学生文库》中的一本，几位老一辈的作家都有了，缺了我父亲的一本似乎不大好。又说要编不如让我来编，因为我比较熟悉我父亲的文章。

话说得这样恳切，我只好答应。我问怎么个编法，回答是选若干篇文章；每篇作一些帮助读者理解的说明。

编集子的目的很明确，是供中学同学自己阅读的，编法又很自由：我就动起手来，选了十篇童话，十篇小说，十六篇散文。选的时候自己定了个标准：内容的方面要广一些，杂一些，要适合中学同学阅读，读了多少能让他们得到点儿好处。可是实做起来，难免掺杂了一些我个人的爱好。语文课本选用的那些篇，有的曾经课本的编辑同志作了删节，我看都不错，因而照样作了删节。

十篇童话和十篇小说，都按写作的时间先后排列。散文部分换了个办法：前头六篇作为一组，算是抒情散文吧。中间四篇又是一组，从内容和形式看，都是很普通的说明文和记叙文，我认为可以供中学同学在练习写作的时候模仿的，是这一路文章。最后的六篇又是一组：两篇是指导阅读的，四篇是指导写作的，从这六篇文章中（当然还有别的许多文章），我得到的好处不少，所以乐于推荐给各位中学同学。

文章选定之后，我给每一篇都写了若干条注释和提示。给一篇文章作注释，无非为了帮助读者读懂这篇文章。哪些地方得加注，注到如何

---

* 《叶圣陶读本》叶圣陶著，叶至善编，上海教育出版社一九八七年版。

程度，我是以中学同学的一般的阅读水平来决定的。许多词儿的解释，字典和词典上都有，本该让读者自己去查，也好借此养成查字典查词典的能力和习惯；为了同学们阅读方便，我还是加了注。可是话得说清楚，字典和词典是自学的必不可少的工具，我希望中学同学都能掌握运用字典和词典的本领。还有一点得说明，我作的注有一些跟字典和词典上的解释不尽相同，还有一些是字典和词典上找不着的，我写的只是我自己的理解。我作的注恰当不恰当，得请读者根据前后文的思路自己分辨。

我写的提示有的说明写作的时代，有的揣摩写作的意图，有的是读到某处觉得很有意思，就记下了一笔，请读者停下来也想一想。跟写某些注释一个样，这些提示是凭我自己的理解写的，也不一定正确，得请读者通篇读完之后自己分辨。也许有人会问："你就在你父亲身边，问一声不就明白了吗?"我不愿意这样做。父亲对我说过：一篇作品写完了，作者用不着再作什么解释，因为他的意图已经用他的作品表达出来了；如果读者不能理解，不是作者自己没写好，就是读者没读懂这篇作品。所以我读父亲的文章，从来不问他为什么要那样写。父亲的这句话给我的好处不小。阅读的时候，我总努力通过对文字的理解去体会作者的想法；写作的时候，我总想方设法使读者能够通过我写的文字来理解我的想法。我愿意把父亲的这句话介绍给各位中学同学。

我在提示中没涉及篇章结构。讲篇章结构固然能帮助读者增进对作品的理解，像我父亲写的《〈孔乙己〉中的一句话》那样；可是一般都着眼于指导写作，给读者指点模仿的门径。文艺作品如童话小说之类不是人人必须写的，不一定要模仿；况且没有足够的生活基础，要模仿也难。读得多，读得仔细，对写作当然有帮助，可是在读的时候，还得着眼于理解。前边说过，所选的十六篇散文中有四篇是很普通的说明文和记叙文，可以供中学同学模仿。可是又得把话说清楚，要提高写作能力主要不能靠模仿，写作的材料应该是自己的所见所闻所感所思，怎样把这些材料组织起来写成文章得自己考虑，没有现成的模式。这些道理，可以参看我父亲写的《临摹和写生》。

下面姑且说一说这四篇说明文和记叙文的篇章结构。

《几种赠品》写了四种赠品，每一种用两段文字：一段记赠品是怎么得到的，还记了跟赠品有关的一些琐事；一段写赠品是什么样子的，还写了作者从赠品得到的感受。这四种赠品相互之间可以说没有联系，写了一种再写一种，条理容易清楚。写完了八段，然后归总，说这四种赠品都“浸渍着深厚的情谊”。正因为有这么个共性，作者才把这四种赠品合在一起写。这一层意思已经渗透在前边的八段文字中了，最后点一点明白，正好作为结束。

《游了三个湖》把玄武湖、太湖、西湖作了比较。开头一段交代了“这回到南方去”的旅程，说明这三个湖都是旧游之地；那么这回写的，当然都是新的感受。紧跟着有两段，编进语文课本的时候给删去了：一段说西湖正在疏浚，玄武湖已疏浚过了；一段说各处都很整洁，跟解放前大不一样。往下就按照旅程的次序，玄武湖写了一段，太湖写了一段，西湖写了两段。在写玄武湖的一段里，风景描写极少，主要写了因城墙而引起的想法，把边上有城墙的玄武湖和城墙已经拆除的西湖作了比较。写太湖的一段主要描写风景，没有明说跟玄武湖相比怎么样。可是作者着意作了这样的描写，就可以让读者知道，太湖跟玄武湖很不相同。写西湖的两段，前一段是跟太湖相比较而说的，后一段写西湖上苏堤的风景。只写苏堤而没写别处，因为这一回去西湖，苏堤给他留下的印象特别深。原来后边还有两段，也在编进语文课本的时候给删了：一段写离西湖不远的灵隐的风景，一段对风景区的树木修剪发表了一些想法。写完就完，没有一个总结性的结尾。感受本来是零零碎碎的，很难归结为一两句话，硬要装上一个尾巴，反而是多馀的了。

《记金华的两个岩洞》是一篇游记。记叙文，包括游记在内，一般按时间的先后顺序往下写，脉络容易清楚，这一篇就用的这个写法。开头一段作者交代了日期、地点，还交代了岩洞有三个，他只到了两个。交代完了，先写双龙洞，从到洞口、进洞，直写到出洞为止。接着写冰壶洞，也是这么个写法。在写双龙洞的时候，插进了一段岩洞成因的说明，很有必要，插得也正是地方。从篇章结构来看，这篇游记既普通又平常，没有什么可说的了。可以注意的是作者着重写的，都是自己的感受。导游的工友沿途给他指点，他有同感的就写，如对冰壶洞中的瀑布的描摹；没有同感的就不写，如因石钟乳和石笋的不同形状而说这是什么，那是什么。作者没有用一句陈词滥调，什么“千姿百态”啦，什么“美不胜收”啦，一句也没有，他用自己的话来写他自己的感受。

《苏州园林》本来是为一本画册写的序，是一篇说明文，说明这本画册的内容，为了给读者欣赏画册中的图片作些指点。第一段说苏州园林之多，说苏州园林在我国园林建筑中的地位，说要鉴赏我国的园林就不该错过苏州园林，等于说得看看这本画册。紧接着的两段说苏州园林在设计上的特色。有人要问："为什么苏州园林错过不得呢?"这两段从总体上作了回答：一段从苏州园林的本身说，"游览者无论站在哪个点上，眼前总是一幅完美的图画"；一段跟我国的古代建筑作比较，不是讲究对称的图案画，而是要求自然之趣的美术画。作过总体上的提纲挈领的指点，再作具体的形象的指点，就是接下去的六段文字：三段写大家都见得到的，三段写比较容易忽略的。三段对三段，恐怕不是故意的安排。结尾一段说苏州园林的好处还没说完，意思是提醒读者：看这本画册的时候，还可以随处有所发现。

按照惯例，我还得介绍一下作者。我想说得简单点儿，因为语文课本上都有我父亲的小传。我父亲生在苏州，今年足九十二岁。他中学毕业后当小学教员，后来教过中学，教过大学；当编辑的年头最长，主要给中学生小学生编刊物，编课本，编课外读物。他二十岁左右开始发表文章，小说、童话、散文、诗歌、论文，他都写。人家说他是这个家那个家，他都不承认，他说他"做人，平平，写文字，平平"。小传总要讲他过去担任过什么职务，现在担任着什么职务，我看对理解他的作品都不相干，在这儿不提了。要理解一位作者，最好的办法是读他的作品，就请各位读者开始往下读吧。

一九八六年十二月三十一日

《旅印日记》[*] 的按语

《散文世界》问我，我父亲留下什么未曾发表的散文没有。我回答说，现在没找到，大概没有；如果一定要刊登我父亲的遗作，只好抄一段日记充数。说定以后，我选了父亲在一九五六年年底，去印度参加亚洲作家会议的一段日记，让儿子三午儿媳兀真两个抄了下来；近两万字，看来只好分期连载了。

这段日记自父亲离开北京开始，到返回北京为止，前后二十四天。母亲那时病得很重，父亲在日记中随处记下了忡忡不安的心情。母亲患的是癌症，一九五四年六月动过手术，割除了病灶；第二年秋复发，第三年三月再动手术，癌症已扩散，无法再割除。这无异于宣判死刑。医院和家属相约，编了些谎话瞒住病人。看来母亲也猜到了自己的病，只是不说穿罢了；要不然，她不会把照料祖母的事嘱咐给我姑母，照料父亲的事嘱咐给满子的。死刑已经判定，大家互不说穿，都盼着缓刑期尽量延长。母亲承受着病痛折磨，家里人除了祖母（祖母老得糊涂了），都愁得不得了，尤其是父亲。

那年十二月，作协要组织一个代表团，去印度参加亚洲作家会议，十八日动身，问我父亲愿不愿参加。我们都怂恿父亲去：他这样日夜犯愁，我们看着都不忍，让他离开二十来天，同行的又大多是熟人，也好稍稍摆脱点儿；看母亲的病况，暂时还不会出事。母亲也怂恿父亲去，看来跟我们一个想法。父亲对生活上的事，一向拿不定主意，母亲和我

---

* 《旅印日记》叶圣陶写，《散文世界》一九八八年第六期。

们都这样劝他，他勉强答应了，极其勉强地答应了。于是跟我们说定，哪一天向他报告母亲的病况，电报打到哪儿，信寄到哪儿。我们按说定的办，一天不差，日记中都有记载。

父亲从印度回来是第二年的一月十日，母亲的病况跟他离开的时候差不很多；这次远游，总算没造成终身遗恨。隔了五十天，三月二日下午，母亲终于永远离开我们了。

害怕着要来的事终于要来的，四十天前，父亲也永远离开我们了。回想《东归江行日记》《北上日记》《内蒙日记》等发表的时候，父亲让我代他起“小记”的草稿，总是先跟我说清楚要说些什么；草稿写得了，我用大字抄好，父亲戴上老花镜，左手拿着放大镜，右手拿着塑料彩笔，总要凑着日光灯反复修改好几遍。这一回发表父亲的《旅印日记》，父亲要说些什么呢？我无从知道了。我写的这篇“按语”能合父亲的意吗？也无从知道了。我都七十了，才尝到了骤然失去依傍是个什么滋味。

一九八八年三月二十八日

《文话七十二讲》[*] 后记

这本《文话七十二讲》，是从《国文百八课》中抽出来的。《国文百八课》是抗日战争前，我的岳父夏丏尊先生和我的父亲叶圣陶先生合编的一部初中语文课本；计划编六册，只出版了四册。

既然是课本，为什么起了这么个古怪的书名呢？当时的课本要经教育部审定后才能发行。两位老人家不打算这么做，而在书名上边注了一条“初中国文科教学自修用”，来说明这是一部课本。个人自修，教育部管不着；教师愿意采用，教育部也管不了。在当时，国文教师自选教材自编讲义是常有的事。

两位老人家对当时的国文教学很不满意，认为“国文科至今还缺乏客观具体的科学性”，教学目的“玄妙笼统”，教育方法因循保守，“往往只把选文讲读，不问每小时、每周的教学目标何在”。所有这些意见，他们都写在《国文百八课》的《编辑大意》中了。他们所以合编这部课本，就是想试一试从教材和教法入手，“给与国文科以科学性”。

两位老人家依据“往日教学的经验和个人的信念”，拟定了初中学生在国文课上应该受到的训练、应该得到的知识和应该掌握的技能；按自然的内在联系和循序渐进的原则，把这些教学内容排定了先后的顺序。又算了算初中六个学期，每学期上课十八个星期，一共一百零八个星期。再把教学内容按顺序安排在一百零八个星期里，使每个星期的教学成为一个单元，各有明确的目标。他们把一个单元称作“一课”，一共一百零

---

* 《文话七十二讲》夏丏尊、叶圣陶编著，上海教育出版社一九八九年版。

八课。《国文百八课》这个书名就是这样定下来的。

《国文百八课》的每一课分四个部分：一、文话，是阅读和写作的指导，偏重于写作；二、选文，限定两篇，是根据文话而选的例文；三、文法或修词的常识，所举的例尽量选自选文；四、习问，根据前三部分设计的练习和问题，着重于启发。从每一课看，四个部分彼此呼应，结合紧密；以文话为主体，教学目标明确。从课本的整体看，文话是纲，体现了两位老人家当时想给与国文课的“科学性”。因为文话很偏重写作指导，可以说《国文百八课》是一部“以作文为中心，按文体组成单元的实验课本”。

抗日战争爆发，父亲带着一家老小进了四川，夏先生困守在上海，《国文百八课》就此中断，只编了四册，共七十二课。由于编法特殊，打破了传统，头两册出版的时候颇轰动了一阵子；可是究竟没有编完，后来渐渐被人忘却了。直到前年，人民教育出版社才检出这四册来重新排印，还特地请吕叔湘先生写了一篇介绍，印在第一册的头里。吕先生说，“直到现在，《国文百八课》还能对编中学语文课本的人有所启发。”这句话实际上是代人民教育出版社说的。要是有人问：为什么隔了半个世纪，还要重印这部未完成的国文课本呢？那么吕先生的这句话就是回答。

对于《国文百八课》中的文话，吕先生着重作了介绍。他说这部课本的“最大特色是它的文话”，“是编者用力最多的部分”；七十二篇文话“有系统而又不拘泥于形式上的整齐”，“既有联系，又不呆板”，“给读者的整个印象是生动活泼”，“本身就可以作为文章来学习”……可能由于吕先生的赞誉，上海教育出版社打算把《国文百八课》中的文话抽出来，编成《文话七十二讲》另行出版。我同意他们这样做，套吕先生的说法，我认为直到现在，这七十二篇文话还能对初学写作的人有所启发。

一九八九年一月十二日

《叶圣陶答教师的100封信》[*] 前言

应开明出版社的约，我赶在父亲的第一个忌辰之前，编完了这本父亲的书信集，《叶圣陶答教师的100封信》。

这一百封信，是从目前收集到的父亲写给老师们的两百几十封回信中挑选出来的。从内容看，谈语文教学的占一多半，其中有的谈教学的目的，有的谈教材的编写，有的谈教学的方法，有的谈教师的自我进修。此外有谈教育方针的，谈教育改革的，偶尔也有聊家常的。父亲跟我说过，回信得比照着来信写：来信谈到什么，问起什么，你得一一如实回复；这还不够，你得替来信的人设想，他可能还想知道些什么，也得尽量使他得到满足。老师们给我父亲写信，大多谈的语文教学，父亲的回信以谈语文教学的居多，就是这个道理。

为了让读者看起来方便，这一百封信最好能按内容分类编排。可是办不到，因为大多数回信谈到的问题并不限定在某一方面。我只好采用贪懒的办法，按回信的年月日顺次排列。父亲一向是来信必复的，迟复了几天就要向来信的人道歉。他不止一次跟我说：人家把信投进了邮筒，就在巴望你的回信，你不尽快答复，怎么对得起人家？所以写回信是父亲每天的工作，跟看报一个样。后来他眼睛坏了，报也看不成了，回信还是勉力写，除了躺在病床上的日子。最后这几年，躺在病床上的日子越来越多了。

我编这本书信集，除了挑选、抄写、编排之外，还写了几条注，用

* 《叶圣陶答教师的100封信》叶圣陶著，叶至善编，开明出版社一九八九年版。

的是我的口气。从一九五四年到一九六六年，父亲担任教育部副部长，兼人民教育出版社社长。那些年的回信中说的“部”就是教育部；说的“社”，就是人民教育出版社；说的“编辑室”，就是人民教育出版社的中学语文编辑室或小学语文编辑室。我在这儿交代一下，不再作注。父亲的回信大多是用文言写的，可能因为来信用的是文言。文言用词造句，好些地方跟口语很不相同；要一一作注，不是我的能力所能办到的，只好请读者原谅。

父亲过世后这一年来，许多前辈许多老师许多朋友帮我收集我父亲书信，现在收集到的已经有六七百封，最早的有一九一〇年写的。七十多年来，父亲几乎天天写信，记日记还有时间断，写信可从未间断过。如果平均一天一封吧，总数也在两万五千封以上，当然随着岁月的流逝，大多散失了。我借此向各位长辈各位老师各位朋友恳求，如果您手上保留着我父亲写给您的信，请复印一份或抄写一份寄给我，好让我在编《叶圣陶集》的时候选用。

一九八九年二月十二日

《中小学学生作文评改举例》* 前言

一九六三年，北京出版社的编辑同志来找我父亲，带来两册少年儿童的征文集，要我父亲选出二十篇来，加上评语，再写一篇序，编成《北京少年儿童习作选》出版；还说明“习作选”是供中小学生观摩的，已经出过两辑，这是第三辑。父亲答应了他们的要求，选出了二十篇，都认真作了修改，给每一篇写了简要的评语，最后写了一篇总评作为序；用其中一篇的篇名作为书名，叫《我和姐姐争冠军》。当年年底，这本习作选辑就跟读者见面了。

在父亲把评改的那一册征文集交给出版社之前，我把父亲作的评改誊在另一册上留了下来。北京教师进修学院知道了，把这个副本借去，用蜡纸刻印了万把本，分送给北京市的各个中小学，供语文教师观摩，据说很受欢迎。

去年春节的前一天，我的父亲与世长词了。今年初春，北京教育学院的同志带了两本当年的刻印本来找我，说这样的评改实例非常难得，虽然是二十五年前的，对语文教师还有帮助，问我是否可以重新印行。我看了一遍，代父亲回答说可以，并建议删去两篇。他们知道我一直跟着父亲学做编辑工作，就把这本书的编辑任务交给了我，还要我对父亲所作的修改作些说明。我按照他们的要求做了，编成了这本叶圣陶《中小学学生作文评改举例》；把我父亲当年为这本“习作选”写的序编在最后，作为附录。这篇序主要讲“写什么”和“怎样写”两个问题，对中

* 《中小学学生作文评改举例》叶圣陶著，开明出版社一九九〇年版。

小学生练习作文可能有些帮助。

在编辑这本书的过程中，我常常想起父亲讲过的关于修改学生习作的话。父亲说，教师修改学生的习作，目的不在于把一篇习作修改得怎样完美，而在于帮助学生提高运用文字的能力，提高运用文字如实地表达自己的所见所闻所感所思的能力。所以老师一边看学生的习作，一边要揣摩学生到底想说些什么；不要把自己的意思强加给学生，要根据学生想要说的意思去修改，修改那些表达得不清楚的地方，不确切的地方，不顺当的地方，不连贯的地方，还有遗漏的和累赘的地方；最好让学生坐在一旁，遇到要修改的地方，先问问他在写的当时是怎么想的，为什么没能恰如其分地表达出来，然后一同商量该怎样修改。和学生一同修改确实是个好办法，既省了揣摩的工夫，又能让学生学会自己修改；抗战时期在成都，父亲修改我和妹妹弟弟的习作就是这样做的。

关于写评语，父亲主张多称赞少批评。父亲说，教师的称赞能鼓励学生多写多练，批评则是指出缺点，要求学生注意改正；称赞和批评都要有根有据，根据就是学生的习作，不要写一些空泛的话，使学生无从捉摸；最好不光就一篇习作来写，要跟学生以前的习作相比较，称赞那些显著的进步，指出在目前的水平上，稍加努力就可以改正的缺点，这样做更有利于学生逐步提高文字表达的能力。有一点必须说明：父亲写的这十八篇习作的评语是给这本选辑的读者看的，为的帮助他们观摩别人的习作，跟教师写在学生作文本上的评语相比，对象不同，目的也不同，所以只能供教师参考，不能作为批改作文时写评语的范本。

我父亲在二十年代三十年代，当过好些年语文教师，评改学生习作的辛苦，他有很深的体验。直到过世的前两年，他有时还做这样的梦：明天又是作文课了，作文本还有一大叠没看完，着急得走投无路；幸好心里一着急，梦就醒了。还有一点必须说明，父亲批改这十八篇作文，为的是供中小学生观摩，自然得加倍仔细。教师既没有这许多时间，也没有这许多精力。要对学生的每一篇习作都这样评改，显然是难以办到的。再说，即使老师评改得非常仔细，学生不仔细看，或者看了不能理会，教师的力气还是白花了。父亲常常跟语文教师说，是否可以换个办法，或者教师只指出习作的主要缺点，让学生自己修改；或者每回作文挑出一两篇来，在课堂上跟全班同学一同讨论修改；或者把全班学生分成若干小组，每回作文在小组中相互提意见，由教师指导进行修改。只要教师认真，学生也认真，这些办法效果都不会差，都能让学生养成自己动脑筋的习惯，学会自己修改的本领。

原来的蜡纸刻印本用两色套印，习作的原文用黑色油墨，修改和评语用红色油墨，跟作文本一个模样。现在改用铅字排印，两色套印是办不到了，只好把每一面分成左右两栏，左边印习作的原文，右边印修改后的习作。左右比照着看固然比较费力，但是也有好处，去掉了勾勾画画，眉目比较清楚。

一九八九年十一月十三日

《名家品书·叶圣陶篇》* 编后记

编这一本我父亲的“谈书录”，是应泰昌同志的约。他八月下旬来找我，说海天出版社要出一套《名人谈书录》，请他和几个朋友当主编；几位主编商量下来，说非有我父亲的一本不可；他特地来找我，就是要我分担这个任务。我答应了，答应得不怎么爽利，因为我父亲是一向反对“炒冷饭”的。可是人家已经安排定当了，我愣不答应，不是故意拆台吗？冷饭就再炒一回吧，但愿能炒出点儿新花样来，别让读者看着就觉得腻味。

正宗的“谈书录”似乎应该是读书笔记；这套书的主编都是搞文学的，看来还得以读文学书籍的笔记为范围。我父亲在他长长的一生中，读的书多而且杂，却没有留下一则读书笔记来；评介的文章倒写了不少，当然都是读过之后才写的，也可以算作读书笔记吧。我想，编这本“谈书录”，只好从我父亲评介文学作品的文章中去挑选了。

评介文学作品的文章，我父亲至少也有一百来篇。我找出来通体读了一遍，问题又来了：这一百来篇文章，绝大多数是为了指导中学生阅读和写作而写的；“谈书录”的读者想来主要不是中学生，还用得着指导吗？把这样的文章除外，剩下的就寥寥无几了，我尽量放宽尺度，也只选出了二十篇。按说二十篇至少应该评介二十本作品，可是并不，其中有当时还没有编成单行本的，如徐玉诺先生的新诗，俄国迦尔洵的小说；还有单篇的，如《孔乙已》、《煤》、《普通劳动者》、《伍嫂子》、《没有织

---

* 《名字品书》冯亦代、吴泰昌主编，海天出版社一九九四年版。

完的筒裙》。谈《孔乙己》的一篇，还是为指导阅读和写作而写的，选上它也算让读者窥豹一斑吧。编完之后我才发现，这二十篇文章有一半是评介新中国成立以来的作品的。父亲在最后几年，眼睛坏得没法看书了，还跟当年编《小说月报》时那样，关心着新的作品，爱护着新的作者。

光这二十篇评介文章，还不够编成一本书，我于是想到了序言。序言一般都是读过了书再写的，也可以算作读书笔记。我父亲写的序言也多而且杂，可是奇怪，为文学作品集和文学论集写的却不多，结果只选出了七篇。读者看了为朱自清先生的选集写的那一篇序，可能会问，为夏丏尊、郑振铎、丰子恺、王统照几位先生的全集或选集，我父亲不是也写过序或跋么，为什么不选进来呢？我的回答是因为其他的几篇序或跋，都主要叙友情而很少谈到作品，是回忆录而不是"谈书录"，只有为朱先生写的一篇主要谈作品，而且谈得比较全面。附带交代一声，《少年航空兵——祖国梦游记》的作者是胡愈之先生，发表时署名"沙平"。

从序文，又想到了广告词。我父亲是当编辑的，一本稿子到手，看稿，改稿，发排，初校，二校，三校，最后签字付印，可是任务还没有完，还得写广告词。广告词是在书出版之前，看过了五六遍才写出来的，当然也可以算作读书笔记。于是我选了父亲为他所编辑的文学书籍写的广告词三十五则，大多是四十年代前期的。其中为沈从文先生的作品写的最多，共六则，包括八本小说和散文，抄写完后我又通读一遍，好像比一般的现代文学史上说的还详尽。

二十篇评介文章，七篇序言，三十五则广告词，拼凑成了这本"谈书录"。真个成了一盘什锦炒饭，祝读者胃口好。

一九九二年十二月六日晨写

《鲁翁诗抄》[*] 跋

父亲留下好些抄本，没记年月，大多是七十年代的手迹，也有六十年代后期的。有一册近乎大三十二开的线装本子，开头十八页抄录鲁迅先生的诗，现在稍稍缩小制版，印成这一本《鲁翁诗抄》。

记得在干校的时候，有人问我，鲁迅先生的“下土惟秦醉，中流辍越吟”该怎么讲。我答不上，只好写信问父亲。父亲回信说他也讲不清楚，鲁迅先生的旧体诗很有一些不好懂的。又说虽然不全懂，他还是喜欢，因为有一种别人所没有的“生辣味”。

是不是我这一问，逗起了父亲重读鲁迅先生的诗的兴头呢？很有可能。读之不足，提起笔来抄一遍，是父亲在中学时代养成的习惯。那个年月门可罗雀，日长如年，正好在晴窗下一边抄写，一边揣摩，好些抄本就是这样留下来的。父亲那时写了一首五古，单说抄书的好处：

一目十行下，或吞囫囵枣；一字莫遁逃，还是抄书好。陶不求甚解，岂谓竟草草？何由毋草草？抄书径可蹈。提笔意始凝，并驱手共脑，徐徐抄写之，徐徐事究讨。细嚼得真味，精鉴乃了了，瑾瑜固惬心，瑕亦辨微小。此际神完固，外物归冥邈，罔觉渐移晷，不闻当窗鸟：佳境良难状，其甘只自晓。同好且过我，诗成寄伯老。

---

* 《鲁翁诗抄：圣陶先生手迹》夏宗禹编，华夏出版社一九九三年版。

“伯老”是王伯祥先生。王先生也好抄书。

明年十月廿八，是父亲的百岁诞辰。影印父亲手抄的鲁迅先生的诗，一则为了纪念父亲，二则给喜欢鲁迅先生的诗的朋友们，提供一个大字的本子。我也眼睛花了，很怕读五号字的铅印本。

一九九三年八月

《一九七六年日记》* 的按语

《新文学史料》的编辑同志问我，我父亲有没有未曾发表的手稿可以供他们刊登。最近翻阅父亲的日记，一九七六年除夕那天是用这样一段话作结束的："夜餐时全家围坐小饮词岁。今年为变化极大之一年，而结果则举国欢畅，此可记也。"我想这"可记"二字，决非"值得记下来"的意思，（不是已经记下来了么？）而是说这一年"变化极大"，应该永志勿忘。我于是从元旦抄起，把这一年的日记全部抄了下来，交给《新文学史料》的编辑同志。

看父亲这一年的日记，记的多半是"为无聊，遣有涯"的琐事。"文革"已经进入第十个年头，忧虑，压抑，日甚一日，看不到尽头，弄不清个所以然。愤愤的话不是没有，往往欲说还休，剩下的只能是排遣闲愁，辛弃疾叹息"闲愁最苦"的那种苦涩的闲愁。结果却完全出乎意料，来了个突然的变，生活苏醒了，新的希望又迎面扑来。"举国欢畅"，叫人暂时忘记了那延续十年之久的动乱，已经夺走了不知多少人的"有涯之生"。

父亲那时已经过了八十二了，他勉励自己要"多活几年，多做些事"；可是跟十年前相比，精力究竟差得很远，性子越来越急，也无补于事了。对父亲这样的老年人来说，失落的岁月是很难追回来了。

一九九三年十一月二十二日

* 《一九七六年日记》叶圣陶写，《新文学史料》一九九四年第一期。

短跋一则

父亲留下了一部手抄的《毛主席语录》，一共四册，工工整整的楷书。家里人说散失了可惜，决定托民进中央转交给统战部。

父亲抄录《毛主席语录》，大概是一九六六年一月发的愿。在二月八日的日记中，父亲留下了这样几句话："午后睡起，抄《毛主席语录》数条。……余思看之不如抄之，抄录之际，徐徐思索，印入较深。为之亦有日矣。"从"为之亦有日矣"这句话推想，开始抄录应该在一九六六年一月下旬。《毛主席语录》当时还没有正式出版，父亲依据的是征求意见本。

"看之不如抄之"，这抄书的习惯，父亲是在中学时代养成的。他和老同学王伯祥先生、顾颉刚先生，都有这个习惯：遇到要认真阅读的书或文章，就从头到尾抄一遍。

每年三月四月，父亲正是最忙的时候，主要忙编辑排校秋季应用的教科书，他不能每天都抽出时间来抄写《毛主席语录》。在日记上，他时断时续地记着："今日又抄若干则"，只三月十三日加了一句："徐徐书之，徐徐思之，觉视徒事观览为胜。"直到四月十四日，才说"全部于今日抄毕。抄本凡四册"。大概又花两天工夫校了一遍，所以抄本最后记的日期是四月十六日。

父亲当年抄写《毛主席语录》，只是为了学习，为了认认真真地学习。他抄写得这样工整，是出于对毛主席的景仰，出于对共产党的尊敬。把这部手抄本交给统战部交给党，正如父亲一九四九年年初在北上途中说的，跟"涓泉归海"一样，得其所哉。

一九九四年一月

珍藏本《教育小说》[*] 序

上海文艺出版社在编一套《中国现代名作家名著珍藏本》，跟我说其中应该有我父亲的一本，还把已经出版的寄了三本给我，让我参照。这是一套很有特色的珍藏本。一般的珍藏本都又大又厚，像城墙砖，装帧考究华贵，甭说翻开来读了，连碰一碰都是亵渎，只得配个考究华贵的玻璃书橱供起来，成了毫无实用的文化摆设。这一套珍藏本敢于一反常规，每本只二百来面，最常见的32开本，朴实大方的软面精装，经得起揉弄。我体会设计者的用心，就是让您感到名作家都是可亲近的，每打开一本，您就见到了他们中间的一位，听他讲他的故事，感染他的喜怒哀乐。这样温馨的书，您舍得抛开吗？您会放在床边案头，好随时抽出一本来阅读。我想也只有这样的书，才是值得珍藏的名副其实的珍藏本。

设计的大胆是令人敬佩的，可是编起来颇有点儿烦难。这套珍藏本，各本的书名只用四个字，后两个还定死了是“小说”，容许变化的只剩加在“小说”前头的两个字，要么说明作品的题材范围，要么指出作者的创作风格。用两个字来概括题材的范围或者创作的风格就够难的了，还得避免跟其他各本相重。我考虑来考虑去，结果还是袭用了人家早就用过的《教育小说》。我知道父亲如果还在，他是不会同意的。他会说：

---

* 《中国现代名作家名著珍藏本（教育小说）》叶圣陶著，叶至善选编，上海文艺出版社一九九四年版。

“《教育小说》，是教育读者的小说呢，还是跟读者讨论教育的小说呢？你没交代明白。”的确没交代明白，我只是划定个范围，告诉读者这本书选的，只限于取材于教育界的小说。把“取材于教育界的”压缩成“教育”两个字，实在勉强之极。可是这个概念模糊的书名给了我极大的方便，困难迎刃而解了。父亲的短篇以取材于教育界的为最多，可能占五分之一，划定了这么个范围，那五分之四就可以不予考虑了，只要在这五分之一内剔去若干篇就得。我没花多大工夫，就完成了出版社交给我的任务。

父亲写过一篇谈他从事小说创作的自叙，其中有一段说：他当过许多年小学教员和中学教员，对教育界的情形比较熟悉；看到许多不能满意的事，常常提起笔来刺他一下，希望当然寄托在所刺的反面。这样说来，拿这本《教育小说》作为他的短篇的标本，还是比较合适的。出现在他笔下的人物，大多处于被损害被侮辱的地位，在当时的环境中和条件下，他们找不到出路，没有力量反抗。说他的小说表现了“灰色的人生”，那是不错的。跟“刺他一下”一个样，他把“灰色的人生”展现在读者面前，希望读者唾弃那种生活，能真个掌握自己的命运。如果由此而作出推断，说他消极，说他厌世，就未免过分了。在《未厌集》的前言中，他委婉地作了坦率的答复。可是话得说回来，读者对作品有不同的理解是常有的事，并且应该得到容许。父亲在晚年的一封书信中说：作者把自己的生活感受化为文字，这就是创作；读者阅读作品，就是把文字还原成为作者的感受。能不能还成原样可不一定。在作者方面，问题出在技巧不到家，没有表达好；在读者方面，可能由于生活经验不同，或者理解能力较差。请原谅我没照引原话，这封信不在我手头，我只好说个大意。

这本《教育小说》中也并不全是刺，开头的几篇还是赞扬学校教育的，那时候新式学校才开始替换下私塾。可是渐渐产生了怀疑，《小铜匠》就提出了因材施教的问题，体罚的问题。再往后，涉及的方面越来越广，原来教育问题不限于学校的墙垣内。人物也不全是灰色的，《城中》的主人公就是一位敢于冲锋陷阵的勇士，可是小说没把他的故事写完就刹住了，事业的失败可以说是肯定的，也许还得赔上他的性命。在当时的法西斯统治下，这是必然的结局。不再多说什么了，父亲一向不赞成给语文课本的选文作冗长琐屑的题解。他会对我说："我想告诉读者的都写下来了，用不着你多啰唆了。"

一九九四年六月十四日

《叶圣陶作品精选》* 序言

父亲过世已经七年多了。他要是还活着，一定不会同意编这本“自选集”的。他会说：“我为孩子们的确写过一些东西，自己看看，没有几篇满意的。你们编的是‘名家选集’，我可配不上，请找别人去吧。”还会说：“我的选本出得够多了，选来选去，无非是那么几篇。冷饭越炒越没有味道，不必再炒了吧。”理由大致就这么两条，依我看够充分了。可是经不住出版社再一再二再三再四的劝说，他最后也只得点头答应。要真个“自选”是办不到了，我父亲即使还活着，今年一百零一岁，没有那个精力了，选编工作注定落在我这个做儿子的身上。我是个职业编辑，编的又主要是少年儿童读物，父亲即使还活着，我也得自告奋勇把这副担子接过来，好让父亲放心。

我做编辑工作，主要跟父亲学。受了他的影响，我给自己立下两条规矩：一是得对得起读者，二是得对得起作者。选集的读者是少年儿童，父亲说过：一定要郑重其事地编好少年儿童读物。作者又是我的父亲，我当然更得郑重其事地把这本选集编好。为了对得起读者——少年儿童，我得根据他们的年龄特点，尽可能选他们喜欢看的，看得懂的，看了对他们的成长多少有点儿好处的文字。为了对得起作者——我的父亲，我得体会父亲的心思，尽可能选他自己比较满意的，能表现他的人生观、尤其是教育思想的文字。结果选出了三十篇童话，二十五首诗歌，九篇小说，十六篇散文，分别都按写作或发表的先后编排。编完了回过头来

* 《叶圣陶作品精选》叶圣陶著，叶至善编，河北少年儿童出版社一九九六年版。

再看一遍，仍旧都是“老面孔”，没能跳出“炒冷饭”的圈子。我想不妨把我对这些篇文字的体会说一说，其实就是交代一下所以选这些篇文字的原因，算是给这盘“冷饭”加点儿作料。

现在挨着次序，先说童话。《小白船》是我父亲写的头一篇童话，发表在新创刊的《儿童世界》上，当时很受人称赞，说文字优美，能把孩子们引入诗一般的童话境界。我却不太喜欢这一篇，因为那个陌生人的问题提得太离奇，从来没听得有谁这样提过；两个孩子的答案又很牵强，跟没有回答差不多。当时我不满六岁，想不明白还情有可原；可是过了七十多年，直到如今还是没想明白。我所以选上这一篇，为的是让今天的孩子们来作个判断，还可以拿这一篇跟后来写的许多篇作个比较。

写完了《小白船》，在以后的七个多月中，父亲一连写了《傻子》等二十二篇童话，连同这第一篇，编成一个集子，以最后一篇《稻草人》作为书名，可见他自己是很喜欢这一篇的。这本《稻草人》在一九二三年十一月出版，是咱们中国人自己创作的第一本童话集，当时在文学界和教育界引起了轰动；直到现在，写新文学史还得提上一笔。我选的三十篇童话，有十七篇是《稻草人》中的，文字一般说来都很优美，诗一般的童话境界却越来越少了，最后的那篇《稻草人》，竟一连串写了四个悲惨的故事。有什么办法呢？在旧社会里，农民的日子就这样悲惨，尤其是被压在最底层的妇女。人世间就有这许多不合理的事，叫人伤心，叫人同情，甚至叫人害怕。遮掩是没有用的。遮掩就像让孩子们跟那个快活人一样，也蒙上一层神秘的透明的薄膜，以为自己真个生活在诗一般的童话世界里，处处快乐，事事快乐；可是这层薄膜一旦被刺破——这是必然的，他们就会跟瞎子和聋子一个样，惊骇得手足无措，——这也是必然的。因而倒不如让孩子们跟那只画眉似的，飞出华丽舒适的鸟笼，自个儿到各处去看看；他们会跟画眉一个样，发现世界上原来有那么多人只为了侍候别人而活着，活得既无意义，又无趣味，然后选定他们自己该走的是什么样的道路。

跟孩子们谈论该走什么样的道路，从年龄说似乎太早了些，我父亲好像不这样认为。他用对比的手法，让那粒固执的种子，只愿意为朴实勤劳的农民们开出它那奇异芬芳的花朵；让那只觉醒的画眉，不再飞回鸟笼去侍候那些无聊的公子小姐，而情愿到处飞翔，为辛劳终日而得不到快活的人们歌唱；让农民音乐家祥哥挟着父亲留给他的胡琴，大踏步走出那座大理石砌的艺术殿堂，回到农村去，为父老乡亲们演奏；……许多篇童话都有类似这样的结局，可见父亲一直在思考，怎样才能引导孩子自己去寻找他们该走的道路。

父亲绝不愿意让孩子们做一个不肯劳动光贪图享受的人。他最厌恶那样的懒汉，在《地球》中，预言他们最后必然灭亡；在《富翁》中，他诅咒那些认为只要有了钱就可以过上舒服日子的富翁，让他们统统死去——枕着金块，抱着金块，活活地饿死。他歌颂那粒倔强的种子，那只能分辨是非的画眉；还歌颂那个傻子，因为他认为能让别人快乐，就是他自己的最大快乐；还歌颂那个最后沦为乞丐的绿衣人，只要能让别人解除痛苦得到快乐，任何困难的事他都一口应承，并且必定尽力做到。《稻草人》出版的时候我才七岁半，最使我感动的就是这两篇。我甚至认为，做人就该做傻子和跛乞丐那样的人。这也是我定要把这两篇童话编进这本选集的原因。

《稻草人》出版后的岁月中，父亲只写过不多几篇童话，《牧羊儿》和《聪明的野牛》就是其中的两篇。直到一九二九年九月，他又认真地写起童话来。不到两年，他的第二本童话集就出版了，那是一九三一年六月，用九篇中的第一篇《古代英雄的石像》作为书名。我体会父亲所以这样做，不仅因为他比较喜欢这一篇，还因为从这一篇开始，他写童话走上了一条新路：题材更加开阔了，跟现实生活结合得更加紧了。这样写能不能得到成功，他当时并无把握，所以在《古代英雄的石像》写完之后，他特地要我试读一遍，看我能不能理解。记得我大体是这样回答的："这有什么难懂的。你是说做个石像，站在空场上等大家行礼，不如铺成大路，让大家在上面走。"父亲微笑着点点头，似乎还满意。现在想想，我那时说的只是故事的大意，没能体会隐藏在文字后面的许多意思。譬如说，英雄本来出自群众，要是因为地位发生了改变就忘了本，自以为理应高高地站在群众之上，甚至向群众耍起骄傲来，那就必然会被群众抛弃。这一层意思可以说是够明显的了，我当时竟没能看出来。父亲为什么不给我这个高小学生一点儿指点呢？我至今还想不明白。

再说那篇《皇帝的新衣》。父亲在开头扼要地复述了安徒生的《皇帝的新衣》，说他只是接着往下写而已。其实满不是这回事。安徒生笔下的皇帝只不过好出风头而又爱面子，他自己知道受了骗，还得硬着头皮光着身子往前走；我父亲写的却是一个不准人民说出真相的十足的暴君：两个皇帝其实不是同一个人。常有人问我父亲，那个石像是不是影射蒋介石，这当然是个误解；却从没人问起写这么个皇帝是不是讽刺蒋介石。可能在当时，大家一看就明白，用不着问；后来呢，倒行逆施的蒋介石终于垮了台，人们就渐渐淡忘了，真以为我父亲给安徒生的《皇帝的新衣》写了这么个续篇。

含羞草看到世间不合理的事儿就感到害羞，三大段故事都讲得很明白，不用我多说什么了。令人担忧的倒是那些未经世事的玫瑰花们的糊涂思想，在今天的年轻人中又有所滋长。蚕厌恶工作，蚂蚁赞美工作，为什么会这样截然不同呢？蚕参观了蚂蚁的国家就明白过来了。我想读者们一定也会明白的，并且愿意跟蚂蚁一样，大家一同工作，一同分享劳动果实：咱们的社会主义不正是这个样子吗？

《慈儿》揭露世界上就有那么一些人，他们为了无止境地掠夺本应该属于人民的财富，也打起“正义战争”之类的旗号，把无数人民驱赶上战场。结果呢？人民遭受了无可弥补的祸害，他们却成了胜利的英雄，他们的功绩写上了历史书，他们的名字世世代代受到称颂。这些人是谁呢？可能是军阀，也可能是帝国主义者。当年日本侵略者打的不就是“大东亚圣战”的旗号吗？日本侵略者没能得逞，被不愿做奴隶的英勇的中国人民打得头破血流。可是直到今天，日本战败已经足足五十个年头了，竟然还有人在赖账，企图改写历史，掩盖甚至否认当年犯下的侵略罪行。咱们当然不能听之任之，必须摆事实讲道理，给他们彻底的揭露和严肃的批判。

熊夫人的幼稚园最后只好关门。学生们受教育的要求各不相同，分歧之大倒还在其次，问题在于根本没法调和；不要说幼稚园了，就是大学，也不能办得让这样一批学生个个满意。虎儿、猪儿、鸡儿三个说话最多，他们的话不是我父亲凭空编造的，当时社会上，或者说世界上，确有这样三种不同的思潮。我想读者一定同情猪儿，厌恶虎儿，并且能料想到，他们之间必然会出现一场你死我活的斗争。鸡儿呢，他可怜不足惜，只好自取消亡。《绝了种的人》也谈的教育问题，很显然，我父亲是为了反对“劳心”和“劳力”的截然分离而写的。他一向主张教育要跟生产劳动相结合，而在当时，那种相互脱离的现象特别突出，使他感到担忧。从《古代英雄的石像》中，我选了这样七篇，差不多是全部了。

接下来的是《将来做什么》，这一篇当时没收进集子，父亲竟把它忘了，可我记得，十来年前还居然找到了。在这篇童话的开头，父亲就把他一直在思索的问题，让那位老师提了出来，提得又这样直截了当，使当时才跨进少年时代的我感到突兀。答案又清楚明白，读者一看就懂，不用我多说什么了。我只想提一点：父亲认为只要工作的成果对大家有用处，不必问由谁来享用，更不必问这是谁的劳动果实。正如他在童话歌剧《蜜蜂》中赞美的那样，“辛苦工作为大家，自己就在大家里。大家幸福大家乐，才是自己真福利。”

后边的两个短篇是从课本中选出来的。三十年代中期，我父亲编了一部小学国语读本，他没有采用现成的文字，所有的课文都是他自己写的。这两篇的文字都很浅显，也不用我再说什么了。最后的那篇《鸟言兽语》倒有两点可说的。一是当时确有人主张把课文中的寓言和童话统统删掉，理由冠冕堂皇，说是不能让孩子们与鸟兽为伍；心里却虚弱得很，只怕寓言和童话借鸟言兽语，刺着了他们的倒行逆施。二是当时意大利侵略阿比西尼亚*，引起了全世界人民的公愤，童话中那个在广场上狂吼要以他的“文明”去征服“野蛮”的家伙，就是当年不可一世的意大利法西斯头子墨索里尼。今年正好是世界人民反法西斯战争胜利五十周年，重读这篇童话，等于重温一遍当年的历史。

关于童话，我说得太多了，后边得尽可能精简些。父亲在抗战前编写的那部国语课本中，有不少诗歌；新中国成立前后，父亲参加了新的小学语文课本的编写，又写了一些诗歌，这儿选的二十五首，几乎全是这两部课本上的，只最后一首是例外，发表在五十年代末。父亲给孩子们写诗歌有一些自己定下的要求：既要有韵律又得明白如话，配上谱可以让孩子们唱，念起来也能使孩子们感受到音节之美；这些要求都做到了，才能潜移默化地培养孩子们爱自然、爱劳动、爱集体的情感，以及关心他人、遵守纪律等等良好的品德。他做到了没有呢？得请读者们评判了。

---

* 全名为埃塞俄比亚民主共和国（旧称“阿比西尼亚”）。

再说小说。我选的九篇，只最后那一篇是抗战期间的作品，其他的八篇都写在二十至三十年代。我父亲写小说有个特点，所写的人和事大多是实有的。如头一篇《小蚬的回家》，那个小英就是我，当时我还不满四岁。末了那篇《我们的骄傲》，写的那一回意义极深刻的会面，曾明明白白记在他的日记上。九篇中只有《赤着的脚》是个例外，父亲没见过中山先生，更没去广州参加那次农民代表大会，可以说全凭虚构，合理的虚构。父亲当时写这篇小说，为的追悼不久前逝世的中山先生；没料到由于编印耽搁，隔了两年半才发表。那时候蒋介石正在血腥屠杀工农群众，彻底背叛了中山先生的主张。《赤着的脚》后边的五篇，父亲都是特地为孩子们写的，写孩子们自己的生活和他们当时所处的那个社会。读者们一看就明白，《寒假的一天》就写的“一二·九”运动，历史课上讲过，在电影中也见过这样的场面，再读一篇，决不会嫌多。

所选的十六篇散文，也有四篇是特地为孩子们写的。《大雁》等三篇选自抗战前出版的那部国语课本。最末了那篇《一个少年的笔记》一共四则，发表在五十年代中期；有点儿示范的意思，为的是鼓励孩子们从自己的生活中寻找写作的材料，不要养成尽说空话的坏习惯。还有两篇，父亲写的是他童年时代的生活趣事，其馀各篇都曾被选入各个年代的语文课本，有的在目前的课本中还能找到，看来还是适合让读者读的。游记占了五篇，似乎多了点儿。

就说到这儿打住吧。但愿这篇序言能对得起读者——当今的少年儿童，多少能帮助他们增加点儿阅读的兴趣和辨别的能力；又能对得起作者——我的父亲，没把他的意思理解错，也没说空泛的颂扬他的话，这是他一向厌恶的。

一九九五年七月十二日

《稻草人》* 重印后记

《稻草人》是我父亲的第一本童话集，收集他在一九二一年十一月到一九二二年七月间写的童话共二十三篇，一九二三年十一月出版，有郑振铎先生写的《序》。

《稻草人》一出版，就受到了文学界和教育界的欢迎，同时引起了一些争论。受欢迎是理所当然的，因为在这之前，还没有一本咱们中国人自己创作的童话集。争论是因为我父亲在好多篇童话中，反映了当时社会上种种不合理的现状和劳动人民的苦难：有人认为童话这样写法，会损伤孩子们的天真纯洁的心灵；可是也有人说，现实生活就是如此，隐瞒是办不到的，如实地告诉孩子们也是童话作者的责任。郑振铎先生属于后一派，在《序》中，他的态度是十分鲜明的。

争论尽管争论，受欢迎还是受欢迎。从二十年代初到四十年代末，受过学校教育的孩子，几乎没有一个没读过《稻草人》的。直到一九四九年，情形才发生了变化。伟大的中华人民共和国诞生了，全国各族人民在中国共产党领导下，开始建设属于自己的崭新的生活。这是前人从未做过的事业，工程的艰巨自不待说。大家如饥如渴地学习新的道理和新的知识，阅读新的图书。在这个大形势下，曾经风行一时的图书有许多暂时停印了。童话集《稻草人》还是二十年代初的作品，当然也在其中。

对《稻草人》的停印，我父亲丝毫不感到惋惜：不合理的旧社会已

* 《稻草人》叶圣陶著，花山文艺出版社一九九七年版。

经被彻底粉碎了，何必再向生长在新社会里的孩子们唠叨个没有完呢？有人不同意这个看法，他们说，跟孩子们说说过去的时代还是十分必要的：不知道旧社会的种种不合理给人民造成的苦难，就不懂得咱们为什么要革命，也弄不清咱们要建设的是怎样的一个新世界。他们劝我父亲重新整理出版《稻草人》。我父亲被说服了，在五十年代中期，他编了一本薄薄的《叶圣陶童话集》，收进了《稻草人》中的三篇童话；在后记中他郑重说明，童话是旧作品，写的是过去时代的生活，只在语言方面做了认真的修改。

我父亲特别注重作品的语言，总要努力做到念起来上口，听起来顺耳；为孩子们写东西尤其如此，因为他们正处在学习语言的年龄阶段。七十年代后期，我父亲又在儿童报刊上陆续发表了《稻草人》中的几篇童话，对语言都做了仔细推敲。直到一九八六年年底，为了把《稻草人》编进《叶圣陶集》第四卷，才把这二十三篇童话全部修改完毕。这时候，他已经九十二岁了。

这个《稻草人》重印本，就是按照《叶圣陶集》第四卷排印的，选用了初版本许敦谷先生画的插图三十三幅。

一九九六年五月五日

父亲的二十四篇童话

——《叶圣陶童话故事集》* 编者说明

宁夏人民出版社寄给我一本《巴金童话故事集》，信上说冰心老人的一本正在排印中，希望也有我父亲的一本，最好由我来选编，因为我熟悉父亲写的童话。来信的态度很恳切，我只能答应。我从父亲写的五十来篇童话中选出了二十四篇，按写作的先后编成了这本集子。

集子是编成了，我心里总感到不踏实。父亲的童话都是六十年以前的旧作，有许多是揭露和批判当时的那个社会的。六十年过去了，咱们中国发生了翻天覆地的变化，生长在新社会里的孩子读这些写旧时代的童话，隔膜恐怕是难免的。我于是把才编得的集子从头读了一遍，在每篇后边附上了几句话，有的谈我所知道的父亲在写作当时的想法，有的谈我小时候的读后感。这样做有没有必要，我完全没有把握，只好请小读者们评判了。

我父亲在中学毕了业，当了小学教员，就常常给学生们讲自己编的故事，其实就是口头创作的童话。母亲告诉过我，父亲的小说《地动》，写的就是某天晚上，我缠着父亲要他讲故事的情景，小说中的“明儿”其实就是我。还有一篇《小蚬的回家》，也写的是我，名字又变作“小英”了。我把这两篇小说作为附录，放在二十四篇童话后面，让小读者看看我父亲是怎样进行口头创作的，看看我小时候，那时还没满四岁，是多么喜欢听父亲讲的故事，听得如此认真，又如此当真。

---

* 《叶圣陶童话故事集》叶圣陶著，叶至善编，宁夏人民出版社一九九八年版。

傻　子

读完这一篇，咱们都说傻子是个好人。他总为别人着想，只要能使别人解除困苦，得到快乐，他什么事儿都乐意去做；挨骂挨打，他全不在乎，更不用说讥讽和嘲笑了。像他这样尽干好事的人，在过去的旧社会里是非常少见的；要不，人们就不会叫他“傻子”了。

傻子总共干了多少傻事，童话中没作交代，我父亲只讲了他的四个故事。最后那个故事，他傻得出了格离了谱。咱们正担心他这下子可闯下了大祸，出乎咱们的意料，那个嗜杀成性的国王竟被傻子的傻气感化了，宣布从此不再打仗。

在童话里，什么不可能发生的事儿都可能出现，咱们一篇接一篇往下读吧。

燕　子

小燕子被泥弹打伤了，遇到了两位好心的小姑娘。她们安慰他，照料他，给他治好了伤；最要紧的，还帮他找到了妈妈。妈妈不见小燕子回家，也正在着急哩。

我小时候读这篇童话，最着急的就是小燕子能不能回到他妈妈身边。我觉得世界上，没有比找不着妈妈更可怕的事儿了。附录中的那篇《地动》，可以作证。

现在的小燕子大概不会被泥弹打伤了，因为到处都在宣传爱护鸟类，都说鸟儿是人类的好朋友。我想，给孩子们宣传的时候别忘了添上一句：“小鸟儿跟你们一个样，它们都有妈妈，妈妈都在家里等候它们哩。”

一粒种子

真是一粒倔强的种子。国王、富翁、商人、兵士都种过它，都经心侍弄它，虔诚地一再向它祝祷。它就是不凑他们的趣，不肯发芽，不肯为他们开花。种子最后落到了年轻农夫的手里，它发芽了，开出了稀奇的花。

这粒种子不需特殊的照料，年轻的农夫跟侍弄旁的种子一个样，只按时给它松土，给它浇水。稀奇的花开放了，乡村里的人都来看。也用不着祝祷，它都让他们满身沾着浓郁的香味回去。

这样稀奇的种子上哪儿去找呢？我相信会找到的，就在咱们小读者的心中。

富　翁

什么叫拜金主义？什么叫享乐主义？去到童话中说的那处地方，你就能找到答案。那里的人们教训孩子的传世格言，就是十足的拜金主义，十足的享乐主义。

在童话里，什么奇怪的事儿都可能发生。几乎在一夜之间，那里的人个个成了富翁，都挖到了数不清的金子。他们都不再做工，也不再种地。有了金子就有了一切，他们想的只是尽情地享乐，过富翁的舒适生活。没想到奇事又接连发生：日常要用的东西都买不着了，最要命的是连每天非吃不可的粮食，也买不着了。金子成了毫无用处的废物，所有的富翁只好统统饿死。

我好像从小知道：人人不肯种地，就大家没有吃的；人人不肯做工，就大家没有用的。可能也是听父亲讲故事听来的吧。那处地方的富翁连这点儿道理都不懂，就让他们头枕着装满金子的口袋，统统饿死吧。

眼　泪

真是个奇怪的人，他别的不找，光寻找同情的眼泪。他说，只有为同情别人而流的眼泪，才是最可宝贵的。

快活人只知道自个儿寻快乐，根本不相信世界上会有同情的眼泪。快活人好像是对的：在人们应该相互同情的那些地方，那个奇怪的人也没能找到他所要的眼泪。有的人被沉重的痛苦压得麻木了，他们的眼睛早已干涸，流不出眼泪来了。有的人一味地歌颂那些有权有势的人，他们的眼睛受了蒙蔽，看不清所谓的权势，正建立在广大人民的痛苦上。

那个奇怪的人找了一处又一处，终于在乡间找到了同情的眼泪，流眼泪的是个天真的孩子。他双手捧起珍珠般的眼泪，他要把这宝贝分送给世界上所有的人。也许他认为，那个时候世界所以那样糟，就因为人们都失去了相互的同情。

画　眉

画眉飞出了华丽的笼子，自由自在到处飞翔，最后飞到了一座繁华的城市里，看到了一桩又一桩稀奇事儿：人力车夫为什么要在尘土飞扬的大街上没命地奔跑呢？厨师为什么要在烟熏火燎的炉子旁忙个不停呢？女孩子为什么要噙着眼泪，一遍又一遍练唱呢？画眉仔细看，认真想，它终于明白了：他们那样做都是被迫的，只为了侍候那些极少数的有钱人。

画眉联想到自己，先前自己只为讨饲养它的哥儿喜欢而唱歌，从来没得到过什么乐趣，也不明白有什么意义，自己不是跟那些人一样可怜吗？它决定不再飞回舒适的笼子，从此只唱自己想唱的歌，用自己的歌声安慰所有的不幸的人。

我就听到过画眉的歌声。那是“文革”期间，我在淮河南岸的“干校”当牛倌。跟我一同听它唱的，是几头疲惫不堪的水牛。

玫瑰和金鱼

题目这样美丽，读着可真叫人伤心。

桑树和母羊的遭遇是同一类的。它们老了，人们榨干了它们的精力，最后抛弃了它们。难怪在过去的旧社会里，街上的老乞丐有那么多。

玫瑰和金鱼是另一类。青年和女郎百般地爱护它们，只因为它们是玩物。正因它们是玩物，青年和女郎想怎么处置它们就怎么处置它们，最后漫不经心地糟蹋了它们的性命。

读到老桑树老母羊为它们唱悼歌，我小时候难受极了；同时想到，青年和女郎一定又找到了什么新的玩物，早把它们忘得一干二净了。

花园外

花园的大门敞开着，长儿却进不去，只能在围墙外面做他的美丽的快乐的梦。

长儿想不明白：父亲忙得早晚不见面，难道从没想到带自己的儿子去花园逛逛么？为什么母亲听他说想去花园玩儿，竟会发起火来，骂他“不配”呢？为什么“配”走进花园大门的，只有那些心里装满了快乐还要寻找快乐的人呢？

长儿后来都会明白的，因为道理最简单不过了。何况类似这样不合理的事儿，在过去的旧社会里又随处可见。

祥哥的胡琴

祥哥的胡琴怎么会拉得这样动听呢？他向泉水学，向风学，向小鸟儿学，学得非常认真。他把所学到的融会在一起，拉出了更加美妙的新的曲子。

开头，祥哥拉得很难听，跟锯木头一个样。人们讥笑他，母亲可一点儿不嫌他，相信他一定能学成。祥哥果真学成了，母亲听他拉得很不错了，要他出门去把自己编的曲子拉给世界上所有的人听。凡是好的东西，应该让人人都享受到。

没想祥哥离家不久就回来了，在城市里，他受到了那些自命为行家的听众的奚落。母亲搂着他安慰他说："人家不要听你的，我要听。"多好的母亲呀！我读到这里，好像也被母亲搂在怀里，幸福极了。

近处远处的乡村都能听到祥哥的胡琴，那美妙的声音像轻纱似的盖在人们身上，使人们忘记了劳累和痛苦。

瞎子和聋子

在过去的那个旧社会里，到处是可怕的景象和可怕的声音。人们见惯了，听惯了，丝毫不觉得奇怪，甚至以为世界本应该如此。

以为世界本应该如此，用不着改变，也没法改变，如果人人都这样想，那才是最最可怕的。幸亏事实并非如此，不合理的旧社会不是终于被推翻了么？

童话是七十年以前写的，如果现在写，结局肯定是另一个样子：瞎子和聋子的心愿统统得到满足，一个看个没有够，一个听个没有够，都快乐得没法用言语来表达。老风车如果还要警告他们不要反悔，它肯定是老得犯了糊涂。

跛乞丐

绿衣人跟那个傻子一个样，也是我小时候非常喜欢的人。谁有没法排解的揪心事儿，只要托他办，他保管一口答应，而且一定办到。他认为让别人得到安慰，是自己的职责，也是最大的快乐。任何艰难困苦都挡他不住，不公正的处分也不能使他灰心。

绿衣人的结局太悲惨了，竟成了街上人人厌恶的一个跛乞丐。要是在咱们这个时代，他一定会受到大家的表扬，戴着大红花出席无数次的表彰大会。尽管他所以这样做，并不是为了得到什么表扬和表彰。

快乐的人

在过去的旧社会里，不合理的事儿太多了，不幸的人也太多了。只有那个快乐人，他看到的却是事事快乐，人人快乐；没有愁苦，也没有欺诈。因为他生活在一层神秘的透明的幕里，看不到外界的真相。这层肥皂泡似的幕被刺破了，快乐的人就死去了。

我知道父亲为什么要写这篇童话。当时有位朋友劝我父亲说：写童话不要写那么多的伤心事儿，孩子们读了会受不了的。朋友当然是一片好意，可是有什么办法呢，旧社会就那样事事处处令人伤心。跟孩子们说谎是不好的，隐瞒又隐瞒不住。我父亲终于想出了一个快乐的人来，让他生活在那神秘的幕里，一层脆弱的迟早会被刺破的神秘的幕里。父亲用这篇童话，来回答他的好心的朋友。

稻草人

又是一篇令人伤心的童话。在过去的那个时代，这篇童话讲的伤心事儿天天都在发生。诗人和画家把农村描摹得那样美，他们可能跟快乐的人一个样，也生活在神秘的幕里。

稻草人可没有那层神秘的幕。他站在稻田里，所有可怕的事儿，即使发生在黑夜里，他都看得清清楚楚。他心肠特别好，甚至情愿牺牲自己，去救助所有遭受不幸的人。可是他挪动不了身子，连说句同情的话也不能够。他自己也是个不幸的人，除了为受苦的人干着急，除了在心里一再责备自己无能，别的什么也干不成。

人们看到稻草人倒在田里，没当作一回事儿。咱们孩子可都同情他，为他伤心。因为咱们读了这篇童话，听到了稻草人的心声。

牧羊儿

羊和小孩一起生活，白天一同在草场上快乐地玩儿，夜晚一同在草屋里做快乐的梦。有一天小孩突然听说他母亲死了，不得不赶回家去，不幸的事儿就接连发生了。我小时候读到这儿，除了伤心，还想到了一些想不明白的问题。

代表大伙儿去安慰小孩的三头羊遇着了骗子，被骗子宰了，卖了。留在草场上的羊没遇着骗子，被主人卖给了宰羊的人，结局一个样。既然做了羊，被卖被宰是早晚的事儿，他们知道不知道呢？小孩固然爱他们，却没法改变他们的命运，他们知道不知道呢？如果他们都知道，他们该怎么办呢？

读了后边那篇《聪明的野牛》，我似乎找到了答案。

聪明的野牛

城里的牛为什么那样糊涂呢？他们的日子过得太舒服了，吃的住的都是现成的，是主人给他们准备好的。主人到底打的什么主意，他们想也没想过。太舒服了不免犯糊涂：他们闻不到主人身上的血腥气；甚至挨了鞭子，还以为主人是在规劝他们。

野牛可不同了，他们在树林里得自己过日子，所以碰到什么事儿，他们都得仔细思考，认真商量。接到了城里的同类寄来的邀请信，把城里的生活说得那么好，他们将信将疑。经过思考商量，他们决定推举那条聪明的野牛做代表，先到城里去看个究竟。

小心谨慎总没有错。聪明的野牛到了城里，看出了主人的破绽，唤醒了犯糊涂的同类，带着他们一同逃离了城市。从此他们跟野牛一个样，在树林里过自由自在的生活。

要逃脱被卖被宰的命运，看来只有这一条路。

将来做什么

将来做什么？我一边读一边想。那时我不满十岁，好像那三个孩子的小弟弟，他们到处旅行，我紧跟在他们后边。他们看到的，我都看到了；他们一路上议论，我只能听懂个大概：生产供大家享用的东西，才是世界上最有意义的工作；农民和工人做的，就是世界上最有意义的工作。将来该做什么，我跟他们一个样，心里也有了方向。

三个孩子都赞美农民，赞美工人，不但赞美他们生产出了供大家享用的东西，还赞美他们在劳动中能把大家的力量融合在一起。这后一层意思，我是后来才渐渐体会到的。因而我越发尊重农民和工人。

古代英雄的石像

这篇童话，在解放后几次被选进语文课本，因而常有人写信来问我父亲：那个古代的英雄到底指的是谁？父亲回答说："我当时认为主要的意思放在这篇东西的末了儿。无论大石块小石块，彼此集合在一块儿，铺成实实在在的路，让人们在上边走，这是石块最有意义的生活。在铺路以前，大石块被雕成英雄像，小石块垫在石像底下做台基，都没有多大意义。"又说："至于大石块被雕成英雄像就骄傲起来，自以为与众不同，瞧不起人：我这么写，只是揣摩大石块当时的'心理'而已。这原是一种不大容易抵抗的毛病，过去时代犯这种毛病的挺多，当前时代得好好锻炼才能不犯。我写小石块看见大石块骄傲以后怎么想，也无非按照它们当时的'心理'。"

有了父亲这两段话，用不着我再说什么了。父亲当时写完这篇童话，让我先读一遍，问我明白不明白。记得我回答的就是他放在这篇童话末了儿的意思。父亲听了点点头，可见还满意。

那时我十一岁，小学还没毕业。

皇帝的新衣

这篇童话开头，我父亲扼要地复述了安徒生的《皇帝的新衣》。皇帝换上了自己也没看见的新衣服，大模大样走在大街上。围观的人都觉得好笑，可又不敢笑。偏偏有个孩子喊了出来："看哪，这个人没穿衣服!"孩子带头说了实话，大家忍不住放声大笑，都说皇帝真个没穿衣服。皇帝知道自己上了当，只好光着身子，硬着头皮往前走。

安徒生就讲到这儿。后来呢？我父亲接着茬儿往下讲。皇帝又是羞又是恼，硬说他这套新衣服漂亮无比，只有他皇帝才配穿；他要永远穿这一套，谁说他光着身子谁就是叛变，立刻抓起来杀掉。当场就有许多人被砍掉了脑袋。

后来呢，皇帝越来越残暴。他明知道自己没穿衣服，就听不得旁人说他光着身子。谁说了实话就得掉脑袋，连宠妃老臣也未能幸免。他发出了一道又一道的命令：不准人民说话，不准人民笑，不准人民发出一点儿声音。死的人太多太惨，人民再也承受不住，大家一哄而上，推翻了这个残暴成性的皇帝。

起先我以为，父亲真个给安徒生那个童话写了续篇，后来看看不像。安徒生写的皇帝又愚蠢又爱面子，受了骗子的作弄也无可奈何。我父亲写的皇帝分明是个残暴的独裁者；他只怕人民说实话揭了他的短，很像当时自封为“委员长”的那个蒋介石。

书的夜话

旧书铺里的书在夜里开座谈会，大家谈各自的经历。有三本书发言最多，都有头有尾，比较完整。

红面书说的最容易懂，我小时候读了一遍就明白了。他原先的主人买了书不读，陈列在书橱里摆阔，毫无意义。红面书留恋过去的舒适生活，我一点儿不同情。可是现在，这样的风气又渐渐时兴起来了。

紫面书的旧主人靠读书出了名发了财，其实他从来没认认真真读过一本书。发了财就用不着读书了，他把所有的书当作废品卖了。紫面书厌恶他，我也厌恶他，却不明白他是怎么样的一种人。现在有点儿明白了，看到报刊上那些引经据典而毫无新意的长篇大论，我常常怀疑会不会是这种人写的。

破书真是个老爷爷，他活了三千多年，经过了一百三十多位主人的手。他们都是师生关系，老师传授，学生承受，一代又一代，除了读书，没干过别的事儿。破书当然要替他们伤心，可是为什么要怨恨自己呢？后来我明白了：父亲写这篇童话的当时，那些政客官僚军阀又在嚷嚷“读经”，硬要把青年少年，赶上破书的历代主人走过的老路。

蚕和蚂蚁

蚕厌恶工作，蚂蚁赞美工作：为什么截然不同呢？蚕去到蚂蚁的国土，参观了蚂蚁们的工作和生活，明白过来了；听着蚂蚁们赞美工作的歌声，忍不住流下眼泪来。

蚂蚁们分工明确，各自在不同的岗位上，为种族的昌盛尽力工作，平等地分享工作的成果。童话写的，不就是咱们正在建设的社会主义社会么？这样美好的社会，蚕想也没想到过，要不是亲眼看到，决不会相信的。蚕的一生就是吃桑叶结茧子，茧子还没结成，一锅开水已经在等着他们了。

童话写的那条厌恶工作的蚕，不是完全没有影子的；工人怠工，农人逃离耕地，在当时早已不算什么新闻了。

慈　儿

旧中国有许多军阀。为了相互争夺本来应该属于人民的财富，他们都打起“正义战争”之类的旗号，把无数人民驱赶上战场。结果总是战胜的一方成了“英雄”，他们的所谓“功绩”受到称颂；人民遭受多大的祸害多大的痛苦，反而没人提起了。慈儿的祖父，就是这样一个应该受到人民唾弃和谴责的“英雄”。

看来弄清历史的真相是非常必要的。好心的慈儿就是弄清了历史的真相，才知道受人尊敬的祖父原来既贪婪又残暴，才想到真正的慈善事业应该往根底里去做。他怎么个做法，童话没有讲。我想有一条是非做不可的，就是揭穿并制止一切非正义的战争，不管打的多么漂亮的旗号。

日本军国主义者侵略咱们中国，当然是最典型的非正义战争，结果被咱们不愿做奴隶的中国人民打得头破血流。半个世纪过去了，日本国内竟还有那么一些人不肯认账，还在掩盖和歪曲历史的真相，把早已受到惩罚的战争罪犯供奉起来，妄图捡起他们当时欺骗人民的旗号，再发动一场侵略战争。咱们决不能放松警惕，得时时提防历史的重演。

熊夫人幼稚园

熊夫人幼稚园只好关门：学生们的学习目的各不相同，倒还在其次，问题在于根本没法调和。不要说小小的幼稚园了，就是大学，也没法办得让要求各不相同的学生个个满意。

虎儿、猪儿、鸡儿三个说话最多。他们的话不是凭空编造的，当时在社会上，或者说世界上，确然有这样三种不同的思潮。虎儿要练好本领，为的将来继承他祖先传下来的残暴的事业。猪儿要练好本领，为的将来用自己的力量，改变他的种族被宰杀的命运。咱们同情猪儿，厌恶虎儿；并且能够预料，他们之间迟早要发生一场你死我活的争斗。鸡儿呢，他的一片好心其实是懦弱的表现，他只好自取灭亡，可怜不足惜。

“鸟言兽语”

当时真有这样的教育家，主张把教科书中的寓言和童话统统删去，理由是天天让孩子们念“鸟言兽语”，跟鸟兽做伴，一定会弄得思想不正确，行为不正当，跟鸟兽没有区别。这些混账话本是反动统治者想说的。反动统治者最怕人们说真话，最怕人们揭穿了他们的种种倒行逆施。寓言和童话偏要说真话，叫他们连觉也睡不稳。他们就让所谓的教育家做传声筒，写文章发表演说对童话寓言进行围剿。

我父亲就是编小学教科书的，在报纸上看到了这样的混账话，他不能不反驳；于是就用“鸟言兽语”作题目，写下了这篇童话。

童话中的麻雀和松鼠是一对可爱的小东西。他们有寻根究底的好习惯，能通过深入考察和反复讨论找到问题的答案。他们的行为正当得很，思想清楚得很。咱们孩子还巴不得跟他们做伴，一同去世界各地作一番考察旅行呐。你说是不是?

童话写的是当年法西斯统治下的意大利。那个在广场上狂吼要用“文明”去征服“野蛮”的家伙，就是当年不可一世的法西斯头子墨索里尼。他发动了侵略阿比西尼亚的非正义战争，引起了全世界人民的公愤。

火车头的经历

写这篇童话的意图很明确，就是向孩子们宣传“一二·九”学生运动，宣传全国人民团结起来抵抗日本帝国主义侵略的一致要求。

当时，上海学生去南京向政府请愿，申述全国人民的抗日要求，一路上遭到国民党反动当局的重重阻挠。学生如何英勇斗争，人们如何支持学生，童话中写的都是实事，在当时的进步报刊上都有报道。

我父亲把每天见到的报道收集在一起，写成了这篇童话，让火车头出来说话。他可能想，火车头亲历了这场斗争，它如果有灵性能思考，一定会坚决地站在学生们一边。

一九九六年十一月二十日

为了纪念

——《叶圣陶短篇小说集》* 前言

明年二月十六日，父亲去世满十周年了。为了纪念，我选编了这一本父亲的短篇小说集。

一九一九年，父亲开始用白话文写小说，除了长篇《倪焕之》，写了九十多篇短篇。我把所有的短篇过细通读了一遍，挑选出三十八篇。两个多月来，我整个心都浸渍在对父亲的怀念之中。

头一篇《这也是一个人》，是父亲在甪直镇当小学教员的时候写的。甪直是苏州城东的水乡，那所小学的一排旧教室，现在修建成了我父亲的纪念馆。主意不是我出的，我认为出得不错。在那所小学里，父亲和他的朋友们作过教育改革的试验，这是一；在那座水乡小镇上，父亲真正接触到了农民，这是二；父亲从事新文学运动，是那个时候开的头，这是三。有这三项，纪念馆设在那里真是再合适也没有了。

要是没有甪直的那几年的生活，《这也是一个人》《饭》《小铜匠》《多收了三五斗》，还有好些别的短篇以及《倪焕之》的前半部，父亲是无论如何写不出来的。他不擅长凭空虚构。

在父亲早期的小说中，我看到了幼年时代的我。《伊和他》写的是母亲和我。冰心阿姨跟我说过，她最喜欢《地动》和《小蚬的回家》，也许她猜到了两个短篇都写的是我吧。还有在《阿凤》中，看到那个童养媳挨打而号啕大哭的孩子也是我。我曾经那么富于同情心，而现在，几乎把眼泪都忘掉了。

---

* 《叶圣陶短篇小说集》叶圣陶著，叶至善编，湖南文艺出版社一九九八年版。

母亲也常常出现在父亲早期的短篇中，选进这本集子的，除了《伊和他》和《地动》，还有《萌芽》，后来又出现在《在民间》中。《在民间》的素材分明是母亲提供的。母亲头一回去到工人中间，跟着剪齐耳短发的杨之华阿姨；演讲没能按设想进行，可毕竟迈出了第一步。发表在《新女性》创刊号上，看来并非偶然。

“五卅”的浪潮把母亲和父亲都卷进了民众运动。那些日子里母亲经常出门，很晚回家。才七八岁的我也约摸知道，母亲在外面是冒着些儿风险的，放学回家见不着她就定不下心来。后来母亲果然碰上了麻烦。《在民间》应该有续篇的，父亲为什么不接着往下写呢？

父亲的朋友更多地出现在他的短篇中，使我回想起他们的音容举止，甚至片言只语。《校长》中的那位校长，原型是甪直的沈柏寒先生，小说把学校搬进了城里。《邻居》中的那位爸爸，原型是王伯祥先生，后半篇近乎纪实。王先生为这次搬家，窝着一肚子火，看了《邻居》的前半篇很可能不会同意。不知两位老朋友是否又发生过一场不伤脾胃的争论。

《秋》的主人公，原型却是母亲的二姑母的干女儿，我们孩子唤她“吴阿姨”。她跟我母亲像亲姐妹一样热乎，假期中常在我们家住，曾帮我母亲整理过《十三经索引》的条目。父亲这篇《秋》发表后，我只怕让吴阿姨看见，可是她终于看见了，跟我说：“有你的爹爹的，把我也写进了小说。”是带着笑说的。可是我想，在背地里，她一定流过不少眼泪。

《英文教授》的主人公，原型是吴致觉先生。他是吴宾若先生的二哥，在散文《好友宾若君》中，父亲已经对他的性格作过如实的写照。我小时候见过西装笔挺的吴先生，也见过跟他不大匹配的夫人和虔诚念佛的老太太；重读父亲的描摹，好像看重放的录像。老太太过世，“一·二八”战争毁了吴先生的家，他的夫人在忧伤中死去，我也都知道。抗战后回到上海，我跟着父亲去看望吴先生，他更加困顿了，寄居在法藏寺里。

说人物的原型，其实往往是个轮廓，《英文教授》中的情节并不全是吴先生的经历。在“文革”前，我有一回跟父亲去福州，有位先生到旅馆来看我父亲。等他走后，父亲跟我说他曾经是国家主义派哩，五卅运动中一同编过《公理日报》，为了一句“打倒帝国主义”的口号，两个人吵得个不可开交。我才知道父亲把自己的经历嫁接到了这位英文教授身上。让工人把准备起义的武器藏在沙发里的，我早就听说了是郑振铎先生。不知道的一定还有。小说不同于传记，人物本该这样塑造，尤其是主人公。

我知道父亲是同情吴先生的，不仅惋惜，还带着尊重。尊重他诚恳地对人和认真地对事。可是父亲并不赞赏他把往生净土作为精神的寄托，所以在小说的开头，虚构了学生跟英文教授的一场对话。说虚构，好像也不全是。父亲入川那年游北碚的缙云寺，碰着了太虚法师；在给我岳父的信上提到了那回事，行文带点儿调侃。看了这封旧信我感到好玩儿，就把这一段念给父亲听。父亲听了笑着说："我还跟这位太虚的法师打过笔墨官司哩，在做学生的时候。他当然不会知道我就是那个年轻人。"文章不知刊登在当时的哪张报纸上，找来对证是没有可能了。

《潘先生在难中》的这位主人公，原型是谁就没法说了，他是个集合体，也是个标本。时代背景是江浙战争，碧庄就是黄渡，当时成了战场。让里就是苏州，不少中上人家当时纷纷躲进了上海的租界，潘先生这样的人物有的是。我们家住在上海闸北区，也随大流在租界里临时租了间后楼，跟北火车站只隔一道铁栅栏；母亲带着祖母和妹妹住在铁栅栏那一边，父亲和我住在铁栅栏这一边，因为父亲得上班，我得上学：跟小说中刻画的潘先生相比，当然说不上狼狈。父亲写这个短篇是谴责潘先生呢，还是剖析自己呢？至少兼而有之吧，我想。何况该受谴责的，绝非潘先生那样自己把握不了命运的人。

重读短篇《夜》，我又回忆起"四一二"事变后的许多琐事。母亲当时被列进了秘密的搜捕名单；沈雁冰先生的日记落到了侦察队手中，上面记着某月某日曾去仁馀里廿八号开会。消息都是小报透露的，说得着着实实。仁馀里廿八号是我们家，这个家是回不得了，只好在斜桥附近租了个楼面暂住，那一带当时还很冷僻。祖母让姑母接走了，我让母亲的二姑母带回了苏州。从种种迹象看，父亲和母亲是作了准备的，甚至作过最坏的设想。在那恐怖的日子里，《夜》的构思很可能已经在父亲的胸中开始孕育了。郑明德和梁闺放夫妇双双被残杀的传闻，好似剖开了一个成熟的瓜，使这篇《夜》，成了最先出现在《小说月报》上的谴责"四一二"大屠杀的小说。

《赤着的脚》跟读者见面，比《夜》晚了一个来月。那本《纪念孙中山》专刊略去了写作的日期。专刊征稿早在中山先生逝世后不久，那么《赤着的脚》一定在两年以前就写得了。父亲很尊重中山先生，得知他逝世后才十天，就发表了悼念短文《纯乎其纯》。上海市民在老西门体育场开追悼大会，王伯祥先生牵着我赶去参加，在拥挤的人丛中，远远望见父亲也挤在主席台上。《赤着的脚》很像一篇现场特写，可是我父亲没见过中山先生，在广州举行的那次农民大会，也只可能在报纸上看到。中山先生当时的内心活动，当然出于我父亲的揣摩。经历了辛亥革命的失败和以后的屡次挫折，看到赤着的脚在革命的旗帜下聚集起来，中山先生的激动和喜悦是合乎情理的。我猜想父亲写这个短篇正是北伐军取得节节胜利的时候。在那些日子里，父亲跟我讲过许多次，革命部队所到之处，农民群众如何公审土豪劣绅；还轻轻地教我唱会了"打倒列强"这支歌。

《冥世别》当然不是童话，才发表的时候，我这个孩子就没看懂，倒引起了许多可怕的回忆。奉军的执法大队手捧大令，背负大刀，凶神似的在宝山路上来回巡逻；北站的电线杆上挂着示众的人头，报纸上经常出现被枪杀的尸体照片，罪名都是"革命党"。因而我想，父亲写的五个青年鬼魂一定是那时的革命党了。我的猜想没错，在"一二·九"运动那个冬天得到了证实。有一天父亲愤愤地跟我说：国民党的那些当局者，又把青年学生说成是被人利用的没有主见的工具；当年"清党"，他们就是这样说的，还写进了他们什么全会的宣言，甚而至于把在他们上台之前，冒着生命危险鼓吹革命的青年，说成是被他们利用的工具。父亲说他看了实在气愤不过，写了篇《冥世别》，批驳那个荒谬的所谓宣言。我忙把《冥世别》翻出来仔细读了一遍，虽然是高中生了，还没全看懂；只知道父亲对"利用"啦"工具"啦那些话特别反感。记得抗战后在《中学生》上，父亲又发表了杂文《谈"利用"》，没用童话的外衣作掩护，说得明快多了。

抗战中在四川的八年，父亲只写了五个短篇，除了那篇较长的，我都编进了这本选集，倒有三篇是纪实。《我们的骄傲》写的黄先生，其实是章伯寅老先生，苏州教育界的老前辈；幼时的同学邹君是章元善先生，戈君是顾颉刚先生，孙君是周勖成先生。听得章老先生摆脱了重重羁绊，从沦陷的家乡历尽艰险到达重庆，四位旧同学特地相约，一同去他寄居的川东师范探望。父亲的日记在乐山遭敌机轰炸时烧掉了，要不然连日期都查得出来。章老先生后来一直在女子师范任教。胜利后的那年年底，我们全家乘木船从重庆启碇东归，第二天傍晚停泊在洛碛，父亲爬上高坡去跟章老先生词别。直等到星斗满天，才望见父亲拿着火把从坡顶拾级而下。父亲说章老先生定要送到江边，火把也是他老人家给买的。

《词职》写的青年其实是钟博约君，年纪跟我相仿，爱好文学，常常来陕西街看我父亲。在小说的结尾，父亲说自己欲言又止。我知道父亲本想告诉他，学校也不是什么清净的地方。那时我正当着初一的级任老师，许多不顺心的事，不中听的话，只能回家来跟父亲说。记得有一回，难得见面的校长突然乘着自备的包车来到学校，召集级任老师传达上头的话，说要注意青年教员，尤其注意不争钱多米少又特别卖力的青年教员。为了“暂时维持他的想望”，诸如此类的话，叫父亲怎么跟钟君说呢？钟君这一去就没见过面，只给我父亲来过几封信，免不了说些愤愤的话，幸好没落到受注意的地步。一年半后，我们家离开成都，只得把他寄存的破皮箱留在开明分店，写信请他有机会去取；是否取走了，没有下文。他倒辗转托人追到重庆，给我父亲送来了一个绿石雕的水盂。

《春联儿》写的老俞，我后来倒见过一回。一九五六年冬天有事去成都，临行前父亲关照我，一定要到新西门外看看老俞是否还在。老俞还在，还在推鸡公车；又过了十年，自然越发苍老。见了我好像鲁迅先生笔下的闰土，脸上现出欢喜和凄凉，动着嘴唇，半天才出声，问我“老师可好？”话不太连贯，东扯一句西扯一句，总之当兵的儿子还没回来，似乎在外边成了家。最后我送了他二十块钱，他犹豫地收下了，没有道谢。我忽然觉得好像侮辱了他，连忙跟他告词。回到北京，我把这次访问一五一十告诉了父亲。父亲呻吟了好一会儿，没责备我也没说我做得对，只长叹了一声。

每一回读《邻舍吴老先生》，我眼前就浮现两个人的影子。一位是经常来串门的马老先生，他快乐活泼像个孩子，老忙忙叨叨地，说不满十句话又转身走了。听说他只孤身一人，是跟着亲戚避难来到成都的。一位是胡赞平先生，年纪在我和父亲之间，抗战之前就到成都当家庭教师，在成都成的家。父亲常留他喝几盅，海阔天空地闲聊。知道我失了业，他给我谋了个中学教员的位置。我们家离开成都，汽车票是他搞到的；一大清早，他还赶到车站帮我们张罗行李。他自己没回乡，真个成了迁川第一代世祖。他们两位都没有当公务员的儿子，跟小说对不上号。这个儿子分明是我父亲根据入川老公务员当时的心态虚构的。小说中吴老先生说的话，我都听父亲说过，在他每一回听到家乡消息的时候。父亲是爱家乡苏州的，从《城中》开头的那段描写就看得出来；他厌恶的，是那些出身于所谓“诗礼之家”的人物。

一九八六年秋天，我开始编《叶圣陶集》。父亲本来不太同意编，看我忙得不亦乐乎，坐到我书桌旁边的椅子上跟我说：“不要编了吧。没有一篇像个样子的，又都是旧东西，编来编去有什么意思。”我说：“也有很不错的呢，我拣短的念一篇你听听。”我念的是《一个朋友》。父亲听完了微笑说：“这一篇倒还可以。”我说：“记不起来了吧，是六十六年前写的哩。”此后，父亲不再唠叨了。他当时的笑容，永远深深地印在我的脑海里。

一九九七年十一月六日

《学生阅读经典——叶圣陶》* 序言

选编集子，先得问该选哪一类文篇，是编给谁阅读的：两者都明确了才好动手。这本集子挺简单，只要选我父亲的作品就成，读者的对象是学生，大学生、中学生、小学生似乎都包括在内。出版社的规定如此宽松，倒叫人不敢马虎随便，我逐篇掂量，决定取舍，虽然做不到篇篇都既适合小学生，又适合大学生，至少也得找出若干篇来，能够勉强合乎这个要求。

给学生选编我父亲的集子，童话是必不可少的，我是怎么选的呢？举个例说，“拜金主义”，“享乐主义”，近来又偶尔出现在报刊上，这是两种什么“主义”呢？三言两语还解释不清楚。在《富翁》那篇童话讲的那个地方，有句老长辈教育儿孙们的传世格言，却讲得既简洁又明白。童话是卡通式的，逐步推出这两种坏“主义”的祸害，而结局又是不可逆转的。那个地方的人个个成了富翁，都捧着金块啃着金块，统统饿死了。您不妨试试，念给还没认字的孩子们听听，他们也准会说：“该！”

在父亲的五十多篇童话中，我最喜欢《古代英雄的石像》。头一次读，我才十一岁，读的是父亲才写得的手稿。如今已经过了七十二个年头了，有时候想起那个石像得意过了头，竟跟垫在他脚底下的做座子的小石块耍起骄傲来，结果让小石块们你一言我一语，驳得狼狈不堪，叫我忍不住还会笑出声来。这篇童话是为中学生写的，当时发表在《中学生》杂志上，

---

* 《学生阅读经典——叶圣陶》叶圣陶著，叶至善选编，文汇出版社二〇〇二年版。

我想大学生读了其中的某些妙语，也许会引起更多的有意思的联想。

父亲是一九二一年年底开始写童话的，总共只写了十五个年头，最后一篇是反映“一二·九”运动的，也是六十五年前的事儿了。因而我一边编着，心里总有点儿不踏实，担心小读者分不清写作的时代。五年前，我给父亲的二十四篇童话写了说明。《瞎子和聋子》的说明我是这样写的：

在过去的那个旧社会里，到处是可怕的景象和可怕的声音。人们见惯了，听惯了，丝毫不觉得奇怪，甚至以为世界本应该如此。

以为世界本应该如此，用不着改变，也没法改变，如果人人都这样想，那才是最最可怕的。幸亏事实并非如此，不合理的旧社会不是终于被推翻了么？

童话是七十年以前写的，如果现在写，结局肯定是另一个样子：瞎子和聋子的心愿统统得到满足，一个看个没有够，一个听个没有够，都快乐得没法用言语来表达。老风车如果还要警告他们不要反悔，它肯定是老得犯了糊涂。

阅读小说，多数篇更非得弄清楚所谓的“时代背景”不可，就是要弄清楚所写的是哪个年代的事儿。我父亲写过九十篇短篇，选进这本集子的只十四篇。其中的《秋》时间跨度比较长，其馀的十三篇，大多只写发生在四五天之间的事儿，甚至就在半日之内，要弄清楚时代背景并不太难。最后那三篇一看就明白，写的是处在抗日战争时期的三位老年人。往前三篇，都写的抗日战争之前，事儿发生在上海和附近的城镇中。再往前推，《夜》写的蒋介石叛变后滥杀革命青年；《赤着的脚》写孙中山为“打倒列强除军阀”，在广州积聚革命的基本力量。再往前推就是军阀割据时代。原来那时的小学教员也曾为索取欠薪作过抗争。地方上的教育经费哪儿去了呢？局长造了新公馆，委员们要吃花酒，大帅们为争夺地盘要军饷。一旦真的打了起来，中学校长潘先生不得不挈妻荷儿，悄悄地逃难去上海。

我父亲不擅长凭空虚构，他笔下的主要人物几乎都有原型，故事情节也多少有点儿影子。《小蚬的回家》只写了两个人，一个是我，那时不满四岁，另一个当然是我父亲自己。《邻居》至少有一半写的是真事。横遭日本浪人骚扰，咬着牙仓促搬家的，就是父亲的好朋友王伯祥先生。小说中的那位爸爸，性子，行事，举止，言谈，表情，活脱就是个王先生。

也有些人物，我想不出原型是谁，前头提到的潘先生就是一个。时代背景是一九二四年的江浙战争，战场在苏州和上海之间的黄渡，小说中改成了碧庄。那个让里其实是苏州，不少中上人家听得风声渐紧，纷纷躲进了上海的租界。父亲选中了这位公立中学校长当他们的代表，不会没有缘故。他一向厌恶那些道貌岸然，而心里只知道打小算盘的君子们，如今就请出潘先生来，让他在逃难的历程中受些儿狼狈，露些儿心迹。总的说来，似乎讽刺多于谴责。父亲说他写东西，往往把主要的意思放在结尾。潘先生在难中挨过了二十多天，他的心何曾得到过半刻安宁，结果却服服帖帖接过同事们塞在他手中的笔，书写起准备挂在欢迎“杜大帅凯旋”的牌楼上的对子来。歌功颂德的现成句子写在蜡笺上分外顺溜。才写完第三条“德隆恩溥”，潘先生突然顿住了，眼前出现了一连串战祸造成的可怕景象。

潘先生怎么啦？这个掌握不了命运又只顾自己活着的可怜虫。

九十来篇短篇加上长篇《倪焕之》，父亲的小说就尽在于此了。散文的篇数要比小说多上若干倍，可是散失的不少，至今还没法作“不完全统计”。我把讲文学创作和作品赏析的一部分划了出来，编在后头，加了个《文艺杂谈》的标题。其馀的仍旧称作《散文》，写人的选几篇，记事的选几篇，发议论的选几篇，总之希望花色品种多一些，还希望经常出现在选本上课本上的少一些。读者一定也这样希望。

编进《文艺杂谈》中的九篇散文，可能让读者多点儿新鲜感。一般的小说集散文集只收作品，这儿有好些篇，如《临摹和写生》、《开头和结尾》，却告诉读者从何处入手，比较有希望写出个像个样儿的作品来。赏析作品的那篇也颇有特色。父亲总是真诚地把自己的体会和盘托出；而且总是那么热忱，好像吃到了好东西定要夹一筷子到朋友的碗上，非得让人家品尝不可。

二〇〇一年九月六日晨三时

《涸辙旧简——叶圣陶贾祖璋京闽通信集》* 前　言

1. 可不，全都是上个世纪的事了，我的父亲圣陶先生和贾祖璋先生都在一九八八年先后过世。柏松兄和我都记得“文化大革命”期间，祖璋先生路远迢迢迁居福建，两位老人家就此书信不断，可是谁也没料到竟然积累了两百多通。真亏祖璋先生的细心和恒心，把这一大摞书信保存得如此整洁完好。

在晴窗下，我读了一通又一通，宛如听两位老人家娓娓而谈。忽然脑海里闪过一个念头，我放下书信对柏松兄说：“看来把老人家的通信编印成集，是你我两个做儿子的责任了。这样一本别致的通信集，会有读者愿意看的。‘十年浩劫’，不少老一辈的文化人也横遭折磨，有的还赔上了性命：一般读者大多已经知道。可是也有不少跟你我两个的老人家差不多，没沾上太多的边，那一段艰难岁月究竟是怎么熬过来的呢？看了这首尾衔接的两百多通书信，读者至少能明白个八九成了：两位老人家虽然成了庄周在寓言中描摹的‘涸辙之鲋’，到底还能‘相呴以湿，相濡以沫’，还能凭借书信相互劝慰，相互勉励。在老一辈文化人的视野中，希望之光从未熄灭，也不会熄灭。我说的有点儿近情吗，柏松兄？”

“是这么回事。”柏松兄完全同意。他说他父亲在日，就打算编这样的一本通信集。文字是现成的，难的是书名，他父亲和几位朋友考虑来考虑去，还没找到个合适的。

---

* 《涸辙旧简——叶圣陶贾祖璋京闽通信集》叶圣陶、贾祖璋著，叶至善、贾柏松编，福建人民出版社二〇〇三年版。

我想了一会儿，扳着指头说："明白老实，莫过于《叶圣陶贾祖璋京闽通信集》，总共十一个字，未免太长，买书的卖书的都记不住。仍旧打庄周那个寓言的主意，用'涸辙'比喻文化人那时的处境，后边加'旧简'两个字——《涸辙旧简》。书信是旧的，绝非写当前的事，不至于造成误会。只可惜用词太'文'，看来那十一个字还不能扔，得印在封面上作《涸辙旧简》的注解。您说这样办好不好，字号当然得用小一些儿的。如何安排，请美术设计的朋友去考虑吧。"

2. 柏松兄回福州去了，带走了全部书信。他看我这一阵子精神欠佳，定要我将养个把月再说。为了抓紧时间，稿子让他梳理一遍之后就给我寄来。

稿子不在案头，一些零星的回忆却时不时在我脑海里浮起。我父亲长于祖璋先生其实不足七岁。一九二三年，俩人就在商务印书馆同事。那一年年初，我父亲进了编译所国文部，把一家老小从苏州搬到了上海；就在年底，祖璋先生从家乡海宁来到上海，考进了商务的仪器标本实习部。我想肯定有人会说他又发懿：杭州浙江一师的毕业生，在家乡海宁当了两年高小教员；笔下又来得，在上海《时事新报》《民国日报》都见过他的文章；新妇又是从小青梅竹马的表妹：干吗要自轻自贱，拎了铺盖独个儿去上海当什么实习生呢？他们哪儿知道祖璋先生早就对花鸟虫鱼喜欢得入了迷。在西欧许多生物学家的传记里，他得知他们无不是制作标本的能手，就在制作的过程中，他们对各种生物进行了精密细致的观察和比较。如此可贵而难得的机遇正向他迎面扑来，他怎么能轻易放过。回家过完年，他就掮着铺盖走进商务，当他的实习生，从头学起。

当实习生的那四年，祖璋先生没有虚度时光，除了规定该学的该做的制作和鉴定仪器标本那一套，还自学了日文、英文和德文。商务当局也许看他又用功又安分，调他到编译所博物生理部，跟我父亲在国文部一个样，主要也是编教科书；俩人工种相同却仍旧没有机会相识。周建人先生主编《自然界》，经常刊载祖璋先生的科学小品，如《杜鹃》《黄鸟》之类。我父亲看到谈的是自然科学，却还不时引些诗词典故，觉得很有滋味；没想到这位署名作者就是天天见面的，带着点儿腼腆的年轻同事。

3. 事终于起了变化，送走了二十年代，我父亲让朋友们拉进了开明，从此离开了商务的编译所。他自己说“开明的老朋友多，共同做事兴趣好些”。

写到这儿得补上一段，说一说我父亲的老朋友章雪村先生。雪村先生在商务主编《妇女杂志》，因为发表了一些讨论性道德和普及性知识的文章，触怒了那些以卫道士自命的权势者，笔墨官司打了年把，结果是商务当局顶不住压力，将雪村先生词退了事。雪村先生哪里肯服输，又有朋友同情他支持他，一九二六年一月，以妇女问题研究会的名义创刊的《新女性》就出版了，亮出了跟《妇女杂志》唱对台戏的架势。又过了八个月，开明书店的招牌就挂在了四马路的一个拐角上，门面虽窄，陈列在橱窗里的本版书却颇引人注目，单看封面，就感到有股蓬勃的新意。

书店办起来了，我相信雪村先生一定怀着超赶商务、中华的雄心壮志。经过三年探索，才深知靠弄弄笔墨的朋友凑起来的这几文本钱，至多能认真出好几本书而已，要在出版界站住脚跟，可得闯出一条自己的路子来。老朋友们大多自学出身，都不满意当时的学校教学，商量到最后，肯定地归结到一个中心：为什么不把开明就当作学校来办呢？读者群中本来青年最多，他们大部分失学，能进学校的只是一小部分，可是没有谁真个关心他们的成长。让他们做开明的学生——书店的主要读者吧：让他们有自己能读懂的并引发思考的新课本；为了排挤掉那些无聊无益的闲书，还得有门类众多又趣味盎然的读物供他们选择。应该给他们特地编一种刊物，就叫《中学生》吧，除了帮助他们联系实际学习各门课程，更得紧跟时代的步伐，给他们介绍各种新知识，跟他们讨论切身相关的新问题。

商量停当，朋友们推夏丏尊先生担任开明的总编辑，兼《中学生》杂志社社长。大家说凭丏尊先生在教育界的声望，还有他对青年的感召力，让他来带头，定能把开明这个小书店，办成个启发青年自学的理想学校。书店小不讲究分工，有事儿谁能干谁就揽去干。忙了一阵子，赶在一九三〇年春节前，《中学生》创刊号在读者面前亮相了，挺厚实的一大本，编者和作者的态度都直率而亲切。刊物引起的轰动，等于把开明的发展蓝图公之于众了。虽说没订契约，自己向社会作了承诺怎么能食言呢？看来除了添加人手没有别的办法了。我父亲就在这样的背景下被拉进开明，给丏尊先生当助手。两位老人家对教育的看法基本相同；对文学对艺术的见解，我父亲常说丏尊先生比自己深挚得多，进了开明正好随时向他学习。

工厂那一天送来一份清样，是祖璋先生的《鸟与文学》，让我父亲签字付印。父亲读了丏尊先生作的《序》，才知道祖璋先生是浙江一师出身，跟丏尊先生学的国文，立刻想到生物这一摊没有内行负责，何不把他请了来呢？丏尊先生却不怎么同意，长叹了一声，他说："一师进开明的有好几个了。祖璋在商务还有口饭吃，过后再说吧。有事可以让他帮忙么。"

4. 丏尊先生没算准，商务这口饭也是吃不长的：一九三二年"一·二八"之役，在国内都堪称一流的机器、厂房、仓库，尤其是东方图书馆的藏书，全都毁于日本侵略者的炮火。七十年前的那场大火，至今我闭上眼睛还能看见。在苏州河以南向北边望，无日无夜，漫天的火舌卷着浓烟，纸灰飞飞扬扬，像一阵阵黑色的雪片，最后落在墙角落里。常有人叹息着捡起来，识辨是哪部善本的残页。祖璋先生正回家过春节，本打算年初四回上海的，没想到这天早上路就断了，只好闷在家里，对着夫人孩子空着急。等到事态平息，商务因损失惨重，不得不紧缩规模，裁减人员，宣布为的是早日恢复实力，共赴国难。话是怎么说的我记不清了，总之是这么个意思。祖璋先生结果还是进了开明。柏松兄一定还记得，那时他正要进小学，祖璋先生索性在附近的弄堂里租了间房子，把他和他母亲都接到上海来住了。

开明在"一·二八"中损失不算大，只二月份的《中学生》已经印齐，在装订作坊里烧成了灰。过后按数重印，订阅的读者都给补寄了，按期零购的仍可以在书店里买到。记得给读者还附了封道歉的信，说明了原委。跟喊几句空泛的口号相比，这样办似乎稍强些儿。

还有王伯祥、徐调孚、金仲华等好几位先生，原来在商务的，也是那时进的开明。老朋友更多了，我父亲兴致更好了，常听得他们高谈阔论。写什么文篇，约什么书稿，甚至某些较大的策划，如创办函授学校，缩印《二十五史》，在我的印象中都是他们在闲谈中谈出来的。分工好像用不着商量，谁有把握就谁去干。一部小学自然课本，祖璋先生编撰植物、动物、生理等部分；另一半物理、化学等等，就由顾均正先生担任。

《中学生》上关于生物的稿子，大多由祖璋先生撰写或审定。他是不知疲倦的。陈望道先生那时主编《太白》，前后两年就发表了他写的科学小品十二篇；花鸟虫鱼，引人入胜的材料拈来就是，就缺写下来的工夫。他还在跟弟弟祖珊先生一同编绘《中国植物图鉴》。在自然科学方面，当时我国还没有一部类似的工具书。

我父亲自己定下个规矩，《中学生》和青年读物发稿之前，非得通读一遍不可。他说当编辑的该自己检验一下：不管哪个科目的文字，要自己读来没有疙瘩，才有把握让读者读了能理解；还要自己读来感兴趣，才可能让读者也读出点儿滋味来。日子长了，他对本来生疏的某些科目，真个读上了瘾。《中学生》连载《宇宙之大》，为了观察星星，他托内山书店代购了一具天文望远镜，还买了一张商务印制的活动星图。后来《中学生》连载高士其先生的《细菌与人》，又要我给打听显微镜怎么买。几家洋行的橱窗里有陈列的，标价四五百元。父亲也嫌贵，说请祖璋先生找找看。就在那个星期天早上，祖璋先生提着个小木箱气喘吁吁地赶来了，才坐定就打开了木箱。我看那镜架笨拙而粗糙，也许皱了皱眉头。祖璋先生也许觉察了，忙说："镜架是个小工厂配的，看相差点儿；镜头是道地的德国货，蔡司的出品，靠得住。要价才一百元，我说不值，硬扣了他四块。"我父亲谢了又谢，付了钱，请祖璋先生再坐坐。他如释重负，摸出手帕来擦了擦汗，站起身来说："有个朋友在家里等我拿稿子。显微镜不适用，明天上班跟我说一声，可以退的。"

5. 一九三七年抗日战争爆发，开明的总管理处、编辑部和仓库全被焚毁。雪村先生等同我父亲到了汉口，打算在内地继续出版《中学生》和少数图书；我母亲扶老携小随后跟了去。没想到走水路内运的纸张、纸型，还有租来的几架小印刷机，过火线时全被日军掠走了。原先的计划只好作罢，雪村先生绕道广州回上海去了。我父亲有位住在重庆的亲戚盛情相邀，一家老小就进了四川，父亲又当起了教书先生。

父亲落了单，更加想念留在上海的老朋友。在开明的，数伯祥、调孚两位先生笔头最勤。父亲半个来月去一封信，请他们给各位朋友传阅；专写给某一位的，就请他们转致。上海来的回信由他们两位归总，每回也都是厚厚的一大叠。哪位朋友最近怎样了，读了那么些信多少能得点儿消息。子恺先生告别了他的缘缘堂，一大家子人在路上受了多少辛苦，总算到了长沙；怎么又去了汉口呢？真叫人猜不透！彬然和祖璋两位先生都把家眷安顿在家乡，先后到了桂林：一个在搞文化供应社；一个在师范学校教生物，兼了两班国文，居然还有工夫写科学小品，真难为他的。

桂林当时政治空气特殊，聚集了不少文化人。胡愈之先生也在桂林，他不算开明的职员，可是从创办开始，许多有分量的主意几乎都是他出的，尤其在某些紧要关头。看到开明的老同人，除了彬然、祖璋两位先生，宋云彬先生也到了。愈之先生说："我看人手还够么，在桂林可约稿的朋友有的是，何不把《中学生》先办起来？青年读者一定欢迎的。现在是战时，局面变得快，一个月出一期肯定满足不了他们的要求，最好出周刊，至少也得出半月刊。"三位本来就舍不得开明和《中学生》，愈之先生这样一煽动，哪有不赞成的。只有一件，《中学生》杂志社社长丏尊先生在上海，可能给他惹些个麻烦。商量下来，决定让我父亲挂个名，于是写航空信到乐山，说明前因后果，征求我父亲的意见。我父亲当然同意，回信说半月刊讲求的是时效，稿子他来不及看，请各位多费心。出版后收到了，他一定逐篇细读，有意见一定提。《中学生》战时半月刊于一九三九年五月初开始出刊。我在父亲的日记上只看到提过一回意见，好像是关于战时经济的一篇。

愈之先生刚把《中学生》这个架子搭好，又匆匆忙忙赶往新加坡，去创办一份宣传抗战的华侨报纸。开明在桂林有个分店，印刷、发行方面的交涉，《中学生》可以让分店出面；编辑方面杂格隆咚的琐事，主要压在彬然、祖璋两位先生肩上。忙一点儿倒算不得什么，最苦的是心神不得安宁，家乡不时传来消息，说敌军又骚扰附近某地。第二年趁学校放暑假，祖璋先生决定试试，冒险回乡去接夫人和柏松兄弟仨。好容易到得江西浙江交界，炮火连天无法再前进，他只得折向东南去了温州。此后传来消息，说他老在温州、青田一带转悠，无非教书作文或编些什么。直到抗战胜利，朋友们才知道他在两年前遭了大不幸，夫人唐莲芳女士在故乡病逝，他竟没能见上最后一面。

6. 有人赞我记性好，几十年前的陈年老账，连日期也能报个大致不差。说穿了并不稀罕，举个例子：我和满子是一九三九年六月初在乐山结的婚，在桂林创刊的《中学生》战时半月刊是前不久看到的，按那时的邮递速度得走二十来天，可以推定出版的日期在五月初。一九四五年年底，我们家随开明的复员船队，从重庆逐流而下，几经周折，第二年二月上旬才回到上海，就见着了祖璋先生。开明给各地复员归来的同人分配了住房。祖璋先生和两位单身同事被安排在楼下一间集体宿舍里，楼上是我父亲母亲的卧室。

暑假中，祖璋先生把柏椿、柏楞俩从家乡接了出来，让他们念小学。集体宿舍本来不宽舒，又添了两个孩子一张床。父亲上楼下楼见了不免嘀咕，说挤得像四等舱。母亲有一回接茬说："是勿落位。祖璋先生一个男的，带着两个正在拔长的小儿子，怕衣着也弄不周全。长此下去总不是事，最好帮他娶个续弦。"满子说她的金家二表姐幼霞，三十二三还没出嫁，没读过书，却一定要嫁个跟她夏家爹（就是丏尊先生）一样脾气温和的读书人，因而把婚事给耽搁了，还在帮她大姐料理家务。母亲叫满子不妨去试试，跟表姐说清楚，新郎官是她夏家爹教出来的学生；祖璋先生那里由她自己去说。双方回话都说"先见个面吧"。见个面其实是程式，俩人都斜签坐着，找不到话说，好像只等才沏得的茶快点儿放凉。双方都不表示异议，当然全票通过，连鼓掌也用不着了。于是把集体宿舍稍作装修，改成洞房。两位单身同事和柏椿、柏楞兄弟俩都另作安排。花烛之夜的日期挺容易记：一九四七年元旦。

隔了九年，祖璋先生才开始重温家庭生活。他不会忘记那天下班回家，桌上又添了半壶才温得的绍兴；每天晚上写稿，又有人做着针线在一旁陪着；柏椿、柏楞俩上学，换上了熨平的新罩衫；还有哩，四年内又给他添了柏榕、柏棣两个儿子。有了个家真是好，参加土改，去外地开会参观，都没有什么放心不下了。这些都是后话，既然想着了，我随笔记了下来。两位老人家在信中大多要提到。我性子急，把该写在后头的注，写在了前头。

还有一条注，也似乎写在前头比较好。那是"文化大革命"前期，两位老人家——一位是教育部副部长，一位是科普出版社副总编辑，都早靠边站了。一九六九年五月，祖璋先生的夫人割除了乳腺癌。八月底边，上头忽然通知各机关，没有必要留在城市里的闲员连同家属，一律疏散去农村，自行投亲靠友。祖璋先生决定投靠柏松兄——上海解放时柏松兄参加南下工作队，已在福建结婚安家，当时下放在平和县坂仔公社。我父亲听说，劝祖璋先生说他夫人尚未完全康复，有理由申请留在北京，至少拖一段时间再说。祖璋先生却毫不在意笑着说："没有问题。"他真是听话听到了家。一九七〇年初，夫妇俩好容易到达了在地图上很不容易找到的坂仔，住在打谷场用土砖垒起的小屋里。四月，夫人癌症复发，祖璋先生陪她到厦门、上海两地就医，均无效，在第二年十一月底亡故。看了祖璋先生浸透凄苦的来信，父亲在复信中又说了许多劝慰的话；后来又把自己怀念我母亲的一首新作抄寄给祖璋先生，实做到"相濡以沫"。顺便添条小注：我母亲患的也是癌症，也动过两次手术，于一九五七年三月初离开人世。

7. 最有意思的是在这本通信集中，几乎没有一通不说到花花草草的，有的还兼及鸟兽虫鱼。一般是我父亲设问，祖璋先生回答。父亲的问题往往是根据自己的见闻提出来的，有的很冷僻，在一般的工具书上很难找着。祖璋先生总是不惮其烦，仔细作答。看得出来，为了考证某些疑点，他查遍了架上的全部藏书，有几通长达一千五百来字，俨然是篇科学论文。

我父亲自幼喜爱动手种植花草。在苏州人家的庭院里，少不了很容易栽活的凤仙、玉簪、鸡冠、蜀葵之类，到了开花时节，自然使栽种的孩子们感到成功的喜悦。一九〇六年春天，苏州开始办小学，教员大多是去日本受过短期师资培训的年轻人。我父亲是第一班学生，还不满十一岁半，小学里的一切，连黑板粉笔，他看着都新鲜，尤其是在私塾里从没学过的各门功课。他忘不了龚赓禹老师上第一课常识，挟着一棵蚕豆一棵油菜走上讲台，给大家讲这是蝶形花冠，这是十字形花冠，又掰开花瓣，让大家识别雌蕊雄蕊。一朵小小的花里藏着数不清的奥秘，自己栽种的那些花草又怎样呢？父亲从此养成了观察的习惯，哪个时节萌芽，哪个时节开花，都能了然于胸；观察越仔细，发现的问题就越多，解决不了的只好记在心里，等机会再请教稍有空闲的方家。旷日持久的所谓"大革命"，使人尝够了"闲愁最苦"的滋味，这"闲愁"还得自己想办法消解。我父亲接二连三向祖璋先生提问题，也许就为的这个；祖璋先生有问必答，仔细认真，也许也为的这个。他们俩自己可能未必意识到。

父亲和祖璋先生的通信集中，常常谈到牵牛花。一般新文学作品选本中常见的那篇《牵牛花》，是我父亲在一九三一年发表的，至今还受到选家们的青睐，想来还是“修词立其诚”的功效，事是真事，情是真情，不打妄语。在这本通信集中，父亲仍保持着旧时的风格。祖璋先生的复信也都意实情真，许多片断思路之开阔，引证之广博，笔调之清新，并不亚于他先前写的科学小品，甚至有超过的。我不否认，对写信人收信人都熟悉到如此程度，难免使评判的天平产生少许倾斜，但是影响不了大局。一封信写得是好是坏，客观标准是有的；根据标准评头品足，也是可以的。我想这标准，主要就是写信人对收信人的理解是深是浅。叫“心灵相通”也可以，但是绝非什么“第六感”，而是实实在在由经验积累起来的认识和感情。

一篇《前言》写了七千多字，人老了果然话多？似乎还不至于。也许是受了某些文艺节目主持人的传染吧。某些主持人握着话筒，就跟我握着笔一个样，非把肚肠角落里的话全倒个干净才肯罢休。看电视无可奈何，只好眼巴巴对着屏幕上的主持人，单等他宣布大赦：“有请某某女士（或某某先生），大家鼓掌欢迎!”看书可不一样，看烦了翻过一页就得。您说是不是？

二〇〇二年九月二十六日

《老开明国文课本》[*] 序

七十二年前——就是一九三二年，上海开明书店出版了一部初等小学用的国语课本，共八册。我父亲叶圣陶（绍钧）先生写的课文，父亲的好友丰子恺先生绘的插图。课本一上市，果然有点儿轰动，受到了教育界的普遍赞誉。尤其小学教员，他们说有的教材内容陈腐，语言枯燥，插图呆板，孩子们见了就厌烦，哪儿来的学习兴趣。常言道“工欲善其事，必先利其器”，教科书本该编成这个样子。我父亲和丰先生受到了鼓舞，一九三四年，又完成了高等小学用的四册国语课本。

父亲和丰先生编这十二册课本的时候，我已经进初中了；七十年前的琐事，我还能想起一些来。父亲写的课文，尤其是歌谣，有些我还能背诵；丰先生绘的插图，我还记得一些轮廓。初小第一册第一课只两行：一行是“先生早!”孩子们的口吻；一行是“小朋友早!”老师的口吻。两句话都很短，初学的听一遍就会；七个字中有一个是重复的，论生字只有六个，笔画都不多，间架又清楚，容易认，比着写也方便。把这两句放在第一册开头，似乎还有些讲究。开学那天，初小一年级生是头一回跨进学校，觉得什么都既新鲜又陌生。见着老师，他们上前去鞠了躬，问了好；老师微笑着欢迎他们。等到上国语，老师发下课本，他们翻开一看，方才那温馨的一刹那，原来已经写上课本了，还有像快照似的插图哩。插图上画着校园的一角，叶绿花红的美人蕉开得正盛，正是初秋时节。教课的老师如果善于启发，定能使孩子们感到学习的快活，逐渐

---

* 《开明国语课本》叶圣陶编，丰子恺绘，上海科学技术文献出版社二〇〇五年版。

养成观察和思考的好习惯。

一九三七年，抗日战争全面爆发。上海开明书店正处在火线上，受到了很大的损失，许多书籍只好停印，包括所有的小学教科书。直到一九八〇年，父亲已经到了我现在这个年纪了，有人约他写一篇《我和儿童文学》，他才回想起半个世纪前，曾编过这样一部小学语文课本。他说这部课本初小八册，高小四册，共四百来篇课文。四百来篇，“形式和内容都很庞杂，大约有一半可以说是创作，另外一半是有所依据的再创作，总之没有一篇是现成的，抄来的。”又说，“给孩子们编写语文课本，当然要着眼于培养他们的阅读能力和写作能力，因而教材必须符合语文训练的规律和程序。但是这还不够。小学生既是儿童，他们的语文课本必得是儿童文学，才能引起他们的兴趣，使他们乐于阅读，从而发展他们多方面的智慧。当时我编这一部国语课本，就是这样想的。”

《开明小学国语课本》绝版将七十个年头，早已很难寻觅了。忽然传来喜讯，上海科技文献出版社居然找到了一部完整的，将作为“文献”影印出版，书名简单明白，就叫《老开明国文课本》。我高兴之馀，遵嘱写了这篇说明。

二〇〇四年十一月十五日

《叶圣陶集》* 编后总记

写完第二十五卷的编后记，《叶圣陶集》的编辑工作就算全部告成了。正因为这样，觉得还有些话必须向读者交代，也就是说，还得写一篇总的编后记。

一九八六年，江苏教育出版社吴为公、缪咏禾两位同志特地到北京找我们，约我们编父亲的“全集”。我们贸贸然答应了，没想一想这件工作对我们来说是多么艰巨；当时只觉得“全集”这个“全”字得考虑考虑，真做到“全”，一定办不到，再说，似乎无此必要。改成“文集”吧，跟人民文学出版社出过的《叶圣陶文集》相重，也不太好。到底怎么办呢？我们去请教王泗原先生，他是我们父亲的好朋友老同事，父亲碰到一些难以解决的问题就常常跟他商量。泗原先生说“全”字“文”字都可以不要，就称作《叶圣陶集》岂不干净，何况单用一个“集”字是历来通行的。真是好主意，有了这个“全”字，只怕落得个“名不副实”；不标明“全”，我们一样可以尽可能做到全，还可以灵活一些，避开一些肯定会碰到的难题。征得了江苏教育出版社的同意，我们照泗原先生说的办，定名为《叶圣陶集》。

名称定下来了，我们问自己，编这部《叶圣陶集》要达到什么目的。父亲生于一八九四年，到一九八六年，已经跨越了九十三个年头。他从事写作的年代特别长，收集到的发表在报刊上的文章，最早的一篇写于

* 《叶圣陶集》叶圣陶著，叶至善、叶至美、叶至诚编，江苏教育出版社一九八七至一九九四年第一版、二〇〇四年第二版。

一九一一年，而保存下来的最早的日记，是从一九一〇年开始的。他一生的工作主要在文学创作方面、基础教育方面、语言文字方面、编辑出版方面，而主要工具就是手中的笔。因而他留下的文字特别多，有记录工作的，有提出主张的，有反映生活的，有抒发感情的；时代跨度长，涉及方面广，形式又多种多样。我们应该把父亲的文字尽可能收集拢来加以梳理，分门别类编成若干卷，给阅读目的各不相同的读者，尤其是各个方面的研究者，提供他们需要的，近于完整又便于检索的材料。

编辑意图明确了，主要读者对象认定了，《叶圣陶集》就有了个粗线条的轮廓。我们把父亲一生工作的各个方面排了个队，估计一共得编二十卷。按这个次序，我们一卷又一卷地往下编。前边的十卷由于材料大半现成，符合原定的计划。后边的却估计不足，涨出了一半来，于是总数成了二十五卷。开头的第一、二、三卷是小说；第四卷是儿童文学作品；第五、六、七卷是散文，第七卷还有剧本；第八卷是诗歌；第九卷是有关创作的论说；第十卷是作品的赏析：文学部分到此为止。接下去，第十一卷是有关教育的论说；第十二卷是跟青年和少年儿童的谈话。语文教学占了四卷：第十三卷是一般的论说，第十四卷是阅读教学，第十五卷是写作教学，第十六卷是关于教材的编写。再往后，第十七卷是关于社会文风和语言文字改革的论说，还有序跋；第十八卷是关于编辑出版工作的论说和实例。日记占了五卷，第十九到二十三卷；最后的第二十四、二十五卷是书信。各卷都有说明内容的编后记，这儿不过开列个总目录罢了。

看了这个总目录，细心的读者可能会想，似乎还应该有个年表。我们不是没有考虑过。我们想年表如果太简略，起不了把全部二十五卷贯穿起来的作用；稍稍详细点儿，重大事件都有个来龙去脉，关系密切的人都有个简要的介绍，重要的作品都记上写作和发表的日期，注上发表在哪种报刊的哪一期上，这长达九十四年的年表至少占半卷的篇幅，那么书信只好减少半卷，缩成一卷半了。等编完日记编书信，我们发现如果把书信跟日记配合起来看，就等于有了年表，而且一般的年表决没有这样详尽。只是缺了从出生到中学快毕业的一段，在甪直当小学教师到抗日战争开始的一段；但是可以弥补，父亲还有好些篇回忆性的和自叙性的文字，主要在散文部分和序跋部分，要找还是找得到的。我们于是决定不再编年表，而在选编书信的时候多用一份心，尽可能使书信和日记相互呼应，密切配合，担起年表的作用。

总目录虽然不足三百字，把这二十五卷的文字收集拢来可是最繁难的工作。唐锡光、王仿子、李侃、夏宗禹、史晓风、俞成、俞润民、王湜华、顾潮、朱肇本等各位先生和朋友帮了我们不少的忙，有的提供线索，有的送来了抄件或复印件；把我们父亲给他们的信复印了誊写了寄给我们的，就更多了。尤其是商金林同志，我们需要什么，他就想方设法帮我们寻找，在长长的八年中，他始终是我们的得力助手。如果不是众人相助，这二十五卷的《叶圣陶集》是无论如何编不成功的。我们简直无法用语言，向各位先生和朋友表达我们出自内心的感激。

我们以同样的心情，感激江苏教育出版社，感激担任排印的江苏新华印刷厂，感激《叶圣陶集》的责任编辑缪咏禾同志、常烽岚同志。如果单从经济效益着眼，这一类大部头书既累赘又无利可图。只因为我们父亲是江苏人，江苏教育出版社不仅提出了出版的创议，而且真心实意要把书出好，在设计、编校、出版等各个环节上都配备了精干的工作人员。交稿得按时，稿子要求“齐、清、定”，我们不是不知道，但是往往做不到。第二十五卷的稿子至今还在我们手中，就是个延迟交稿的例子。正文先发，附件后补，是常有的事；稿子有手抄的，有剪贴的，有复印的，跟“清”的规格相去甚远；“定”不“定”也很难说，在排校过程中还抽换过稿子。凡此种种，不但增加了排校同志的工作量，还打乱了出版社和印刷厂的生产部署。我们经常感到深深的不安。我们造成的漏洞，责任编辑都十分耐心地一一给补上了。相形之下，使我们感到羞愧。

现在是作最后冲刺了，大家鼓足干劲，一定要赶在我们父亲百岁诞辰之前，把这部二十五卷的《叶圣陶集》出齐。第一至四卷是一九八七年出版的，正赶上我们父亲最后的一个生日。父亲最不愿意重编他的文字，我们把四本崭新的书送到他的手里，他抚摩着，还是满意地微笑了，只嘀咕了一句：“等我死后再出也来得及嘛。”他没有想一想，我们子女三个那时已是六十好几奔七十的人了。至诚就没能干完，一九九二年，他过早地离开了我们。

一九九四年六月十日

《叶圣陶集》两个版本的说明

《叶圣陶集》共二十五卷，自一九八七年十月到一九九四年十月，分批挨次出齐；从着手编辑之日算起，得推前一年，总共花了八个年头。

一九八六年十月，父亲九十二岁生日前夕，吴为公、缪咏禾两位先生特地从南京赶来，代表江苏教育出版社向他老人家祝寿，并约我和至美、至诚编一部父亲的大型文集，要求尽可能全面地反映他老人家一生的生活、工作和思想。我们三个觉得这似乎是无可推卸的责任，只能应承。大体估算了一下：前头的文学部分，包括小说、童话、散文、诗歌和其他作品，以及关于创作的论说和对作品的评介赏析，至少得十卷；后头的教育和教学部分、语文教育和语文教学部分、文字改革部分和编辑出版部分，加上日记、书信，看来十卷还打不住。就算总共二十卷吧，每年发稿四卷，也得五年才能出齐。工程的艰巨自不待说，恐怕有六七百万字吧，大半得现找现抄。好在商金林同志编的《叶圣陶年谱》那时已经出版，可供我们按图索骥，陈年的旧报刊找不着，还可以请年谱的编者帮忙。

开头三卷是小说，除了父亲早年用文言写的得现找现抄，其馀的都有他老人家历年自编的集子作依据，不用费太多的工夫。第四卷是儿童文学作品。父亲自编的《稻草人》和《古代英雄的石像》，旧书铺里还有；印数少的如两个歌剧，就很难找了。还有不少作品散见于各个年代的课本中，报刊中，只好能找到多少算多少。多亏出版社调度得当，居然赶上前四卷，在老人家九十三岁的生日之前出书。吴、缪两位捧着才印得的开头四卷，又特地赶来祝寿，把四本精装的和四本平装的送到我们父亲手边。老人家脱下手套，挨本抚摩了一遍，没翻开来看——从小养成的翻书习惯，随着视力的衰退已丧失殆尽了。第二年春节前一天的上午，父亲永远地离开了我们。老人家当然不可能知道，又过了将近七年，《叶圣陶集》才大功告成，二十五卷，齐齐崭崭陈列在他百岁诞辰的纪念大会上。

《叶圣陶集》的卷数超出估算，问题出在后头；出版时间拖得那么长，主要问题也在后头。前头那十卷，作计划时心中有数，因而进行比较顺利。小说三卷按写作的先后编排：一九二三年年初以前的三集短篇编成第一卷；到一九二九年初秋又是三集，编成第二卷；第三卷是长篇《倪焕之》，加上以后的两个短篇集。儿童文学作品篇数很多，好在都短，分门别类都编进了第四卷。以下的三卷是散文，仍按写作的先后编排：抗战以前写的编成第五卷；以后写的以新中国成立划线，分别编成第六卷和第七卷。早年写的两个剧本正好编在第七卷的散文后边。第八卷是新诗和旧体诗词。作品全在于此了。跟着的第九卷是关于创作的论说，第十卷是对作品的评介和赏析：那前头的一半——文学部分十卷，跟计划居然没多大的出入。

西方有谚语说："开始得好，等于成功了一半。"我们已经完成了计划的一半，总可以松口气了吧。东方的先哲却说："不然，行百里者半九十。"我们还不能学那只兔子，在半路上打个盹。果不其然，才动手编教育和教学就碰上了难题，收集到的文篇大大超出了预计，针对性较强的还颇多，叫我们不敢随便舍弃，结果编成了两卷——第十一、十二卷。关于语文方面的篇数更多，以类相从分编成四卷：第十三卷是一般的论说，第十四卷是阅读教学，第十五卷是写作教学，第十六卷是关于教材的编写。再往后，关于媒体文风和语言文字改革的论说，加上序跋，合编成第十七卷；关于编辑出版的论说和实例，合编成第十八卷。日记占了五卷，自第十九到二十三卷；最后的第二十四、二十五卷是书信。出版社约稿时要求"尽可能全面"，大体上交代得过了，总的卷数可超出估算四分之一。后头的部分计划草率，文篇大半得现抄，拖延了发稿日期，使《叶圣陶集》推迟了两年才出齐。

多卷本的图书最忌分批出版，断断续续，两卷一批，三卷一批，没个准信，不知拖到哪年哪月才算完。《叶圣陶集》是分作十二批才出齐的，把销售部门的积极性消磨得丝毫不剩，又害苦了热心收藏的读者。要一本不缺把二十五卷配齐，真得把铁鞋踏破：这家书店回说早已售缺，那家书店回说当初就没进货。真要解决，办法倒是有一个的：书库里的存货虽然七零八落，二十五副纸型是一副不少的，出版社只要全部重印一批，不是就能满足读者的需求了吗？可是不成，就在上个世纪最后的十年中，印刷工业发生了迅猛彻底的技术革新：电脑排版取代了手工铅字排版；平版胶印取代了凸版铅印；排得的版子贮存在磁盘里，可以随时输出制成供胶印用的胶片，纸型成了废品，送进造纸厂回炉去了。先前铅印的图书如果要重印，对不起，技术革新不可逆转，得从电脑排版做起。《叶圣陶集》当然不能例外，这七百几十万字，排校一遍是多大的工程，我心中有数；出版社为《叶圣陶集》已经付出了多少人力物力，我心中也有数。我不忍再向出版社和吴、缪等各位，提出这样近乎苛求的重印建议。

没想到今年二月底边，缪咏禾先生打来长途，告诉我说《叶圣陶集》出到第八卷以后，那十七卷都只印了几千册；他们当初就有个想法，等出齐之后再一卷不拉，全部重印一次；如果我同意，出版社就开始作安排。我说那当然好，可惜晚了，即使纸型还保留着，铅印的机器已全被淘汰，要重印非重新电脑排版不可，那可麻烦了。他叫我不用担心，电脑重排不太费事，速度也快，还可以趁此作些必要的补充和改动。如此难得的机会，我怎肯等闲放过：马上说那就让我从头到尾通读一遍。这七百几十万字，读一遍可是件大工程，对于统一异体字和异形词的要求，恐怕只能放宽一些，至于校对，看来得全部拜托了。他答应一定负责到底；又说不用太急，哪天排齐哪天开印；再三叮咛，叫我量力而行，别把身体搞垮了。我再三感谢他关心，可是心里想，我还能做多少年呢？放下话筒，我立刻找出第一卷来从头读起。

有一天半夜醒来，想起《叶圣陶集》为什么要编这么多卷，前后花了七年才出齐；为什么书店里买不到，出版社迟迟不肯重印；为什么这一回重印的，会不同于原先的版本。这许多缠弯里曲的事儿，读者未必都知道：我这个编者似乎有责任作个扼要的交代。无奈上好的一支圆珠笔，到了我手上会变得越来越枯涩，涂涂改改十好几天了，才写成这篇杂七搭八很不像样的说明。

说明得加一段。第一版铅印的《叶圣陶集》共二十五卷；如今这胶印的第二版增添了一卷，总共二十六卷。

个人的多卷集一般都有作者的传略，都有集内所收作品的索引。《叶圣陶集》的第一版没有这两者，不能不说是缺憾。为了弥补缺憾，把我才写得的《父亲长长的一生》充作传略；跟缪咏禾先生特地编的前二十五卷的《集名和篇名索引》搭配，编成了第二十六卷。

第一版的发行工作搞得不好，给热心的读者和销售单位造成了极大的不便，尤其是后半部。前头说过，问题主要在我，我对编辑的困难估计不足，结果扰乱了发行。如今的第二版，二十六卷可以同时见书，出版社决定换个发行办法：整部二十六卷一个书号，一个定价，不再拆散了分卷零售。

取消零售，似乎有些霸道。其实自书籍流通形成市场之日起，千百年来，多卷本书集一向整卖整买，拆散零售的岁月并不很长，而且已被事实证明是行不大通的。任凭买方三卷五卷随意挑拣，这剩下来的还卖给谁呢？我并非袒护出版社，更不是替书店说话。逢到书市，有心的读者不妨去看看，好些家出版社都有挑剩的多卷本在削价处理。市场经济不是讲求“双赢”吗？如果只顾买方便利而亏了卖方，书店怕搁煞资金不敢订货，出版社想印多卷本也印不成了。何况有的多卷本已经输入光碟，推上了市场。光碟不是大饼，没法切成了块零卖，分卷发行的历史，到这里只得搁浅了。

《叶圣陶集》的前后两个版本相比，自第十一卷到第二十五卷，第二版的内容稍有补充，编排稍有改动；最大的差异自然是增添了第二十六卷。这最后一卷，如今就用《父亲长长的一生》作书名，仍附咏禾先生编的“索引”，以单行本的形式，与第二版《叶圣陶集》同时发售。至于其馀的二十五卷会不会也这样办，目前还未作考虑。

二〇〇一年四月七日

第二版《叶圣陶集》* 分卷编后记

第一卷

《叶圣陶集》第一卷共收三本短篇小说集；集内的作品都按写作的先后排列；各选其中一篇的篇名作为集子的名称，挨次是《穷愁》、《隔膜》和《火灾》。

《穷愁》收作者一九一四至一九一五两年间用文言写的小说十四篇，一九一八年年初用白话写的小说一篇。这些作品散见于当时的报刊上，直到如今编《叶圣陶集》才编成集子。其他两本是作者自己编的，署名叶绍钧；《隔膜》出版于一九二二年三月，《火灾》出版于一九二三年十一月，都归入《文学研究会丛书》，初版由商务印书馆印行。

《隔膜》和《火灾》原有的序文题词等，都作为附录印在作品后头。两本小说集中各有两篇（《不快之感》、《寒晓的琴歌》和《"先驱者"》、《啼声》），从内容和形式看更近于散文，因而抽了出来，移到第五卷的《脚步集》中。

二〇〇一年三月十六日重写

---

* 《叶圣陶集》叶圣陶著，叶至善、叶至美、叶至诚编，江苏教育出版社二〇〇四年第二版。

第二卷

《叶圣陶集》第二卷共收三本短篇小说集，挨次是《线下》、《城中》和《未厌集》，都是作者自己编的，署名叶绍钧。

一九二五年十月出版的《线下》和一九二八年十二月出版的《未厌集》，都归入《文学研究会丛书》，初版本都由商务印书馆印行。唯独中间的那本《城中》，于一九二六年七月由开明书店出版，很可能是为这家新创业的书店壮声势。

《城中》仍采用集子中一篇作品的篇名作书名。《线下》不是篇名，作者用这个书名表明自己的作品尚在水平线以下；"未厌"除了这个意思，还另有一层意思，可参看作者为这本集子写的《前言》(现在作为附录，印在作品后头)。

作者编自己的短篇小说集，原则上以写作的先后排列；间或有颠倒和遗漏的，如今都作了调动和补正。《李太太的头发》和《某镇纪事》两篇写在《未厌集》结集之后，未曾收入作者自编的短篇集，如今收进了《未厌集》，放在最后。

二〇〇一年三月十七日重写

第三卷

《叶圣陶集》第三卷挨次收长篇小说《倪焕之》，短篇小说集《四三集》和《春联儿》。

《倪焕之》先连载于一九二八年出版的十二期《教育杂志》。第二年八月，由开明书店出版单行本：正文前头有夏丏尊先生的评介，后头有茅盾先生的读后记和作者的自记，现在都印在正文后头作为附录。还有两篇附录是作者为翻译本写的序，和"文化大革命"后为人民文学出版社的重印本写的后记。

《四三集》是作者应良友图书公司邀约，自己编的集子，收一九三二年八月以后四年间写的小说童话共二十篇，于一九三六年八月出版。在编排上，作者试用了"以类相从"的办法。现在为了跟其他各集取得一致，仍沿用了"编年"的办法；其中《冥世别》一篇，已按"编年"编进了第二卷中的《未厌集》；还有两篇童话和六篇给少年写的小说，却

“以类相从”将编入第四卷中。《席间》和《秋》“漏了网”，现在补上了；还有一篇《乡里善人》，写在《四三集》结集之后，现在放在最后。变动甚多，要仔细查对目录和附在后面的作者《序》，才弄得清楚。

抗战八年，作者只写过五个短篇，现在编成一集，援先例取其中一篇的篇名《春联儿》，作为集子的名称。

二〇〇一年三月三十日重写

第四卷

《叶圣陶集》第四卷是儿童文学创作，包括童话、小说、散文、诗歌等，其中不少篇是作者特地为语文课本编写的课文。

在抗日战争之前的十五年中，作者写了五十来篇童话，自己编了两本童话集。第一本《稻草人》，曾归入《文学研究会丛书》，一九二三年十一月由商务印书馆出版，有郑振铎先生的《序》。第二本《古代英雄的石像》，一九三一年六月由开明书店出版，有丰子恺先生的《读后感》。现在又把曾经收入《四三集》的《鸟言兽语》和《火车头的经历》，加上先前“漏网”而经过整理的三篇，再从《开明国语课本》中挑出两篇，编成了第三本童话集，援前例取名《鸟言兽语》。

小说主要就是从《四三集》中抽出来的六篇，都是抗日战争之前的一两年内写成的，添上的那篇《友谊》，却写于一九五四年四月，竟相隔二十年，作者此后也不再写小说了。这本新凑成的集子仍援旧例，取其中一篇的篇名《邻居》，作为集子的名称。

作者的散文自上个世纪二十年代始，就常常被选入语文课本，早的如《藕与莼菜》，晚的如《景泰蓝的制作》，这些篇散文将分别编入后边的第五、第六、第七卷。这里选的都是特地为少年儿童写的散文，前三篇是从作者在二十年代编写的《开明国语课本》中挑出来的，后五篇有个总题《一个少年的笔记》，是为启发孩子们开拓习作题材而写的。现在就用这个总题作为这组散文的名称。

诗歌部分几乎四分之三录自作者编写的《开明国语课本》，其馀的大多是五十年代响应给少年儿童提供精神食粮的号召而写的（小说《友谊》

也是这样的产物)。还有两个歌剧写于二十年代末，都由商务印书馆出版，同署名的何明斋先生是配曲者。诗歌《北方冷地方》第一句是“听，听，听，听我唱”。诗歌应该让孩子们喜欢唱，所以就把这个集子称作《听我唱》。

作者编写语文课本，常常以各种文学形式，对现成的小说、童话、寓言、民间故事等等进行再创作，以适应不同年级学生的学习进度和兴趣。现在选出八篇编成一集，取其中一篇的篇名《夜工》，作为集子的名称。

二〇〇一年四月二十日重写

第五卷

《叶圣陶集》第五卷收入作者早期的散文一百三十馀篇，以写作先后编排分为两集，都借用作者自编的集子的名称作名称：《脚步集》止于“大革命”失败，《未厌居习作》止于抗日战争开始。作者自编的那两本集子出版于一九三一年六月和一九三五年十二月，虽然都以散文为主，选编的旨趣却跟现在的很不相同。因而把作者为那两本自选集写的序，编在如今的《未厌居习作》中，读者翻出来一比照，定会说我们这种做法真叫弄巧成拙，徒乱人意。

作者写散文的年头最长，发表的篇数最多，涉及的方面广而且杂。一九八一年，我和至诚编过一本《叶圣陶散文甲集》，当时父亲也参加了，要我们做到不缺不滥：“不缺”指的各个方面都得有篇把，“不滥”就是尽可能选得精一点儿，结果选出了二百一十篇。现在把我当时写的《编父亲的散文集》附在后头，供读者比照。

《叶圣陶集》散文占三卷，三百六十篇左右，其实只是小头，大头还在后边。专谈文学创作的，专谈文艺欣赏的，专谈教育和教学的，专谈听说读写的、编辑出版的，等等，等等，都分别编入以后的有关各卷，请读者诸君注意。

二〇〇一年五月二十日重写

第六卷

《叶圣陶集》第六卷收散文一百二十馀篇，前一半是作者在避地四川的八年中写的，编成一集，借用作者在一九四四年自己选编的那本文集的名称，也叫做《西川集》。后一半从东归上海，抗议重庆较场坝特务暴行始，直到提前一天，为刊物预写庆祝新中国建立的社论为止，也编成一集，取其中一篇的篇名《现实与理想》作为名称。

以时间的跨度说，这第五第六两卷，正好跟我和至诚在一九八一年编的《叶圣陶散文甲集》相吻合。因而把那本集子的“编后琐记”附在后头，或可供读者诸君参照。

二〇〇一年五月二十日夜重写

第七卷

《叶圣陶集》第七卷收作者在新中国成立后写的散文九十一篇，和他在青年时期写的两个短剧。

散文分为两集：“文化大革命”前写的编为一集，取名《融合集》，因为其中有一篇的篇名是《融合起来了》；“文化大革命”后写的编为一集，取名《老境集》，作者写过一首五律《老境》，头两句是“居然臻老境，差幸未颓唐”。

作者在新中国成立后写的散文，曾选出一百八十九篇，编成《叶圣陶散文乙集》，由三联书店出版。一九八八年编这本“第七卷”，就以“散文乙集”作蓝本。如今重读，觉得有十来篇，按所涉及的内容看，还是分别编入后头各卷为好；而原来编入第十七卷的，作者为老朋友写的十来篇序跋，实际上是缅怀悼念之作，不如移到这里。主意打定，作了一次不太小的调动。“散文乙集”的《编后琐记》仍旧作为附录，便于读者诸君比照。

两个短剧编成一集，就取名《剧本两种》。似乎没有谁知道作者也写过剧本。为什么作者才离开用直“五高”，就接连写了这样的两个短剧呢？读者诸君是否觉得有点儿奇怪。

二〇〇一年七月三日重写

第八卷

《叶圣陶集》第八卷收入《少作稿》、《时间集》、《箧存集》。《时间集》是新诗，《少作稿》和《箧存集》都是诗词。

《少作稿》中的诗词是作者在二十岁以前所作，大多抄自顾颉刚先生收藏的旧信。一九八一年十二月五日，商金林同志从旧报上找到了其中的《大汉天声》，抄给作者看。作者写了一则小记：“余作此诗，刚满十七岁，真所谓‘少作’。”这一集因而取名《少作稿》。

一九一九年初，作者开始作新诗，几年间发表了不少，但从未编成自己的集子；一九二七年以后仅偶一为之，最后一首《时间》，作于一九八五年三月五日。如今选编一集，就取名《时间集》。

一九八〇年八月，作家出版社曾印行作者自己选编的《箧存集》，采用“编年”的办法，编到一九五九年十月为止，既收诗词，也收新诗和儿歌。如今仍沿用《箧存集》这个名称，但不包括儿歌（已编入第四卷）和新诗，时间展延到一九八五年八月，作者不复吟咏为止。《箧存集》分为四编：“甲编”止于一九四九年一月，“乙编”止于一九六五年年底，“丙编”和“末编”以一九七六年六月为分界。还有少数译诗，作为附录，放在最后。

一九八八年八月作

第九卷

《叶圣陶集》第九卷收集作者谈论文艺创作的杂文，分编成《文艺丛谈》、《论创作》和《时挂心间》三个集子。

一九二一年年初，文学研究会成立。之后不久，作者在北京的《晨报·副刊》上连续发表了四十则《文艺谈》。这四十篇短论格调不强求一致，谈的问题方面很广，看内容，很可能是当时经常见面的几位文友的共同想法。往后作者似乎把工作重点放在创作方面，包括园地的开拓、队伍的扩展和自身的实践，不再经常发表关于文艺理论方面的文篇。现在把收集到的将近三十篇，按写作日期的先后编排在《文艺谈》后边；添上了一个字，把这一集称作《文艺丛谈》。

《论创作》一共只收集了三十几篇杂文，对作者来说，只能算是他谈论文艺创作的冰山一角，重头还在后头的第十卷。在第十卷里，作者每对一件作品作精辟的赏析，实质上都是以作品为实例，演绎他自己对文学创作的见解。类似的文篇，在谈阅读教学的第十二卷和谈写作教学的第十三卷中还有不少。可注意的是，在这一卷的《论创作》中，作者谈到了自己的创作历程，以及在实践中的得失。

《时挂心间》收集的是关于儿童文学的论说，篇数不多，都很短，最后两篇是一九八三年写的。在一九二一年发表的《文艺谈》中，作者已经指出爱好文艺活动是儿童的天性，必须给予保护、引导和满足，方有益于今后的全面发展。见诸文字也前后达六十二年，真可谓“时挂心间”了。

二〇〇二年二月二十七日

第十卷

《叶圣陶集》第十卷的三个集子，《揣摩集》和《读后集》是新编的；《文章例话》曾出过单行本，有一九三七年开明书店的初版本，一九八三年三联书店的重印本。

《揣摩集》收入鉴赏文学作品的论说和若干实例；其中有一篇的题目是《揣摩》，现在用来作为集子的名称。《读后集》收入十九篇对作品的评论和介绍，多半是当时的新人新作。

《文章例话》所选的例文有四分之一一般不称作文学作品，为保持原书的完整，没有剔除。为了使体例和形式与其他各卷取得一致，二十四篇例话仍以发表的先后编排，标题也恢复了发表当时的形式。《序》是为初版本写的，在重印时，作者作了修改。

一九八九年八月十五日
二〇〇一年十月二十五日改

第十一卷

《叶圣陶集》第十一卷收辑了作者关于教育的论说，大多是短篇的即兴杂感，很少引经据典的长篇大论。仍按写作（或发表）的先后编排，顺时间的推移分为四辑，建国前后恰好各两辑。为了醒目，这一回重拟了四辑的标题；还将若干文篇作了调动。最大的调动是把原先编在第十二卷最后的《时论一束》，提到了这一卷，分别编在建国前那两辑的末尾和头里。这束“时论”本是一九三六年秋，作者应《申报》而写的教育杂评，刊登在评论栏中。当时谈妥题目由作者自定，只要文体与这一栏中的其他短评一致就好。作者在不足六个月中，陆续提供了这样半文不白的短文十来篇，结果大概还是由于持论过激而中断了。如今想想，既然同是谈论教育的，读者又都是社会人士，还是归在一起的好；至于文章体裁，只好由他了。

头一辑原来的标题是《教育杂文一辑》，收集到的文篇都跟儿童教育有关，写的都是作者当小学教员的感受，因而把标题改成了《儿童·学校·家庭》。给《申报》写的短评有两篇是讲儿童读物的，正好附在后头。

第二辑原来称作《教育杂文二卷》，如今删去“二卷”两字，就称作《教育杂文》；原来从抗战爆发后直编到临近解放。如今把给《申报》写的十篇短评编在头里，时间的上限推到了抗战的前夜。连续十二三年，迅猛变革的现实激励着作者，促使他发表了不少“投枪”般的杂文。关于教育方面的，有些已编进了第六卷；更多的是跟正在受教育的青年少年说的，如今按计划编成了后头的第十二卷。

建国后的两辑，以十年“文革”分界。前一辑原来称作《教育杂文三卷》，如今把标题改成了《教育者的责任》，因为从收集到的文篇看，以关涉这一问题的篇数居多。后一辑原来取其中一组短文的题目《晴窗随笔》作标题，如今为避免搅混，改作《晴窗集》。这一改倒也符合实际，因为至少有一半文篇并非“随笔”，而是各方各面的约稿。当然都得须晴日，都得趁太阳儿射在桌子上才好动笔。光戴老花镜是不够的，左手得执着个放大镜。明知道全都违背眼科大夫的叮咛，又有什么法子呢？

二〇〇一年十月

第十二卷

《叶圣陶集》第十二卷相当于一本教育杂文，特地为青少年写的教育杂文；文篇主要录自半个多世纪以前出版的《中学生》杂志，谈的当然都是半个多世纪以前的事。

一九三〇年一月，开明书店的几位先生为反对当局推行的封建闭关式教育，创办了《中学生》杂志；积累了两年的经验之后，从一九三二年一月，增辟了《卷头言》专栏，每期刊出三五篇短文，跟中学生谈谈他们在学习和生活中面临的问题。每期的题目由大家商定，谁有空谁就动笔，往往不加署名，因为主意本是大家出的。

作者当时主管《中学生》，每期发稿都由他总其成；要是发觉哪一方面还缺些什么，他就随手补上一篇，《卷头言》中的短文数他写得最多。如今分为两辑：抗日战争爆发前写的称作《卷头初辑》；自一九四二年五月，直到一九四九年刊名改为《进步青年》的那七年中写的，称作《卷头再辑》。两辑之间有将近五年的空隙。先是因抗战爆发，《中学生》停刊了一年半；几位先生费了好大的劲，才以“战时半月刊”的形式在桂林复刊，公推作者任主编。可是作者当时在乐山，道路阻且长，邮递迟滞，半月刊的时间性又强，一般稿件也不能及时刊出，更甭说《卷头言》了。等到后来《中学生》改为月刊，迁到重庆印行；作者这时暂居成都，才又担负起每期作稿和定稿的任务。

作者为《卷头言》写的短文，不都在这两辑之内，有些涉及文艺的，编进了第九卷和第十卷；涉及阅读练习和写作练习的，编进了第十三、第十四卷；还有一些作为散文，编进了第六卷。也有几篇发表在别的报刊上的，因为内容和形式跟《中学生》的《卷头言》相类，读者对象也是青年，编进了这两辑。

第十二卷还有一辑《给少年们》，文篇的内容形式也相类，只是读者对象不同。前一半是抗日战争之初，给汉口大路书店创刊的《少年先锋》写的；后一半是给开明书店的《开明少年》写的。《开明少年》创刊于日本投降前一个月——一九四五年七月，由作者主编；后来跟《中学生》一个样，很受读者欢迎。

二〇〇一年十月三十日重写

第十三卷

《叶圣陶集》自第十三卷起，打算以四卷的篇幅，反映作者在一生中对语文教育的实践和探索。如果是一部正经的学术论文，居于四卷之首的这本第十三卷，开头应当是一篇扎实的绪论。这当然是做不到的，也没有必要这样做。可是凡事总得有个开头，只好把作者半个多世纪来论及语文教育的文篇收集在一起，有比较全面的，也有偏于某一方面的，按写作的先后编成了一集，取了个无边无涯的名字，叫《语文教学谈丛》。

把作者和夏丏尊先生合著的《文心》编在“谈丛”之后，也是这么个意思。两位老人家借这本小说阐发了他们对语文科的憧憬——在初中阶段应该发挥的功能，主要人物都是理想化的，教师尽心教，学生认真学，家长还善于配合。陈望道先生和朱自清先生为《文心》作了序，“文革”后重印由至善作了说明。读者诸君读《文心》的话，不妨先读一下这三篇附录，好在都很短。

二〇〇一年八月十九日

第十四卷

《叶圣陶集》第十四卷是阅读教学部分，分作三集：《阅读与讲解》、《精读与略读》和《范文选读》。

在《阅读与讲解》中，开头那篇恰好是阐明课文讲解和阅读训练两者的关系的，其他各篇多数提供实例，帮助老师们举一反三，通过阅读这一项教学活动，完成语文教育应该担负的各项任务。此外还介绍了几种颇有新意的与改进阅读教学有关的参考书。

四十年代初，作者和朱自清先生合作，编写了一部《精读指导举隅》，一部《略读指导举隅》，都由商务印书馆出版。“精读”指研读课内选文，“略读”指阅读课外读物；“指导”的对象主要是老师，并非学生。原意是让老师们掌握一些必要的知识，好去指导学生“精读”和“略读”。两本书都由作者和朱先生商量妥了，分篇执笔。收入《精读与略读》的是作者执笔的部分。

《范文选读》本是作者为桂林文光书店的《国文杂志》设的专栏；抗战胜利后，《国文杂志》停办。一九四七年，作者又在开明书店的《中学生》

月刊上陆续发表类似文篇，并未用《范文选读》这个栏名，看样子想建立一个阅读训练的体系；可是那时真个忙，写了四篇就打住了。如今把这四篇编在以前写的七篇后头，在目录中隔一空行以示区别。

二〇〇一年八月二日重写

第十五卷

《叶圣陶集》第十五卷是作者关于写作教学的论说和改评文章的实例，按性质分为三集，都按写作或发表的先后编排。

《写作教学》包括写作教学的论说和写作的指导。写作指导大多以中学生为对象，也有少数是专为语文教学工作者或工农大众写的。

《评改举隅》选用了改评实例十六篇。改评采用的例子一部分是中小学学生的作文，一部分是成人的习作或报刊上的文章。对后者的改评大多是作者在中华职业教育社举办的语文学习讲座上的讲稿或讲座记录。

《文章病院》本是一九三二、一九三三年《中学生》杂志的一个栏目，先后刊出过四篇评论，都未署名。这里收了三篇，因为另一篇是别位先生写的。看《文章病院》的《规约》就可以知道，设这个栏目的用意不同于一般的文章评改，所以不混在《评改举隅》中。

一九九一年九月十日

第十六卷

《叶圣陶集》第十六卷包含两个部分：《语文课程和教材》和《国文百八课》。

作者在长长的一生中，为中学小学语文课程和语文教材的建设做了不少工作，单说编撰和主持编纂的课本，就多达二三十部；建国这十来年中，他给国文课本送审稿提修改意见，就写了五千来张卡片。许多亲笔的原始材料保存在人民教育出版社，全都散失于“文革”之中。

在《语文课程和教材》中，作者草拟的课程纲要和课程标准仅三篇，此外大多是论说课程标准和教材编纂的文篇、讲稿，以及书信，几乎都是从旧杂志中翻出来的。还有几篇编辑例言，是从他和朱自清先生、吕叔湘先生等合作编纂的课本上抄下来的，并摘抄了若干篇课文的，富于启发性的讨论题和练习题。作者为《开明国语课本》撰写的课文，已选出一小部分，编入《叶圣陶集》第四卷了。

作为语文科的课程建设和教材改革的实例，本卷收入了作者和夏丏尊先生当年怀着“给与国文科以科学性”的宏愿，经过周密计划合作编写的《国文百八课》。如今采用的，是人民教育出版社的重印本。因节省篇幅，课文只好略去了，仅在目录中保存了篇名。人教社在重印之前，请吕叔湘先生写了一篇对《国文百八课》的评介。这真是篇好文章，介绍既全面，评论又公正，如今附在课本后头，建议读者诸君不妨先读。

二〇〇一年九月十九日重写

第十七卷

《叶圣陶集》第十七卷原来包括三个集子，《文风和语法》和《文字改革和汉语规范》，再带上个《序跋集》。出版后自己看看，似乎把原第十八卷的《出版事业和编辑工作》移前，跟《序跋集》对调为好：新中国成立以后那十多年内，作者工作的主要方面，可以基本上反映在第十七卷中了。考虑停当，就这样办。

文风是社会上普遍流行的各种行文的格调：有读者和听众喜爱的，也有不大受欢迎的。语法是约定俗成的语言文字的表达法则：用得正确才能使读者理解，听者明白，用错了会叫人莫名其妙。作者认为改进文风和纠正语法错误，须请报社和电台以身作则，并通过报纸和广播，向读者作经常而普及的宣传。作者为此写了不少文篇，并为记者和编辑作过不少次讲话，这些文篇和讲话记录大多收进了《文风和语法》。作者一向注意文学创作和语文教学，因而前头的好些卷（第五到第七卷、第九第十两卷、第十三到第十六卷）中，谈文风谈语法的文篇也有不少，读者诸君如有兴趣，可以参看。

那些年里，作者在文字改革、汉语规范化，以及普通话推广方面，都做了不少实际的工作，也写了不少文篇，作过多次讲话。《文字改革和汉语规范》所收的，主要是这些文篇和讲话记录。其中《标点符号用法》一篇，当时由国务院出版总署以文件形式加以公布。标点符号是念不出声音的，文篇中却非用不可；使其用法有所遵循，按性质也属于汉语规范的范畴，所以也收在这一集里。

作者在一生中，以从事出版的年头为最长，主要担负编辑工作。在工作中有什么感受，往往随手写成短文发表在报刊上，因而篇数不少。从这一集往前数，有关语文教材编写的，集中收在第十六卷中；有关教育的，分别收在第十一第十二那两卷中；在第五到第七卷中，也有少许讲到出版和编辑的。往后的第十八卷，全是关于编辑工作的。第十九到第廿三那五卷摘编作者的日记，出版编辑工作是作者的日常生活，在日记上哪能不记呢？末了的第廿四第廿五两卷是书信，不少书信就是因商榷编辑出版工作而写的。所以编入《出版事业和编辑工作》的，主要是新中国成立后作者发表的有关文篇和讲稿，以及对某些稿件的审读意见。

二〇〇二年四月二日

第十八卷

《叶圣陶集》第十八卷包括三个集子：《期刊编务摘抄》、《序跋别集》和《广告集》。原先在第十八卷中的《出版事业和编辑工作》，移到第十七卷去了。

《期刊编务摘抄》原本叫《编务丛抄》，如今在头里加了“期刊”，因为所有的文篇都是从作者参与编辑的各种期刊上抄下来的；原来用“丛抄”，口气似乎大了些，因而改成了“摘抄”。抄的主要是刊物的《编后记》，三十年代作者编《中学生》杂志所写的六十四篇，一篇也没有落；足以看出他时时为读者着想，事事跟作者商量的诚挚态度。在他稍早些时编的《妇女杂志》上，却选了几则《征文启事》，分明可以看出，他如何切望读者能掂量一下她们自己当前的生活。最有意思的是抗战胜利后，他在《国文月刊》上推出《当代文评选》专栏，使这份几乎是纯学术性的刊物，也带上了争取和平民主的战斗姿态。

《序跋别集》原本叫《序跋集》，因为许多篇序跋根据它们的内容，分别编到前头的各卷中去了；如主要是怀念文友的，都编进了第七卷；剩下的一大半序跋仍编作一集，添上个“别”以示区别；仍分作四组：一是作者为他人的编著写的序跋和代编辑部写的序跋，二是作者为自己选注的书籍写的序跋，三是没编入以前各卷的作者为自己集子写的序跋，四是不曾印行的序跋。这四组不标明序号，只在本卷的目录上，每两组之间空出一行以示区别。

《广告集》收辑了作者写的图书和期刊的广告词一百多则。图书的内容分属各种门类，很难理出个头绪来。现在把收入各种丛书的归在一起，又把文学方面的放在前头，教学用书放在后头，其余的一古脑儿放在中间。还有两点需要说明的：一是作者编辑图书门类很广，数量很多，所写的广告词决不止一百多则；二是如今按刊出的日期先后编排，但是不能作准，因为很难查清头一次刊出到底是哪年哪月。

二〇〇二年四月二日

第十九卷

《叶圣陶集》第十九卷收《圣陶日记》的五个片断和《西行日记》的上半部。

作者的日记，保存至今的共四部，题作《圣陶日记》、《西行日记》、《东归日记》、《北游日记》。后头三部挨次衔接，从抗战之初携家入川开始，直记到寿过九秩，才时断时续，渐趋稀疏，终于停笔。抗战以前的，当时都留在苏州故居，只《圣陶日记》保存完好，其余散失殆尽。这是作者最早的日记，从十七岁的头一天起，接连记了五个半年头还多一点儿。一九八三年，曾从中摘出辛亥革命前后的一部分，在《新文学史料》上发表，由至善写了篇说明，题为《七十年前的日记》；如今为同样的目的，附在选摘的五个片断后头。

《圣陶日记》约四十二万字。如今这五个片断摘自不同的时期，逐个加了标题，字数总共不足十万。之一《开头第一个月》，之三《在言子庙》，之五《初到尚公》，各摘录一个月，都保持原样，未作改动。之二《辛亥革命那一年》，之四《失业的日子》，则采用选录的办法，删去了只记日常琐事的那些天，而凡是选录的，都未删节一字。所以选取这五个片断，又采用了两种不同的摘录体例，都为的尽可能保存日记的本来面目。《圣陶日记》记到一九一六年初夏为止，当时作者在上海尚公小学当教员，情绪仍很不稳定；第二年开春到了甪直，跟几位好友尝试种种改革，才对教育事业逐渐产生兴趣。想来不可能没有日记，可惜没有保留下来。

《西行日记》应该有十三大册，头三册在乐山遭敌机轰炸，烧得连灰也找不着了。第四册又被一头产子的母猫撕毁了前半本。剩下的九册半，时间跨度为七年又八个月。收入本卷的是前头的三分之一。一九四一年二月一日，是作者从乐山迁居成都的日子，就以这一天为界，后头的日记题作《廛寄蓉城》，前头的题作《避地嘉州》。一九八三年编《我与四川》特地截取一九四〇年年底一小段，题作《成都近县视学日记》，作者写了小记，编进了这个单行本。如今把这篇小记作为《避地嘉州》的附录。《廛寄蓉城》的大头在后头的第二十卷，收入本卷的“(上)”只占全部的四分之一。

说是《西行日记》，却看不到作者当年在汉口，如何下的扶老携幼全家入川的决心；在重庆淹留了将近一年，为什么又溯江而上，避地乐山。读者诸君如果感到遗憾，请翻开第二十四卷，先读《渝沪通信》和《嘉沪通信》，作者在重庆乐山两地，给留在上海的亲友陆续写的信将近二十万字，比日记还详尽。似乎为《西行日记》的受损，预先作好了补救的准备。

二〇〇一年六月十八日重写

第二十卷

《叶圣陶集》第二十卷紧接前头一卷，收入《西行日记》的后三个部分，挨次是《蓉桂之旅》、《廛寄蓉城（下)》、《复员第一程》。

一九八二年，《蓉桂之旅》曾在《新文学史料》发表，作者写的“小记”，如今作为“附录”。“小记”在结尾处交代：“为了把这次旅行的缘故交代明白”，所以这段日记从动身前半个月——四月十六抄起。如今从离开成都的前一天——五月一日开始，免得跟已编入前头一卷的《廛寄蓉城（上)》的最后半个月相重。所谓“缘故”，就是开明书店打算在内地出版新书，需要建立一小型的编辑机构，因而邀作者去桂林跟朋友们一同商量，并动员作者重返开明，主持编辑工作。对作者来说，这次旅行极其重要，只要把《廛寄蓉城（下)》跟前头的“(上)”比较一下，可以看得十分清楚。

回成都后，作者于一九四四年和一九四五年，曾两次去重庆，主要为开明的店务。一九八四年出版的《我与四川》，收入了一九四四年那一次的日记，从八月十五到九月廿五，题作《蓉渝往返日记》。如今把作者当年写的“小记”也作为《塵寄蓉城（下)》的附录。

《复员第一程》是作者携家东归，在重庆暂时歇脚的那两个半月的日记。《西行日记》到此结束，紧接在后头的，是《东归日记》。附带作个交代，各部分的标题都是至善拟的。

二〇〇一年七月二日重写

第二十一卷

《叶圣陶集》第二十一卷，紧接前头一卷，收入《东归日记》的全部。

作者留下的《东归日记》分订四册，始于木船顺流而下到达宜昌的次日早晨，即一九四六年一月十六日，如今推前三十六天，以雇定东归木船的那一日开头；又后延了一天，把《北游日记》的头一日——一九四九年一月六日作为《东归日记》的结尾。因为作者于次日才乘轮船离开上海。这三年多的日记采用全录的办法，是完整的，除了作者漏记的一天。

把《东归日记》分作《江行纪程》和《沪上三年》两个部分，有历史的原因。

“文革”期间，作者为了给老朋友王伯祥先生消闲，把一九四五年十二月二十五日到第二年二月九日的日记抄在一本练习本上，题作《东归江行日记》。一九八一年，这段日记发表在《大地》杂志上，作者写了“小记”。后来把这段日记的前半截编进了单行本《我与四川》，作者又写了“小记”。这两则“小记”，现在都作为附录。

作者回到上海到离开上海的这段日记，曾以《在上海的三年》为题，从一九八六年起，连续三年刊登在《新文学史料》上。这是至善的主意。至善写的“按语”现在也作为附录。

有了这三则附录作为说明，用不着再说什么多馀的话了。

二〇〇一年六月三十日重写

第二十二卷

《叶圣陶集》第二十二卷，是《北游日记》的“甲钞”。

一九四九年初，作者应邀参加将要召开的新政协，绕道香港进入北方解放区。离开上海的时候，他换了一册新的日记本，在封面上题上“北游日记”四个字。他以为这一回北上，只不过时间比较长点儿而已，等开完了会，全国的局面彻底改观了，就可以回到上海，仍旧坐在开明的编辑部里，继续他暂时中断的工作。他完全没料到竟会从此定居北京，到一九八八年逝世，一直住了将近四十个年头。《北游日记》这个名字却沿用了下来，写在以后的每一册日记的封面或者扉页上。其实他早就打消了迁回上海的念头；在日记中，反而把偶尔去上海看看称作“南游”了。

《北游日记》共五十六册，本子的大小和厚薄不一，每页字数有多有少，很难统计总共有多少字；如果按照平均每日写三百字估计，将近四十个年头，应该在四五百万之间。全都收进这部《叶圣陶集》是不可能的，现在按编《圣陶日记》的办法，选出八个片断编成两卷，这第二十二卷就称作“甲钞”。

“片断之一”，全录作者一九四九年年初离开上海到达北平的日记；曾以《北上日记》为题，发表在一九八一年八月号《人民文学》上，如今依据作者在北上途中吟成的一首七律，把题改了。那首七律中有这样一联：“篑土为山宁肯后，涓泉归海复何求。”上联说为了创建人民的新中国，谁都争先，愿意贡献一分力量；下联抒发知识分子投身融入广大群众的兴奋欢快的心情。题目改成了《涓泉归海记》，略去了“复何求”，应该说是缺憾，好处是免得跟《北游日记》相混。作者为《北上日记》作的“小记”，仍按例附在后边作为说明。

作者北上，是应邀参加筹建中央人民政府的新政协，接下去的“片断之二”应该以此为中心，正好以《篑土为山记》作标题，从六月十一日作者得知被推为新政协筹备委员始，抄到十月一日他参加了开国大典后回家，与朋友们举杯畅谈为止。在这前后一百一十三天的日记中，略去了跟这一片断的中心无关的四十五天；摘录的六十八天，也根据同一原则作了少许删节。四月中，作者已经担任了华北人民政府教科书编审委员会主任，略去和删节的，主要是关于编校方面的工作，以及交游和生活的零星记录。

“片断之三”紧接“片断之二”，摘录了作者担任出版总署副署长那五年的日记，因而以《出版总署的五年》作标题。总署从筹建到撤销建制，开完最后一次署务会议，其实不止五年。新中国出版事业的格局，就是在那段时间内逐步建立起来的，许多重要措施，大到出版事业管理体制的创建和旧出版业的改造，小到编辑、印制、发行等技术方面的规定，作者在日记中都有或详或略的记载。作者那时兼任人民教育出版社的社长，因而又详细记录了开国之初中小学教材的建设情况。“片断之三”就以作者在出版总署和人民教育出版社的工作为中心，旁及他所参加的文化活动和政治活动。根据这一原则，在那五年多的日记中删去了将近两百天，绝大多数是星期天和其他休假日的。抄录下来的一千六百七十二天，也根据同一原则作了删节。如果一字不漏照录，字数大约会多出一倍。

“片断之三”是很长的片断，因而只好分成两截。编入这第二十二卷的“上”截，按字数计，占“片断之三”的三分之二。

二〇〇一年十二月二十八日改写

第二十三卷

《叶圣陶集》第二十三卷就是《北游日记》乙钞；收入“片断之三”的后半截——《出版总署的五年》(下)，还有以后的五个片断。

《出版总署的五年》终于一九五四年十一月六日。依据第一届全国人民代表大会的决议和国务院的决定，原出版总署的大部分业务和人员归入文化部，建成出版事业管理局；作者却调到教育部担任副部长，仍兼任人民教育出版社社长。这样一来，教育部和人教社的领导关系算是理顺了，作者的工作却并无变更。因而在往后的日记中，记的仍旧是编撰修订中小学各科教材，参加社内社外各种名目的大会小会，接受各机关、团体、报刊以及个人的嘱托，限时限刻为各方面看稿改稿写稿。真个“勤靡馀劳”，得到的回报却并非“心有常闲”。因而接下去三个较短的片断都是未加节略的旅行记，一点儿不牵涉日常的工作。请读者诸君松弛一下，随同作者去各处散散心。

一九五六年年底到一九五七年年初，作者作为中国作家代表团的一员，去印度参加亚洲作家代表会议。那二十四天的日记曾在一九八八年的《散文世界》双月刊上连载，题作《旅印日记》，由至善写了“按语”。如今作为《北游日记》的“片断之四”，附上至善的“按语”代替说明。

一九六一年四月至六月间，作者由秘书史晓风同志陪同，到西安、成都、重庆、武汉、庐山、南京、苏州，作了长达五十二天的休息旅行。其中的十六天，从乘火车经宝成路入川到乘轮船经三峡出川，曾以《旅川日记》为题，编入一九八四年出版的《我与四川》。作者当时写了篇“小记”，说“自已读来觉得颇有回味”。如今把这五十二天的日记抄齐了，改题《颇有回味的旅行》，按顺序编作“片断之五”；附上《旅川日记》的“小记”代替说明。

一九六一年七月至九月间，作者参加文化部组织的文化参观访问团，几乎游遍了内蒙古自治区的东部和西部。那五十五天的日记曾以《内蒙日记》为题，发表在一九八一年《收获》第六期上。作者当时也写了“小记”，抒发了他对内蒙各地和同游诸友的怀念。如今按顺序编作“片断之六”，仍附上“小记”作为说明。

“片断之七”抄录了作者一九七六年全年的日记，从元旦到除夕，未作删节。“文革”开始后不久，教育部改组，作者不再担任任何公职，社会活动全部中断，连朋友，能维持交往的也只剩下不多的几位。这长长的十年，可不是“闲愁最苦”四个字所能概括得尽的。一九七六年，大小事件层出不穷，终于急转直下，“四人帮”彻底垮台，使作者又看到了新的希望。除夕晚上，作者记完了词岁家宴，特地加上一句：“今年为变化极大之一年，而结果则举国欢畅，此可记也。”因而就把这三百六十六天的日记，题作《可记的一年》。

“片断之八”抄录了作者一九八二年四、五、六三个月的日记，也没作删节。“文革”过后，随着拨乱反正，作者又忙碌起来，虽然不再担任实职，社会活动却比先前更加频繁；跟教育界、文化界、出版界的老关系依然在，看稿、改稿、写稿的嘱托又源源不断。作者是主张“多活几年，多做些事”的，可是究竟力不从心了，几场大病损害了他的健康；加上视力衰退，日记只好写得短些，还不免时有间断。一九八二年是他在第一场大病之后，身体恢复的最好时期，居然能鼓起馀勇，去烟台作一生中的最后一次旅行。作者那年八十八，称作“耄耋”是绰绰有馀了；日记本来是流水账，因而就把这九十天的日记题作《耄耋流水》。

二〇〇一年十二月三十日改写

第二十四卷

《叶圣陶集》第二十四卷包括四集书信：《与颉刚看》，《便作相见》，《解放前的信》，《建国后的信》。前头三集其实都是解放前的。

《与颉刚看》是作者在青年时代写给顾颉刚先生的信，原来分订成二十来册，在颉刚先生的遗物中找到的，每册的封面上标明了年月日期，最早一本是一九一三年四月，最晚一本是一九一五年七月；各本有不能衔接的，估计丢失的没超过一半，这就很不容易了，数了数，保留下来的共一百零六封，现在选录了七十四封，“与颉刚看”是某一封信中的一句话，既亲切又显豁，因而用来作集子的名称。

《便作相见》是作者在抗战期间，写给留在上海的各位亲友的信，除了第一封和最后一封，都是从王伯祥先生的遗物中找到的。《入川前通信》现存的就是这七封，因为连贯不起来，没发表过。以后的信开始编号。《渝沪通信》共编二十八号，缺失一号；《嘉沪通信》到第二十号为止，缺失一号；直到胜利后回上海，应该还有一百多号没有保留下来；最后在成都写的那封短信，是从当时上海的《文汇报》上找到的。作者和沪上亲友相别如此之久，相隔如此之远，只能凭借书信互慰互勉，正如作者在一首七律中说的，“一书便作一相见”，因而用《便作相见》作为集子的名称。《渝沪通信》和《嘉沪通信》都发表过，都有作者写的“小记”。现在把这三篇“小记”作为附录，不另作说明了。

除了上面的两大宗，解放前的书信收集到的就寥寥无几了。年代越早的越难保存下来，二十年代的只有五封，都是从当时的书报上找到的，有的已经作了删节。收信人孙伏园先生和施蛰存先生是大家知道的，还有“乐水无悔”两位究竟是谁呢？两封信都刊登在《京报副刊・救国特刊》上，从内容看是极熟的朋友，为什么相互称呼要用笔名呢？——真叫人难以捉摸。直到四十年代末，收集到的一共不足四十封，现在选出三十一封编成了这一集《解放前的信》。为了阅读和查找的方便，把写给同一位收信人的信归在一起，又以写给收信人的第一封信的日期作为排列的先后。

《建国后的信》并不包括已经收集到的作者建国以来的全部书信。五年前出版的《叶圣陶答教师的100封信》，将收入第二十五卷。晚年写给俞平伯先生的信，将跟《与颉刚看》一个样，另编一集收入第二十五卷。还有给国外友人的信和给儿辈孙辈的家书，都将各编一集，也收入第二十五卷。这一集《建国后的信》共收书信四百多封，是从五百多封中挑选出来的，编排体例跟《解放前的信》相同。

一九九四年五月作
二〇〇二年二月补充

第二十五卷

《叶圣陶集》第二十五卷都是作者在建国之后写的书信，包括四个集子：《答教师书》、《致海外友人》、《暮年上娱》和《家书酌抄》。

《答教师书》就是一九八九年出版的《叶圣陶答教师的100封信》。编这“100封信”有两个想法：一是当时号召各级领导亲自答复人民来信，我想用这一百封来证实这是做得到的，并非苛求。二是为了请求各位老师和前辈，如果手上有我父亲的信，请早点儿抄写或复印给我，帮助我把《叶圣陶集》编完。前一个想法效果如何不得而知；后一个想法效果是肯定有的，问题在于看到我那篇《告读者》的人本来不多。

“文革”之后，外国友人（包括外籍华人）给作者来信的渐渐增多，作者都一一答复。信寄到了海外，收集更不容易。新加坡的周颖南先生是位有心人，他不但把作者给他的全部书信，还把作者给潘国渠先生的唯一的一封信，都复印了送了回来。广洽法师和日本的八木庄司先生也这样做了。他们几位的热忱帮助，给选编《致海外友人》创造了必不可少的条件。

从“文革”后期开始，作者和俞平伯先生交往越来越频繁。两位老朋友虽然同在北京，由于行动不便，交谈主要依靠书信，你来我往，有时甚至一天两封。他们把来信复信比作打乒乓球，都说这样随意笔谈堪称作暮年上娱。从一九七四到一九八五这十二年间，作者给平伯先生的信大约近四百封，现在挑出二百三十一封另编一集，就用“暮年上娱”作为集子的名称。

作者给子女和孙辈的信，保存下来的多达六七百封。其中以写给至善的为最多。“文革”期间至善去了干校，子女也全都下乡了，一向朝夕相处的人分散在天南地北，全靠写信互通消息，作者成了这个通信网的中心，写的信自然就多了。写给至诚的信应该更多，因为解放后至诚就在南京定居，可是保留下来的主要是作者晚年写的，前头的部分在“文革”前期散失了。至美则一直住在北京，而且定期归省，作者只偶尔给她写信，保留下来的就很少了，却都是“文革”以前的。现在从这六七百封家书中挑出一百九十八封，对其中的大多数酌量作了删节，编成这一集《家书酌抄》。如果一字不落地照抄，分量就太多了，跟其他通信集太不相称了。

二〇〇二年二月五日

第三辑　写给别人的书

《“小伞兵”和“小刺猬”》* 编辑后记

这十六篇科学童话，是从少年儿童的报刊和书籍中选出来的。我们谨向各位科学童话的作者，致深深的谢意；也向这些报刊和书籍的编者，致深深的谢意。

我们选这些科学童话有两个标准：一是要有科学知识，二是要有童话的特点。我们想，利用童话的形式来向孩子进行知识教育，是一种很好的手段。

这本集子的名字叫《“小伞兵”和“小刺猬”》，不只因为里面有这样一篇童话，还想借这个题目来说明我们的编辑意图。我们希望科学童话像“小伞兵（蒲公英的种子）和“小刺猬”（苍耳的种子）一样，到处传播，到处扎根，开出千千万万鲜艳的新的花朵。

一九六一年十二月

---

* 《“小伞兵”和“小刺猬”》《我们爱科学》杂志编，中国少年儿童出版社一九六一年版。

《战国故事》[*] 编者的话

《春秋故事》在两个多月前，已经和少年朋友见面了，《战国故事》现在又要付印。“春秋”和“战国”是两个紧紧衔接的时代。在“春秋”这三百年间，各个诸侯国相互兼并，到了“战国”时代，有势力的大国只剩了七个，可是政治斗争和军事斗争都变得更加复杂、更加激烈了，因此在二百五十年间，出了不少政治家和军事家。这本《战国故事》虽只有二十六篇，可把当时重要的事件和人物大抵都讲到了。作者不但在选择材料和编写故事方面下了不少工夫，还扼要地指出了某些事件的政治背景（如商鞅变法，“合纵”和“连横”的斗争），给了某些人物公允的历史评价（如秦始皇）。这样做，对少年朋友学习历史很有帮助。

《战国故事》跟《春秋故事》一样，除了历史上的重要事件，还讲了一些有趣的有意思的历史故事，像《孙庞斗智》（孙膑庞涓的故事）、《将相和》（廉颇蔺相如的故事）等，其中某些方面还可作为现代人的借镜。作者编写的时候，运用的是以北京方言为基础的普通话，可以帮助少年朋友学习说普通话，学习用普通话来写作。

作者现在已经动手编写《西汉故事》。这样一个时代一个时代编下去，就成为从古到今的一套《中国历史故事集》。希望少年朋友读了《春秋故事》和《战国故事》，能把意见和要求告诉我们编辑部。我们一定把这一套《中国历史故事集》编得更能使少年朋友满意。

这本书封面里的衬页，印着一幅《战国地图》（图上黑色的符号和地

---

* 《战国故事》林汉达编著，中国少年儿童出版社一九六二年版。

名是现代的，红色的符号和地名是战国时代的)，封底里的衬页印着《中国通史年表》和《战国大事年表》，少年朋友在阅读的时候可以参看。故事中讲到的当时的地名，大多注了相应的现代地名。难字大多注了音；有些并不是难字，可是有的字古时候读音不同，所以也注了音。

一九六二年七月

《朱自清先生给朱光潜先生的一封信》的跋

十月十一日，我去燕南园看望朱光潜先生。朱先生给我看朱自清先生给他的一封信，说是无意中保存下来的。信纸已经发黄，是四川夹江产的竹帘纸，字是娟秀的行书。署名下面只写日期，是二十六日，这是一九四一年的十月二十六日。

抗战时期，朱自清先生在昆明西南联大教书。从一九四零年夏天起，他有一年的休假期，就带着家眷到成都，把家安顿在望江楼对岸的宋公桥。一九四一年暑假后，他休假期满，十月八日搭木船顺岷江而下，十七日（原信作“十九日”，疑误）过宜宾，折入长江，次日到纳溪，再走公路到叙永。在叙永担搁了十天，才搭上去昆明的汽车。他给朱光潜先生的这封信，就是在叙永写的。

看了这封信，才知道朱自清先生在过乐山的时候耽搁了一天，探望了几位在武汉大学教书的老朋友，朱光潜先生、叶石荪先生和杨人楩先生。朱光潜先生还陪着他游了乌尤寺、大佛寺（就是凌云寺），还有蛮洞和龙泓寺。所谓“蛮洞”，据说是汉代人凿在石壁上的墓穴，乐山附近的山上都有，有的刻些图案和人物，不知道他们那天游的是哪个蛮洞。龙泓寺是一个石窟寺，规模很小。记得只有一排洞子，大多一人高，每个洞子里坐着一尊菩萨；只有一个洞子比较大，人可以进去。当时湮没在野草灌木之间，不知道现在整理了没有。

朱自清先生这次走水路一定有许多打算，一路上可以欣赏风景，过乐山可以看望老朋友；旅费可以节省许多，在那个年头，大学教授也都学会了打算；还有个原因，就是乘长途汽车太麻烦，太辛苦。公路局的汽车少，车票还有人垄断；买不到票只好出高价跟司机商量。司机私下让搭的乘客有个外号，叫“黄鱼”。信上说的“赶黄鱼”，就是这么回事。西南联大在叙永有个分校。朱先生说的那位好客的主人是李铁夫，有赠给李铁夫的几首诗。

当时，冯友兰（就是信上的“芝生兄”）的所谓“贞元三书”之一的《新理学》已经问世。朱光潜先生写了一篇批评《新理学》的文章，刊登在《思想与时代》上。信的第三段说的就是这回事。

至于《好梦》那首诗，朱自清先生后来写过一则小序：“九月日夕，自成都抵叙永，甫得就榻酣眠。迩日饱饫肥甘，积食致梦，达旦不绝。梦境不能悉忆，只觉游目骋怀耳。”这里的“九月”可能是阴历。

朱自清先生的信，我看到的只有这一封。文笔清新，自不消说，读来感到亲切。凡是收信人朱光潜先生想要知道的事情，他只用了不到八百字，一件一件都说清楚了。为收信人着想，体会收信人的心思，是写好一封信的关键，朱自清先生的这封信是个好例子。

一九八〇年十月

《少年化学实验手册》* 重版前言

《少年化学实验手册》就要重版了。在顾均正先生的丰富的遗著中，这本实验手册是很有特色的一种，现在有机会重版，使我感到欣慰，如同了了一桩心愿。因为大家都认为，把顾先生的遗著整理出版，让他的心血长留人间，继续滋养一代接一代成长起来的少年和青年，是纪念他的一种最实际的方式。

顾先生的一生是在编辑和写作之中度过的。他把全部的精力都献给了少年和青年，为他们编书刊，给他们写读物，前后六十多年，几乎没有间断。他的著作方面很多，有文学的也有科学的。在普及理化知识方面，他的工作更富于创造性，《少年化学实验手册》就是一个很好的例子。我们可以从这本手册窥豹一斑，体会和学习顾先生的求实态度和独创精神。

在书店里，我们可以找到各种不同科目的实验手册。一般的实验手册都是教科书的附属物，手册中的实验总是按着教学的进程安排的，目的只是为教科书的内容作佐证。顾先生编写的这本实验手册正好相反，它以实验为主体，要让读者通过实验来学习化学知识；虽然名为“化学实验手册”，实际上是一本以实验为手段的“化学入门”。在这本手册中，顾先生把实验编排成组，每一组都用阐明目的和讨论结果的方式，引导读者把实验中得到的感性认识，升华为理性认识。读者要是把手册中的两百多个实验从头到尾做一遍，对初等化学的各个基本概念就可以有个

* 《少年化学实验手册》顾均正编著，中国少年儿童出版社一九八二年版。

大体的了解。我们可以体会到，顾先生在编写这本手册的当时，不但考虑了在校同学的需要，还考虑了没进学校而有志于自学的青年少年的需要。在旧社会里，失学的青年和少年是非常之多的。

把这本手册仔细看一遍，我们还会发现，所有的实验都是顾先生精心设计的。他首先考虑到读者的物质条件，这个问题如果得不到解决，实验设计得再巧妙也是枉然，读者看了只好临渊羡鱼，还是没法做。顾先生设计的实验有两百多个，所用的仪器却最简单不过，样数不多，件数也不多，又很容易找到别的东西来代替；药品大多是生活中常见的，只有不到二十种需要到化工用品商店去购买。顾先生还考虑到读者的年纪大多比较小，又是初学化学，作实验未必有人辅导，因而他设计的实验特别注重操作的安全和结果的可靠。化学实验室里常用的强酸强碱，如硫酸、盐酸和氢氧化钠，他特意避开不用，想方设法用别的药品来替代。对于操作方法，他不厌其详，讲得清楚明白，关键的地方还再三叮咛，就像他站在正做着实验的读者身旁一个样。

关于这本实验手册，还有一件事儿是必须讲到的。三十年代中期，这本手册的初版本刚发行，顾先生设计了一个“实验箱”。那是一个小箱子，里面装着一套简单的仪器，十七种小份包装的药品。读者只要购买一个实验箱，就可以按着手册，把两百多个实验全都做一遍，方便极了。所以大家说，顾先生为读者考虑，真个考虑到了家：不仅编写手册是一件创举，设计实验箱更是一件创举。

事隔不久，抗日战争爆发了，顾先生的实验箱只好中断供应。大家并没忘记这件事，新中国成立后还时常谈起。可是考虑到需求量一定比三十年代大上不知多少倍，靠几个人的力量是没法把供应工作做好的。希望有关的机关和团体把责任担负起来，为爱好学习自然科学的青年少年当个后勤部，譬如说办一个服务公司，专门出售做各种实验所需要的工具、仪器、材料和药品。对于科学普及工作来说，这是非常重要的一环；对于一心要为参加社会主义建设打好基础的青年和少年来说，这是最实际的鼓励，也是最有效的支持。

一九八二年二月一日

《玄武门之变》* 重印后记

宋云彬先生的历史故事集——《玄武门之变》的重新排印，使我十分高兴。这是一本我喜欢读的书，我愿意就自己的体会说一说这本书的特点。

宋先生这本书是抗日战争以前写的，跟解放后出版的一般历史故事有很大的不同。后者着重于普及历史常识，大多挑选一些重要的历史事件，把情节叙述一番，让读者知道来龙去脉，弄清因果关系。宋先生写历史故事的用意不止于此，他还要“还古人古事一个本来面目”，茅盾先生在序言中就是这样说的；郑振铎先生的序言中也有“剥落”“假面具”，“显示”“真面目”的话。宋先生当时为什么要这样做呢？我想可能有下面说的两个目的。

一个目的是透过现象揭露本质，就是用历史唯物主义的观点来解释纷纷扰扰的历史事件，让读者知道历史发展的必然规律。这样的工作在三十年代倒不是没有人做，可是在概念上兜圈子的比较多；写出来的文章，一般的少年和青年不大容易接受。宋先生也许看到了这一点，所以特地为少年和青年撰写这些适于他们阅读的历史故事。

另一个目的是借用历史故事来揭露倒行逆施的蒋介石。郑振铎先生在序言中说：“许多历史上的传统的可笑的把戏，许多大小军阀们，土皇帝们，官僚们至今还往往在表演着。”而蒋介石在当时，就是那些大小军阀们、土皇帝们、官僚们的总头子；为了建立和巩固他的独裁统治，他

* 《玄武门之变》宋云彬著，浙江人民出版社一九八三年版。

耍尽了历代封建统治者用来愚弄人民的种种把戏。宋先生“剥落”那些历史人物的“假面具”，“显示”出他们的“真面目”，目的就在于揭露蒋介石。他写的历史故事中有几篇——尤其是描写刘邦这个人物，很明显就是这样着眼的；至于在行文中捎带刺这么一两下，那就随处可见，都很耐人寻味。

宋先生写这些历史故事采用了写小说的手法，他不光把故事的情节从头到尾叙述一遍，还在塑造人物和描绘背景方面花了不少力气。力气当然是值得花的，不但可以把故事写得更加生动，更能引起少年和青年阅读的兴致，还可以使读者更深一层地了解那个时代和那个社会，了解处在那个时代那个社会中，不同阶级的人物，思想感情也各不相同。只有这样做，才能够达到前面说的“还古人古事一个本来面目”的目的。

宋先生写历史故事是一九三六年初开始的，先在《新少年》半月刊上陆续发表。当时我是个高中学生，却很喜欢这一种专为初中学生编的刊物，每一期到手，翻开来最先阅读的往往是宋先生的历史故事。后一年四月，宋先生把这十几个故事编成集子出版，就以其中的一篇《玄武门之变》作为书名。茅盾先生在序文中希望宋先生“再多写些”，我这个青年读者重读了这十几篇故事，也怀着同样的希望。可是不久就爆发了抗日战争，宋先生有许多更重要更迫切的事儿必须去做，再没有馀暇写历史故事了。

《玄武门之变》初版发行到现在，已经四十五个年头了，这一回重新排印，我认为是值得做的。这是一本很耐读的书，四十五年间我读过十来遍，每读一遍都有一些新的体会，引起一些新的联想，这种乐趣难以描摹。在写这篇《重版后记》之前，我又读了一遍，得到的乐趣仍然不比青年时代初读的时候差。所以我愿意把这本书介绍给少年读者和青年读者。

一九八二年六月二十四日

《没有完的赛跑》* 后记

重读至诚在解放前的作品，引起了许多有趣的回忆。最早的几篇，是他和至美，还有我，一同跟着父亲练习作文的时候写的；后边的，大多是我逼他写的。我那时正编着《开明少年》——一种给初中学生阅读的综合性月刊。

跟着父亲练习作文在四十年代初，至诚初中还没毕业。那时候住在成都西郊的农村，没有电灯；星期六晚上，提前吃罢饭，收拾过碗筷，把植物油灯移到桌子中央，我们三个就围着桌子，看父亲改我们的文章。说是看父亲改，其实是在父亲的指引下，大家动脑筋商量着一同改。母亲的兴致也很高，把改得的稿子一篇篇收存起来，还抽空誊清了一份。父亲间或挑出几篇比较像样的来，作为读者的习作（本来是习作嘛），在青年刊物和少年刊物上发表。父亲的几位朋友看到了，怂恿我们编成集子，这就是《花萼》和《三叶》的由来。

宋云彬先生给我们的《花萼》写了“序”，先说他艳羡我父亲有这样一个美满的家庭；接着把我们三个作者介绍给读者，特地说起他没想到“小三官”（就是至诚）六七年不见，已经“写得出那样文情并茂的作品来了”。朱自清先生给我们的《三叶》写了“序”，说我们三个“由杂文向小说进展”，“是一条平整通达的道路”；尤其夸奖至诚的那篇《看戏》，说“有他自己的健康的顽皮和机智”。两本习作集的“自序”都是我写的。我记述了我们三个跟着父亲练习作文的情形，感谢两位先生愿意写

---

* 《没有完的赛跑》叶至诚著，中国少年儿童出版社一九八三年版。

“序”，给我们鼓励和指点；还说我们愿意跟着父亲不断地练习下去，每隔一两年编一本习作集，好前后比较，看出我们前进的步伐。

可是时隔不久，我们三个的生活和工作都起了变化，不能再聚在一起跟着父亲练习写作了。至美一停笔就是三十几年，直到两年前才又写起散文来。我当了编辑，从抗战结束直到今年春天，都在编少年儿童读的刊物；文章倒经常写，刊物上缺什么就补什么，方面很杂，也来不及请父亲改。能继续写文艺习作的就只有至诚一个。他先在书店工作，后来进了戏剧学校，我逼他写文章就在那个期间——那时抗战已经结束，我们家从四川搬回上海了。

我当时编《开明少年》的办法是跟父亲和老一辈的编辑学的：一是依靠读者，许多稿件是从投稿和来信中挑出来的；二是依靠信得过的作者按期供稿，如国际时事依靠陈原先生，理化依靠顾均正先生，数学依靠王峻岑先生，生物依靠贾祖璋先生。至诚就成了我在文艺作品方面依靠的作者，每期要逼他写出一篇来，有时还不止一篇。让少年喜欢读，读了多少能得到些儿好处，我相信至诚是办得到的，所以我不给他出主意，如规定他写什么，或者硬要他怎样写，等等。写文章本来是件苦差使，我不能再给他划框框。

至诚给《开明少年》写的文章有一种特殊的风格，他不是用孩子的腔调来说大人的话，而是用孩子的眼睛来观察事事物物，写出来的是孩子见到的他们所生活的这个世界。这是有原因的，他那时候才二十左右，自己还是个大孩子，何况许多材料还是他在十三四岁的时候攒积起来的。他用他的笔引导孩子们共同去体验，共同去思考，可没有写一句教训孩子们的话。这可能也有原因，他在家里是最小的一个，只有受教训的份儿。他这些文章反映的是抗日战争到解放战争时期的国统区的城市生活和农村生活。人民痛苦到了极点，孩子们当然不能不感受到，无穷的忧虑和怅惘，过早地滋长在他们心头，无法驱遣。他们寄希望于将来，一个很好很好的世界不久一定会出现，因为在如此痛苦的生活中，还是有同情，还是有友谊，还是有安慰，还是有可爱的大自然。

看过了这本集子全部文章的朋友们可以判断，我这样夸弟弟是不是夸得过了头。不过我得承认，我对这些文章确实有点儿偏爱。譬如说看到那篇《看戏》，我会想起抗战期间的生活，真是连一张戏票也买不起。

看到那篇《洗澡》，我会想起和至诚一同在成都西郊的溪沟里游泳的情景。我说得出那个乡下是哪处地方，那个胖子要人的原型是谁，于是引起一连串有趣的回忆。在当时也许是颇为痛苦的，隔了三十来年回忆起来，都成为非常有趣的了。

后来，至诚不写给孩子们读的文章了。年纪大了，离开童年越来越远了，这当然是个原因。当时他的这些文章虽然是我逼出来的，但是材料早就贮藏在他的脑子里，他自己也不知不觉。因为材料是原有的，经我一逼，就能逼出来。解放后他写了一些小说、散文和剧本，我指不出有哪些篇比较好。原因也许在于我，我跟他长久不在一起生活，读他的作品好像隔了一层膜；也许在于他，他的写作方法改变了，往往先有题目，现找材料赶紧动笔，跟他以前受到的训练不相同了。是他不能适应这种方法呢，还是这种方法不十分妥当呢？我常常在想，还没有想清楚。

一九八三年一月

把作文和做人联系在一起

——《八十年代的中学生》[*] 征文序

这是《中学生》杂志一九八〇年复刊以来的第二本征文选集。

这次征文是由共青团中央学校部和《中学生》杂志社一同发起的，题目是《八十年代的中学生》。征文启事说明了这次征文的目的是“通过这一活动，在广大中学生中大力宣传先进，表彰先进，培养并形成先进有人学，后进有人帮的良好风气，让社会主义精神文明之花，在中学生中竞相开放。”

这个目的达到没有呢？从这次征文的进行情况来看，可以说达到了；从这本征文选集来看，可以说达到了；从各方面对这次征文的反映来看，也可以说达到了。

这次征文收到同学们的应征稿两万件，连同有些地区层层选拔的，有几十万件，写的都是最近两年内在学校里涌现出来的先进的典型和后进转变的典型。一小部分应征稿曾陆续在《中学生》杂志上发表，成为每一期中最受读者欢迎的文字。许多中学的教师和基层团组织非常重视这次征文，把这次征文活动作为思想政治教育的组成部分来抓，因而收到了很好的效果：一方面推动了社会主义精神文明的建设，一方面提高了同学们学习语文、学习写作的兴趣。有人把这两个方面概括成一句话：解决了作文与做人的关系。这里的“解决了”当然不是“已经完成”的意思，而是说这次征文把作文与做人这两件事密切地联系在一起了。

---

* 《“八十年代的中学生”征文获奖作文选评》共青团编，中国少年儿童出版社一九八三年版。

应该把作文和做人这两件事密切联系在一起，应该明白要作好文得先做好人的道理。这次征文，同学们写的是学校里的先进的典型和后进转变的典型，当然先得有这样的典型，同学们才能够把它作为材料，写成文字来应征。在实际生活中，这样的典型不会没有的，只要怀着向典型学习的心，随时都能找到。如果不去找，为了应征胡编一个行不行呢?当然不行。一个编造出来的虚假的典型，怎么能作为学习的榜样呢?如果写的倒是一个实有其人实有其事的典型，自己并不打算向它学，这样行不行呢?也不行。言行不一是可耻的。怎么可以写的是一回事，做的却是另一回事呢?况且没有向典型学习的迫切的心情，观察就不可能细致，领会就不可能深刻，写出来的典型只能是浮光掠影，不可能有感染人的力量，写了等于没有写，对人对己，都没有什么好处。

把作文和做人联系在一起，可以说是这本征文选集的一个特点。选集中的五十篇文字，内容都经过核实，的确实有其人，实有其事。这些人和事在生活中并不罕见，五十几个作者却写得生动细致，鲜明深刻，可见他们在观察方面和领会方面都下了不少工夫，也可以说，他们都怀着向自己所写的典型学习的心情。正因为这样，他们对典型的宣传是实事求是的，表彰是恰如其分的，可以使人信服，可以使人学习。

这本征文选集的另一个特点是，可以让人看到八十年代的中学生的精神面貌。他们热爱祖国，热爱党，热爱社会主义；他们有觉悟，有理想，有信心；他们爱好学习，注重锻炼；他们团结友爱，热爱集体；他们关心社会，热心为群众服务；他们身体力行，不说空话，一代充满活力的有为青年正在成长。所以读了这本选集中的五十篇文字，谁都会感到高兴，谁都会受到鼓舞，政治思想工作的加强正在迅速荡涤一切污泥浊水，学校里已经开遍了社会主义精神文明之花，咱们对社会主义教育事业开创新的局面充满了信心。

一九八三年九月十二日

《乔装打扮的土狼》* 序

读完了这本书里的四十三则科学寓言，想起了我在小学一二年级念过的一则故事，虽然已经过了六十年，我还没有忘记。

太阳和风发生了争吵，都说自己的本领大。正好有个人走过。太阳对风说："老弟，咱们别争了。你看，那边来的人不是披着一件大氅吗？咱俩比一比，看谁有本领把他的大氅脱下来。"

风说："行，你看我的。"风就使劲地对着那个人刮起来，想把他的大氅刮跑。"风真大！"那个人嘀咕着，把大氅紧紧地裹在身上。风越刮越大，他把大氅越裹越紧。最后，风已经精疲力尽，大氅还紧紧地裹在那个人身上。太阳对风说："老弟，你歇一歇吧，让我来试试。"太阳对着穿大氅的人射出温暖的光。才一会儿，那个人说："今儿的太阳真好，把我晒得周身暖烘烘的。"说着就把大氅脱下来了。

故事到此为止。老师说：这类故事背后藏着教训，所以叫"寓言"，还问同学们，从这则故事得到了什么教训。同学们是怎么回答的，我记不得了，当时我想：风只知道蛮干，所以失败了；太阳用的方法比风巧妙多了，所以得到了成功。后来我记起这个故事，我又想：风的失败说明用暴力是压服不了人的；潜移默化却能使人心悦诚服——太阳用的方法近乎潜移默化。原来在同一则寓言背后，可能藏着不同的教训，就看你怎么去发掘。

也许有人说，我讲的这则故事知识太少，不能算科学寓言。这话我

---

* 《乔装打扮的土狼》树敬、树逊著，中国少年儿童出版社一九八五年版。

承认。可是要知道，这是一则古老的寓言，说不定有两千多岁了，又是讲给小孩子听的。从产生的年代看，从接受的对象看，这点儿知识也不算太少了。

这本书里有四十三则寓言，科学知识当然丰富多了，不但学科的方面非常之广，还有许多很新的发现和发明。其中的许多则，作者已经把“寓意”——就是藏在故事背后的教训讲明白了，可是在读的时候，咱们还可以想一想，很可能还有别的更深的教训藏在这些故事背后。

一九八四年六月二十九日

《十年》* 重印后记

《十年》是一部短篇小说集刊。一九三六年，开明书店编印这部集刊是为了纪念，纪念开明书店创立十周年。现在，过了将近半个世纪，中国青年出版社重印这部集刊，也是为了纪念，纪念开明书店创建六十周年。

开明书店早已不再存在——一九五三年四月和青年出版社合并，成立了中国青年出版社，开明书店就不再存在了。不再存在没有什么可惋惜的，大家都知道这是历史的必然。但是大家不免有点儿怀念，因而建议要为开明书店创建六十周年举行纪念，都说开明书店的工作态度是认真的，曾经出版了一些对读者，尤其对青年读者有益的图书和期刊。在《十年》的序言——其实是“编辑缘起”中，夏丏尊先生谈到了文学书籍方面的一部分情况，他说：“开明自从创立的那一年起，就把刊行新体小说作为出版方针之一。到现在，大家都承认开明这一类出版物中间，很有一些现代文学史上占有地位的佳作。这是开明的荣誉。”“大家都承认”这句话，看来一点儿不过分。翻开开明书店头十年的目录，其中好多位作家的作品是讲现代文学史必须要提到的，如丁玲的《在黑暗中》，巴金的《灭亡》、《新生》、《家》，茅盾的《幻灭》、《动摇》、《追求》、《子夜》、《春蚕》，庐隐的《灵海潮汐》，王统照的《山雨》，还有我父亲的《城中》、《倪焕之》等等，其中有几本还是某位作家的第一本集子，或者竟是成名之作。“这是开明的荣誉”，口气颇有点儿自得，可是我想，夏先

---

* 《十年》夏丏尊编，中国青年出版社一九八五年版。

生这样说，一定能博得大家的默许。而且在以后的十多年中，开明书店除了继续出版前面提到的各位作家的新作，还出版了张天翼的《追》，靳以的《残阳》，陈白尘的《茶叶棒子》，周文的《爱》，端木蕻良的《科尔沁旗草原》，师陀的《无望村的馆主》等等，实践了夏先生在序言中说的，保持这种荣誉的心愿。

但是当时编印这部《十年》，意义远远超过了纪念和表态。在序言中，夏先生说得很清楚："约当代作家替开明特写一篇新作，用来纪念开明，同时也给我国小说界留个鸟瞰的摄影。发育了将近二十年的新体小说成为什么样子了，虽然不能全般地看出，但是总可以从这里看出一大部分。"一九三六年以前的"将近二十年"，就是五四运动前后，我国的新文学运动是那个时候开的端。从"五四"到抗日战争，前后不到二十年，革命势力已经跟"三座大山"作了好几次全国规模的较量，斗争胜利了失败了，都给了文学创作和理论以滋养，激发了新文学运动的成长。而编印《十年》的一九三六年，正好是抗日战争的前夜，民族矛盾和阶级矛盾暴露得充分而且尖锐，在这部短篇小说集刊中，各位作家凭借自己的敏锐的观察力，对那时的错综复杂的社会现象，从各种不同的角度作了深刻的描绘。现在重印这部《十年》，意义倒不在于对半个世纪以前的小说创作重新作一次检阅，而是让现代的青年有机会通过集刊中的二十几篇小说，比较集中地了解一下半个世纪以前，正处在"方生未死之间"的旧中国的现状——"虽然不能全般地看出，但是总可以从这里看出一大部分。"而了解旧中国，了解中国人民过去的苦难和斗争，正是热爱党、热爱社会主义不可或缺的基础。

夏先生在序言中说，《十年》分正续两集出版，现在重印，把两集合在一起了。小说一共二十六篇，二十六位作家大多是青年们熟悉的。虽然过了半个世纪，这二十六位作家大半还健在，他们还没有放下手中的笔，有的还在写小说。这实在是值得庆幸的事，必须附上一笔，让青年读者知道。

一九八四年十一月

附 《十年》目录

鲁彦《银变》，老舍《且说屋里》，张天翼《一件小事》，靳以《雪朝》，王统照《站长》，巴金《星》，徐霞村《裁员》，吴组缃《某日》，施蛰存《嫡裔》，李健吾《中国的最后一课》，丁玲《一月二十三日》，凌叔华《死》，萧乾《鹏程》，圣陶《英文教授》，蹇先艾《谜》，郑伯奇《烟》，艾芜《海岛上》，沙汀《逃难》，芦焚《马兰》，沈从文《主妇》，周文《爱》，萧军《四条腿的人》，端木蕻良《乡愁》，蒋牧良《报复》，茅盾《手的故事》，夏丏尊《流弹》。

名城·窗口·奇遇

——《外国名城巡览》* 序言

《眺望域外文明的窗口——外国名城巡览》，这个书名真有意思。一座名城就像一个国家的窗口，比喻既鲜明，又贴切。咱们的孩子只要扒在各个窗口上向里边张望一下，就可以知道这个国家的大概了。这本小书给孩子们打开了哪些个窗口呢？我翻开目录，忽然想起了在希腊首都雅典的一次奇遇。

前年初冬，我跟随全国政协代表团去埃及访问，乘飞机的中途，在雅典有一天的勾留。雅典是灿烂的古希腊文化汇集的地方，我小时候才开头念世界史，这座地中海北岸的名城就使我神往不已。机会真个凑巧，时间可只有一天。我恨不能多长几双眼睛，把雅典所有的一切都看个仔细，都深深地镌入我的脑海。

这仅仅的一天，我们只能这样安排，上午参观山顶上的卫城遗迹和正在修复的雅典娜神庙，眺望碧波粼粼的地中海；下午参观希腊国家美术馆。美术馆收藏的古希腊艺术品丰富极了，也精致极了，小的如戒指耳环之类的首饰，大的如整座的石雕。我只能把注意力集中在雕像上。立体的雕像可不是平面的画：欣赏一幅画，你站在远处看一会儿，再走近去看看细部，就大体可以满足了；一座雕像，你得先绕着它转个圈儿看一遍，再选定几个角度，一一站定了仔细端详。而古希腊的雕像，不管你站在哪个角度上，总教你再也看不够。雕像一座挨着一座，没有一座不是精品，这样看法哪一天才能看完呢？我不得不加快脚步，可是总

---

* 《外国名城巡览》陈道馥、陈协川编著，四川少年儿童出版社一九八七年版。

觉得一路丢失了什么似的，心里越来越不踏实。抬头一看，同伴们早走出陈列室了，我急忙赶到走廊，冷不防从后面追上来一个人，把我给拦住了。

“欢迎，我的朋友。我认得出来，你们是中国人。”那个人说的生硬的英语。他个儿不高，皮肤比较黑，留着刷子似的小胡子，是个很典型的地中海沿岸的欧洲人；而且是个劳动者，从他的衣着看得出来。

“谢谢。”我的英语糟透了，听还能勉强听懂几句，说可只能说不相连贯的单词。于是我指了指走廊两旁的陈列品，用赞叹的口气说：“美极了，真是奇迹。”

不知我说对了没有，他只点了点头，仍旧说他的：“雅典人把东方来的游客都当作日本人。我可认得出来，你们是中国人。我到过你们中国，五次，大连，青岛，秦皇岛。我有许多中国朋友。他们带我上了长城，长城，真伟大，还看了你们中国的‘柴记’。好极了，‘柴记’!”

他一再比试，我才知道他讲的是杂技。毫无疑问，他是一位船员，一位民间的友好使者。他每一回远渡重洋来到我国的港口，都受到了盛情的款待。如今在摩肩接踵的各国游客中间，好不容易见到了我们这几个中国人，他的感情就像喷泉一般不可抑止了。

“我知道了，你在中国看过杂技。好极了。还有，我们中国的‘茅台’!”我做出举杯的手势。

他也用右手举起了假想的酒杯：“干杯!”——他说的中国话。

两个人相对一饮而尽。我看他咂了咂嘴，满足地微微摇了摇头——这位希腊海员陶醉在美好的回忆中了。

于是我指了指他的胸口，又指了指我的胸口：“希腊——中国——友谊万岁!”我一时想不起英语该怎么讲，“友谊万岁”用了法语，那是从一首法国民歌中学来的。

“友谊万岁!”他也用法语回答，接着又改用英语：“可是你们中国人，为什么不到我们雅典来呢？你看那边，又是一群日本人。”

“会来的!”我仍旧用不连贯的英语，一边用手势比画。“在我们中国，孩子们一进学校就知道希腊，知道你们的美丽的雅典。等他们长大了，他们都会来的。”

“欢迎他们，可爱的中国孩子，欢迎他们都来。”

到这时候他才觉察到我的伙伴已经走远了，于是一边道歉一边跟我握别。我捧住他粗糙有力的手，真挚地说："欢迎你再去中国!"

经这位希腊朋友一提醒，我也发现到处都是日本游客，在走廊里，陈列室里，在上午去过的卫城和神庙里；回想到前年去美国，也到处碰着成堆的日本游客。他们之中大多是老年人和青年人，中年的极少；老年人都很阔绰，青年人也有阔绰的，多数却比较俭朴，有的甚至自己背着个大行李包。他们是到国外来看看世界，增长点儿见识的。我不禁这样想：我们中国的经济力量几时能达到日本现在的水平，让我们的年轻人都能去世界各国闯一闯呢？这样的日子看来不远了，就在现在念初小的孩子到了中学毕业的时候。

这本小书给孩子们介绍了三十几座国外的名城。一座名城一个窗口，一连给孩子们打开了三十几个窗口。让我们的孩子在每个窗口前面多逗留一会儿，好尽情地领略各国特有的灿烂的文化；并且相信各个窗口里的人都会真挚地欢迎咱们的孩子，热烈的程度，可能胜过我在雅典的那次奇遇。

一九八五年三月

《父母受尊敬的秘诀》* 序

车门打开，乘客都朝车上拥。有个孩子挺机灵，他抢先挤上了车，抢先坐在那个唯一的空座上，身子左右扭了扭，他不但占定了，而且坐稳了。你很容易认出上车来的乘客中谁是这孩子的父母：只要看他朝着谁在作得意的笑，只要看谁朝着他在作赞许的笑。我所以这样有把握，因为在公共汽车上，这样的事儿我经常碰到，而且免不了不出声地叹一口气："唉，这样的父母！"

感慨之馀，我想——一手拉着吊环，身子摇晃着想：也不能责怪做父母的。孩子生下来了，他们就当上父母了。穿的，吃的，他们一定给孩子准备周全了；可是怎么教育子女，他们很可能压根儿没作考虑。我丝毫不怀疑，他们希望自己的孩子成为一个好孩子；可是怎么才叫好，怎么才能好，在他们的脑筋里恐怕是很模糊的。教育是非常细致的工作，所以当老师的都应该先进师范学校，接受当好老师的训练。父母是子女的最贴身的老师，而且是真正的启蒙老师，怎么能不受点儿教育孩子的训练呢？应该让他们进专门学校，至少得进短期训练班。谁想生孩子，谁就得先接受训练，先取得做父母的资格……

到站下车，我的遐想就打断了，这也没有什么可惜的。开办训练父母的专门学校，决无可能。短期训练班倒是有了，妇产医院为孕妇办的，

---

* 《父母受尊敬的秘诀：最新礼仪教育》[日] 田中澄江著，赵彬儒译，中国妇女出版社一九八九年版。

着眼于保健，不涉及教育——保健当然也是必不可少的。至于如何搞好子女教育的问题，现在正受到新闻出版界的重视。有的报刊经常刊登如何教育子女的文章，有的报刊办起了定期的专刊，还有专门为做父母的办的报刊，如《父母必读》、《家庭教育》等等。讨论和阐述教育子女的专著目前还比较少，过不了几年一定会大量涌现，凡是注重教育的国家莫不如此。在日本，这一类专著就比较多，作者大多是很有经验的儿童教育专家；中国妇女出版社选定了若干本，打算陆续翻译出版，作为借鉴引进，也可以弥补暂时的不足。这当然是一件极好的事儿。第一本《父母受尊敬的秘诀》已经翻译完毕，我先睹为快，把译稿借来从头到尾读了一遍，下边说一点儿我的感想。

《父母受尊敬的秘诀》由日本讲谈社在去年出版，作者田中澄江已经年近八十，是作家，也是教育家。她笔调明快，很少说教，往往先举实例，再坦率地表明自己的看法；使我读着好像听她老人家聊家常一般。书名下面有一行副题：《最新礼仪教育》，似乎专讲礼节的，其实不然，只要看一下小标题就可以知道。如《不能让孩子养成做事有头无尾的习惯》，《教育孩子帮助家长收拾餐具》，分明要做父母的注意如何让子女养成良好的生活习惯；《让孩子体会劳动的喜悦》，《教育孩子不能歧视伤残人》，分明要做父母的注意子女的品德教育；《哪些语言会伤害孩子的自尊心》，《家长也应真诚地向孩子道歉》，分明要做父母的注意教育子女的态度和方法；……就是讲礼节的部分，也讲明白了有的礼节出于对他人的尊敬，有的礼节出于对他人的关怀，有的礼节出于生活上的需要，让做父母的知道为什么一定要让子女遵照着做。

但是有一点，我们在读这本书的时候必须记住，作者的话都是针对日本当前的情况讲的。我们都知道，日本的社会生活跟咱们中国的不同；日本的传统思想和传统教育，跟咱们中国的也不相同。作者举的许多实例，有一些在咱们中国是比较少见的，也可能不至于发生。作者反对以家长的意志为绝对权威的家庭生活，甚至认为家长应当容许孩子顶嘴，应当冷静下来让孩子把话说完。从日本的传统观念来看，作者的进步是难能可贵的。可是她又认为适当的体罚还是必要的，这一条，咱们中国的教育界恐怕不能赞同。还有一些纯粹属于风俗习惯方面的礼节，也是咱们中国人不必模仿的，除非去日本做客，跟日本朋友打交道。

我相信，这本书和以后几本书的出版，将会帮助做父母的懂得教育子女有多么重要。希望所有的父母都担负起自己的天赋的责任，都把自己的孩子培养成好孩子，培养成建设社会主义的接班人。

一九八五年六月十二日

《慈父·良师·益友》序

十篇回忆录，十位作者写的，有的回忆爸爸，有的回忆爷爷，编成了这本集子——这本引起我怀念又引起我深思的集子。

读回忆录必然会引起怀念，但是对我来说，这本集子非同一般：十位作者的爸爸或者爷爷，都是文化界的人士，都是我爸爸的朋友，我的伯伯和叔叔。他们在世的时候，我大多见过，有几位还挺熟，甚至跟写回忆录的作者一个样，小时候在他们身边玩过闹过哭过笑过，受到过他们的爱抚。其馀几位虽然没有机会这样亲近，但是在读他们的作品的时候，我好像坐在他们跟前的孩子似的，仰着脸儿听他们继续往下说。现在读这本集子，我似乎又听到他们的声音，看到他们的笑容，又感受到他们的爱抚。我得感谢十篇回忆录的作者，把我带到伯伯叔叔们身边的正是他们的笔，正是他们的真切朴实的记述。他们从小跟着爸爸，跟着爷爷，习惯于用孩子的天真，来观察自己的爸爸和爷爷，他们记下来的，都是深深地刻在记忆中的最鲜明的印象。这样的回忆录，教人看了怎么能不激动。

读了这十篇回忆录，我想起我爸爸的一篇短文，题目叫《做了父亲》。在短文的最后一节，我爸爸说："对于儿女也有我的希望。一句话而已，希望他们胜似我。"怎么胜似他呢？一是身体比他强壮，二是心灵比他明澈，三是不要像他那样专弄笔墨，而要"像工人农民一样，拿得出一件供人家切实有用的东西来。"从这三个方面来看，我只能承认自己是个不肖之子。我不是借这个机会作检查，而是想到所有的长辈都一个样，都希望自己的后辈能胜过自己：自己没达到的高度，希望后辈能达到；自己没做成的事业，希望后辈能做成。对长辈的殷切希望，十位写回忆录的作者的体会一定比我深多了。他们着重记下了爸爸或者爷爷对他们的教育，有恳切的劝勉，也有无声的身教。他们用各自的笔，把自己受到的教益化成了少年读者的共同的财富。

跟这十位作者相比，我实在太幸福了。我的爸爸今年九十一了，虽然近来体弱多病，住医院的日子多，我骑上自行车就可以去看他，抚着他干枯的手，凑在他耳朵边谈这谈那。每回离开医院的时候，爸爸总要关照我："路上当心。"

一九八五年十月二十日

《国内外中小学生获奖作文选评》* 序

这是近几年来，国内外的少年儿童在本国和国际上各种作文竞赛中获奖作文的合集。这许多次作文比赛，有的是国内的机关、团体和报刊发起的，也有的是国际组织发起的。获奖的作文，我大多早就读过，因为这本合集中的作文，有一半以上，我参加了初步的评选工作；获奖的小作者，我也见到过好几位，在为征文发奖的几次大会上。

获奖的作文，都是从成千上万篇应征稿件中选拔出来的，理所当然都是好文章。从征文来说，能不能成功，能不能得到好的成绩，首先要看题目出得怎么样。如果题目符合少年儿童的生活、知识和兴趣，少年儿童看了题目不但有话可说，而且有话要说，那么这次征文一定能取得成功，应征稿件一定又多又好。有几次征文除了出题目，还给少年儿童作了些启发，启发他们怎样自己寻找可写的材料，自己选择适当的表达形式。启发工作做得好，无疑地能提高应征稿件的质量。各次征文的成绩所以有些差别，原因大概就在题目出得好不好，启发工作有没有做到家。

几次国际组织举办的征文，咱们的小作者获得了优异的成绩，为咱们祖国争了光。这些在国内和国际上获奖的作文，都有一些共同的特点：一、不说空话套话，有什么说什么，写的都是小作者自己熟悉的事儿和自己的想法；二、话怎么说就怎么写，不装腔作势，硬说些不合自己的年龄和身份的话；三、写的都是本国的事儿，这些事儿都是别国人愿意

---

* 《国内外中小学生获奖作文选评》阳羡容编，文化艺术出版社一九八六年版。

知道的，感到兴趣的，又能够理解的。前两条，写任何文章都得注意，而且要养成习惯。后一条告诉咱们，不管说话写文章，都得认清对象是谁。这个习惯也必须养成，因为话总是说给别人听的，文章总是写给别人看的。

至于获奖的小作者，我见到的几位都给我留下了很深的印象。他们活泼开朗，在陌生人面前有说有笑的，一点儿不腼腆。听他们谈话，知道他们的知识面比较广，不但读的书多，对周围的许多事物，他们都有浓厚的兴趣；而且反应敏锐，表达能力也比较强。可见他们获奖并非偶然，在平时的学习和生活中，他们不知不觉地为写好文章打下了基础。

一九八六年五月

《狗洞》[*] 序

鲁兵同志是一位有心人，他想方设法，又是写，又是编，为少年儿童提供了许多形式新、内容好的精神食粮。三年前，他给小朋友编写了一本戏曲故事集，讲了十出戏，是从八个剧种中挑出来的，用其中的一出《包公赶驴》作为书名。我国的戏种实在太多了，好戏实在太多了，鲁兵同志兴犹未尽，接着又编写了八篇故事。他接受我的建议，把新写的八篇跟原先的十篇合在一起，编成一本新的集子。新集子当然得换个书名，鲁兵同志挑中了《狗洞》，就是这本集子的头一篇。

新集子《狗洞》不但篇数增加了将近一倍，剧种也增加到了十个。注重于刻画人物的短剧和折子戏（就是从整本戏曲中摘出来的可以独立成篇的片段）各增加了两出，还增加了四出情节曲折的整本戏。十八出戏都幽默诙谐，突出了我国戏曲的这一艺术特色。小朋友读了这些故事，会忍不住时时发出笑声，甚至笑出了眼泪。鲁兵同志就是要逗小朋友发笑，让小朋友在自己的笑声中分辨是和非，分辨善和恶，分辨真正的美和真正的丑，知道爱什么，恨什么，应该同情什么样的人，厌弃什么样的人。幽默和诙谐就有这样的渗透力，对培养品德和陶冶性情来说，作用往往胜过说理和教训。

鲁兵同志编写这十八篇故事，在语言方面还下了不少工夫。戏曲语言不同于日常的口头语言，估计小朋友能够理解的，鲁兵同志尽可能保留下来。为了保持戏曲的特色，这样做是必要的；为了表现各种剧种特

---

* 《狗洞》鲁兵著，中国少年儿童出版社一九八七年版。

有的艺术风格，这样做尤其必要。如果全都改成了普通话，念起来固然顺口，幽默和诙谐的味道就差多了。

最后得说一说高马得同志画的插图。难得之处是图中的人物好像都在动，就跟演员在戏台上表演一个样，真叫入了神了。我越看越爱看。希望小朋友也仔细看，否则真是可惜了的。

一九八六年八月七日

《中国历史故事集》[*] 序

这是一部连续的历史故事集，从周朝东迁一直讲到晋朝统一全国为止，前后一千零五十年。原先分为五本，现在合在一起重新出版，这样做有以下两个原因。

这部故事集分为五本出版的时候，受到了少年读者的欢迎，也受到了少年的老师和家长的称赞。称赞说这部故事集既是历史读物，从中可以获得很多历史知识；又是文学读物，因为文词讲究，述说生动：少年朋友都应该读一读。现在把五本合在一起出版，好让更多的少年朋友读到这部历史故事。这是原因之一。

原因之二，是纪念编写这部历史故事的作者，林汉达先生。

林汉达先生过世已经十五年了。他出生在贫苦的家庭里，靠半工半读念完了大学。当时有一家书局举办全国大学生英文比赛，林先生得了第一名。这家书局把林先生请去当编辑。林先生编了不少儿童读物，还编了一部初中英文课本。由于林先生没有学位，这部课本受到了不公正的打击。林先生气愤极了，他扔下职业去美国留学，一年就得了硕士学位，过了两年又得了博士学位；后来回到上海，接受大学聘请，当了教授。

这时候正是抗战时期，林先生的生活非常清苦，他一边教书，一边研究汉字改革，一边编写历史故事。抗战胜利后，国民党反动派压制民主，发动内战。林先生积极参加中国共产党领导的民主运动，跟朋友们

---

* 《林汉达中国历史故事集》林汉达编著，中国少年儿童出版社一九八八年版。

一同组织了中国民主促进会，经常在群众大会上发表激烈的演说，因而遭到国民党政府的通缉。共产党地下组织把林先生用帆船护送到山东，后来又护送到东北。林先生到了解放区，一边努力学习，一边做文化教育工作。

新中国成立之前，林先生就来到北平，仍旧做文化教育工作。一九五四年，他被任命为教育部副部长和文字改革委员会委员。一九五七年，他被错划为右派，两年后就摘去了右派帽子。可是在“文化大革命”中，他还是受到了沉重的折磨。他对中国共产党的信心却毫不动摇。一九七二年，周恩来同志交给他一项紧要任务，请他校订一部译稿。他对照英文原本，逐字逐句认真修改，经常工作到深夜。不料在完成校订的第二天，他心脏突然发病，抢救不及，就与世长词了，终年七十二岁。

这本故事集的第一本《春秋故事》，是一九六二年出版的，当时打算一本连一本出下去，直到中华人民共和国成立为止。谁知道才出到第三本《西汉故事》，第四本《东汉故事》才完稿，就来了一场“文化大革命”，工作被迫中断了。等到十年浩劫过去，才出版了《东汉故事》，可惜林先生自己已经看不到了。第五本《三国故事》是根据林先生的遗稿《三国故事新编》缩编整理的，没能经林先生自己过目。这本《三国故事》曾获得一九八〇至一九八一年全国优秀少儿读物一等奖。

林先生编写历史故事，有两个很大的特点。

一是注意史实的准确。他写的历史故事跟演义小说不一样。演义小说虽然写得很生动，可其中有许多虚构的情节。他写历史故事着重于说明历史发展的进程，又比较尊重历史事实，主要取材于《春秋》《史记》《汉书》《后汉书》《三国志》等“正史”。像《三国演义》中的“桃园结义”、“草船借箭”之类的故事，他都没有采用。

二是文字的口语化。林先生是一位语言学家，对普通话有深入的研究。他是浙江宁波人，虽然只能说家乡的方言，可写起文章来，用的却是地道的普通话。这部书念起来很顺口，读着就跟听故事一个样，所以不但是一部优秀的历史读物，还是一部优秀的语文读物。

一九八七年四月二十八日

《儿童科普佳作》* 序

同学们，六十年前，我也是一个小学生，跟你们一样，也喜欢看书，看童话，看民间故事，还看《西游记》，看《说岳全传》，凡是你们爱看的，我都爱看。

在当小学生的时候，我看的书真不少，可是说什么也不能跟你们相比。讲革命故事的书，那时我一本没看过；讲科学技术的书，也一本没看过。因为那个时候，还没有人给小学生写革命故事的书和科学技术的书。

我非常羡慕你们，羡慕你们可以看到许许多多我小时候看不到的书。如果说每一类书是一种养分，你们在成长中必需的各种养分现在都准备齐全了。你们尽量地吸收吧，你们今天还是幼苗，吸收了充足的养分，都会长成参天的大树。

这本书收集了许多篇童话、故事和散文，讲的都是科学技术，却又是真正的文学作品。你们看了一定会舍不得放下，一定会联想到许许多多东西，许许多多从来没注意过的，没想到过的东西。本书的编辑在每篇作品后面提出了一些问题。这不是考试题，你们不一定作出答案，但是一定要好好想一想。看了书不想，就得不到好处，得不到书中的养分。

一九八七年九月十日

---

* 《中外儿童科普佳作选》教育科学出版社一九八八年版。

我不曾想到

——《未完成的沙漠畅想》序

在人们的心目中，沙漠自古以来是荒凉的，可怕的，因而也是陌生的。那儿黄沙蔽天，狂风匝地，烈日灼人；那儿一向被死亡统治着，没有一丝生命的痕迹。沙漠呀沙漠，你长此被人厌弃，难道不感到寂寞吗？看着别处都欣欣向荣，日新月异，你难道一点儿不着急，一点儿不感到羞愧吗？

可是今天，我的想法改变了。读了《未完成的沙漠畅想》科技征文的优秀作品，我的高兴真个难以言说。我要告诉沙漠：沙漠呀，你不再寂寞了，咱们的孩子没忘记你，他们都在关心着你呐。他们想方设法要给你披上绿装，让你无处不充满生机。准备着吧，沙漠，那一天不久就会到来的，你不用再唉声叹气了。

我不曾想到，咱们的孩子都这样地关心沙漠。咱们中国有多少片沙漠，全世界有多少片沙漠，分布在哪些地方，面积多么惊人，咱们的孩子都一清二楚。沙漠给人们造成了什么样的危害，为了改造沙漠，人们经受了多少失败，取得了哪些初步的成功，咱们的孩子也都知道。虽然他们大多住在离沙漠很远的地方，对于沙漠，他们竟如此熟悉，好像沙漠就在他们自家门前。他们关心沙漠，就跟关心自己的家乡一个样儿；他们立志改造沙漠，就跟立志改造自己的家乡一个样儿。

我不曾想到，咱们的孩子会有这样的胆略，这样的气魄。他们有的打算就地取材，把黄沙熔成挡住滚滚沙龙的长城；有的打算在地下建造四通八达的灌溉网，充分利用有限的雪水，把大片沙漠改造成绿洲；有的主张先开发能源，把沙漠上的日光和风力全部调动起来；有的主张先培育能抵挡严酷气候的植物，让它们充当改造沙漠的先锋，……一份份全面规划，一桩桩具体建议，胸无大志的人是万万想象不出来的。一切困难都不在他们话下，真个“初生之犊不畏虎”呀！要改造沙漠，要建设咱们的大西北，咱们需要有这样“不畏虎”的创新的勇气。

我不曾想到，尊重科学的精神在咱们的孩子心中已经深深地扎下了根。他们的规划和建议决非胡言乱语，胡思乱想。为了完备和证实他们的设想，他们翻阅了所能找到的图书，有的还在可能的条件下，自己设计自己动手做了实验。他们的规划和建议尽管未必行得通，他们也未必都能加入改造沙漠的行列，可是他们尊重科学，信赖科学，依靠科学。凭着这样的科学精神，他们将来不论走上哪个岗位，都无往而不胜，一定能做出超过前人的出色的成绩。

我不曾想到，咱们的孩子对新事物、新技术会有这样大的兴趣。他们几乎什么都想知道，而又吸收得非常之快。他们改造沙漠的规划和建议，体现了他们都怀着强烈的愿望，要用世界上最新的科学技术，来建设咱们的亲爱的社会主义祖国。读了这次征文的优秀作品，我看到了咱们的孩子的精神风貌，也看到了咱们祖国的兴旺发达的前景。

感谢发起和组织这次征文的《少年智力开发报》，感谢鼓励和辅导咱们的孩子参加这次征文的老师们和家长们。你们把开发智力的金钥匙交给了咱们的孩子，使这次征文得到了出乎意料的成功。

一九八八年五月

《中国小英雄》[*] 序

这本书介绍了十几位小英雄，十几位爱祖国、爱人民、见义勇为、心中有他人的小英雄。

咱们中国只有十几位小英雄吗？当然不是。去年五月，经《中国妇女》杂志发起，全国妇联书记处批准了“中国小英雄评选活动”，不久就收到了来自全国的上百份推荐材料；从材料看，这上百位少年儿童，个个都称得上小英雄。推想开去，咱们的小英雄又何止这上百位呢？各省、市、自治区在推荐之前，都征集了大批的材料，认真地进行了选拔；这大批的材料，写的不都是小英雄们的事迹吗？再推想开去，事迹至今没被人知晓的、没写成材料的小英雄，还不知有多少位呢。可以肯定，咱们的小英雄遍布各地，像天上的星星，或隐或现，多得数也数不清；而每一颗星星，都闪烁着咱们社会主义祖国的希望。

可是这本书只介绍了十几位小英雄，是这次活动的评审委员会认真审阅了近百份推荐材料选拔出来的。这本书介绍了他们的英雄行为，介绍了他们的思想品质。遇到危急的时候，他们不为自己考虑，能挺身而出；而在平时，凡是有利于国家的事，有助于他人的事，他们都坚持尽力去做。他们自己并没有想当英雄，而他们的行动，使他们成为应该得到表彰的英雄。在介绍他们的事迹的同时，这本书尽可能介绍了他们成长的过程，介绍了他们的老师、家长、学校和少先队组织对他们的教育和培养。

---

* 《中国小英雄》中国妇女杂志社主编，中国少年儿童出版社一九八九年版。

我参加了评审委员会的工作，因为我跟所有的关心少年儿童的同志一个样，非常赞同这一意义重大的创举。后来看了小英雄的材料，我又惭愧又惶恐：他们的行动，都是我做不到的；他们的品格，都是我达不到的。做不到达不到是明摆着的，我只有真心实意向小英雄们学习。读者看完了这本书，如果跟我有同感，我想一定也会真心实意向小英雄们学习的。

一九八九年三月十二日

《数学科普学》[*] 序

李毓佩同志特地来找我，带来他写的《数学科普学》手稿。要我看一遍，有什么想法随手写点儿下来，作为这本书的序。我照他说的做了，自己看看实在不像一篇序，可是已经答应了，只好抄下来交账，能不能用，请李毓佩同志斟酌吧。

一、概论性的文章最怕流于空泛，我不用替李毓佩同志担心，他绝不会犯这个毛病。十年来，他为少年儿童写了三十来本数学读物，体会多的是，经验也不少了。数学科普工作为什么是必要的，要达到什么样的目的，做起来会遇到哪些困难，可以采取哪些方法方式，能取得什么样的效果，他都心中有数。他不是个空谈家，而是数学科普工作的热忱的参与者。这本《数学科普学》，就该由他这样坚持不断实践的作者来写。

二、为了写这本概论，李毓佩同志把他能找到的数学科普读物都浏览了一遍，从他开列的书名看，总共有两百来本，创作的翻译的都有，时间跨越半个多世纪。对有特色有影响的作者和作品，他都作了扼要的介绍，所以这本书讲的，并不局限于他个人的体会和经验。他的介绍是中肯的，我敢这样说，因为这些作品我都读过，都曾经引起我思索，使我得到过极大的愉悦。如果以《数学科普学》作纲，按图索骥，把这些作品都找来读一读，一定会得益不少。

三、许多人认为数学是呆板的、枯燥的，只有做科学技术工作才用

---

* 《数学科普学》李毓佩著，四川教育出版社一九九〇年版。

得着，一般人何必自讨这份苦吃，诸如此类的误解不一而足。数学从根本上说，是一门使人们的思想活泼起来的科学，怎么会是呆板的呢？使思想活泼起来，人人都有这个愿望，怎么能说只有科技工作者才用得着呢？至于让人感到枯燥，恐怕主要得怪有些从事数学的人，他们没能把数学的内在趣味发掘出来，只知道强迫学生无休止地做习题，没想到适得其反，造成了使学生厌学的恶果。李毓佩同志论数学科普十分强调趣味，是很有见地，很有针对性的，希望能引起读者的注意。

四、李毓佩同志介绍的数学科普作者中，有两位是我非常熟悉的，都已经作古了。一位是刘薰宇先生，是我念中学时候的老师。他讲课并不出色，文章却写得极好。他的几本数学著作把我引入了一个奇妙的境界，原来数学无所不在，而且如此生动。后来我编少年刊物，从来没间断过讲数学的文章，还常常自己凑上一篇，就是受了他的影响。另一位是王峻岑先生，我给少年儿童编刊物编丛书，数学方面的稿件主要由他供给。从他的取材和行文看，很可能也受到刘薰宇先生的影响。希望这本《数学科普学》也能影响更多的教学工作者、更多的科技工作者，使他们参加到数学科普的行列里来。

一九八九年十月十六日

《数理化通俗演义》* 再版序

这是一部通俗的科学技术发展史，用的是章回小说的体裁——中国特有的通俗文学的体裁。

几千年来，人类的祖先推进了世界科学技术的发展，为全人类作出的贡献是不可估量的。如此光辉的历史，以及众多的科学家、发明家，应该让所有的中国人都知道。我想，这就是梁衡同志写这部书的动机。用章回小说的体裁来普及历史知识，本是中国的传统手法；而且不乏成功之作，如《三国演义》和《东周列国志》。话虽然这样说，梁衡同志却是创新，因为在这部书之前，还少见谁用演义的形式写过科学技术发展的历史。

我得到这部书还是在两年之前，当时的心情是既高兴又担心。高兴的是终于有了一部通俗的科学技术发展史，采用的又是人民大众喜闻乐见的演义形式；担心的是科学技术的发展到底不如别的历史事件那样生动，要说清楚又不得不随时讲点儿道理；章回体的演义适合于讲故事，讲一连串的历史故事。这一内容与形式的矛盾恐怕很难协调。我为梁衡同志担心，担心他的大胆尝试很可能失败。

正由于担心，我以挑剔的眼光翻开这部演义，读了开头的几回，我的担心就逐渐淡化了。梁衡同志是掌握了历史演义的特点的，他把貌似孤立的发现和发明按时间的先后串联起来，说了一桩再说一桩，脉络分明，条理清楚，又作了必要的铺垫和适当的夸张，有些片段写得相当出

---

* 《数理化通俗演义》梁衡著，电子工业出版社一九九〇年版。

色。比较沉闷的固然也有，可不能求全责备。我是知道的，咱们的史书不太注重科学技术的记载，能在“方技列传”中挂上一笔就很不错了。材料如此单薄，要通俗化，就得由作者根据当时的历史条件，合理地发挥自己的想象。这可不是一件容易的事。看得出来，梁衡同志在这方面是下了工夫的，也遇到过不少苦恼。

前年秋天在一次集会上，我头一回见着梁衡同志。我说我正在读他的这部演义，还说了我在上面写的那些肤浅的想法。他告诉我这部演义正要再版，希望我写一篇序，把我说的想法写下来就可以。我答应了却没能践约，大概为忙别的什么事误了再版的日期。昨天在一次集会上，我又见着梁衡同志。他告诉我第三版又将开印，仍旧希望我为这部演义写一篇序。一部讲科学技术发展史的通俗读物，在不到两年的时间内竟能再版两次，这还不值得祝贺吗？梁衡同志的尝试不但没有失败，而且得到了读者的认可，这还不值得祝贺吗？我不能再爽约了，昨天一回到家就拿起笔来，写的可还是两年前的那些肤浅的想法。

写到这儿，这篇序可以交卷了，可我还想提个建议。科学技术的发展离不开生产和社会的发展，离不开文化和思想的发展，我建议梁衡同志扩大规模，把各方各面融合在一起，驾轻就熟，再写一部这样的通俗历史；至于形式，仍旧用演义也可以，换一种别的也可以。我不是代哪个出版社约稿，而是为广大的读者约稿。我也是读者中的一个，希望梁衡同志能考虑一个读者的建议。

一九九〇年六月十六日

写在《伊伊童话集》[*] 前头

亲爱的小朋友，伊伊说他属小狗狗，我可属马，是一匹老马，头发眉毛都白了，要是留胡子，胡子也是白的。我没留胡子，老马是不留胡子的，只有老山羊才留胡子。

老马会拉车，我不会拉车，只会看书。今天我可高兴了，我看了一本非常非常有趣的书，就是这本《伊伊童话集》——小朋友伊伊讲的童话。

我看着看着，不知不觉变了，变成了一个跟你们一样大的小朋友，坐在小伊伊身边，睁大了眼睛听他讲他自己编的童话。他讲了一个又一个，我一个一个往下听，听得有滋有味的。你们说奇怪不奇怪，听着小伊伊讲的童话，连我这匹老马也变成小马驹了。

小伊伊一连讲了三十六个童话：一会儿，大灰狼掉进了小兔子的饭锅里；一会儿，妈妈的眼镜忽然逃跑了；一会儿，老爷爷教小白猫钓鱼，钓到了好多好多鱼；一会儿，小伊伊请太阳到家里做客，还让太阳到冰箱里去凉快凉快；一会儿，小伊伊变成了大象，让人们送进了动物园……我听个没有够，老缠着他“再讲一个”。可是没有了，书看完了，小伊伊也不见了。要是我真个在他身边，他一定会对我说：“下一回再讲吧，我得歇口气了。”

我也得歇口气了，请小朋友赶快往下看吧。你们得到的快活一定比我多得多，你们的心是跟小伊伊相通的，而我，我毕竟是匹老马了。

---

[*] 《伊伊童话集》李伊著，郑岩绘画，接力出版社一九九一年版。

看完之后，你们一定得谢谢小伊伊的妈妈，也代表我谢谢小伊伊的妈妈，是她把小伊伊讲的童话用笔写了下来，才使咱们能得到这样的快活。

一九九〇年九月二十九日

《二十世纪前期中国语文教育论集》* 序

去年四月，叶圣陶中学语文教学研讨会在扬州召开，主办单位邀我参加，我就去了；在会上，见到了老朋友顾黄初同志。他是专门研究语文教育的，在扬州师范学院工作。

既然参加研讨会，我不能光坐在那儿听，总得发个言。我说，我父亲如果还活着，听说这次研讨会冠上他的名字，他一定又要皱眉头的，我也不敢来参加了。我父亲为中小学语文教学的改革做了不少工作，这是事实；在课本的编写方面，还发表过不少探讨教育目的和教材、教法的文章，这也是事实。可是几乎所有的工作，都是他跟朋友们一同做的；发表的许多主张，也大半是他和朋友们共同的看法。就说研究我父亲吧，也得把他的朋友们放在一起研究。从研究语文教育来说，这样做显然是不够的，恐怕还得研究一下历史上发生过哪些争论，研究一下传统的影响和外来的影响，看我们的先辈到底扬弃了一些什么，继承和引进了一些什么。最后说了些祝愿的话，祝愿大家在研究历史进程和总结实践经验的基础上，不断有所创新，像我父亲晚年期望的那样，尽早给语文教学建立起一个较为周密的体系来。

我对语文教育毫无研究，所以只能说说在整理父亲的遗作时想到的一些极其粗浅的意思。没料到黄初同志听了大加赞许，甚至把我看作同道。他告诉我说：前清末年废科举办学校，开始实行分科教学，语文才

---

* 《二十世纪前期中国语文教育论集》顾黄初、李杏保编，四川教育出版社一九九一年版。

成为独立的科目。九十年来，别的科目虽然也有所变化，大体上还是照搬外国的体系，唯独语文一科，传统的包袱最沉重，因而论争最多，变化也最频繁。他说他和李杏保同志正在研究这一段历史，从广泛搜集资料入手，已经取得了一定的成绩，选编了一部新中国建立以前的语文教育论集，希望我给这部论集写一篇序。我说，这怎么成呢？我在发言中说要研究历史，正因为我缺乏这方面的常识，又很想知道。要我写序，怎么说我也不够格。黄初同志说这不妨事，只要把我方才的发言写下来，强调一下研究历史的必要性就可以了。黄初同志把要求降得这么低，我不好再推词，于是说了句活络话：等这部论集发排了，让我看一遍初校样，到时候再说吧。

一个星期前，论集的初校样寄到了，厚厚的一大叠，黄初同志用的快递。看来序是非写不可了，而且得马上动手。我翻开校样从头读起，先读这部论集的《导论》。

《导论》是黄初同志和杏保同志两位合写的，分四个部分，共一万八千多字。第一部分概括地交代了语文独立设科以前的教学状况。两位编者抨击了禁锢思想的读经和科举，但并不抹煞少数有见地的教育家，也给后世留下了可供借鉴的经验和理论。第二部分全面地介绍语文学科在新中国建立以前的历史进程。两位编者根据教育目的和教材内容的演变，以及教学方法的改进，把这四十多年划分为“独立设科”“体系建设”“探索前进”三个阶段。为了叙说方便，为了脉络分明，划分阶段当然是必要的。他们这样划分，看来也是妥当的，符合语文科本身的发展历程。只是名称似乎还可以商榷，因为新中国建立以后，语文科的体系还有过几次较大的变动，恐怕今后还是个必须继续探讨的课题。第三部分，两位编者分五个方面，进一步介绍语文科在这四十多年中的基本“发展轨迹”。他们以“分”和“合”的观点，阐述了教授白话文和教授文言文的论争，思想品德教育在语文科中应占地位的论争，知识教学与语文科的关系的论争，以及教授方法和学习方法的改革，教学实践和理论研究的相互促进。这五个方面，实际上说的是语文科的教学内涵和学以致用的问题，无疑是这篇《导论》的重点所在，也是两位编者多年来的研究成果。最后的第四部分强调了历史研究的重要性和必要性，两位编者说出了我去年在发言中要说而没说清楚的意思。

这篇《导论》内容扎实，叙说有条有理，其实就是一篇出色的序，已经给读者指明阅读这部论集的理路。再要我写序，我还有什么可以说的呢？只好写点儿读了这部论集的感想来充数了。

自废科举办学校、语文独立成科的时候起，就开始了白话文和文言文的论争。对于语文科来说，这是一场根本性的论争，是教学要不要为实用服务的论争，涉及教育思想、教材取舍、教学方法等各个方面，两位编者在《导论》中已经分别作了阐述。后来受到"五四"新文化运动的猛烈冲击，白话文在语文科中才似乎占了上风，小学课本是全部采用白话文了，因而称作"国语"；中学可仍旧称作"国文"，初中课本掺进了文言文；而且随着年级的递升，分量逐渐增多，直到把白话文全部挤掉为止，高中课本就成了清一色的文言文。这种做法无异于向人们宣告：白话文不过是入门的初阶，语文科的终极目标仍旧是文言文。白话文和文言文的论争，实质上还包含着口头语言和书面语言是分还是合的问题，包含着是否承认口头语言跟书面语言同样重要，两者都应该作为语文科的教学内容的问题。论争持续了四十多年，直到一九四九年新中国建立的前夕，在各方各面除旧布新的大气候中，语文科才得以正名，中小学的课程表上才正式出现了"语文"这个词儿。我读了这部论集，回顾这四十多年漫长的历程，深深感到语文教育改革之艰难。

以"语文"取代先前的"国语"和"国文"，应该说是一次划时代的实质性的改革，决不能看作仅仅是名称的变动或统一。所以说这次改革是划时代的，因为到这个时候才明确规定，语文科的主要目的是训练运用语言和文字的能力，包括接受的能力和表达的能力；同时说明了"语"指的口头语言，既要训练听，又要训练讲；"文"指的书面语言，既要训练读，又要训练写。听、说、读、写，四者应该并重，因为在生活、学习和工作中，哪一种能力都是必不可少的。我读了这部论集，才知道听和说也得训练的主张，在语文独立设科之初就有人提出来了。在现代生活中，需要听需要说的场合越来越多，口头语言的训练按说越发必要了，可是很难说已经受到了普遍的重视，一般的到了小学高年级，听和说就被搁置在一边了。书面语言的训练又往往侧重于作文，讲解一般是抓得很紧的，大多把课文作为训练写的范文，而忽略了理解能力和识别能力的培养；课外阅读的指导一般就顾不上了。听、说、读、写，结果主要只抓写的训练；就说写吧，似乎又出现了脱离生活和脱离口头语言的倾向。看来需要解决的问题仍旧不少，有教育思想方面的，有教材编写方面的，有教学方法方面的。有许多问题是前人早已论争过的。应该感谢两位编者选编了这样全面的一部论集，给语文教育的进一步改革提供了有益的参考。

一九九一年一月二十九日

《“星座奖”科幻小说获奖作品集》* 序

近几年来，科学幻想小说确乎不大景气。先是争论了一阵子，按说争论应该促进创作的繁荣，可是并不，争论终于沉寂，作品却越发寥落。看来这场争论，本身就有点儿问题了。问题在哪儿，我看不必深究，目前最要紧的是鼓励创作，别让科普文艺园地的这一枝花无声无息地枯萎。所以中国科普作家协会、文化部少儿司和十四种少年儿童报刊，联合举办了首届全国科学幻想小说“星座奖”征文。我是非常赞同的，而且付诸行动，应邀参加了评选委员会的工作。现在新蕾出版社把获奖作品辑成集子出版，要我写几句话，我也愉快地承诺了。

我就说说评选工作。“科学幻想小说”是由三个词儿组合成的，我想，这三个词儿应该是评选作品的立足点。我的想法大致没有错，各位评委正是就这三个方面来评选作品的，但是不免有所侧重。有的对“科学”扣得比较紧，侧重于科学依据是否可靠，科学知识是否全面等等。有的对“幻想”扣得比较紧，侧重于构思是否新颖，情节是否离奇等等。有的对“小说”扣得比较紧，侧重于是否符合小说的创作原则，是否担起了小说应负的使命等等。侧重并非固执一端而排斥其馀。各人有所侧重，正好互为补充，所以评选进行得很顺利。再说看法不尽一致，本来是极其正常的，如果完全相同，那么一个人就可以定局，也用不着组织什么评委会了。

---

* 《科幻大王——首届科幻小说星座获奖作品选》新蕾出版社编辑，新蕾出版社一九九二年版。

评选最后采取投票表决的办法，得票多的作品获奖，等次以票数的多少排定，这些都不用细说。我可以告诉各位，所有的获奖作品，没有一篇是以全票通过的，而且票数还相差得比较多。这说明了什么呢？一方面说明，经过了反复的讨论，评委们的看法虽然有所接近，分歧并没有完全消除。另一方面说明，每一篇作品从总体上说都有长处，所以能获奖，但是从某一角度来要求，确实还存在着这样那样的不足，所以都没得到全票。不管怎么说，这本获奖作品集还是显示了当前科学幻想小说的创作水平和创作倾向的。

作品获了奖，当然还是可以评论的；而且我想，作者一定是欢迎评论的。读者都有评论的权利，都可以跟我们评委一个样，根据自己的看法来评论作品，指出各篇作品的优点和缺点。不过我又想，评论的效果应该是积极的，应该能够帮助和鼓励科学幻想小说的创作走向繁荣。对作品的优点，即使是很小的优点，也要恰如其分地给以肯定。对于缺点倒要从大处着眼，不要铢两悉称，求全责备，更不要以局部的缺点对作品作全面的否定，甚至波及所有的科学幻想小说。

一九九一年八月十日

《茅以升科普作品精选》* 序

茅以升先生早就是我心目中的英雄；在钱塘江大桥修建的时候，茅以升先生就成了我心目中的英雄。

那时我是个高中学生，我一直注视着大桥工程的进展。我天天去阅览室，不放过报刊上有关大桥的每一则报道，每一条消息。这是咱们中国人自己设计自己施工的头一座大桥呀，像这样的铁路公路两用的大桥，在咱们中国还未曾有过。工程的艰巨是肯定的，要不，外国承包商怎么能拿咱们一手，漫天要价呢？咱们中国人就有这个志气这个勇气，头一回就拣这硬的碰。从报刊上看，工程的进展并不一帆风顺，记得我曾为那些或大或小的挫折担过不少心。困难终于一一克服，大桥合龙了，终于通车了。谁还敢说咱们中国人一无作为呢？大桥的总设计师和施工总指挥茅以升先生，就成了我心目中的英雄。

大桥落成不久，抗日战争爆发了。那一年，就是一九三七年，上海已经撤守，我路过杭州，特地去六和塔下，望一望这座显示咱们中国人的志气和勇气的大桥。大桥一无遮蔽，横卧在宽阔的江面上，汽车火车南来北往，络绎不绝。可是奇怪，这样重要的战时交通枢纽，竟没遭到敌机轰炸。再一想并不奇怪，杭州的失陷是意料中的事，日本侵略者要的是一座完整的大桥，好把它的魔爪尽快伸向咱们的东南半壁。望着静静淌向下游的江水，望着两岸红似鲜血的经霜乌柏，我怅惘极了。后来

* 《茅以升科普作品精选：奔向金色的明天》王洪等编，安徽少年儿童出版社一九九三年版。

听说，就在日寇先头部队即将到达的最后时刻，大桥炸断了，指挥炸桥的正是建设者茅以升先生。我揣摹着茅以升先生当时的悲愤和果断，更加崇敬我心目中的这位英雄。

没想到新中国成立后不久，我来到北京，就见着了茅以升先生。头一回是在一个什么大场面上，有人给我指点，我就注意看。原来我崇敬的这位英雄是我父亲一辈的人，矮墩墩的个儿，举止颇有点儿拘谨；到底隔得太远，面貌看不大清楚，只有两道浓眉给我留下了深刻的印象。头一回跟茅以升先生接近，是在讨论少年儿童知识读物选题的座谈会上。我们邀请他，他老先生到时候就来了。他用心地听大家发言，不时点头赞许，又鼓励大家认真把书写好编好，还说自己愿意试一试。有他这样一位桥梁专家带头，真个再好也没有了，大家热烈地鼓起掌来。

在后来的交往中我知道，只要是少年儿童的事儿，茅以升先生没有一件不热心的。约他写文章，他一定按时交稿；请他作讲演，他一定认真准备。题目很广泛，当然是讲桥梁的居多；每讲到咱们中国的桥梁，他的语气中总流露出不可抑止的自豪。他讲过许许多多桥梁，古代的，现在的，将来的，却很少提到钱塘江大桥，更少提到他自己为这座大桥曾经做过一些什么。看来咱们中国的科学家都有这么个脾气，不愿意谈他们自己。他们讲到过去，也为的鼓励后来者，鼓励后来者接上他们的班，而且超过他们，干得比他们更出色。记得在一次少年儿童科学论文比赛的发奖会上，茅以升先生跟孩子们说了许多赞许的话。他胸前飘着孩子们献给他的红领巾，脸上带着发自内心的满意的微笑。

英雄老去，本是不可抗拒的自然规律，茅以升先生白发越来越多了，行动需要人扶持了，很少出席会议了，终于永远离开了我们。人到底不能像自然规律那么忘情，读着茅以升先生的这本作品选集，读着他特意为少年儿童写的一篇篇文章，往事一齐涌上我的心头。为了纪念我心目中的这位英雄，我扼要地记下了上面这些片段。

一九九一年八月十三日

《编辑出版家叶圣陶》[*] 代序

——给作者的一封信

登明同志：

看邮戳，来信是七月二十八日付邮的，八月二日到达北京，信是寄到出版社的。我自一九八二年起就不去出版社上班了，所以耽搁到九月五日才看到您的信。您一定等得着急了，很对不起。

我父亲一九二三年春天进商务印书馆正式当编辑，在此之前，已经编过刊物《诗》；如果算上当小学教员时代编的自用课本，当中学生时代编的校内刊物，时间还得往前推。在商务工作到一九三〇年底，除了编过《小说月报》、《妇女杂志》、中小学国文国语课本、学生国学丛书，在业余还担负文学研究会的书刊的编辑工作，大革命前编过济难会的《光明》半月刊，五卅运动中编过《公理日报》。一九三一年进开明书店，主要编《中学生》杂志，也参与其他图书期刊的编辑工作，还编了好几部国文课本和国语课本。抗战初期离开开明去教书，业余参加了几种刊物的编辑工作。一九四二年，开明在成都设立编辑部办事处，由我父亲主持工作，除了主编《中学生》，其他的图书刊物他也管，还帮助几家小书店编书编刊物。一九四九年年初，父亲离开开明北上，到“文革”开始，一直主持中小学课本（不限于语文一科）的编辑出版工作。先担任华北人民政府教科书编审委员会主任；新中国成立后，担任出版总署副署长，人民教育出版社社长兼总编辑，后来担任教育部副部长，工作重点仍在人教社。在此期间，还给别的机关和别的出版社审读过不少书稿。“文

---

* 《编辑出版家叶圣陶》徐登明著，中国书籍出版社一九九四年版。

革”后，好几家出版社杂志社还找上门来，父亲几乎有求必应，还为他们做了不少工作。最后审阅的可能是《周恩来统一战线文选》的注释，那是一九八四年十月的事，父亲正好九十岁。这样算起来，我父亲从事编辑出版工作前后长达六十馀年；到底有多少种报刊、图书、课本经过他的手（他是事必躬亲的），实在难以统计。

研究我父亲的一生，按说编辑出版工作是一个重要方面。现在看到的大多是回忆性质的文章，大多说他如何认真，如何为读者着想，如何尊重作者帮助作者等等（也有互相矛盾的，如有人说他从不改动作者的文字，也有人说他改得非常仔细，一个标点也不放过）。对于培训编辑人员，还未见到有谁写过文章，其实他也花了不少力气。至于全面论述我父亲的编辑工作和编辑思想的文章，我至今还未看到，恐怕实在难写。

从总体来说，我父亲的编辑思想跟他的教育观点、文学观点是一致的，主要在于推进社会的改革。他认为出版工作是教育工作（不限于学校教学）的一个重要组成部分，在实践中，他就是把编辑工作（不限于课本的编辑）作为教育工作来做的。这样概括，大致不会错，可是写研究文章不能光凭印象，得通过他的实践来抽出结论，还得阐述他的思想是从哪里来的，发展的进程又如何。要这样做，只看他论说编辑出版工作的文字（包括一部分书评和序跋，篇数不算太多）是不够的，还要广泛阅读他编的各种报刊、图书、课本，分量就太大了，年代久远的还很难找。所以我想，研究的题目不妨尽量缩小，或者限定范围，或者划定时期，等各方面都研究得差不多了，再综合起来作全面的研究。

举例来说，一九二七年大革命失败后，郑振铎先生去欧洲游学，我父亲代他编《小说月报》约一年半（父亲回忆说两年，是记错了）。研究他在此期间是怎么编《小说月报》的，范围就缩小了，时间就缩短了，材料比较容易找到，研究起来就容易得多。(但是得注意两点。一、刊物是有连贯性的，父亲接手的时候，还有郑先生留下的稿件；交还郑先生的时候，又把一批稿件留给了郑先生。二、由于大革命时期的动荡，《小说月报》脱期比较严重，因而有七月中写的稿子刊登在五月号上的现象。）又如我父亲一生编了二十来部语文课本，他不断进行革新，直到去世前，还为没有能使语文教学形成一个科学的体系而感到遗憾。如果能把他编的语文课本全部收集起来（可不容易办到，一般的图书馆不收藏课本)，一一作比较研究，找出一个脉络来，也是很有意义而且非常有趣的。这是单取一个方面，可是时间的跨度比较长，恐怕不大好办。

我没法给您提供资料，因为我手头也没有资料。几年来编《叶圣陶集》就非常困难，到处去信请人帮忙收集材料。我计划在《叶圣陶集》中要有一卷专收有关编辑出版工作的文章，可是至今还没有收集到几篇。父亲发表在报刊上的有关编辑出版的文章本来不多，给出版社的信件倒不少，在“文革”中，许多出版社的档案都毁了，连人教社也是如此，甚至更彻底。“文革”后，父亲还帮许多机关和出版社杂志社审读过稿子，意见大多批在稿件上，也不容易找。所以我看，您只能迁就现实，从能找到的材料中寻求可以研究的题目。如果笼统地说要研究我父亲的编辑出版工作，恐怕只能泛泛而谈，没法深入了。

信写得太长了，就此打住。祝工作顺利。

一九九一年九月十日

《学龄前儿童的十万个为什么》* 前言

没有一个孩子不是好奇的，他们常常提出各种各样的问题：这是什么？那是什么？这是怎么回事？那是怎么回事？为什么会这样？为什么会那样？常常问得家长难以回答，老师也难以回答。我们想应该给家长和老师编一部书，帮助他们回答孩子们提出的各种各样的问题。这部书不是给孩子们读的，才进幼儿园的孩子还不识字哩，小学低年级的孩子识字也不多。他们提出的问题如果这部书中有，家长和老师就可以参考书中的答案来回答他们。

这套书原名《答学前儿童问——学前儿童的十万个为什么》，陆续出版了五本，回答了两千来个问题。问题都是从孩子们那儿收集来的。我们写答案力求准确、明白、生动，希望做到只要照着念，孩子们听了就能懂得。现在我们把这五本书整理了一遍，修订、改编成七个分册，书名改为：《学龄前儿童的十万个为什么——答学前儿童问》重新出版。所以这样做，一是为了便于查找，把问题归了归类：第一本，关于数学和化学的；第二本，关于物理的；第三本，关于天文、气象和地理的；第四本，关于动物的；第五本，关于植物的；第六本，关于卫生和健康的；第七本，关于生活常识的。二是采纳家长和老师意见，做了一些增删和修改，还是力求准确、明白、生动。

我们知道，这部书是编不完的，孩子们提起问题来总是没完没了，

---

* 《学龄前儿童的十万个为什么——答学前儿童问》陈效一主编，中国林业出版社一九九三年版。

何止两千来个，问到后来，还常常把人难住。被孩子们难住了怎么办呢？可以老老实实跟他们说：“你问的我也回答不出，咱们一同来研究吧！”有些问题，凭孩子们目前的知识水平和理解能力是讲不清楚的，可以跟他们说：“你好好学习，知识多了，就会明白的。”有些问题甚至目前还没有答案，还在研究之中，探索之中，那就跟他们说：“这个问题现在还没有人能回答。你把它记在心里，将来自己去回答吧。”爱提问题是孩子们最大的优点。咱们即使回答不出，也不要扫他们的兴，损伤他们的求知欲。咱们应该鼓励他们提问题，让他们把这个优点一直保持下去，永远保持下去。

孩子是千差万别的，不要看他们年纪小，生活经验和爱好已经各不相同；即使提出来的是同一个问题，因为场合不同，动机也不可能相同。家长和老师在回答的时候要考虑到这个因素，针对他们的动机，把这部书中的答案作适当的变动，使他们得到满足。如果条件可能的话，最好引导孩子去观察，去试验，使他们从小养成有了问题就自己去寻找答案的勇气、兴趣和习惯。

为了把孩子们培养成胜过咱们的一代新人，我们恳切请求各位家长、各位老师跟我们密切合作。

一九九三年四月

《英才荟萃》* 序

这是《作文通讯》纪念创刊十周年的又一本习作选集。

听编者说，《作文通讯》是由十三所重点中学联合创办的。所以这本选集的三十九位作者，当年分别是这十三所中学的学生。看了对作者的简介，可以知道他们现在都不是中学生了，有的正在大专院校或研究部门继续深造，有的已经走上了工作岗位。

简介每篇只二百来字，很值得合在一起读一读。简介告诉我们，这三十九位作者在中学时代不但文章写得好，各门功课的成绩都很不错，并没有因为自己有点儿文学方面的才能，就沾沾自喜而荒废了其他的学业。他们都热爱知识，兴趣广泛，不论课内的课外的，凡是能够学到的都毫不放松地认真去学。他们还注意锻炼体魄，热心群众工作。六年的中学生活，使他们得到了全面的发展，包括观察的敏锐和思路的清晰。读了他们当时的习作，谁都会感到这些青年人一个个都蓬勃向上，都热爱生活，都怀有执著的追求。

出了中学的大门，三十九位作者走的是各不相同的路。走向文学方面的自然多一些，他们成了记者、编辑、作家，有的从事研究工作或其他文艺工作。但是也有不少走向了教育方面、工农业方面、商业方面、政法方面、科学技术方面。不管走上了哪一条路，这三十九位作者都没有改变对文学的爱好。从简介所列举的作品来看，随着生活体验的拓宽

---

* 《作文通讯十年英才荟萃：1980—1990》全国十三所重点中学编，新蕾出版社一九九三年版。

和深入，他们的创作正在一步一步地迈向新的高度。这也并非偶然，因为在中学时代，他们已经打下了比较坚实的文学基础。

听编者说，这本选集所收的习作都曾经在头十年的《作文通讯》上发表过。三十九位作者都为自己的习作再次发表写了小序。小序的内容各不相同犹如其形式，有的侧重于谈自己的体会，有的侧重于谈自己的抱负。可是有一点几乎是相同的，作者都怀念他们在中学时代的生活，记下了初步跨入文学领域的喜悦心情。他们跟感谢自己的老师一个样，感谢《作文通讯》曾经给予他们的鼓励和指点。恰如其分的鼓励，具有针对性的指点，对于正在成长的中学生来说是必不可少的，不限于在文学方面。这样的鼓励和指点，日积月累，很可能对他们的一生产生决定性的影响，不仅在于作文，重要的在于做人。编者把这本习作选集题名为《英才荟萃》，是不是暗示这一层用意呢？

祝愿《作文通讯》越办越好，到二十周年的时候，再编一本更加充实的《英才荟萃》。

一九九三年七月

《绞刑架下的报告》* 前言

七月初，中国青年出版社跟我约定，要我给新版本的《绞刑架下的报告》写一篇《前言》，我当时竟贸贸然答应了。前几天——七月十二日傍晚，中青社送来全部的校样，我放下手头正在编的父亲的又一本选集，立刻翻开校样来读。没想到才读完头两面，我就傻了眼，伏契克夫人那篇才六百来字的说明，就是一篇极好的《前言》，读者想要知道的和必需知道的一切，她全都交代明白了。前面的五段，有三段竟然只有一句话，其馀两段都只有两句，说的是伏契克被德国纳粹处死的消息得到了证实，语气平静得出奇，没有悲伤，也没有颂扬。最后一段比较长，短短的话也没说满十句，把“报告”手稿的来历讲得一清二楚，语气还是那般平静。

伏契克在“报告”中劝慰亲友和同志不要怜悯他。他说：“我为欢乐而生，为欢乐而死。在我的坟墓前安放上悲哀的安琪儿，那是不公正的。”伏契克夫人确实不是一个“悲哀的安琪儿”。我不知她在写这篇说明的当时是否噙着泪花，只觉着她的每一句话都是从心底爆出来的，一句又一句震撼着我的心。我认为只有这样的文字，才配得上伏契克的最后“报告”，才配得上称作《绞刑架下的报告》的《前言》。

让我另写一篇《前言》，看来是完全没有必要了。再说，把我这样不伦不类的文字排在头里，岂不玷污了伏契克的原著，应了“佛头着粪”的讥评。可是我已经作出了承诺，赖账总是不太好的。再说，让一个中

* 《绞刑架下的报告》［捷］尤利乌斯·伏契克著，徐耀宗、白力殳译，中国青年出版社一九九五年版。

国的普通读者如我，说一说自己对伏契克的钦慕，这个机遇还不该放过。我就放大胆子畅所欲言吧。读者如果感到厌烦，只管抛在一边，不再往下看，因为我写的绝不是非读不可的正经《前言》。

五个月前，二月七日，我在报上看到捷克重新全文出版伏契克的“报告”的消息，激动得什么事儿也干不成了；夜里躺在床上竟不能入睡，索性起来扭亮电灯，给中青社的同志写了封信。我说我相信他们已经注意到刊登在报上的这条新闻了。中青社在五十年代初期就出版了伏契克的这本书，书名记得是《绞索套着脖子时候的报告》，在青年读者中产生的影响，不亚于《钢铁是怎样炼成的》；青年艺术剧院还改编成话剧演出过，从报刊的评论看，改编和演出都是成功的。“文革”以后，中青社重新开张，打算重印一批过去的出版物，当时，我特地推荐了伏契克的这本“报告”，不知什么缘故没被采纳。现在得抓紧了，要尽快设法得到这个新版本，尽快组织力量翻译出版，好让没有读过、甚至无缘知道这本“报告”的青年读者，能够早日读到这本“报告”；也让怀念这本“报告”而未曾见过全貌的像我这样的老年读者，能早日读到这个新的版本。

我简直在发号施令了。但是我相信，中青社的同志只要知道了原委，一定会理解我的。我说，伏契克的“报告”，我读过不下十遍，在翻译作品中，反复读了这么多遍的，在我是唯一的一种。伏契克在死囚牢里写自己和同志跟法西斯作面对面的斗争，写得那样鼓舞人心而又充满了诗意，使我敬佩得五体投地。他坚定、乐观、从容、机警、敏慧，还常常带点儿俏皮，蔑视敌人的俏皮。斗争当然是针锋相对的，他并不剑拔弩张，没用一句口号，却游刃有馀地刺穿了法西斯色厉内荏的心态。我说我还记得这本“报告”的结束语：“人们，我是爱你们的，你们可要警惕啊!”套在脖子上的绞索终于勒紧了，他给后人留下了这样一句语重心长的叮咛。

在信上，我只顾说自己的感受，忘了提到伏契克的这本“报告”一出版，就使全世界爱好和平的人民受到了极大鼓舞，也没提到这本“报告”曾获得世界保卫和平大会的最高荣誉奖章。我分明记得，奖章正面刻的伏契克的侧面头像，是个英俊的年轻人，脸上带着可亲而无所畏惧的微笑。一九五七年夏天在莫斯科举办的青年联欢节上，我看到捷克青年们的胸前都佩着伏契克的像章——那座荣誉奖章的具体而微的精致的复制品。我多么希望自己也有这样一枚庄严的像章呀。在联欢节上，要求交换纪念品是不会遭到拒绝的，可是我不愿意这样做。反法西斯战士的像章，以交换得之，不是太轻率了吗？轻率得近乎亵渎。当时我为什么这样想，自己也感到有点儿离奇，在给中青社同志的信上就一句也没提。

时间又过去了近三十个年头。一九八四年深秋，我参加全国政协的代表团去捷克斯洛伐克访问，在布拉格瞻仰了伏契克纪念馆，还替青年艺术剧院送去了话剧《绞刑架下的报告》的打印本和一套演出的剧照；真可以说是珍贵文物了，经过十年动乱居然能保存下来，足以表达咱们中国人民对伏契克的深深的敬意。在伏契克的半身雕像面前，我像个朝圣者，默念了他提醒后人必需警惕的最后叮咛。纪念馆并不大，只两间屋子，展品大部分陈列在贴墙的玻璃橱里。我看到了留着一把大胡子的伏契克的照片，和善的眼睛闪烁着机敏的目光；看到了复制的《绞刑架下的报告》的手稿，大大小小的发黄的纸片上，密密麻麻地写满了行款分明的铅笔字。在陈列各种文字译本的那面墙上，我找到了中青社当年出版的《绞索套着脖子时候的报告》，是装帧简陋的普及本，可见当时这本书的行销量有多么大。

在往后的日子里，我得知伏契克在那场狂风暴雨中遭到了莫须有的诬蔑，心想那座我曾经流连过的纪念馆大概也不复存在了。但是又想，要把这样的一位反法西斯战士从人们的心中抹去，是无论如何办不到的。《绞刑架下的报告》在捷克全文重新出版，证实了我的信念没有落空，教我怎能不兴奋得连觉也睡不着呢。真个是思绪万千哪，一时很难梳理清楚，直写了一个通宵，才把这封短短的信写完，马上派家里人送到了中青社。

兴奋还没有完哩，才过了三天，中青社的同志给我来电话，说决定接受我的建议，已经跟捷克驻华大使馆取得联系，等书一到手立刻组织翻译。在今日的出版界，对出版一本书答应得如此爽利快捷，我还是头一回遇到。如今校样已经在我手头，又使我兴奋得不知怎么说才好。只希望九月八日之前，这本书能跟咱们中国的广大读者见面。一九四三年的九月八日，是伏契克跟法西斯作斗争的最后日子。整整的五十二年过去了，伏契克的业绩和精神依然长存。《绞刑架下的报告》的新版本在咱们中国能以这样高的速度出版，又给增添了一个新的铁证。

一九九五年七月十六日

译林版《爱的教育》* 序

译林出版社又要出版《爱的教育》了，编辑同志也要我写几句话介绍这部小说。他说：《爱的教育》是夏丏尊先生翻译的，由开明书店出版；我是夏先生的女婿，又在开明书店当过编辑，由我来介绍是最合适不过的了。经编辑同志这么一说，我真觉得非写几句不可了——因为六十多年前我当小学生的时候就读这部小说，把书中的人物作为学习的榜样：四十多年前我当了中学教师，又把这部小说看作教育孩子的指南：《爱的教育》跟我的关系的确够深的了，我有责任把我所知道的告诉它的新读者，我以前写过一篇介绍文章，现在也没有多少新想法，就把那篇旧文章重新看了一遍，加了几句话，让编辑放在书前聊为序。

《爱的教育》是一九二三年介绍到我国来的，在《东方杂志》上连载。《东方杂志》是成年人读的一种综合性月刊；后来由开明书店出版单行本，作为《世界少年文学丛刊》的一种。夏丏尊先生在《译者序言》里说：他在一九二零年得到这部小说的日文译本，一边读一边流泪。他说他把自己为人为父为师的态度跟小说里写的相比，惭愧得流下了眼泪；又说小说固然是虚构的，但是他觉得世间要像小说里写的那样才好，又感动得流下了眼泪。他当时许下愿心，一定要把这部小说译出来，不光是给孩子们读，还要介绍给父母们和教师们读，让父母和教师都跟他一样，流一些惭愧的眼泪，感动的眼泪——他认为这比给孩子们读更为重要。夏先生把译文先交给《东方杂志》发表，可能就是这个意思。

---

* 《爱的教育》［意］德·亚米契斯著，夏丏尊译，译林出版社一九九七年版。

在《译者序言》里，夏先生把办学校比做挖池塘。他说，我国办学校以来，老在制度上方法上变来变去，好像挖池塘，有人说方的好，有人说圆的好，不断地改来改去，而池塘要成为池塘必须有水，这个关键问题反而没有人注意。他认为办好学校的关键是必须有感情，必须有爱；而当时的学校所短缺的正是感情和爱，因此都成了没有水的池塘，任凭是方的还是圆的，总免不了空虚之感。夏先生给这部小说的评价很高，说作者写出了理想的教育境界。就是把学校、家庭、社会都建立在感情的基础上，建立在爱的基础上。小说原名《心》，夏先生觉得这个书名不醒豁，不能表明内容，先想改成《感情教育》，最后决定用《爱的教育》。

《爱的教育》一出版就受到教育界的重视和欢迎，可以说超过了任何一种《教育学》或《教育概论》。有夏先生的推崇当然是个原因，还有个更重要的原因，当时有许多教师要求冲破封建主义的束缚，而这部小说给他们塑造了一个可以让他们仿效的模型——当然，实际上体现的是小资产阶级知识分子的理想。许多中学小学把《爱的教育》定为学生必读的课外书，许多教师认真地按照小说中写的来教育他们的学生。就在我上学的那所小学里，这样做的教师就不少；有一位王志成先生还作了详细的记录，后来写了一本《爱的教育实施记》，一九三零年由开明书店出版。等到我当教师，已经是抗日战争后期了。可是在内地的中学和小学里，体罚还很盛行。打手心用竹鞭，老师一竹鞭下去，孩子们的手掌上就肿起一条杠来。每逢开学，家长把孩子领到我跟前，指着孩子叮嘱我说："他要是不学好，给我着实往死里打。"我精神上痛苦极了，于是想起夏先生的挖池塘的比喻：我得往池塘里灌水——实施爱的教育啊！这股子傻劲现在想起来有点儿可笑，可是当时真抱着扭转局面的希望和雄心。

等到一解放，《爱的教育》就不再印了。这是怎么回事呢？是不是受到了哪方面的压力或指斥呢？完全不是，停印这部小说是开明书店编辑部自己作出的决定。我当时在开明书店编辑少儿读物，我是这样想的：如今解放了，咱们中国要走向社会主义共产主义，一切都必须改变，为了美好的前途，教育更必须改变，资本主义的东西都得立即抛弃——什么爱的教育！完全是小资产阶级的空想，现在说起来我真是幼稚得可笑，很有点儿像"文化大革命"初期的"小将"。不过我想，怀着这样想法的人在当时不是个别的；《爱的教育》如果照常重印，在一个时期内可能会一本也卖不出去。可是静下心来从另一方面想一想：学校办不好是不是就因为缺少了感情，缺少了爱？是不是以感情和爱为基础，就一定能把学校办好？答案恐怕是否定的，夏先生的比喻并不确切，但是有一点可以肯定，如果不讲感情，不讲爱，学校就一定办不好。我所以敢这样肯定，因为在“文化大革命”中已经被迫作了大规模的试验，得到的结果是令人十分痛心的。

经过这许多年的政治学习，我相信感情是有阶级性的。我觉得，封建社会里要求尊敬老师，资本主义社会里要求尊敬老师，咱们社会主义社会里也要求尊敬老师，但是出发点各不相同。咱们想到老师是替咱们整个社会培养有理想有能力的后一辈的，所以咱们应该比以往的任何时代更尊敬老师；决不能因为过去的社会都要求尊敬老师，咱们就得“对着干”，非把老师整得斯文扫地不可，“四人帮”却正是这样做的。我只说尊敬老师这一个例子。为了明辨是非，为了医治创伤，把《爱的教育》重新介绍给孩子们，介绍给父母们和老师们，在目前很有好处。我想，父母和老师最好能给孩子们一些指点：说清楚小说中哪些部分是好的，咱们应该学；哪些部分还不足，咱们应该有更高的要求；哪些部分不大对，咱们应该怎样正确认识。《爱的教育》是一部好小说，但是咱们不能还像夏先生在六十年前那样，把这部小说当作建设学校的蓝图。

一九九六年十二月

《爱的教育》* 七十年

中国工人出版社打算重印夏丏尊先生译的《爱的教育》，根据开明书店的老版本，保留丰子恺先生的全部插图。出版社听说我是夏先生的女婿，又在开明书店当过编辑，特地派人来看我，希望我为这次重印随便写些什么。我说我已经写过一篇了，题目是《挖池塘的比喻》。那是一九八〇年的事，为《爱的教育》的一种新译本写的；现在再写，恐怕仍旧是那几句话。他们说不妨事，如果抽不出时间来重写，就在先前的那一篇上作些必要的改动就可以了。他们如此随和，毫不强人所难，倒叫我不好意思回绝了，答应就照他们说的办。送走了客人，我把这篇旧作翻了出来边抄边改，后边几段竟改得面目全非了，只好索性把题目改了，以示区别。话休絮烦，下面就是正文。

《爱的教育》是一九二三年介绍到我国来的，在《东方杂志》上连载。《东方杂志》是一种供成年人阅读的综合性月刊。一九二六年，开明书店创办，才出版了有丰先生插图的《爱的教育》单行本，作为《世界少年文学丛刊》的一种。夏先生在《译者序言》中说：他一九二〇年得到了这部小说的日文译本，当时一边读一边流泪。他说他把自己为人、为师、为父的态度跟小说里写的相比，惭愧得流下了眼泪；又说小说固然是虚构的，但是他觉得人世间要像小说里写的那样才好，又感动得流下了眼泪：因而许下心愿，一定要把这部小说译出来，不光为了给孩子们读，还要介绍给孩子们的家长和教师读，让所有当父母的、当教师的，

* 《爱的教育》［意］德·亚米契斯著，夏丏尊译，中国工人出版社一九九七年版。

都跟他一个样，也流一些惭愧的眼泪和感动的眼泪。他甚至认为，这样做比让孩子们自己读更加切要。如此看来，他把译文先交给当时颇有影响的《东方杂志》发表，不是没有缘故的。

在《译者序言》里，夏先生把办学校比做挖池塘。他说，自前清末年创办学校以来，老在制度上、方法上变来变去，好像挖池塘，有人说方的好，有人说圆的好，不断地改来改去；而池塘要成为池塘必需有水，这个最关键的问题反而没有人注意。他认为办好学校的关键在于感情，必需有爱；而当时的学校，所短缺的正是感情和爱，任凭是方的还是圆的，都成了没有水的池塘，一个个干涸的土坑。夏先生给这部小说的评价很高，说作者写出了理想的教育境界，就是把学校、家庭、社会，都建立在感情的基础上，爱的基础上。小说原名《心》，夏先生嫌这个书名不醒豁，不能表明内容，先想改成《感情教育》，最后决定用《爱的教育》。

《爱的教育》的单行本一出版，就受到了教育界的重视和欢迎，可以说超过了任何一种《教育学》和《教育概论》。夏先生在教育界的声望和他对这部小说的推崇固然起了作用，还有个更重要的原因，当时有许多青年教师迫切要求冲破封建主义教育的束缚，而这部小说，正好给他们提供了一个可以仿效的模型。好些中学小学把《爱的教育》定为学生必读的课外书，好些教师认真按照小说中写的来教育自己的学生。我上的那所小学就是这样做的，所有的教师都劲头十足；有一位王志成先生还逐日作教育笔记，后来经过整理，写成一本《爱的教育实施记》，一九三〇年由开明书店出版。

我也当过一年半中学教师。已经是抗日战争后期了，在内地的中学和小学里，体罚仍旧盛行。打手心用细竹鞭，老师一竹鞭下去，学生的手掌上立时肿起一条杠来；当家长的从来没提出过非议，看来毫不心疼。有一回开学，一个长袍马褂的胖子像押囚犯似的把儿子拖进教师休息室，一屁股坐在我的椅子上，指着站在一旁垂下脑袋的儿子呵斥说：“龟儿子再不学好，给我着实往死里打！”他连看也没看我一眼，话可分明是冲着我来的。“教不严，师之惰”，《三字经》上写得明明白白，而我偏要往池塘里灌水，暗地里让学生们读《爱的教育》。这股子傻劲，回想起来实在有点儿可笑，可是当时真个抱着扭转局面的希望和雄心。

《爱的教育》曾经这样受欢迎，也产生过不小的影响，为什么全国一解放就停止再版了呢？批判是没有的事，也没有受到过谁的暗示，停止再版是开明书店自己作出的决定，而且不光是《爱的教育》一种。当时紧跟着欢欣鼓舞迎接解放的高潮，马上掀起了争相学习社会主义的高潮，人们如饥似渴地阅读新的理论和新的知识。在这个大气候里，解放前出版的图书十之八九几乎无人问津，如果盲目地继续再版，印出来卖给谁呢？对将本就利的老出版业来说，包括商务、中华，这个现实问题是不能不考虑的。

也许有人会问："你跟《爱的教育》关系如此之深，骤然停印，难道不感到惋惜吗?"说老实话，我非但不惋惜，反而认为是理所当然的。那时我想，咱们要建设的是一个崭新的社会主义国家，一切旧的观念都必须抛弃；什么感情教育，不过是小资产阶级知识分子的空想罢了，当然也在抛弃之列。我那时就这样幼稚，幼稚得跟"文化大革命"初期的"小将"没有多大差别。但是静下心来从另一方面想一想，有了感情和爱，是否一定能把学校办好？答案恐怕是否定的。培养什么样的人，才是教育的根本问题。夏先生所作的挖池塘的比喻，看来并不确切。可是有一点，让他给说着了：如果不讲感情不讲爱，学校一定办不好。我所以敢如此肯定，因为在"文化大革命"那十年中，已经被迫作了全国规模的试验，七斗八斗，斗得教育濒临解体，试验的结果是令人十分痛心的。

也许正因为这样，许多上了年纪的人不由得怀念起《爱的教育》来，他们给出版社写信，陈述自己当年受过的感动，建议把这部小说列入选题。停印了整整三十年的《爱的教育》，终于复活了，又出现在书店的架子上。十多年来至少有五种版本，印数加在一起，可能已经超过了解放前开明的独家经营。受欢迎的程度不减当年而情形有所不同：没听说有哪位教师在照本"实施"，也没在报刊上公布的学生"必读书目"中出现过。我想这样才好。《爱的教育》确实是一部难得的供孩子们阅读的好小说，有好些发人深省的章节值得细细咀嚼，可写的究竟是意大利建国初期的现实和理想，如果亦步亦趋地拿来当作样板，那就过了头了。

一九九七年七月九日

《迟叔昌科普作品集》序

——惆怅的往事

实在很渺茫了。

农村社会主义高潮的初期，我被暂时调离《中学生》，去赶编供农业社用的语文课文和算术课本；《中学生》由刘重管着。有一天，刘重给我一叠有关科学方面的来稿，要我看看该不该退。其中有一篇署名“迟叔昌”。我跟叔昌相识，是从这篇稿子开的头。

严格地说，这不能算一篇稿子，写在案头日历废页的背面，总共十来页，每页多的百把字，少的二三十字，写得龙飞凤舞，句子也不太连贯。可是有两点让我给看中了：一是说牲畜的个儿越大，消耗的饲料越少；一是说牲畜的体重是按立方增长的，而骨骼能承受的体重只按平方增长。我于是把叔昌的原稿当作提纲，按他的思路，敷衍成了《割掉鼻子的大象》，交还给刘重。刘重给发表了，在署名“迟叔昌”的后边，加上了我的笔名“于止”。我说这样做不行，刘重说这样才公平。反正刊物已经发行，争论也无济于事了。从这件事可以看出来，刘重对工作对朋友，都是非常真诚的。这位好心人后来在“文革”中，竟不知怎么地失踪了。

《割掉鼻子的大象》发表，也许触发了叔昌写科幻故事的兴致。稿子一篇接着一篇寄来，不再是提纲式的了，写在正经的稿纸上，依然龙飞凤舞。《3 号游泳选手的秘密》，《起死回生的手杖》……科学的依据往往不采自教科书，然而说得通的；故事有吸引少年读者往下读的悬念；文字又有他独特的幽默和风趣。要说毛病，似乎他书写的速度跟不上思想的跳跃，因而经常有脱头落襻的地方，我得帮他串起来，如此而已。

叔昌的科幻故事在《中学生》发了一篇又一篇，俩人的通信往来也自然逐渐频繁。我还特地去天津看过他一回，就为的他寄来了一篇《电脑》。初次见面，谈话很融洽。我说这篇东西很有意思，我也想过这个题目，因而觉得在哪儿哪儿还可以充实一些，把主题烘托得更加鲜明。他说既然这样，就由我来补写吧，可是得跟“大象”一样，发表的时候也署上我的笔名。他说得很恳切，我答应照办。还告诉他，画插图的人已经约定，是《中国少年报》的沈培；他说他看过沈培的画，一定错不了。这篇《电脑》在《中学生》上发表之后，我又重新“包装”，改写了全部小标题，把题目也改成了《没头脑和电脑的故事》，跟《割掉鼻子的大象》合在一起，出了本小册子。叔昌大概很满意，赶到北京来，邀我和沈培去东安市场的起士林，有说有笑地吃了一客西餐。他和沈培也从此成了好朋友，从诙谐的性格说，他们俩更接近。

最使我吃惊的是，不久之后接到叔昌寄来的一本稿子，连插图和彩色封面也齐了，都是他自己画好的，那就是科学童话集《乌鸦老博士和金钥匙》。我连忙读了一遍，七篇童话虽然参差不齐，总体上看不错，孩子会喜欢读的，还可能多少受到点启发。文字、插图、封面都出自一人之手的儿童读物，国外是有过的，在国内不要说当时，恐怕直到如今还没有第二本。当时我作了些儿加工整理，就立即发稿了。没想到出版之后没听到半句称赞的话，评头品足的倒有的是；我只做没听见，学鸵鸟的样把脑袋埋在了沙堆里。

可是躲过了初一躲不过十五，接着是五七年的反右，刘重被戴上了帽子，当然不止他一个；后来帽子脱了，他还是抬不起头来。再接着是五八年的业务思想批判，给没戴帽子的资产阶级知识分子补课。我理所当然的成了重点对象，批判我脱离政治，脱离实际，脱离群众，光知道鼓吹知识的趣味。按当时的逻辑，趣味一定是低级的，一定是资产阶级的，连起来说就是资产阶级低级趣味。我编的书发的稿，都成了批判我的材料，《割掉鼻子的大象》和《乌鸦老博士和金钥匙》成了典型。由此而牵涉到叔昌，说他油腔滑调，给新社会抹黑，连穿西装吃西餐也没放过。又说我赏识和结交的都是他那样的作者，应了“物以类聚”这句古话。好吧，我就接受批判，打定主意今后不再跟任何作者有任何交往，免得作者受我牵累，成了氽在一条浜里的烂木头。

叔昌当然不知道我为什么不再给他去信，总以为我太忙。等收到了《大鲸牧场》的样书，他才觉着有点儿不对头了。因为俩人早就说妥，这本科幻故事集由俩人一同署名的；而且压轴的那篇《科学怪人的奇想》，确是俩人商商量量一同写成的。可是在这本《大鲸牧场》上，他没找到我的笔名，封面上没有，书脊上没有，扉页上没有，版权页上也没有。他立刻来信问我是怎么回事。我恪守自己定下的规矩，仍旧没给他回信。叔昌跟我的文字缘，就这样被我一刀斩断了。此后他写了稿子，不再给我寄来了。

直到“文革”以后，才听说叔昌去了日本，后来又听说他入了日本籍，在索尼公司工作；消息是沈培传来的，都语焉不详。又听说他到过北京好几回，只有两回打电话邀我去旅馆看他，有一回还扰了他一顿自助餐。隔了这么多年，他风度依旧，却觉得很生疏，没有什么可谈的。他送了我一本《割掉鼻子的大象》的日译本，又说他忙得很，干的是业务性的文字工作，没工夫再写过去那样的玩意儿了，这就更没有可谈的了。今年初春，突然听说他患癌症过世了。往事已经茫然，追忆徒增惆怅。我总觉得对不住他，唉，这有什么办法呢？连请他原谅也办不到了。

一九九七年十二月十三日

《贾祖璋全集》* 序

最早在商务印书馆，贾祖璋先生就是我父亲的同事。父亲在编辑部，编课本和期刊；贾先生在标本仪器部，管成品检查，有自学的条件，又有写文章的空闲，大概为了约稿，父亲跟他相识了。我是个初中生，在路上碰见就站定鞠躬，叫声“贾先生”，把他当作陌生的老师。

先是父亲花十来块钱，买了架很起码的天文望远镜，带着我一起玩儿。我说有了望远镜，月亮上的山都看得清清楚楚；可是近处的小东西还是看不见，最好再买一架显微镜。父亲被我说动了，看看陈列在洋行的玻璃柜里的，标价都好几百块，父亲就拖贾先生觅一架便宜些儿的。才一个星期，贾先生提了个小木箱来找我父亲了。打开木箱一看，外观粗糙笨拙，比洋行里的差远了。贾先生讷讷地说：“镜架是商务自己配的，便宜多了，定价只一百元，同人要买还可以打个九五折。显微镜的好坏全在于镜头，镜头是从德国蔡司直接进口的，错不了。”我心里不免有点儿嘀咕：贾先生呀贾先生，你真是个老实人。我父亲不过玩玩而已，又不开诊所行医，用得上这样精致的仪器吗？父亲却谢了又谢，留下了显微镜付清了钱。待贾先生一走，就要我做张片子给他瞧瞧。记得头一次观察的是大葱的表皮细胞。

一九三一年，我父亲进了开明书店编《中学生》杂志。第二年一月廿八夜里，爆发了淞沪战争。商务的编译所和工厂都被毁于日寇的炮火；停战后，编辑部大大收缩，期刊好像砍剩了一种；工厂除了排印装订，

* 《贾祖璋全集》贾祖璋著，福建科学技术出版社二〇〇一年版。

其他都停办了；有一二十位职工就进了开明书店，贾先生也是一位。我才知道他原是夏丏尊先生在杭州的学生；他的《鸟与文学》开头有夏先生写的序，说这本书取材构思都不差，着实鼓励了一番，要他继续为青年读者写这样有趣的知识小品。那几年，贾先生笔耕不辍，在《中学生》和一些文学刊物上不断发表作品，集子出了好几种，还完成了一件大工程，编绘了一部《中国植物图鉴》。夏先生的家那时是他们那班杭州老同学聚会的场所，可是我从没在夏先生家里遇见过贾先生，是生性拘谨还是珍惜寸阴呢？恐怕兼而有之吧。

抗日战争之初，开明计划内迁，没料到在兵荒马乱之中，已起运的书籍纸张机械被抢劫一空。撤离到汉口的部分人员纷纷向云桂川黔自谋出路。贾先生和宋云彬先生、傅彬然先生先后到了桂林，开明的老朋友胡愈之先生正好在那儿。胡先生对这几位开明的旧人说，如今流亡在后方的青年成千上万，应当先恢复出版《中学生》，好让他们有东西可看，商量下来，决定让我父亲出面，先办起《中学生》战时半月刊来。我父亲这时候已经到了四川乐山，在武汉大学教书，半月刊的时间性那么强，桂林乐山相隔如此之远，邮递又迟缓，简直无法遥控，只能答应当个挂名社长。好在桂林在当时是文化人的集中地，热心帮忙的朋友多，宋、傅、贾三位居然把“半月刊”支持了下来。直到太平洋战争爆发，日军向西南进犯，《中学生》才不得不北迁，搬到成都编辑，重庆印刷。贾先生的夫人和孩子还留在浙江沦陷区，他实在放心不下，只好暂时回到沦陷区周围的小县份教书。忽然消息传来，他夫人突然病故了；他一边上课，一边抚养三个儿子，那日子真不知怎么过的。

抗战胜利前一个月，我才进开明书店当父亲的助手。第二年春节后回到上海，开明编辑部的人员也陆续到齐了。开明的编辑部真个精简得出奇，连同全部校对才二十来人，自办的月刊四种，代理编校出版的刊物三种；往往一个人就是一个编辑室，顾均正先生是数理化编辑室，徐调孚先生是文艺编辑室，贾祖璋先生是生物编辑室。我父亲可以说是无为而治，各人编什么书可以自定选题，自行操作，每个月开个短会，各人报一下可以发排多少字，手头在进行什么工作；其实大家早晚都见面，哪儿会不知道。两种期刊，父亲是抓得很紧的，发的稿子篇篇要亲自过目，重点书如《闻一多全集》，他就跟校对人员一起看校样，此外还参加编辑几本别出心裁的国文教本。贾先生那一摊，他完全信任，我不记得他对哪一本书提过什么意见。

在编辑部，除了几位校对，数我年纪最轻，还不满三十，爱唱歌，爱打乒乓，爱看电影，老跟青年们混在一起。贾先生就住在我们家楼下，我好像从没有找他谈过什么。倒是满子看出来了，他说贾先生一个人带着三个男孩子，生活总不方便。她有个表姐三十出头了，要不要说一说看。我说说说总是可以的，得找个机会先见个面。俩人就出主意安排，拣了个日子让她表姐先到满子娘家，我带着贾先生，只说他是来向师母请安的。没想到一见就得，一拍即成，一九四七年元旦就吃了他们的喜酒。我跟贾先生就此成了连襟。他马上改口称呼我"墨轩"。这是父亲随意给我的科学小品署的笔名，贾先生却当成了我的大号。我唤"贾先生"唤了快二十年了，怎么也改不过口来。所喜的是他们夫妇俩感情特好，接连又生了两个儿子。

解放后，开明迁到了北京，在出版总署的撮合下，与"青年"合并成了公私合营中国青年出版社。贾先生真个当了自然编辑室主任，手下有了四五个助理和练习生。后来又调到科普出版社去当副总编辑，更是兵多将广了。后来我也被推上了领导岗位，当过一阵子中国少年儿童出版社社长兼总编辑，才知道领导可不是好当的，凭我这点儿水平，干得再卖力，能尽个责任编辑的责任已经不错了。因而常常想起贾先生这么个大摊子，他是怎么应付的呢？可是又不便特地找他请教。

接下来是"文化大革命"，这倒好，什么书也不用编了。我去干校，当上了放牛佬。贾先生年纪大，干校免了，却来了个"第一号命令"，限时限刻要他自谋安身之处。幸好贾先生的大公子解放时随军南下，已经在福建平和成了家，贾先生就把家从北京搬到了平和。那儿是亚热带，气候适宜植物生长。贾先生得其所哉，栽了不少北方不常见的花草，给我父亲的信上时常提起，使他老人家在那些门可罗雀的日子里得到不少乐趣。每到冬初，贾先生总要寄一二十头肥壮的水仙给我父亲。一九七四年一月卅一日，父亲特地填了首《减字木兰花》去谢他：

投其所好，料我闲窗花信杳。赶在春前，远自平和寄水仙。
叶芽葱绿，饱绽鳞茎如古玉。伫候花开，素靥明妆结队来。

单看贾先生写给我父亲的信，这史无前例的十年，他似乎躲进了桃花源。老一辈知识分子好像都有这个脾气，越是不顺心的事儿越不愿意提，尤其对老朋友。在平和，俩老跟前有柏松夫妇照料，可下边还有一大串呢，有插队的，有进技校的，还不在一处，这个在陕西，那个在河北，一个也放心不下，按时按节都得保证后勤供应。还有个更糟心的事，满子的表姊身体越来越坏，县医院说可能肚子里长了个东西。贾先生急忙陪她到上海检查，果然是癌症。以后的消息忽好忽坏，好像故意逗人似的，最后还是没跳出这个无奈的结局。记得贾先生在那封信里附了张纸条，抄的好像是宋人的两句诗："重过阊门万事非，同来何事不同归!"可能我记错了个把字，总之说的是他独自一个人回到平和的心情。

幸亏天下到底还是喜事多。犹如雷轰电击，坏事做尽不可一世的"四人帮"，霎时间被摧垮了。文艺界总是走在欢庆行列的头里，许多被压制的影片争先恐后地在电视屏幕上跟观众见面，我们又听到了"花儿为什么这样红"那动人心弦的歌声。就在同时，我们在报纸上读到了贾先生的新作：《花儿为什么这样红》。真是好题目，好文章。花儿就应该红，红得鲜艳，红的透亮。为什么这样的红呢？因为充满了爱的心都是红的，每一颗爱党爱国的心都是红的，每一颗愿意为人民服务的心都是红的。因而贾先生这篇小品同时吹响了科学普及的号角，迎来了科普创新的新的繁荣。

杂七搭八写了三千来字，全是些寻常的生活琐事，还未必准确。自己看看，实在不像样，尤其不像为一部全集写的序。只好对不起贾先生，对不起读者诸君了。

二〇〇一年八月九日

图书广告集

《昆虫世界漫游记》

扬·拉里 著 黄幼雄 译

这是一个有趣的科学故事。叙述两个孩子误喝了生物学教授的缩形药水，变得和跳蚤一般大小，到昆虫世界去漫游的经历。故事曲折惊险，对各种昆虫的生活习性也说得极其详尽。

作者是苏联有名的生物学家，他特地为少年们写下这个故事，把美丽的幻想和科学知识交织在一起。读者会一面被波澜迭起的情节所吸引，一面又可以获得不少关于昆虫和植物的知识。

《生命进行曲》

那维可夫　著　陶宏　译

你知道“进化”这个词儿吗？“进化”不是一个枯燥的生物学名词。“进化”是一首漫长的史诗，歌唱生物跟大自然斗争，求自由求解放的史诗。《生命进行曲》这本小书先向你提出进化的证据，再告诉你从一个简单的细胞进化到现代人的全部历史，最后指出人类今后进化的方向。文字简洁活泼，附有生动插图八十余幅。

《从头到脚》

那维可夫　著　陶宏　译

这是一部初步生理学读物。它说明人体的构造和机能，从个别细胞的新陈代谢，一直讲到每一个神经冲动的全部过程。书中看不到枯燥难懂的专门术语，讲的都是前后贯通的彼此联系的生动的故事。它不但解答了少年朋友对自己的身体的种种疑问，还能启发他们认识整个世界。

《父母子女》

西内尔·彼别　著　宋慕法　译

假如生物不是一代一代传衍下去，世界早就成为死寂的了。事实上，会生育的不仅是动物，还有植物，植物的种子可以产生新一代的植物。

传宗接代是一件非常重要的事。这本书就是叙述种族是怎样传衍的，以动物为主，偶尔也涉及植物。全书共十四章，对生殖的原理，婴孩的形式，父母的任务，家庭的生活，孩子的成长等等，都作了详尽的说明。叙述生动，译笔流畅，读起来妙趣横生。

《日月星辰》

叶至善　叶至美　译述

本书从离我们最近的月亮讲起，说到天空中最亮的太阳，地球的弟兄们——行星，再说到太阳系外的空间。最后还介绍了天文仪器和天文工作。插图明晰，立论新颖，文字亲切。

《航空趣味》

张以棣　著

这不是一本包含着无数复杂公式的航空概论。作者只提出了许多有趣的问题跟读者讨论。如：滑翔机如何操纵？用人力可以飞行吗？飞机是怎样制造出来的？飞机可以没有尾巴吗？什么叫喷气推进机？飞机能不能没有声音？怎样用原子能推动飞机？无人飞机是怎么回事？……每个问题都讲得又详细又有趣。

《火　箭》

张以棣　著

火箭的速度可以追过落日，火箭的航程可以冲出地球的大气层，到达别的星球。如今火箭还在试验的阶段，可是已经有强有力的证据，预言它未来的成就。这本小书从火箭的历史和原理说起，提供了各国对火箭的所有研究和试验，最后说到火箭在航空事业上的用途和发展。用叙述故事的口吻，把这位未来的空中英雄——火箭，介绍给诸位读者。

《在布拉格的栗树下》

西蒙诺夫　作　叶至美　译

这个剧本写的是捷克京城布拉格解放前后，在一个知识分子家庭里发生的故事。在法西斯统治下，大家都盼望解放。年轻的一代勇敢地迎接了这新的局面，投进了时代的洪流。年老的一代看到这个蓬蓬勃勃的新局面，跟他们怀念的战争以前的恬静的生活并不一致，因而感到彷徨。法西斯特务就利用老的一代的感情，潜伏着作祟。终于法西斯的阴谋暴露，指出时代是前进的，决不会回复到过去。剧中人物，在咱们新解放的城市中到处可以看到，因而读起来感到分外亲切。

《旅　伴》

潘诺娃　作　朱惠　译

这本小说告诉咱们，在保卫祖国的战争中，苏联人民怎样表现他们的自觉和勇敢。作者用真实的事例，说明了苏联的新的道德标准和伦理标准。为了收集材料，作者亲自参加救护列车去前线工作。她对现实生活采取的不是旁观的态度，所以她和小说中的人物，融和得就跟水加在牛奶里一个样，她的笔完全被他们的热情所驱使。这些人物都极其平凡，但是他们是社会主义社会的一分子，在保卫祖国的同一个目标下，表现出许多不平凡的英雄事迹。

《大地的改造》

伊林 著 王汶 译

一九四八年十月——帝国主义正在拼命叫嚣战争，苏联却公布了一个伟大的造林计划，跟大自然宣战了。根据这个计划，苏联人民在十六年内将造防风林五千三百多公里，合十一万八千公顷，将使十二万万公顷的土地永远不受到旱灾和风灾的袭击。伊林在这本书里告诉我们，这个改造大地的计划是以俄罗斯优秀的农业科学家的经验作为根据的，苏联人民已经作好了充分的准备，来保证这个伟大计划的完成，工作已经有了良好的开端。他又告诉我们，在不合理的社会制度下，人类自己在怎样毁坏大地，又怎样造出了《土地报酬递减律》那样的荒谬理论。只有在社会主义制度下面，人类才能够真正认清大自然的规律，才能够改造大地，积极地跟大自然展开斗争。

《人怎样变成巨人》

伊林 谢加尔 著 王汶 译

在最古的时候，人类是大自然的顺从的奴隶。后来，人类渐渐能支配大自然，渐渐成为大自然的主人。所以能这样，因为人类渐渐掌握了大自然的规律，换句话说，就是科学知识越来越丰富了。科学知识不是凭空想取得的，它是人类劳动的果实，它的发展是有着社会基础的，是跟着社会的发展一同发展的。伊林和谢加尔早就计划写一部《人怎样变成巨人》，从古猿变成人类起，一直说到将来的共产主义社会为止，以社会的发展为背景来叙说科学的历史。按照这个计划，他们已经写成了连续的三部，第一部说到科学在奴隶社会初期的萌芽为止，第二部第三部，跟着叙说在奴隶社会封建社会时期，新的科学如何跟旧的传统观念作斗争。其中的第一部，我国早有译本，因作者一再修订，现在根据最新的版本重译出版。第二部第三部也已译完，不久将出版。

《数学列车》

王峻岑 著

一

我们处在这个变得非常迅速的时代中，要是没有变的概念，就不能跟着时代前进。这本书告诉你“变为常，不变为非常”，让你认识到一切都在变，告诉你数学是怎样研究各种变的方式的。许多人认为数学挺呆板，这本书却是挺活泼的；许多人看到算式就头痛，这本书几乎不用算式，全用对话讲解：即使你没学过数学，读着也会感到趣味盎然。

二

王峻岑先生是《开明少年》的撰稿人，读者们非常喜爱他写的讲数学的文字。在这本书里，他用同样活泼的笔调，给读者们介绍一种动的数学，变的数学。

《马先生谈数学》

刘薰宇　著

一

你喜欢算术吗？你一定觉得四则应用题又有趣又困难，它的有趣也正在费人思索上。这本书用对话的形式，教给你一种解四则应用题的新方法——图解法，使你以后学代数的时候减少许多困难。

二

本书告诉你一种解应用题的新方法——图解法，可以不用算式，在图上求得正确的答数。

《玄武门之变》

宋云彬　著

这是一本历史故事集。宋先生用新的眼光，新的手法，把史实用文艺的笔调写下来。我们读这本书的时候，这些历史上的人物又活在我们的眼前，这些复活了的故事，会给我们许多新的教训。

《开明少年》合订本第一册将付印

《开明少年》是去年七月十六日创刊的。第一期至第六期都只在重庆发行。开头三个月，因为抗战还没有胜利，无法寄到沦陷区去。后来，日本无条件投降了，可是邮递仍旧不方便，许多少年朋友都没有看到前六期。有的读者来信说，没有看到前六期，就像听一个没头没脑的故事一个样，总是个遗憾；并且那开头就不平凡，正逢着胜利到来的时候。他们要求补买前六期。这样的来信很多，可是前六期存得太少了，已经无法配齐。我们只得计划把前六期在上海再版，订成一册合订本。售价在二千五百元左右。要是读者想买，请写封信告诉我们，我们可以根据读者的需要来决定印数的多少。出版以后，我们也可以尽先通知要买的读者。我们的社址是：上海，福州路，开明书店。

《少年们的一天》

——《开明少年》两周年纪念征文选

这次征文，请少年们各把去年五月十日那天的所见所闻所感所思写出来，日子是随便定的。到截止期止，共收到两百多篇来稿。作者的分布很广，几乎每省都有；读了这两百多篇来稿，我们知道了全国少年在去年五月十日那天的生活。现在选出四十篇，印成单行本，供少年朋友们观摩。谁要写日记，看了这些文篇一定会得到不少启发。卷首有叶圣陶先生的序言，谈关于写日记应该注意的种种事项。

《忘不了的事》

——《开明少年》应征文选

《少年们的一天》出版之后，很受读者欢迎。许多读者写信来说：希望以后多举行几次这样的征文，多出几册那样的应征文选。因此我们决定再来一次，题是《一件忘不了的事》，范围很宽广，请应征者各自把记忆中印象最深刻的事件记下来，寄给我们。到征文的截止期为止，一共收到四百多件来稿，中间有很多情文并茂的好文章；我们现在选出三十二篇，印成单行本，献给少年读者。卷首有叶圣陶先生的序言，谈到了这个题目的性质和写法。

《我》
——《开明少年》三周年纪念征文选集

这是从五百多篇应征稿中选出来的
　　三十几位少年的自我介绍，自我批判。
在这本小册子里
　　你可以看到中国少年怎样在艰苦中成长，
　　你可以看到新中国的希望。
在这本小册子里
　　你可以找着你的朋友，
　　你可以照见自己的影子。
这本小册子准七月中出版，
　　随第三十七期《开明少年》赠送订户。

华莉亚又遇险了

《开明少年》第九期到第十八期连载过一篇有趣的小说，题目叫《兄妹历险记》。说兄妹两个误喝了生物学教授的缩形药水，变得跟跳蚤一般大小。他们变小了，各种昆虫都成了猛兽，他们遇到了很多的危险。看过那篇小说的人一定记得，华莉亚就是那位小妹妹。

现在，华莉亚又遇到危险了。她忽然找不见哥哥，独自在斜坡上徘徊，又疲倦，又害怕，她哭起来了。这时候一只巨大的有翅膀的怪物飞来，可怜的小女孩正要逃走，就给有黏性的毛脚捉住了。她觉得有一枚锐利的针刺在背上，还来不及叫痛，头上早展开巨大的翅膀，身体升在半空中了，怪物飞得特别的快，华莉亚叫救命的声音全被呼呼的风声淹没了。这可怕的怪物是什么东西？它要把她带到哪里去呢？

仔细看看这张图吧，你认得吗？这怪物原来是蜂的一种，叫蜾蠃。它是吃蜜和花粉的，常常捕捉青虫喂它的幼虫。华莉亚就是被当作青虫捉去的。以后会怎么样呢？华莉亚能逃出来吗？你想知道，请看开明书店新出的《昆虫世界漫游记》。《兄妹历险记》只摘出了那本书的一小部分。那本书里还有许许多多有趣的故事，是《兄妹历险记》中没讲到的。

人和水

国民大会期间，有一些人为了争夺代表的位置，绝食了好些天，而终于又吃了东西。饿肚子确是件不好受的事儿，可是要饿死倒也是很费事儿的。我们可以不吃东西，一星期，两星期，三星期……人瘦下去，衰弱下去，可是不会很快死去，只要我们有足够的水喝。

要是不喝水怎样呢？要是滴水不入口，我们怕三天都受不了。你一定觉得奇怪，有些人不是没有喝水的习惯吗？是的，可还是有很多的水吃进他的肚子里去了。蔬菜有百分之九十几的水，鲜果有百分之八十几的水，肉类有百分之七十几的水。进他肚子里去的这许许多多水维持了他的生命。

水在我们身体里干了些什么呢？水是血液和淋巴液的主要成分，它担负了全身养分和废料的运输工作。水渗进肌肉，使肌肉有弹性，能动得活络。水使我们身体细胞的新陈代谢能顺利进行……

不但食物含着这么多的水，地球上面到处都是水。海洋占了地球面积的四分之三，江河日夜不停地流，还有雨和雪……是水使气候改变，是水使岩石成为沙土，成为土壤，是水使草木生长……月亮上没有水，月亮上就没有生命。要是地球上也没有水，会跟月亮上一样的荒凉。我们生活在地球上，倒不如说，我们生活在一个“水的世界”里。

虽然说没有水我们就不能生活。可是有些时候，水也是我们最大的敌人。古代洪水的故事至今还流传着，可见在古时候，水带给人的痛苦有多么深刻，终究，洪水被人制伏了。这只是一个例子。在自然界中，水是我们最大的友人，也是我们最大的敌人。人征服了水，也就征服了整个的自然界。制伏洪水，可以说是人和水搏斗的开端。

随着时代的进展，人一步步的把水征服了。古时候，人依靠水生活，可是害怕水。现在，人还是依靠水，却把水当作奴隶。举例来说，人很早就知道用沟渠引水灌溉，最近人又在研究造雨来改变天时。古时候，水阻挡了人的交通，近代海上航行的发达却使天下成为一家。古时候，人害怕水的暴力，现代，水成了代人工作的最廉价的动力。还有蒸汽机，原子能，哪一样不是人和水搏斗的果实。人和水搏斗自古以来没有间断，并且还得永远继续下去。

从人和水的搏斗中，我们可以看到人的生活意志是多么坚毅。这儿向少年朋友们推荐一本开明书店的新书——《人和水》。这本书讲的就是人类跟水搏斗的故事。作者方白先生用说话一样的笔调，告诉我们这“水的世界”中的形形色色。又告诉我们人怎样靠水生活。怎样受到水的损害，怎样跟水搏斗，而终于征服了水。他告诉我们水给人做了些什么，又预言水将要给人做些什么——在人对水的搏斗中，人有着必胜的决心，这些预言不久都将成为事实。

人和水的搏斗是全面的，每一个人都必须得参加进去。常言说得好，“知己知彼，百战百胜。”这本《人和水》一定会给少年朋友们不少启发和帮助。

地球的将来

据说，地球将来会跟月亮一个样，成为一颗死的星球。那时候，地球上没有水，没有空气，当然，也没有生物。

这样说来，地球总有一天要毁灭的。但是这个话现在来说没有什么意义。地球的毁灭，要在几千几百万年以后。咱们在地球上还能做许多许多事儿，还应该做许多许多事儿。

关于地球最初是怎样的，它怎样长大，怎样衰老，在开明书店新出版的《地球的历史》这本书里，有着系统的介绍。

猿会变成人吗？

对于达尔文的进化论，你一定深信不疑。你会跟人家说："我们人是由猿人进化而成的，而猿人的祖先就是猿。"可是要是有人问："怎么没有看见过猿变成人呢？"你将怎样回答他？你就这样被他难倒了吗？

现在的猿会不会变成人？不会。现代的猿跟我们人的祖先虽是一支，因为环境所造成的生活条件不同，那古代的猿发展成两个派系。一派由于适应森林里的生活环境，改变了它们的形象，演变成现代的猿类。另一派直立了起来，有了人的种种特征。因此，那古代的猿可能成为现代的猿，也可能成为人类的祖先——猿人。

假使现代的猿也有了人的特征，那么它们一定会因为不适于生活在森林里而死去。假使它们要跑出森林来，一定会跟人类发生冲突。它们没有武器，一定打不过人，结果全被消灭了。因此现代的猿不可能变成人了。

这答案在《人类是怎样长成的》里说得很详尽。那是一本有趣的生物学课外读物，是开明书店的新书。

哥伦布在大西洋上

一四九二年八月三日，太阳还没有上山，哥伦布率领着三条船从西班牙的巴罗斯港出发。

船上载着八十八个人，张起帆趁着东风向西行驶。水手们对岸上的送行人挥帽哭别。眼看山顶上的修道院渐渐模糊起来，他们驶入可怕的大洋了。

在大洋上，他们没有遇见风涛和传说中的妖怪。一路风平浪静，天朗气清，水手们大着胆在船边洗澡，海鸟、鱼、鲸，在他们眼里掠过，他们都认为是行近陆地的征兆。

但是日子一天一天过去，总不见陆地。水手们失去了勇气，他们对哥伦布说，要是再不把船头掉转来，他们一定要把他丢进海洋里。哥伦布再三鼓励他们，无论如何，他不到印度群岛决不回头。

十月十一日，船边飘来一根绿色的芦苇，又看见一条果实累累的小树枝浮在水面上，水手们才相信前面必有陆地。那天晚上十点钟，哥伦布望见远处有摇摇不定的火光，好似有人执着火把在走路。他快叫两个水手来看，一个说看见了，一个说没看见。

十月十二日早晨两点钟，守望的人喊道："陆地!"大家向船头前面望，皎洁的月光笼着沙岸。太阳上山后，船靠岸了。裸体的红人走下海滩来围着船看。哥伦布以为他们来到了印度群岛，他把西班牙旗竖在岛上。实际上他们到的是加勒比海上的一个小岛。

冒险的故事，少年们都爱读，尤其是真实的冒险事迹。开明书店出版的《航海故事》中，收集了许多航海家的冒险事迹，是一本少年们爱读的书。

蚕和蚂蚁

撒，撒，撒，蚕都在吃桑叶。它们吃罢了，做成了茧，就被投到沸滚的汤里，于是人们捞起丝来做成光彩的衣裳。作茧是蚕唯一的工作，吃桑叶为的只是作茧。有一条蚕看透了这一层，不再吃桑叶了。同伴们贪嘴，愚蠢，它鄙视它们，它就离开了它的同伴。

走着走着，它遇见了一只蚂蚁。它告诉蚂蚁说，它厌恶工作，工作没有好处，自己决不工作了。蚂蚁听了忍不住笑起来，说："哪里来的怪思想！你不想工作，就不要你的生命，不要你的种族了。"蚂蚁还唱了个歌赞美工作：

"我们赞美工作，工作便是生命。

它给我们丰富的报酬，它使我们热烈地高兴。

我们全群繁荣，我们各个欢欣。

工作！工作！——我们永远的歌声。"

蚕听了还是不明白。蚂蚁就请蚕到它的国家里去看看，要让蚕相信工作绝不是白做的。蚕到了蚂蚁洞里，参观了它们的一切工作：运粮，开路、造房屋、管孩子；又参观了它们的隧道、会堂、育儿室、储藏室。它看见蚂蚁们起劲，忙碌，努力，愉快，才相信蚂蚁的话是真的。它又明白，自己厌恶工作，蚂蚁赞美工作，都是有原因的，因为工作的目的彼此不同。从此它对工作的认识跟先前两样了。

这篇童话是叶绍钧先生写的，收在他的童话集《古代英雄的石像》中。原文很长，这里只说了个大概。

《古代英雄的石像》是一本美丽的童话，有丰子恺先生的插图，开明书店出版。

落下的炸弹有重量吗？

炸弹悬挂在飞机上是有重量的。在落下来的时候，它有没有重量呢？

回答这个问题之前，让我们来做个实验。

在天平的一个盘子里放一把铁钳，用线缚住铁钳的一只脚，悬挂在吊这个盘子的钩上。在另一个盘子里放上砝码，使天平的臂成为水平。然后，我们用火柴把线烧断，使铁钳的两只脚合拢来。

这时候，天平起了变动：放砝码的盘子往下沉了，放铁钳的盘子往上升了。因为吊起的那只脚往下落的时候，突然失去了重量。

炸弹落下来的时候，情形也这样。

多奇怪，几吨重的炸弹，突然会失去重量。可是这是很平常的事，任何物体往下落的时候，都会失去重量。在《物理世界的漫游》这本书上，解释得详详细细。

《物理世界的漫游》是一本不平常的书，讲的却都是最平常的事儿，由开明书店出版。

哪一只杯子重?

在天平的两个盘子里放着两只大小相同的杯子，杯子里都盛满了水，但是在一只杯子里却浮着一块木头。你说这两只杯子哪一只比较重。

也许你说：有木头的杯子比较重；因为这杯子里除了水，还有一块木头。也许你说：有木头的杯子比较轻；因为杯子中虽多了一块木头，可是同时也少了一部分水，而水比木头重，所以这只杯子比较轻。

哪一种说法对呢？都不对！两只杯子确确实实是一模一样重。

你别搞糊涂了。阿基米德原理告诉我们：一件物体放在水里，重量就会减轻，而所减轻的重量，恰恰等于这物体所排开的水的重量。一块木头浮在水上，大部分浸在水面下，排开了一部分水，这部分水的重量恰恰和这块木头全体的重量相等，因此这块木头不再往下沉。木头的重量既然和它所排开的水的重量相等，那么两个杯子应该一样重。

这个问题在《物理世界的漫游》里说得更详尽。那是一本有趣的科学读物，能使你养成缜密思考的习惯，德国科学家盖尔所著，由顾均正先生译成中文，开明书店出版。

一吨木头比一吨铁重

一吨铁重呢，还是一吨木头重？

一吨铁比一吨木头重些，往往有人不加思索地回答。可是凭什么呢？要是以英国吨计，两者都是二千二百四十磅；要是以美国吨计，两者都是二千磅。

有的回答也许恰恰相反：一吨的木头比一吨铁重。这个回答似乎更笨了。可是实际上，这个回答反而非常正确。

你记得阿基米德原理吗？任何物体沉没在液体里，它的重量就会减轻，所减轻的重量恰好等于与这物体的体积相同的液体的重量。液体的浮力原理同样也适用于气体，任何物体在空气中也会失去一部分重量，所失去的重量恰好等于与这物体的体积相同的空气的重量。

一吨铁，一吨木头，这是在空气里面称的。所谓“一吨”，是它们本身的重量减去空气浮力的结果。一吨木头的体积比一吨铁大上十六倍。一吨木头所受到空气的浮力也比一吨铁所受到的大上十六倍。因此，在空气中所称的一吨铁和一吨木头，实际上是一吨木头重。

在《物理世界的漫游》中，类似这样的问题很多。这是一本有趣的科学漫谈，顾均正先生翻译，开明书店出版。

这不是笑话

牛顿看到苹果从树上掉下来，发现了地心引力。可是，苹果真个是从树上掉到地面上的吗？

你该记得万有引力定律：物体与物体之间都相互有吸引力，好像有橡皮筋拉着似的。苹果是一个物体，地球也是一个物体；地球和苹果之间的吸引力，既把苹果向下拉；又把地球向上拉。因此，并不是苹果掉到地面上来，而是苹果向地球运动，地球同时向苹果运动，两者在运动之中碰了头。

这不是说笑话吗？照这样说，一个苹果从树上掉下来，不是就会叫地球跳起来吗？咱们怎么没感觉到呢？

可是这绝不是笑话。苹果对地球的吸引力跟地球对苹果的吸引力虽然一般大小，可是苹果的重量跟地球的重量相比，相差几乎无法计算。因此，地球简直跟没有运动一个样。咱们只看到苹果从树上掉下来，却感觉不到地球在往上跳。

在《物理世界的漫游》中，把这些物理现象解释得又清晰又有趣。《物理世界的漫游》是一本不平常的书，讲的却全是平常的事儿。书由顾均正先生译成中文，开明书店出版。

对穿地球的无底洞

假使你的家跟学校正遥遥相对，中间隔着个圆形的大运动场，你每天上学回家，还是对穿运动场走呢，还是顺着环形的跑道走？

你准说：当然对穿走，对穿走近得多。

可是，要是你搭飞机从上海直飞南美乌拉圭，飞机得绕着地球表面飞半个大圆周，这不太愚蠢吗？要是对穿地球凿个无底洞，路不是要省去三分之一吗？

你暂且忘了地球直径有多长，忘了地心有火啦岩浆啦这一类的常识，先别说这是不可能的，要是这无底洞真凿成了，奇迹可多着呢。

穿过这无底洞，不用乘车，只要你站在洞口上，放大了胆子纵身往洞里跳，地心引力就拉着你直往下掉，越掉越快。在快到地心的地方，每秒钟的速度将近五英里。这势头使你不能就此在地心停住，你还得往下掉，不，站在乌拉圭那方面说该是往上升。可是这时候，你越升越慢，到洞的那一个口上，你就停止了。这时候你赶快抓住洞口，否则地心引力又把你拉着往回掉，直掉到出发的地方。经过这无底洞，从上海到乌拉圭，只要四十二分钟。

这些由假想所推测出来的现象，在《物理世界的漫游》这本书里说得很清楚。《物理世界的漫游》中还有许多有趣的假想的问题。这本书是德国科学家盖尔所著，由顾均正先生译成中文，开明书店出版。

砖 书

巴比伦是四千年前的文明古国，在四千年前，他们已经有了书，已经发明了印刷术。可是他们并不用纸，纸是咱们中国在两千多年前发明的。巴比伦人的书是泥做的，印刷也印在泥上。有一个英国人，在古尼尼微城的废墟里，掘到了一个巴比伦国王的图书馆，里面堆满了泥做的书。

这种奇怪的书是这样做成的：抄写的书记员用烂泥做成一块四方的板，趁它还没干透，用一支尖头的小棒在泥板上划字。他把棒尖刺进泥里，又赶忙提起来；因此文字的笔画一头粗一头细，我们叫它做“楔形文字”。等到整块泥板都划完了字，让它晾干，再由烧陶器的工人把它烧成砖；这样就可以经久不坏了。这样的书虽然笨重，却不怕火烧，不怕雨淋，不怕耗子咬。

巴比伦人还把石块凿成圆筒，把文字和图画刻在圆筒上。把圆筒压在泥板上一滚，就成了一页书。这样就可以制成许多相同的砖书，比抄写快多了。

前面是《黑白》中的一小段。《黑白》是一本有趣的科学读物，讲的文字和图书的故事，由开明书店出版。

玻璃器是怎样制成的?

在《小彼得在病中》那篇童话里，各种物件所说的都是真实的故事，其中水瓶说的，是玻璃厂的故事。苏联工程师伊林所著的《十万个为什么》，也曾提到过玻璃的制造情形：

把砂（氧化矽）苏打（碳酸钠）白垩（碳酸钙）放在一个特别耐热的窖里烧到红热，它们就一同熔化，变成一种水一样的液体——溶化的玻璃。它冷却的时候，慢慢地变得浓而且稠。在华氏温度计二一九二度的时候，它像蜜糖；一八三二度的时候，它可以拉成丝；一〇七二度的时候，它就有了弹性了。最后变成面团似的软块，还又红又热。

铁要趁热打，玻璃也要趁热吹。大多数玻璃器具都是吹出来的，就像孩子们吹肥皂泡一样。只不过用一根装有木嘴的大铁管来代替麦秆罢了。

工人用铁管蘸了一团玻璃，就吹成一个玻璃泡；把这又红又热的玻璃泡放在一个铁制的水瓶模子里，又使劲吹，直吹到玻璃泡各方面都抵着了模子为止。然后打开模子，工人把这已经变硬而仍旧红热的水瓶从铁管上切下来。

吹玻璃是件苦工，会损害工人的健康。因此在进步的玻璃厂里已经改用机器来代替人的肺脏。这种机器只要用两个人来开动，就可以代替八十个吹玻璃瓶的工人。

《十万个为什么》是一本有趣的少年科学读物，全以日常所遇的事物做题材；已由董纯才译成中文，开明书店出版。

铁器是什么做的?

好一个愚蠢的问题！铁器当然是铁做的。

可是你错了。叉子、刀子、钉子、锤子、火钳、马蹄铁，种种铁器，大家都以为是铁做的，其实不光是铁，铁里头都含着碳和别的金属。

纯净的铁是很难得的，比通常用来铸造各种铁器的铁贵得多。但是用纯铁来铸造工具是不相宜的，因为太软了。纯铁铸的钉子钉不进板壁去，纯铁的刀子除了裁纸，不再有别的用处。

纯铁可以制成“铁纸’，这种“铁纸”比包香烟的“锡纸”还要薄，还要轻。

通常用来铸造铁器的铁，都是铁和其他元素的合金。但是并非什么元素加进铁里去，都能改良铁的性质，硫就会使铁变脆。铁的最忠实的朋友是碳，碳和铁经常在一起出现。

“铁器是什么做的?”是《十万个为什么》中的一个问题。这本书是苏联青年工程师伊林写的，讲了许许多多日常遇到的有趣的问题。董纯才先生把这本书译成中文，由开明书店出版。

没有钟成个什么世界？

你有没有想过：钟面上的两根小针对我们有多大的意义？它们一圈一圈地旋转，像永远走不到尽头的旅客。它们一声不响，却有力地指挥着一切的人，管理着一切的人，谁也不能逃出它们的掌握。

你有没有想过：没有钟会成个什么世界？学生早上不知道什么时候该上学校去；上了课，教员又不知道什么时候下课；工厂里的机器有些太快，有些太慢，全弄得乱七八糟；火车不能按时刻表开行，就要出大乱子，轮船不能依据时计推算行程，一定要迷路；……你可以讲出许多糟糕的事，会在没有钟的世界上发生。

然而世界上的确有一个时期没有钟，什么钟都没有。人们过日子非分清时间不可，他们只好想出种种方法来测量时间。这张图画里的人就在用脚步来测量时间，他量出那根石柱的影子有几步长，就可以知道白天的时间，早晨影子长，中午最短，傍晚又变长了。这当然很不方便，晚上不能量，下雨不能量，而且量出来的也只是个大概。

所以有很多聪明人来思索，来研究，发明种种较好的方法。经过许多年代，费了无数心血，才有今天的钟。你想知道这些事情，请看开明书店出版的《几点钟》。这本书又名《钟的故事》，用轻松有趣的笔调，告诉你各种关于钟的事情。

为什么我们要喝水?

这个问题好像太容易了，你可以这样回答：我们为着需要水而喝水。

但是，为什么我们需要水呢?

你说，因为没有水不能生活。

但是，为什么没有水我们就不能生活呢？这回答还是不够，需要加以补充。

冬天，你向玻璃上呼一口气，玻璃上就凝着无数小水滴。这小水滴是哪儿来的?

夏天，你整天流汗。这汗水是哪儿来的?

还有，你天天得解小溲。

因为我们身体里的水分随时都在排泄到外面来，所以我们必须喝水，来补足失去的水分。

平均每一个人在一天二十四小时内，排泄到体外的水有十二大杯，我们必须喝或吃十二大杯的水来补足它。

为什么要说“喝或吃”呢?

因为很多水，我们是吃下去的。我们所吃的食物中，一半以上是水。以肉来说吧，一斤中有十二两[①]以上的水，蔬菜一斤几乎有十五两[②]的水。

为什么？为什么？为什么？……随便什么事，我们都该问个究竟。开明书店出版的《十万个为什么》就是一本这样的书，它解答我们日常生活上所想到的许多个“为什么”。

①②这里用的是老秤，每斤十六两。

苏联的新五年计划

五年计划是建设的计划。这次战争以前，苏联实施过三个五年计划。今年三月九日，苏联的民族院又通过了一个新的五年计划。各联邦国计划在他们地方上设学校，建立工业区，发展农业，一切都要超过这次战争以前的情况。科学院计划研究新的科学课题，劳动后备人员管理处计划加添大量的职业学校，训练出七百万名实行新五年计划所需要的工人。苏联贸易人民委员会委员长说：五年计划的特色，是改进人民的生活水准。

关于革命后第一个的五年计划，苏联科学家伊林写过一本《五年计划故事》，由董纯才先生翻译，开明书店出版。

太阳的宝库

前边这篇苏联的童话中说的“太阳的宝库”和“最好的地方”，指的是泥炭矿。泥炭矿大多在沼泽地中，在苏联，这样的沼泽地很多。泥炭是很好的燃料，苏联政府非常看重它，经常派勘察队到各处沼泽地去寻找“太阳的宝库”。看了前边这篇童话，我们知道在沼泽地里到处会遇到危险，所以寻找“太阳的宝库”是一件艰难的工作。而把又湿又黏的泥炭从布满了树根的沼泽中开采出来，还要艰难得多。在苏联科学家伊林所著的《五年计划故事》中，就说到一个开采泥炭的新方法。

这个方法是克拉生工程师发明的。他不用铲子去挖泥炭，而是用猛烈的水流把泥炭从纠缠的树根中间冲洗出来。开采的时候，走在前面的人拿着软管，像救火员似的，把泥炭冲成稀粥一个样；后边跟着的就是唧筒，用象鼻子一样的软管把泥炭粥吸起来，再用带钩的吊车把树根拔掉。开采的人就可以大踏步向沼泽地前进，没有困难和危险了。吸起来的泥炭粥用机器排干水分，制成炭粉或炭砖，就可以送到工厂去作燃料了。

苏联的建设是惊人的，他们的成就很可以给咱们工业落后的中国做借镜。《五年计划故事》讲的就是苏联建设的故事，由董纯才先生译成中文，开明书店出版。

永动机

要使机器转动，必须用一种力量来推动它，如风力、水力、兽力、人力、蒸气、电流等等。风力和水力是不必花钱的，但是能运用的地方有限，其他各种力量都非花钱不可。因而有人想，要是能造出一个永远能自己转动的机器来，不是可以省了动力的花费吗？正像古时候的炼金家一样，很多人把一生的光阴全花在永动机的设计上。

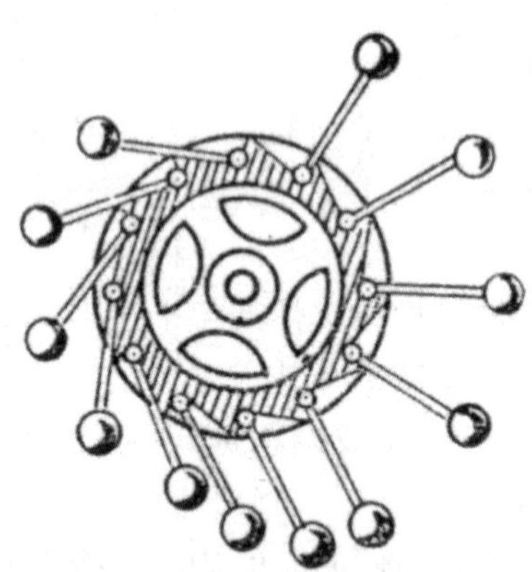

上边的图就是一个永动机的图样。设计者以为这个圆轮能不停的依着时针的方向旋转。左边的半个轮子上，挂着重球的小棒是倾斜的，重球离轮中心近。右边的半个轮子上，挂着重球的小棒和轮子的边缘垂直。重球离轮中心较远。依轮的原理，两重量相等，离轮心远的力量大，因而这轮子能永远不停的依时针方向旋转。

这真个可能吗？只要数一数轮子两个半边的重球的数目，就明白这个计划根本上就错误了。天下本来没有不劳而获的事。永动机的设计跟炼金术一样，全失败了。

在《趣味物理学》上，说到好几种永动机的设计，并且告诉读者错在那儿。《趣味物理学》是一本有趣的科学读物，开明书店出版。

要是你遇见魔鬼

你大概听过《天方夜谭》中那个《渔夫和魔鬼》的故事吧。那个魔鬼被封在瓶子里，他立誓说，谁要是能放出他来，就答应放他的人一个要求。

要是你遇见魔鬼，他答应你在地球上任意选择一平方哩地方，那么你选那一块地方呢？纽约的第五街吗？乌拉尔的白金矿吗？南非的金刚石矿吗？不，你不必这样，你只在海面上任意指定一平方哩就成了。要是海有一哩深，那一平方哩的海面下所含的财富，比陆地上任何哪一平方哩都多得多。

在一平方哩的海面下，有黄金约八千六百磅，白银一百三十五吨，铁一千二百吨，铜八百吨，铝一万一千吨，镁六百万吨，还有比目前世界上所有的镭多出几百倍的镭。

海水中含着大量的盐，一立方哩的海面下有一亿零八百万吨的盐，一千万吨的氯化钙，二百多万吨的氯化钾，二百七十五万吨的碘，四千六百五十万吨的硫酸镁。还有无数海生动物及海生植物没有计算在内。

在目前要把海水中这许多财富完全提取出来，还只有魔鬼可能。可是，这绝不是不可能的事，人将来总会发展到海洋里去。

——摘录自顾均正：《科学之惊异》，这本书由开明书店出版。

请站起来

你先坐下来，挺直胸膛，大腿放平，小腿放直，像下边图上画的那样。然后，上身不要向前倾，两腿保持原来的姿势，请你站起来。不论你使出多少力气，你总站不起来。你想知道这是什么原因，就请你看开明书店新近出版的《趣味物理学》。像这样有趣的问题，那本书里多得很哩。

面包里含着什么

——保罗叔叔和孩子们的谈话

“你们想，一片面包里含着什么？”

“我想里面含着——含着面粉。”

“不错；不过面粉中含着些什么东西呢？”

“……面粉中除了面粉还有什么东西呢？”

“但是我说，面粉中含着碳，就是木炭，而且含得很多，你相信吗？”

“什么，面粉中含着木炭？叔叔，你在说笑话哩，我们不能吃木炭。”

“啊，你不相信吗？我不是说过，化合作用可以使黑的变白，酸的变甜，毒的变成滋养品吗？我且问你，面包在吃之前是不是在烘烤？”

“是的，烤过了吃起来比较松脆些。”

“要是烘得太久了呢？”

“那就完全变成木炭了。”

“那么，告诉我，这木炭是从什么地方来的？”

——摘录自法布尔的《化学奇谈》

空中婚礼

你看见过蚂蚁结婚吗?

闷热的夏天的午后，雌的雄的年轻蚂蚁恋情已达到顶点了。它们从窠口拥出来，集成黑簇簇的一堆，拍着银色的翅膀向广大无边的天空礼堂飞去。它们聚在一起作恋爱的舞蹈；密密簇簇的，看去像一朵云霞。附近一带的雌雄蚂蚁都来参加了。在地面上的时候，各群蚂蚁相互充满着敌意，可是在空中，它们融洽在一起了。

雌蚁越飞越高，一部分雄蚁落后了，只剩下精力绝伦的一小群还在往高处飞。最后，雌蚁给雄蚁抓住了，征服了。它们用二重翅膀的力量支持着，合抱着再向上飞，作狂热的旋舞。

蚂蚁为什么要在空中举行婚礼呢？这也许含有优生的意味。在空中，雌蚁可以和别的一群中最强健的雄蚁结婚，产生进化所必须的杂种。难怪蚂蚁是文化最高的昆虫了。

——摘录自陶秉珍：《昆虫漫话》，这本书由开明书店出版。

你会写文章吗?

你觉得作文是件困难的事情吗？你看到《开明少年》征文，想写一篇来试试吧？你会因为不知道怎样写而踌躇吗？你看了前面登出来的几篇应征文，觉得这几位少年朋友写得好吗？你有没有这样问自己："为什么别人写得出来我却写不出来呢？"其实，你也一定能写好的，只要你懂得作文的方法。下面这几本书，就是告诉你作文的方法的：

文章作法　　夏丏尊　　刘董宇著
文　　心　　夏丏尊　　叶圣陶著
文章讲话　　夏丏尊　　叶绍钧著
文章例话　　叶圣陶著
读 和 写　　沐绍良著
词 和 句　　孙起孟著

你喜欢做实验吗?

如果你看了本志的《家庭小实验》感到兴趣，那你一定也喜欢作者顾钧正先生写的《少年化学实验手册》。那本手册向你介绍一个少年化学实验库，里面包含十七种药品和九种仪器。你有了这个实验库，就可以根据书中的说明，做二百多个实验和游戏。这些实验和游戏既无危险，又无需技巧，是少年们的理想的课余作业。

《少年化学实验手册》每册定价一元九角，各地开明书店均有出售。少年化学实验库现有整套出售，外埠读者可向上海林森中路九二七弄六三号少年科学服务社函购，上海读者可向上海福州路四〇六号科学仪器馆购取。

太阳请假的时候

人们都怠于工作了，太阳也就请了假。夜永远继续着。漆黑的天空，只有繁星闪烁着寒光，月亮不再升起来了。地球上一天冷似一天，海洋冻结成整块的冰，地面硬得像钢铁一样，不能再耕种了。植物冻得枯萎了，动物冷死了，它们的血液都凝成了冰块。人们在黑暗和寒冷中挣扎，最先还用煤来烧锅炉，开动大蒸汽机造成电流，每户人家点起电灯。还把煤放在大钢甑中加热，把煤气用铅管通到每户人家去用。隔不了多久，煤用完了，可是空气平静得像冻凝了似的。怎么办呢？只得赶快请太阳复工。

上面一段是《乌拉波拉故事集》中的一篇——《太阳请假的时候》的梗概。这样有趣的故事，在这本书里一共有十五个。内容是各种自然科学常识，却是用写童话的笔调写的；很合少年们的口味。

《乌拉波拉故事集》的作者是柏吉尔，顾均正先生把它译成中文，由开明书店出版。

看看人家的榜样

抗战胜利了，目前咱们中国的要务是建设。

怎样建设中国呢？咱们且看看人家的榜样，看看咱们的友邦苏联吧。一九一八年十月一日，苏联宣布了第一个五年计划，这个计划包括城市、工厂、电厂、水闸、桥梁、船舶、铁路、矿山、森林、垦殖、集体农场、学校、图书馆等等的建设。这个计划由千万个有学识的人筹划，由苏联全国人民协力完成。

由于苏联全国人民的努力，不到五年，他们就把这个计划完成了。跟着他们又完成了第二个五年计划，在第三个五年计划的进行中，希特勒发动了欧洲的战争。苏联人民为了自卫，暂时中断了经常的建设工作。现在战争结束了，他们又将开始一个新的五年计划。

五年计划的内容包含些什么呢？五年计划是怎样完成的呢？苏联的青年工程师伊林为了向少年们说明这些，用文艺的笔调写成一本《五年计划故事》。这本书由董纯才先生译成中文，开明书店出版。

《母》在中国的命运

《母》是高尔基流亡美国的时候写的。在俄国工人中间，这本小说很快地传遍了，工人们都受了感动，它促成了俄国的革命。这本小说由孙光瑞先生译成中文，开明书店出版。

孙光瑞把《母》译成中文，已经近二十年了。这本书在中国遭着很坏的命运。没有人看吗？不，正相反，许多许多人欢迎这本书。

但是一些反动的人偏不准大家看《母》。先是禁止邮寄，后来列进了禁书目录，通令全国禁止发售。据说有许多学生为了偷看这本禁书遭到了不幸。

直到抗战开始，这本书才再次发行，销路还是好，爱读的人还是多。这是一本好书，看过的人都会深深感动。

译者孙光瑞说："抗战胜利之后这本书命运如何，我今天还不能想象。但是有一句话我是可以傲言的，要从中国年轻人心里除掉这本书的影响，已经是绝不可能的了。《母》已经成为禁不绝、分不开的，中国人民血肉中心灵中的构成部分了。"

错打了屁股

各地大概都发生过这样的事：米价涨得太高，警察就抓卖米的人；布价涨得太高，警察就抓卖布的人。这个办法正跟帝俄时代陀罗雪维支写的寓言里的皇帝所采取的一个样。那篇寓言说：

鸡蛋卖一两金子一个了，皇帝听了很惊诧。臣子们都说，这是主上的洪福，一个鸡蛋一两金子，在主上的治下，母鸡不是下金子了吗？皇帝听了这个话高兴非凡。只有一位贤人告诉皇帝说，这不是好现象，因为贤人自己快饿死了。

听了贤人的话，皇帝也着了急，他召集臣子们商议怎样平抑蛋价。臣子们说，这是蛋贩子故意抬价，该把蛋贩子抓来打屁股。决议案马上执行。可是第二天，蛋价更高了，涨到二两金子一个了。

这是什么缘故呢？皇帝质问臣子们。臣子们惊慌地说，这是买蛋的错，他们甘愿出高价。该把买蛋的抓来打屁股。决议案又马上执行，可是蛋价竟涨到四两金子一个了。

皇帝听说蛋价又涨了一番，大骂臣子们。臣子们连忙跪下，叩头如捣蒜，战栗着说：这一定是母鸡的错，是母鸡下出这样贵的蛋来的。于是全国的母鸡都给抓来了，都挨了一顿屁股。所有的母鸡从此不再下蛋。

那位贤人已经饿得奄奄一息。他说："皇上呀，你真是个善心的好皇上，只是常常错打了屁股。"

陀罗雪维支的寓言又有趣，又深刻。开明书店出版的《寓言的寓言》是他的寓言专集，译者是胡愈之先生。

编后记

《叶至善集》的编辑卷，收入了作者的三本集子《我是编辑》《叶至善序跋集》和《叶氏父子图书广告集》中的部分内容。

一九九八年的四月二十四日，作者满八十岁。为了表示祝贺，他工作了四十多年的中国少年儿童出版社，特意为他出版了《我是编辑》。作者在书的跋中说："《我是编辑》专收近二十年来，我从事编编写写的有关文字，数一数，恰好一百篇，虽说不是全部，相差也不远了。因为内容杂，形式杂，没法分门别类，只好按写作或发表的先后排列。"这次在将《我是编辑》收入编辑卷的时候，我们把书中的散文和序跋抽了出来，散文放进了散文卷，序跋放进了这一卷的"序跋集"部分，又补充了此后找到的一些作者谈编辑的文字，共计五十九篇，编成这一卷的"我是编辑"。

二〇〇九年，首都师范大学出版社出版"书林守望丛书"，选入了作者的《叶至善序跋集》，其中共收集了作者为自己、为父亲叶圣陶和为其他人写的书所作的序和跋共六十四篇。这一次将《叶至善序跋集》收入编辑卷的时候，我们补充了十四篇，删去了《〈古诗词新唱〉校后琐记》，共七十七篇。

一九五四年，作者正式进入开明书店，帮着其父亲叶圣陶编新创办的《开明少年》。开明书店出版的每一本书都有广告词，大多由编辑这本书的编辑撰写，用来推销他们的出版物。作者在编辑《开明少年》第一期的时候，就开始在上面刊登广告了。至此，他一直认真对待每一则广告，写了很多很有创意的广告词，使读者通过读广告增长见识、受到启发。广告写得好，读者看了喜欢，就会找这些书来读。一九八五年，作者在《我做广告》一文中回忆说："我这样挖空心思做广告，是三十五年前的事了，回想起来挺有趣的。"撰写图书广告是做编辑的基本功，我们把作者当年写的广告，都收在这一卷的"图书广告集"里了。

作者在编辑岗位上整整工作了六十年。有时间、有需要、有机会写有关编辑的文字，是在"文化大革命"之后的一九七六年。编辑卷里收集的文字，除了"图书广告集"，基本上都是作者在那个时期以后写的。作者热爱自己的编辑工作，说自己有编辑瘾，为此他写过两首词，描写做编辑的心境；写过不少篇文章，阐述做编辑的体会；还把自己的书起名为《我是编辑》，所有这些都充分表现出了作者对编辑工作的热爱。

二〇一四年六月十七日